杨明先生八十寿辰纪念文集

杨 焄　李定广　赵厚均　编

上海古籍出版社

图书在版编目(CIP)数据

杨明先生八十寿辰纪念文集 / 杨焄,李定广,赵厚均编. —上海:上海古籍出版社,2021.11
ISBN 978-7-5732-0107-2

Ⅰ.①杨… Ⅱ.①杨… ②李… ③赵… Ⅲ.①杨明—纪念文集 Ⅳ.①K825.6-53

中国版本图书馆 CIP 数据核字(2021)第 226095 号

杨明先生八十寿辰纪念文集

杨　焄　李定广　赵厚均　编

上海古籍出版社出版发行

(上海市闵行区号景路159弄A座5F　邮政编码201101)

　(1) 网址:www.guji.com.cn
　(2) E-mail:guji1@guji.com.cn
　(3) 易文网网址:www.ewen.co

常熟市人民印刷有限公司印刷

开本890×1240　1/32　印张16.5　插页13　字数413,000
2021年11月第1版　2021年11月第1次印刷
ISBN 978-7-5732-0107-2
Ⅰ·3594　定价:98.00元
如有质量问题,请与承印公司联系

八十初度诸君撰集文翰以致祝嘏之意感赋四绝句答之

杨 明

最 忆

百味纷呈思惘然，白头樗散忆华年。

最忆饮河轩上坐，光风霁月照心田。

自注：先师运熙先生堂上悬额曰饮河轩，系张菊生先生为师之尊岳杜兰亭太公所书。

对 镜

莫叹频添白发新，待看芳草满江滨。

无边景色春风里，观化庄生识道真。

桃 李

唯将倦眼对陈编，花落花开不记年。

偏喜一番风雨过，门墙桃李各争妍。

青 灯

青灯伴我下帷时，君亦寒窗苦用思。

皓月同天同此乐，个中深味几人知？

杨明先生

杨明先生与夫人张明女士

杨明先生与爱孙

杨明先生与王运熙先生
参加韩国高丽大学建校一百周年国际学术研讨会（2005）

杨明先生与徐鹏先生在上海植物园(1998)

杨明先生与王运熙先生（右二），日本国冈山大学下定雅弘教授（左一）、神户大学釜谷武志教授（左二）参观周庄古镇（2000）

杨明先生与陈伯海教授（左一）、穆克宏教授（左二）、俞绍初教授（左三）在学术会议上（2000）

杨明先生与汪春泓教授（左一）、日本国京都大学兴膳宏教授（中）、刘明今教授（右二）、邬国平教授（右一）参观嘉定秋霞圃（2005）

杨明先生与日本国兴膳宏教授（左二）、韩国高丽大学洪润基教授（右一）及王运熙先生博士生在镇江参加《文心雕龙》学术研讨会（2000）

杨明先生指导澳大利亚学生常易安（1998）

杨明先生与参加博士学位论文答辩的学生合影

杨明先生与学生们在上海世纪公园（2011）

第一章 刘勰的生平

一、在定林寺中：入仕之前

遗憾的是，对于这样一位伟大的文学思想家的生平，我们却知甚少。《梁书·文学传》中有刘勰传，全文引录了《文心雕龙》的《序志》篇，而除此之外的叙述，寥寥之足四百字。唐初李延寿撰《南史》，也有《刘勰传》，与梁书所述相同而又稍加删削。此外，可信据的资料几乎阙如。史料既如此匮乏，故学者们虽多方求索，苦心考证，仍只能知道一个线条极粗略的大概轮廓。许多问题，包括刘勰的生卒年份在内，考证者各执一辞，实在恐都难以成为定谳。①

据《梁书》，刘勰传中说："刘勰字彦和，东莞莒人"。莒为今山东莒县。但《梁书》所述，其实是刘民的祖籍，是西晋时的地

---

① 牟世金先生《刘勰年谱汇考》（巴蜀书社，1988年）罗列关于刘勰生平的各种不同说法，并加以考证，申述己见，可供参考。

杨明先生著作手稿

杨明先生著述一览

目 录

学术自述 ……………………………………… 杨 明 1

滋兰树蕙

易闻晓著《中国古代诗法纲要》序 …………………… 15
李定广著《唐末五代乱世文学研究》序 ………………… 18
李翰著《汉魏盛唐咏史诗研究》序 ……………………… 23
刘飞著《戴表元及其文学研究》序 ……………………… 27
杨焄著《明人编选汉魏六朝诗歌总集研究》序 ………… 31
符懋濂著《唐代明道文学观与正统历史观的比较研究》序 … 36
吴晓峰著《〈诗经〉中物类事象的礼俗化研究》序 ……… 40
赵厚均著《两晋文研究》序 ……………………………… 43
孙凯昕著《方回研究》序 ………………………………… 47
赵俊玲著《〈文选〉评点研究》序 ……………………… 51
陈晓红著《方东树诗学研究》序 ………………………… 55

杨鉴生著《王弼研究》序 ··· 60
施建军著《建安文学探微》序 ····································· 64
徐美秋著《纪昀评点诗歌研究》序 ································· 68
李婧著《黄侃文学研究》序 ······································· 73
孟伟著《清人编选的文章选本与文学批评研究》序 ··················· 78
黄爱平著《宋诗话与唐诗学》序 ··································· 85

春华秋实

《诗》《骚》"求女"意象探源——从清华简《楚居》
　　说开来 ··· 韩高年　89
汉赋为"学"论 ··· 易闻晓　108
论汉地本土五言赞的生成与在东晋南北朝隋唐五代的
　　演变 ··· 李秀花　122
中国古代人物品评中的"典型"批评 ······························· 汪群红　137
"文体三变说"：中国文学史的基本论述模式 ························· 李定广　154
赠序源流考论 ··· 赵厚均　170
释"建安体"——兼论"汉音""魏响" ····························· 施建军　187
曹丕《柳赋》作年考 ··· 杨鉴生　202
陆机、陶渊明拟古诗初探 ··· 吴晓霞　208
《文选序》"事出于沉思，义归乎翰藻"新解 ························· 吴晓峰　224
文体功能：刘勰辨体的重要一面 ··································· 赵俊玲　238
中古诗歌叙事的逻辑维度："叙事"义涵、时空秩序、
　　经史精神 ··· 李　翰　253
论盛唐文人的贬谪心态 ··· 蔡阿聪　270

目录

岑参在唐"非边塞"诗人析论 ·············· 陈晓红 288
浅论宋诗话中的"俗"——兼探宋人突出白居易诗歌
　　"俗"的原因 ························ 黄爱平 301
宋末元初诗学批评中"本色"内涵的多维考察 ···· 刘　飞 316
方回的"吴体"诗论及其诗学批评意义 ········· 王奎光 330
方回对唐宋诗人的诗歌评论——以杜甫、白居易、
　　苏轼为中心 ························· 孙凯昕 352
熔铸旧史　传评互见——《唐才子传·李白传》之传体
　　批评 ······························· 王松涛 366
试说石涛的"一画之法"与"先天后天之法" ····· 徐可超 381
论纪昀对《文心雕龙》的接受 ················ 徐美秋 395
言为心声？言违心声？——以毕沅的诗歌创作为例 ··· 杨焄 409
清嘉庆至光绪时期沟通骈散的骈文理论 ········· 奚彤云 424
科举考试与清代古文选评 ···················· 孟　伟 440
飘渺缠绵一种情——论黄侃的爱情词 ··········· 李　婧 453
中西爱情诗比较——以叙述角度的不同为切入点 ··· 李　良 463

寸草春晖

今世尚馀老成人——遇见杨明老师 ············· 汪群红 475
朗月清风应遍照　冰心片玉有昆山——琐记恩师杨明先生
　　······································ 王　惠 478
传道之师 ································· 施建军 484
静水流深，大哲如渊：我心中的杨明师 ········· 李　翰 487
江水泱泱 ································· 杨鉴生 492

师恩不忘 ································ 王　芳　496
春风过处花自开——杨明老师侧影 ········ 黄爱平　500
记老师和师母的常熟之游 ··················· 孟　伟　503
是有真宰　欣然自足 ······················· 李　婧　510

杨明先生著述要目 ························· 515

编后记 ··································· 523

学术自述

◎ 杨　明

　　我就读于复旦大学中文系本科，是在1963至1968年。当时复旦本科是五年制，可是由于众所周知的原因，读的书少得可怜。工作后对于古典文学念念不忘，便拜谒老师求教。曾多次请教徐鹏先生，先生建议我通读《汉书》，最好是找未曾标点的本子，学习断句、标点。我找了《四部备要》本照先生说的做，果然于提高阅读能力大有裨益。先生又说读书要细心，不要着急，不要囫囵吞枣；说清代有的学者一生就只搞一部书，但搞出成绩来，对后人很有用。先生还说做学问要踏实，不要空谈理论。记得先生曾说："今天这样说，明天那样说，谁知道哪样才是对的。"如今回想，当时一会儿批判《水浒》，一会儿批判孔子，一会儿又宣扬什么"儒法斗争"，"理论"一套一套的，徐先生的话，该是有感而发。后来先生又向上海古籍出版社推荐我整理刘过的《龙洲集》，那算是我首次与学术发生一点关系吧。

　　改革开放的春风吹拂大地，1978年恢复研究生招生，我当然跃跃欲试。徐先生让我报考王运熙先生的硕士生。结果录取了。此后读硕士研究生课程三年，毕业后有幸留在新成立、由王先生担任所长的中国文学语言研究所工作，一直受到王先生的教导培养，长达三十馀年。

王先生的学术思想非常丰富，体现于教学和研究之中。这里简略地提出几点。一是要求我们打好基础，要有比较宽阔的知识面，经史子集的要籍都要选读一些。先生曾转述程千帆先生的话："要让学生知道古代文人是喝什么样的奶长大的。"先生特别重视阅读史籍，要我们学习陈寅恪先生诗史互证的方法。先生指定我以盛唐边塞诗的历史背景为题撰写毕业论文，就是教我将文学与史学相联系、相结合。二是先生一贯坚持实事求是，将理解古人原意、追索历史真相放在首要的位置。他多次对我说，一切从资料出发，所有结论都应产生于搜集和分析资料之后，也必须受资料的检验；即使是他提出的观点，如果被资料证明不合乎实际，也应该修正或否定。先生心仪"释古"的研究态度与方法，他自己的著作就是最好的体现。我参与撰写《魏晋南北朝文学批评史》《隋唐五代文学批评史》，先生教导我说，既是"修史"，那么首要的是搞清真相，目的是力求将古代文学批评和理论的真实状况明晰地展现在读者面前，而不是发挥我们自己的见解。在先生的指导下，我写作时自觉地注意扣紧古人原话，避免作过度的阐释和引申发挥。三是王先生强调研究古代文论必须与作品相联系，必须透彻了解文论家是如何评说作品的，不能只看他们的"宣言"，有时还要联系他们自己的作品来考虑问题。先生常说，先研究古典文学，研究文学史，然后从事于古代文论研究，才较为可靠。四是先生具有强烈的问题意识，发现问题，解决问题，从中体现出高卓的识见。先生喜欢和重视写作单篇论文，就是因为单篇论文可以单刀径入，直奔问题而去，不必为追求系统完整而重复大家都已经知道的东西。王先生的学术思想，我是深深地心悦诚服并且努力照着去做的，只是限于自身条件，虽然也有一些成绩，但做得还很不够。

下面介绍一下我的研究情况，主要是介绍对于一些具体学术问题的观点。

我的著述，有专书《魏晋南北朝文学批评史》《隋唐五代文学批评史》（这两种都是王先生与我合写）《刘勰评传（附钟嵘评传）》《文心雕龙精读》《文赋诗品译注》以及《陆机集校笺》等十馀种，单篇论文甚多，凡2008年以前发表的，选择自以为较重要者编成《汉唐文学辨思录》和《汉唐文学研赏集》两种集子。另有《欣然斋笔记》一种，以短篇笔记形式表述研究心得。近十多年发表的文字，尚未编集成书。

我研习的范围比较集中于六朝，下及唐代，又以涉及古代文论者为多。

对于六朝的几种重要著述《典论·论文》《文赋》《文心雕龙》《诗品》以及《文选》，我都进行过比较深入的研习，提出过一些自己的心得。

关于曹丕的《典论·论文》，我对大家盛谈的"文以气为主"作了较细致的阐述。以往谈曹丕提出这个命题的背景，都说到汉代以来的人物品评风气，说到用"气"来解释人的品格类型，但还缺少一个环节，即用"气"评论一个个具体人物。我则寻找到不少资料，补上了这一环。还有，曹丕说"气之清浊有体"，论者大多将"清浊"解释成两种风格，我则加以考辨，认为是指写作才能之高下。此外，曹丕说"书论宜理"，过去注家多将"书"解释为书信，我认为是指论说性的文字。

对于陆机《文赋》，曾作全文译注。而较突出的见解，在于对"诗缘情而绮靡"一语的解释，提出了自己的看法，不同意将"缘情"和"言志"视为两种互相对立的诗歌主张，认为二者都只是说诗歌是作者内心的表现、思想感情的抒发，并无相对立的意思。不仅不对立，而且也并非如有的论者所理解的那样互相补充。我认为"言志"和"缘情"二语并无根本区别，"志"与"情"二字在"心之所之"、心之所存想这一意义上，是同义词。至于"绮靡"，我认为不应该将二字拆开来分别理解，"绮靡"可看作一个联合式的合成词，"绮""靡"二字同义、叠韵而平列，都是美好的意思，合在一起也还是此意。它应是从汉魏辞赋诗歌中常见的"猗靡"一语变化而来。

关于《文心雕龙》，有专著《刘勰评传》和《〈文心雕龙〉精读》，还有论文若干篇。

《文心雕龙》是一部比较难读的书，我尽力先从字字句句读懂入手，在字词句子方面，提出了一些与一般解释不同的看法。曾作《〈文心雕龙〉注释商榷》，所商榷者共二十余条，涉及书中十三篇。此外还有若干专篇。例如全书开篇的第一句话"文之为德也大矣"，学者们多有讨论，大多认为其中颇有深意。我从多方面考虑，作了比较精细的分析，认为此言之意不过就是说"文真伟大呀""文这种东西真了不起呀"。为何伟大，如何了不起，见之于下文的论述，至于这句话的本身，则并无特别的深意，无须作过分的解读。又如《明诗》篇说汉代《古诗》"婉转附物"，注家多释"婉转"为委婉的手法、风貌，而"附物"或被解释成诗人情附于物，以物喻情。我以为此说不确。"婉转附物"即《物色》"随物以宛转""体物为妙，功在密附"之意，只是称赞善于描写景物而已。又如《体性》篇所谓"轻靡"一体，注家多以为刘勰对之持贬斥、否定态度，我则赞同黄侃先生的意见，即刘勰于"八体"并无轻重之见。"轻靡"大致上相当于清丽，不是贬词。如此之类，均力求吃透刘勰本意。有的语词，关系重大。如《神思》篇"独照之匠，窥意象而运斤"中的"意象"，论者多从心物关系、从作者之意与所写形象之关系立说。这就涉及古代诗文评论中常见的概念"象""意象"如何理解的问题。我则认同钱锺书先生的见解,即刘勰此处"意象"就是"意"的意思,并不强调物象描绘。为此作《〈文心雕龙·神思〉中的"意象""象"辨析》一文加以论证。又如"风骨",《文心雕龙》设有专篇。而究竟什么是刘勰所谓"风骨",学界曾有过两次较大规模的讨论,言人人殊。王运熙先生从上世纪六十年代初到九十年代所发表的论著中,一以贯之地坚持这样的意见:"风清是指文章风貌清明爽朗的一种艺术特征,相当于今天所说的鲜明生动的文风。""骨的涵义是指运用的语言精要、劲健、峻直。"风骨"其主要特征是指文风的爽朗刚健"。[1] 我努力学习、体会先生的论述,非常佩服、赞同,乃作《〈文心雕龙·风骨〉三议》谈自己的学习体会。我觉得必须强调,刘勰的"风骨"不是指说某种风格,而是指所有文章都应具备的优良文风,可以说是放之四海而皆准。香港学者邓仕樑先生也曾说:"风骨是写作上的共同要求,并不因体裁、题材、内容、主题、风格的区别而有歧异,更不是某类文章独有的优点和特质。"[2] 就是今日,作文也该具有这样的优良文风。我举出了上世纪五十年代我国关于文风"三性"(鲜明性、准确性、生动性)的讨论加以比照,作为证据。刘勰提倡风骨具有矫正他所处时代不良文风的用意,那么他所针对的不良文风是怎样的呢?我觉得应该从宋齐时的诗文中找出实际的例子来认识,才能达到比较透彻的了解。于是广泛地阅读了当时的作品,从而得出这样的看法:"风骨"的对立面,如果就刘勰生活的宋齐时代来说,那么他所说的"讹势"就是一个重要方面;也许不能说是唯一的表现,但至少是重要表现之一。王先生一再强调,研习古代文论必须与研习古代

---

[1] 王运熙、杨明《魏晋南北朝文学批评史》第三章第八节,上海古籍出版社,1989年,446—448页。该章为王先生所写。
[2] 邓仕樑《"能研诸虑,何远之有哉"——〈文心雕龙·风骨〉九虑》,《中国文哲研究集刊》第12期(1998年3月),133页。

文学创作结合起来，我之理解"风骨"，正是努力按照先生的教导去做的。再如《隐秀》篇，由于全篇大部分文字已经亡佚，因此"隐秀"特别是"隐"，究竟是指什么，颇难作出确切的说明，但也不是不能作一些推测。我以为"隐"类似于汉儒解说《诗经》时所理解的"兴"，是一种寄托，不宜笼统地解释成含蓄、味外之旨那样一种艺术效果。

除了努力正确理解《文心雕龙》的语词、句子和篇意之外，我写过一篇《〈文心雕龙〉是以儒学为指导吗？》。不少学者认为《文心雕龙》是以儒家思想作为指导思想的，我以为不是。我认为儒家文学思想最强调的就是文学要为政治教化服务，而刘勰固然也表示赞同此点，但实际上对于那些并无政教作用的诗赋作品是加以肯定的，对其艺术表现是具有深刻认识的。综观《文心》全书，所谈的多是写作艺术、写作技巧层面的东西，而不是强调为政教服务。《文心》总结了自先秦直至魏晋南朝的文学创作和文学思想，而主要是反映和总结魏晋以来文学自觉时代的成果。刘勰虽然鲜明地提出向儒家经典学习，但他的意思是要学习儒家经典语言的雅正，学习经典的写作方法，而不是强调学习经典以治国修身，从事于政教。这是由《文心》的性质所决定的。刘勰固然崇儒，不可能不重视经典对于治国修身的作用，但问题是《文心》乃是一部谈如何用心写好文章的著作。驱驾语言文辞、写作文章有其自身的规律、自身的独立性，不管是儒家，还是道家、法家等等，运用语言的规律是一样的，我们何必一定要将其归到某一家的旗下呢？

关于钟嵘《诗品》，我有《钟嵘评传》和《〈诗品〉译注》，另外也有少量单篇文章。其中的心得，主要也在于释读方面。如对于《诗品》用语"远""深浅""儿女情多，风云气少"以及"体二"等，都提出了自己的看法。钟嵘说到诗歌的写作方法，说："文已尽而意有馀，兴也。"此语很为人们所注意，以为与汉儒旧说不同，甚至以为锺嵘已经说到了那种含蓄的馀味,是司空图"味外之旨"说的先声。我则认为锺嵘此说与汉儒"兴者,托事于物"的说法实际上并无多少区别,还是指寄托、象征的手法。锺嵘的"兴"正与《文心雕龙·隐秀》的"隐"相近,当时人还没有深刻明确地认识到作品蕴含的那种含蓄以至空灵的滋味。

在对于昭明《文选》的研究中,《文选序》"事出于沉思,义归乎翰藻"二句如何解释,是一个热门的话题。最早对"事""义"二字加以诠解的是朱自清先生。我在阅读古籍的过程中,发现许多"事""义"对举而意思差不多的语例,"义"也就是"事",因此认为萧统这里用两个字都是指写作之事而言。昭明之意,谓史书的性质与"篇翰"不同,其作者并不专心深思于缀集错比辞藻,但是史书里的赞论序述的写作则另做别论,它们与缀集错比辞华的文章是一类的。除此之外,我对《文选》流传过程中发生的某些文本讹误作过讨论,如著名的宋玉《神女赋》"王""玉"混淆问题、左思《三都赋序》"论者莫不诋讦其研精"如何解释的问题,我都发表过意见。对《文选》李善注所存在的错误、不足,也有多处加以指摘纠正。我还写过《〈文选注〉的文学批评》一文,从李善、五臣注中勾稽整比具有文学批评意义的资料,这是历来的文学批评史著作未曾多加关注的。

以上是我研习几种六朝批评史要籍的一些心得(《文选》六臣注产生于唐代)。此外,我对南朝"文笔说"、齐梁和初唐的声律、病犯等资料也作过一些整理阐释的工作。唐末五代的张为《诗人主客图》、欧阳炯《花间集序》,被认为不容易理解,我也曾撰文申说己见。

古代文论中的一些重要概念、范畴,如"文学""象""意象""兴象""意境"以及"言志""缘情"等,学界很重视,论述者甚多。我也很感兴趣。除上面提到的对《文赋》"诗缘情而绮靡"和

《文心雕龙·神思》的"意象""象"加以辨析之外，还有《魏晋南北朝时代"文学"一语的含义》《言志与缘情辨》《古籍中"意象"语例之观察》《"兴象"释义》《关于意境的两点浅见》诸篇加以探讨。我主要是运用综合的方法，即广泛搜罗古籍中的语例，几乎是竭泽而渔，然后加以分析、排比，从而得出结论。这可说是词汇学研究的方法，而不企图从哲学的角度进行挖掘。在今日电子检索的时代，搜集语例并不为难，但是面对大量的令人眼花缭乱的资料，如何选择和阐释，还是要花费不少功夫的。其关键是对资料须有准确的理解。我相信这样的方法得出的结论方才比较可靠，也比较切合实际，能够解决问题，有助于读者理解古人的原意。关于"言志"与"缘情"，上文已说过，我以为古人并不将二者相对立，甚至是将"志"和"情"作为同义词使用的。关于"意象"和"兴象"，我以为许多时候大体上就相当于"意"和"兴"，"象"泛指写出来的东西，并非今日有的学者所理解的"形象"，不强调可视性、画面感。也就是说"象"包括但不限于今日所谓"形象"。至于王国维所说的"意境"，则重在"境"，即强调表现对象的客观性。（这些都是力求探索古人原意，至于今人借用这些语词赋予新意，那是另一回事。）

从以上所说可以看出，我研习古代文论的一些心得，主要是在一些具体问题的理解和阐释方面。也写过比较宏观的文章，但很少。上面提到的《〈文心雕龙〉是以儒学为指导吗》或者可算一篇，此外只有《魏晋文学批评对情感的重视和魏晋人的情感观》和《关于魏晋哲学与文论关系的一些思考》两篇。后一篇反映了我的一个想法：一个时代的哲学思潮与文学思想的发展未必同步，二者可能并不平衡；文学，包括文学思想，其发展有它自身的规律，并不总是被哲学思想所制约的。因此，我们探讨一时代文学与哲学的关系，必须对于两方面都有具体深入的了解，切忌生硬比附。关键也还是在于吃透古人的原意。

下面再简略地谈谈我研习作家作品的情况。

我对于西晋陆机作过较全面的研究，对陆机的生平、作品和文集版本等写过若干文章，撰有约七十万字的《陆机集校笺》。该书在校勘、笺注、辑佚等方面均有不少新的成绩，出版后颇受好评，曾获得多种奖项。

作有《宫体诗评价问题》一文。不赞同将"宫体"的概念扩大化，认为宫体诗即艳诗，内容皆与女性相关。认为宫体诗描绘女性之美，体贴女性心理，在形象刻画、语言运用上有值得肯定之处，在文学史上应占有一席之地。该文是上世纪八十年代关于宫体诗学术讨论的产物。

作有《〈乐府诗集〉"相和歌辞"题解释读》，对于郭茂倩引用齐梁音乐类著述时引文的起讫，加以考辨分析。此事似小，然而于整理古籍、理解古人原意，颇有关系。因其所引书籍已经佚失，也不见于他书所引，故从事此役亦非易事。运熙师曾特地提出此篇予以表扬。同样性质的还有《〈唐诗纪事〉中计有功本人的说明与评论》一文。

唐代文学方面：

我的硕士论文《盛唐边境战争和边塞诗歌》，在运熙师指导下写成。该文对盛唐边境战争的性质、唐王朝有关的政策制度、战争与士人仕途的关系、边境战争和民族关系在诗歌中的反映等加以论述，尽可能周全地搜集相关史料，论述得具体细致，多有以往边塞诗研究所未及者。

李白研究是王运熙先生的重要学术领域之一，我在先生指导下也做了一些工作，就李白诗文和生平中的一些问题加以解释和考订。对诗中字句篇意加以解释者涉及约四十首。李白诗歌，古今注释得相当充分，而其文章之注则相对薄弱。我作《李白文注释拾遗》，就王琦以来注家所未备或错讹之处加以补苴，涉及表、书、序、赞等凡十一篇。关于李白生平，我有《从几首诗看天宝末年李白对杨国忠的态度》一文，结合史料作细致的分析，认为天宝末李白对杨国忠和朝政是抱有好感的，并不如安史乱后人们那样持严厉批判的态度。明确此点，有利于对李白作品的理解，也有助于确定几首重要诗歌如《古风》三十四、《远别离》的编年。

我曾作诗人张继的小传，又作《张继诗中寒山寺辨》，指出《枫桥夜泊》"姑苏城外寒山寺"的"寒山寺"，并不是今日那座苏州名刹寒山寺，而是泛指山中寺庙；并指出高仲武《中兴间气集》收录该诗，题为《夜泊（一作"宿"）松江》，因此有可能因诗中"江枫"一语而被附会于枫桥，又进而改题为"枫桥夜泊"。此文所辨虽不大，却也有一些影响，那是因为张继此诗以及寒山寺名闻遐迩的缘故。

为了正确释读古代诗文，我写了《"宛转相承"：骈文文句的一种接续方式》《"迭为承受"——古典诗歌的一种修辞法》和《略谈南朝骈文之难读——以任昉文为例》三篇文章。前两篇列举许多例子，揭示古代诗文中一种相当普遍的句与句的承接方式，虽然卑之无甚高论，但相信可为阅读古代诗文之一助。后一篇以齐梁骈文名家任昉的几篇文章为例，具体细致地予以解说，认为南朝骈文之所以难懂，除了因为作者喜欢用典、常常运用借代、缩略等修辞手法以及造语生新、颠倒词序之外，所谓"潜气内转"也是一个重要原因。"潜气内转"实质上就是当文意、语气转变之时却不用关联词语。后世表示转折、因果、假设、递进等关系，或承上启下之时，多以相应的关联词语相勾连，语意显豁；南朝骈文却不然，读者必须凝神静气以意会之。这固然增加了阅读的难度，但客观上也形成一种凝练内敛之美，别有韵味。或许有的学者认为"潜气内转"当指气韵而言，从语词运用角度去说，未免饾饤琐屑。我则认为昔人原意正是如此,而且正当如此落实,方不致令人难以捉摸。古人说得好,神理气味正当由字句音节加以体会,不落实则无以致虚。

这三篇文章,都是企图从修辞的角度,寻找出古代诗文的某些规律性的东西。但我做得还很不够,还只是刚刚开始。古代诗论文论其实谈艺术表现者居多。要确切理解那些看似琐屑的言论,发掘其价值,当然必须将那些话语与所评论的作品结合起来研究。近来我写了方东树《昭昧詹言》论汉代古诗和李白诗的两篇文章,也就是想在这方面作一些尝试。

以上拉杂谈来,如流水账目,只希望能为有兴趣的读者提供一些方便而已。

滋兰树蕙

易闻晓著《中国古代诗法纲要》序

我国古代诗歌理论，在很大程度上是为创作与鉴赏实践出发，故诗法一类论述占了颇大的比重。今人既多已不作旧体诗，而学者又多视之为小道，以为理论色彩不强，因此论古代诗学的著作往往于此略而不论，或语焉不详。但我至今还记得中学时代读周振甫先生《诗词例话》不忍释手的情景，又记得王力先生的《诗词格律十讲》《中国古典文论中谈到的语言形式美》是怎样地令我体会到进入一个新的知识天地的喜悦。那些著作就都涉及所谓诗法。后来从王运熙师研习唐代文学，又参与撰写《隋唐五代文学批评史》，对于初唐以至晚唐五代的诗格类著作稍有涉猎，乃知那些看似琐屑的议论中，实亦包含某些诗歌美学思想，亦可从中觇见某种时代风气。因此知道所谓诗法，实有认真理董研究之必要。

易闻晓博士有志于此。在复旦大学博士后工作站修业期间，他孜孜矻矻，焚膏继晷，从大量原始材料中仔细勾稽探索，除诗文评类，又旁及小说笔记、诗集注释，制成卡片，积案盈尺。然后梳理辨析，并努力思索"法"中所体现的文化意识。其工作是十分艰辛的，他却乐而忘疲，终成《中国古代诗法纲要》一书。今即将面世，令人欣喜。

我于其书，得先睹为快。颇觉作者思维精审。比如所谓用典，为古代诗歌中所常见，人所共知。但一般人泛然以为征引前代典籍便是用典。本书则先据《文心雕龙·事类》等，指出引用旧辞与引用故实，二者有所区别；然后又指出取于辞者可分为"引语"与"脱化"，取于事者亦分"引事"与"用事"。引语、引事不过引古证今而已，脱化、用事则俱见诗人匠心，往往推陈而出新。如李义山"不辞鹈鴂妒芳年"，乃出于《离骚》"恐鹈鴂之先鸣兮，使夫百草为之不芳"之语而化用之；而杜牧之《赤壁》诗则取曹、吴作战故实翻而用之。李为"脱化"，杜乃"用事"。然后又指出，尚有"点缀""比兴""代语"，与用典易相混淆而实质不同。如此罗罗清疏，颇有助于鉴赏；持此以观古人今人所论，庶不至于治丝益棼。

见解通达，具有辩证因素，也是本书的优点之一。比如所谓自然，向来被推为诗之崇高境界，而本书则在强调自然的基础上，还指出不可因过求自然而造成软熟。又说应斟酌于生熟之间，若一意追求流美，则易失之软弱。关于意在笔先与偶然凑泊、伫兴与力构，作者也有全面合理的看法。通观全书，感到作者对于以下原理颇有体会：论艺不应悬一绝对的标准，不可失却分寸感。所谓有法而无法、有活法而无死法，作者是认识得很清楚的。又论写景，说诗人常常不是对景写生，而是想象虚构；又说写景并非都绘声绘色、刻意形容，往往以概括的笔墨出之。凡此之类，令人感到作者在鉴赏方面，确有心得甚至有一定的创作经验，因此所论都不是纸上谈兵。作者说"古人说诗，类多论法，非仅理论谭辩而已，乃称实践诗学可也"，本书所论，也在在体现出实践的品格。

易闻晓博士此书,确实在今日学界之研究显得粗略的领域,作了有益的探索。我既乐观其成,复闻他有意在此领域继续耕耘,爰书数语,以寓喜悦与期待之情。

2005 年 5 月 6 日,上海

(易闻晓《中国古代诗法纲要》,齐鲁书社 2005 年出版)

李定广著《唐末五代乱世文学研究》序

李定广同志曾在复旦大学中国语言文学研究所攻读博士学位,由我担任指导教师。他在入学后不久,就说起过对罗隐的诗文特别感兴趣。学习期间,写过若干有关唐末五代诗词的文章。而其毕业论文,也以唐末五代文学研究为题。对这一时期的文学,确是念兹在兹,用功多年。如今他的毕业论文经过修订,即将面世,接受学界和广大读者的评判,这于李定广同志当然是一件值得庆贺的事,我也为之感到十分高兴。

据定广同志的考察,宋代已有人将懿宗咸通以后及五代的诗文视为一体,与咸通以前相区别;而在现在的研究者中,是苏雪林的《唐诗概论》首次将咸通至唐亡的文学划为一个独立的阶段加以论述。不过许多研究者对这一阶段的文学,总的评价不高。定广同志却有自己的看法。他认为"一代有一代之文学",唐末五代文学自有其独特的审美价值;至于其文学史意义,"集中表现于开启、推动宋以后的'俗文学',同时影响雅文学"。他引了胡国瑞先生的话:"唐代诗歌的艺术光辉,是一直照耀到唐王朝的最后历程的。"

认为是精辟之见,并叹惋此说"发表二十多年来没有激起什么反响"。

对唐末五代文学总体上怎么看,该给以怎样的评价,在这个问题上,可能不容易得到一致意见。不过定广同志为论证自己的看法所做的工作是认真的,所举的理由也是发人深思的。别的且不说,单看他举出的许多宋词和宋诗中的意象、句子、情境脱胎于唐末五代诗人的实例,就令人产生对唐末五代诗当刮目相看的感觉。这样的论证,看起来似乎简单,但如若做得好的话,却确实直观而有说服力。过去一些有成就的学者,在论述前代文学对后世的影响时,往往就用此法,如李审言先生的《杜诗证选》《韩诗证选》。钱锺书先生更是这方面的大家。而如果不是寝馈于具体作品之中,是难以做这样的工作的。我想定广同志所举出的理由,至少可以促使读者重新省察对唐末五代文学的评价,引起或增加对这一时期作家作品的重视。

《唐末五代乱世文学研究》并非对这一历史时期的文学作全面的论述。作者只是选择自己较有心得的问题发表见解。依我看来,书中最引人入胜之处是长于辨析。下面举两个例子。

如关于"晚唐体"的论述。本书说"晚唐体"是宋人提出来的诗学术语。作者搜罗了许多资料,加以仔细分析,得出的结论是:虽然情况复杂,但宋人所谓晚唐,大体上即指唐末,亦即今天学界所说的晚唐后期,也就是从懿宗咸通至唐亡的四五十年。而宋人所说"晚唐体",则常常是指一种风格,而不仅是就时代而言,因此有时还包括了中唐的贾岛、姚合,甚至包括了宋初九僧、南宋四灵。作者又分析宋人对"晚唐体"的认识和评价,分成北宋、南宋前期、南宋后期三个阶段加以论述,指出了其中或褒或贬的种种复杂情况。所举的资料颇为全面周到,而特别引人注目的是欧阳修、杨万里的态度。欧阳修既指出晚唐诗"无复李杜豪放之格",又肯定其"务以精意为高","极有意思","多佳句"。杨万里更屡言"晚唐异味",盛赞其蕴藉含蓄,"差近"三百篇,认为作诗者可取径晚唐而上求《国风》。定广同志认为,杨万里的"晚唐异味"是一个艺术、美学方面的概念,不侧重于思想意义、现实民生方面。总之,本书通过多方面的辨析、论述,让读者对于唐末诗与宋代诗坛的关系有更加完整清晰的认识,而不仅仅停留在一般所说九僧、四灵之流崇拜贾岛上。贾岛固然可说是唐末诗人的祖师,但宋人并不只是直取中唐贾岛,而且也直接从唐末诗人那里吸收营养。重视"晚唐"者也不仅仅是九僧、四灵而已。在宋人对"晚唐"的称颂之中,包含某些值得注意的诗学倾向。

又如关于李商隐、温庭筠。这两位诗人活动于晚唐前期,本不在本书所说"唐末"范围之内,但定广同志从对于唐末五代的影响、在唐末五代人心目中的地位出发,也进行了论述。他认为唐末五代人并重温、李,而温的名气、影响远高于李;这与今人对二人的评价完全不同。作者列举事实加以证明,并从温、李二人的生平、为人、创作等方面分析温之影响为什么会高于李。他用俗与雅概括温、李的不同走向,温庭筠之俗正好合乎唐末五代文学总的发展趋势。应该说,温庭筠在当时具有很大影响,这是学界已经认识到的,本书也说,范文澜先生早就说过李商隐是旧传统的结束者,温庭筠是新趋势的发扬者;贺中复先生论温庭筠时也多次指出温氏当日影响大,温诗颇能体现晚唐诗歌的风貌和发展趋势。(见吴庚舜、董乃斌先生主编的《唐代文学史》)但由于著作性质的关系,他们不可能展开论述。本书则作了较细致的论证,特别是将温、李在当日的影响作了比较,并与唐末五代趋俗的倾向联系起来,这该是具有一定的创新意义的吧。可以说,定广同志这方面的论析,更具有批评史、接受史方面的意义。

本书在论《花间集序》时对近年来一些学者的意见提出反驳,

也有值得注意之处。《序》云:"自南朝之宫体,扇北里之娼风,何止言之不文,所谓秀而不实。"学界之意见不同,主要就是围绕对此数句的解释而发。定广同志强调五代曲子词由俗趋雅,《花间集》正反映了这一趋势,欧阳炯所批评的"言之不文"就是指坊曲里巷乐工妓女所唱的歌词不雅、不精致。我觉得这样解释大致是合理的,与其他学者的意见也并不相左。定广同志揭示,近人陈匪石早已说过:《花间集》"甄选之旨,盖择其词之尤雅者,不仅为歌唱之资,名之曰'诗客曲子词',盖有由也"。问题是"秀而不实"如何解释。1994年贺中复先生发表《〈花间集序〉的词学观点及〈花间集〉词》,认为这是对南朝以来宫体歌辞的否定,而且是批判那些歌辞没有好的思想内容。贺先生甚至说这批判直接继承了白居易"根情、苗言、华声、实义"的现实主义诗论。定广同志反对这种意见,他认为"秀而不实""似是说曲调虽好听,却没有像样的歌词"。这里简单地说一下我的想法:我觉得欧阳炯这几句话,不过是文人的常态惯技,说几句批评前代同类作品的话以张扬《花间集》中作品之高妙而已。关于"秀而不实",贺先生文中已经举出欧阳炯《蜀八卦殿壁画奇异记》中的几句话作为对照。该《记》云:"六法之内,唯形似、气韵二者为先。有气韵而无形似,则质胜于文;有形似而无气韵,则华而不实。"可惜贺先生似没有细味这里"华而不实"之意,而又太强调《花间集》作品的"积极意义",遂得出《花间集序》批判宫体歌辞思想内容不足的结论。其实,今天我们如何评价《花间集》,《花间集》作品在思想内容上有多少高出于宫体之处,是一回事;欧阳炯如何看待宫体,则是另一回事。窃以为《蜀八卦殿壁画奇异记》"华而不实"说的是绘画徒有形似而无生气,无生气则不像真实的、活生生的对象。实,谓真实不虚浮。《花间集序》是说南朝宫体扇起的风气之中,那些前代作品不仅修饰得不够好、不够精美,而且所描画的人物、情景都未能做到栩栩如生、如在目前，都未能写得像真的一样。这当然是一种批评，但乃是属于艺术方面的批评，不应求之过深。近年来关于《花间集序》的讨论比较热烈，笔者借此机会凑一下热闹，和定广同志及有兴趣的先生们讨论讨论。

定广同志离开复旦已经快三年了。他热爱学术，热爱文学艺术。不但能作文，还会弹琴歌唱。当日微醺之际，曾以一曲《红豆曲》令我们击节陶醉。论文时盱衡抵掌之状也还历历在目。希望他不断进取，在我们共同热爱的领域内不断取得新的成绩。

丙戌孟春

（李定广《唐末五代乱世文学研究》，
中国社会科学出版社 2006 年出版）

李翰著《汉魏盛唐咏史诗研究》序

咏史是我国古典诗歌中的一项重要题材，近年来颇受学者关注。李翰同志的《汉魏盛唐咏史诗研究》，在我看来，是一本具有自己特色的咏史诗研究著作。

做某一课题的学术研究，首先需要比较明确地规定研究的对象，划定研究的范围，认识此对象与其他有关事物的联系。就咏史诗而言，什么是咏史诗，抽象看来似乎不难回答，即歌咏历史事件、人物的诗篇。但一接触具体作品，就觉得不那么简单。比如咏史和怀古，有无区别？如何区别？《文镜秘府论·南卷·论文意》载王昌龄《诗格》，有云："诗有览古者，经古人之成败咏之是也。"又云："咏史者，读史见古人成败，感而作之。"其所谓"览古"，应可理解为就是怀古。由其语，可知盛唐人已感到有区别二者之必要。怀古是身经其地见古迹而咏之，咏史是阅读史籍有感而咏之。昭明《文选》诗歌分类有咏史而无览古，(《文选》卷二十一咏史类有卢谌《览古诗》一首，但其所谓览古，谓观览史籍，与王昌龄所谓经历古迹不同。)吕向注亦云："谓览史书，咏其行事得失，或自寄情焉。"这样区别，看起来似乎泾渭分明，十分明确，因此当代有的学者即以此为准。但实际上若接触具体作品，就感到仍然不能概括丰富多彩而又复杂多变的写作实践。在许多情况下，咏史与怀古二者颇难区分。因此有的论者便笼而统之，概称为"咏史怀古诗"。李翰同志在这个问题上花了不少功夫。他在参考昔人和当代学者意见的基础上，一方面考察唐宋文集的分类情况，另一方面更重要的是分析大量写到古人古事的诗作，反复比较，深入思考，作出了自己的界定。他看到有的诗作，题为怀古，确也是作者经历古迹而作，但诗中相当具体地铺叙史事，其写法实与一般的咏史差不多；更有一些分类编撰的文集，如《李太白分类补注》，如《瀛奎律髓》，其分类有"怀古"类而无"咏史"类，一些显然并非行经古迹而歌咏史事、历史人物的作品，亦即可说是"咏史"的作品，均被收载入"怀古"类中。因此，王昌龄的区分标准是无法到处套用的。李翰对自己所要探讨的咏史诗的界定是："以历史或传说人物、事件作为写作对象，写作缘起或阅览史传、古籍，或经临古迹，写作目的或直叙史事，或别有深衷。"这个界定，与上面所说王昌龄提出的咏史、览古（怀古）之别，有一个显著的区别，即打破了阅览史书还是经历古迹的界限。那么在他这里，有没有咏史、怀古之别呢？还是有的。他一方面再三说明，咏史、怀古重叠而一身二任者多，难以划出截然的分野；一方面也还是作出了大致的区分：从外在形式上说，咏史的根本特征是诗中所述古人古事相对清楚明了，比较具体；怀古则言及古人古事可以具体，也可以非常虚泛（当然尽管虚泛，仍须让人获得一种古今沧桑的历史感），而以描写（至少要点到）所历古迹为必要条件。他又认为咏史、怀古二者"文字表面上的写作特点固需辨别比较，但其同异之间的诗学精神尤其值得探讨"。他说怀古诗重在追怀、哀叹，诗中回旋往复的主题是自然永恒与人生短暂、功业成空的对比，是对历史、时间、人事等的叹惋。它们每每触及人生存在、生命价值意义这一本体性

李翰著《汉魏盛唐咏史诗研究》序

问题,与咏史相比,可说趋向于"形而上"之虚灵。这一观点,据作者自己说,得到刘若愚先生《中国人的文学观点》一书的启发;而我想与作者大量欣赏、品味诗歌作品,尤其是唐诗,从而积累许多感性认识也有很大关系。正如作者所说,唐人多感,他们面对江山胜迹,便骋思于上下古今,情不能已,因此从唐代开始,此类怀古之作乃大量涌现。而咏史诗,则更多地显示出"现实关怀"。"怀古诗因其哲思而玄远,咏史诗则多联系着政治、道德命题",诗人或以之表达政治社会方面的见解,或以之寄托自己的用世抱负。(这是就本书所论述的汉魏至盛唐咏史诗而言,中唐以后出现新变,则又当别论。)

李翰的论述,就是从上述区分着手展开的。也许这样的区分还需要进一步推敲,但总是经过深思熟虑、反复斟酌得出的结论。我们不知道他的意见能得到学者们多大程度的首肯,但我想总含有若干新的想法、新的思考角度,可供进一步讨论。

本书的论述注意将诗歌创作与时代的潮流、文学风气联系起来,与"士"的思想、精神风貌联系起来。作者认为,汉魏至盛唐的咏史诗,反映了士的精神在一代代的承继、积累中不断发扬,最终在李白那里达到高潮。虽然其间有曲折参差,但总的说来,存在着上述那样"一条非常乐观的、有规律的走向"。作者要求自己做到对这一阶段咏史诗的考察,一直与对士之思想精神的考察相始终。应该说他是达到目的了。

读本书时,常常感到作者勤于理论上的思辨。而这种思辨,又结合着审美的感悟。比如他说到张若虚的《春江花月夜》、卢照邻的《长安古意》和刘希夷的《代悲白头翁》时,强调了闻一多先生称赞张诗所揭示的"一个更深沉更寥廓、更宁静的境界","更夐绝的宇宙意识",强调了李泽厚先生所说的"少年时代的憧憬和悲伤","尽管悲伤,仍感轻快,虽然叹息,总是轻盈"。作者说:"闻、李二位先生,以诗心体悟诗心,窃以为如此读诗,谓之'不隔'可也。"对于闻、李的称美与共鸣,其实反映了作者自己对于那种怀古意绪的深深的体味。书中对于怀古诗的认识和界定,与这种体味息息相关。又如关于盛唐气象,林庚先生曾以"青春""浪漫"等语加以概括,说:"蓬勃的朝气,青春的旋律,这就是'盛唐气象'与'盛唐之音'的本质。"其说曾引起不少争议。反对的学者指出盛唐仍存在许多深刻的社会矛盾,故以"青春""浪漫"予以概括不恰当,不符合事实。李翰同志则认为,"青春""浪漫"在这里不应简单理解成乐观、单纯,而应看成一种热力、激情。他说盛唐当然也有悲愤之音,但"积极也罢,愤怒也罢,这里面都有血气,有热情,即所谓'使气命诗',这就是青春的色彩。……盛唐的悲喜,都是青春的悲喜,林先生把握到的是盛唐的本质。……盛唐与既往之分别,即在于无论悲愤沉痛、乐观豪迈,都真实有力,有血肉生命。就有力无力这点上来论盛唐气象,可以弥纶诗歌情绪基调中悲愤、乐观之异……这种力在'四杰'与陈子昂那里就已经开始涌动,到盛唐达到沸点。……鲁迅先生曾云:'有精力弥满的作家和观者,才会产生出"力"的艺术。"放笔直干"的图画恐怕难以生存于颓唐、小巧的社会里的。'"笔者这里无意于判断林庚先生、李翰同志对盛唐气象的认识如何,只是想着重指出,李翰同志的这些话体现了理论思辨与审美感悟的结合;这种结合,是他学习、研究的一个特点。这特点值得我们重视,也许还值得歆羡。

这本书原是李翰在复旦大学攻读博士学位所作的论文。去年今日,正是他为完成论文而最后冲刺的时候。如今申城的玉兰花再度绽放,我衷心祝愿他不断攀登,更上层楼,取得新的成绩。

2006 年 3 月 9 日

(李翰《汉魏盛唐咏史诗研究》,广西师范大学出版社 2006 年出版)

刘飞著《戴表元及其文学研究》序

　　刘飞同志的博士论文《戴表元及其文学研究》即将出版。我作为当年的指导教师,写几句话权作序言,自然是责无旁贷。

　　作为一篇博士论文,当然希望有所创新,然而创新谈何容易。学术的发展需要积累,需要主客观各方面的条件。每年都有学生毕业,每个学生的论文都要创新,全国有那么多院校,那么多导师,那么多学生,那么多论文,年复一年,后来者怎么样才能说出新的东西来呢?学术研究就是求真求是。所谓创新,就是要去求那未曾被人发现过、被人说过的真和是,或者虽然被说过,但还说得不充分的真和是。那是十分艰苦的工作。如果人家已经做过的事、已经说过的话,我这里变着法儿说得吸引人们眼球一些;或者管它合不合事实,只顾趋奇走怪、哗众取宠;那都说不上是什么创新。从这个标准看,能有点滴新见,对前人的成果拾遗补阙,就已经颇不容易,而作为一篇博士论文,至少得十万字吧。因此,确定研究对象,拟定论文题目,就已经是一件颇犯难的事情。我的想法是,与其绞尽脑汁去找一个内容说不上怎么新、只是述说的方式看起来新巧的题目,还不如老老实实地就前人尚未作充分观照或尚未充分论述的个案进行研究,包括进行作家作品研究。作家作品研究,看起来最平实无奇,但却正是文学史、文学批评史研究的基础。如果这位作家及其作品是以往研究还不充分,甚至是被忽略了的,那么现在加以研究,本身就具有创新的意义。即使这位作家是二三流的、三四流的,也还是有研究的价值。而且这样的研究有一项好处,就是它是很好的学术训练。它需要研究者从认真阅读原始资料入手,了解该作家文集的版本流传,了解其生平和交游,了解其时代背景,分析、归纳其作品的思想内容,体会、感受其作品的艺术魅力、审美价值。其牵涉到的问题是非常广的。这样,研究者在文献学、文学、史学以至哲学素养各方面都可以得到比较完整的训练,提高自己的科研能力。正是基于这样的考虑,我和刘飞同志商定了他的论文题目。

刘飞同志的写作是刻苦认真的,因此论文中也就有了不少引人注目的新鲜之处。他认真阅读了大量资料,仅戴表元的文集就寓目十餘种之多。复旦大学图书馆藏清抄本《剡源戴先生文集》录有何焯评语,以前从未见有人介绍,赖刘飞此文频频引用,读者得以尝鼎一脔。何氏的评语,对于我们了解戴表元的创作,颇有裨益。如评其五言古诗云:"出入苏、黄,于黄致力尤深,少天然之美。"评其《己卯岁初葺剡居》云:"是宋人语,然真朴有味。"评其七古《登新岭》云:"山谷之髓。"评其七言律云:"不离江西派别。"都指出戴诗受宋诗的影响。刘飞同志在论述戴表元的诗歌主张时,一方面强调他提出"宗唐得古"的理论框架(古体宗汉魏两晋,近体宗唐),一方面指出他对宋代一些诗人也给予肯定,指出他自己的诗歌创作也有宋诗风格。这样将一位作家、批评家的理论主张与其自身的创作结合起来观察分析,是十分可取的,而在这样做的过程中,想必从何焯的评语中也曾得到启发。这就是老老实实地从事文本调查的好处。

论文写到戴表元宋末在建康授徒的情况,引用了孔齐《至正直

刘飞著《戴表元及其文学研究》序

记》的一段记载："先人尝言：幼在金陵郡庠从戴率初先生游，先生每因暇即以方言俗谚作题，令诸生破，如经义法。一日命题'楼'字。先君曰：'盖尝因其地之不足而取其天之有馀。'先生大喜。又命以谚云：'宁可死，莫与秀才担担子；肚里饥，打火又无米。'破曰：'小人无知，不肯竭力以事君子；君子有意，不能求食以养小人。'"《至正直记》，《四库全书总目提要》入小说家类存目，说是"所记颇多猥琐"，并举所载其父老年多蓄婢妾一条为证，讥讽道："所谓直记，亦证父攘羊之直与！"其实这恰恰表明了孔齐直言不讳的态度。刘飞同志所引的这段记载，当来自孔齐之父孔退之的亲口所述，是很可信的第一手资料。这个细节画出在经义试士的背景下戴表元教学生学习写作的情况，也反映了戴氏性格的一个侧面。刘飞同志是翻阅上海古籍出版社的《宋元笔记小说大观》时偶然发现这则记载的。说是偶然，其实也有必然的因素在，如果不是踏踏实实地"动手动脚找资料"，搜索范围及于说部，此种本来不为人所重，但在这个具体场合却是颇有意思的材料，难道会自己跳出来么？

对于学界已有的成果，刘飞同志也十分注意加以吸取。戴表元在元代起家为信州（治上饶，今属江西）教授，袁桷的《戴先生墓志铭》和《元史》本传都说是在大德八年戴氏61岁时。袁桷是戴表元的弟子，他为老师写的墓志铭本该是可信的。但是《剡源文集》中有好几篇诗文可证表元于大德六年便已经在信州，因此台湾学者孙茀侯先生的《宋元戴剡源先生表元年谱》认为戴表元为信州教授应该是在大德六年59岁时。刘飞同志在认真阅读原文的基础上，也取大德六年之说。不过他比较慎重，所以说："实际情况是否为表元于大德六年到达信州，然正式上任是在大德八年呢？还有待进一步考证。"出任信州教授，算是戴氏生平中的一个重要事件，常为后人所议论；而大德八年说影响颇大，曾见大陆学者的著述中仍从其说，孙氏的意见或许还未被研究者所广知，这里借机提一下，或许能引起一点注意。

　　作为作家作品个案研究，《戴表元及其文学研究》是较为完整的，其论述中也有精彩的见解。以往的研究对戴表元的散文的思想内容论述较为薄弱，本文则作了全面的分析。作者指出，戴氏的散文，文道并重，然而从总体上说，还是追求一种性情之文，实质上体现了要求文学从理学的桎梏下解放出来的精神。这一见解可谓鞭辟近里。本文论戴氏"宗唐得古"的诗歌主张，认为其态度是通达的。戴氏并不排斥宋诗，不过在戴氏看来，有宋一代一些代表性的诗人的风格与唐诗有渊源关系。论文又指出：戴氏关于作诗"一以性情为之"的主张，孤立看来并无多少新意，但在宋元之际，却有反拨种种不良诗风的意义。论文还强调戴氏诗歌"惟宜老与穷"和"游益广，诗益肆"的观点，是立足于宋末元初特定时代背景下，结合自己的创作道路，对当时的诗坛深入思考的结果。凡此之类，都显示出论文作者比较全面、通达而辩证的眼光。作者还论及一个颇有趣味的问题，即学术思潮、科举制度与诗歌发展的关系。论文列举多条戴表元论述此一问题的话语，说明南宋以来诗风不振，与高谈性命的理学风气和科举中废止以诗取士的做法有密切关系，特别是后者的影响非常之大。戴表元以当时人论当时事，体会是深切的。刘飞同志的论文抉发出有关内容，并与严羽"唐以诗取士，故多专门之学"之语相联系，对于我们思考诗学史上这一常为人们提起的问题，实有所启发。

　　《戴表元及其文学研究》的出版，是令人高兴的事。这是刘飞同志研究戴表元的一个阶段性成果，相信他将把这一研究继续深入、拓展，从而取得新的成绩。

（刘飞《戴表元及其文学研究》，安徽大学出版社2008年出版）

杨焄著《明人编选汉魏六朝诗歌总集研究》序

杨焄同志的博士学位论文《明人编选汉魏六朝诗歌总集研究》将要出版，我由衷地感到高兴。

杨焄同志自1999年开始在复旦大学攻读硕士学位，由我担任指导教师；后因成绩优异而直升攻读博士学位，仍由我指导。将近六年的时光，我深感他对于所学的专业充满热情，如饥似渴地汲取、积累知识。他读书细致，对于传统文献学方面的知识尤其感兴趣，打下了较好的基础。毕业后他有幸进入华东师范大学中文系任教，仍然保持着这样的优点，发扬光大，奋进不已，这是最令人感到欣慰的。

《明人编选汉魏六朝诗歌总集研究》正是从扎实的文献调研出发，对出现在明代中后期的何景明《古乐府》等十六种汉魏六朝诗歌总集加以全面的研究。举凡诸集的时代、编者、编辑过程、版刻源流、内容特点以及对后世的影响等，无不细加研讨；在此基础上，实事求是地论述诸集的编撰与当时诗坛风气的关系，让读者可以从中窥见明代诗歌创作与批评潮流的消长变化。杨焄同志本着竭泽而渔的态度，搜集、分析资料，细大不捐，乐此不疲，甚至今人所编油印本书目在图书馆束之高阁者，也未能逃脱其渔猎范围。经眼既多，自然就能道人之所未道。试举一例：关于《六朝诗集》的编者，明清时的一些目录专书，因该书前有薛应旂序，乃著录为薛氏所编；近人或推测为谢枋得编，或认为是徐献忠编。本论文一一加以考辨，认为这些说法都不足据，并提出该集与毗陵蒋孝主持刊刻的《唐十二家诗集》在刻工、作序者、丛编形式等方面多有共同之处，因此《六朝诗集》很可能也是蒋氏编订刊行的。应该说这是一个比较可信的推断。若非广泛浏览、比较，是不可能做出这样的推测的。在论及《六朝诗集》和《唐十二家诗集》的刻工姓名时，杨焄同志根据张择铎编《古籍刻工名录》，纠正了杜信孚等《明代版刻综录》之误，这也可见他涉猎之广和用心之细。

由于杨焄同志对所论诸集的内容及有关资料都一一细心读过，因此发现了不少古人、今人的讹误或不足之处。下面举几个例子：

《四库全书存目提要》总集类论及唐汝谔《古诗解》和唐汝询《唐诗解》时，误以汝询为兄，汝谔为弟，且以为《唐诗解》之编撰在前。本论文指出：其实汝谔为兄，汝询为弟，而且《古诗解》编撰在前，《唐诗解》在后，只不过《唐诗解》先成而梓行于世，于是使人产生错觉，以为《唐诗解》先行编撰。

隋炀帝《春江花月夜》之一"流波将月去，潮水带星来"，冯惟讷《古诗纪》云："《玉台》作'共'。"（按：指"带"字作"共"。）逯钦立先生《先秦汉魏晋南北朝诗》引冯氏语，又按云："《玉台新咏》无此篇。"本论文指出：其实冯氏所谓《玉台》不是指徐陵编的《玉台新咏》，而是指明人郑玄抚编的《续玉台新咏》。《续玉台新咏》原来附刻于《玉台新咏》之后，冯惟讷编《古诗纪》时，常常采录其中异文，写入注文之中，而径称为"《玉台》"。

张谦、王宗圣所编《六朝诗汇》，嘉靖中刊行，该集文字有不少与别本不同,也可供整理六朝诗歌者参考。其中有的已为冯惟讷所采录,有的则尚未引起注意。如庾信《和赵王看妓》"细萆缠钟板,圆花钉鼓床",《六朝诗汇》注云:"一作'膺风蝉鬓乱,映日凤钗光'。"冯氏《古诗纪》采录之,但未注明依据。逯钦立先生亦仅据《古诗纪》采入,未得其源。从古籍整理的角度说,当然是尽可能注出较早的依据为好。本论文即予以指出。又隋炀帝《晚春》"穿林鸟乱飞",《六朝诗汇》小注云:"一作'归林鸟倦飞'。"则尚未见于他书。本论文亦拈出之。又《六朝诗汇》卷六十二录萧雉诗,注云:"一作'推'。"逯钦立先生误将萧推、萧雉作为两位作者录入。逯先生的《先秦汉魏晋南北朝诗》有功于学术甚巨,但该书囊括上下千馀年之久,故不能毫无阙失,正赖后来者补苴罅漏。应该说杨焄同志的论文对于今人在逯先生辛勤劳作的基础上进一步整理六朝诗歌,颇为有益。

旧传曹植《七步诗》,几乎家喻户晓。但或以为并非曹植所作。有的学者认为第一个起来否定七步诗为曹植所作的是清人卓尔堪。本论文则指出是明人刘成德。刘氏为正德六年(1511)进士,编《汉魏诗集》十四卷,将七步诗列入"无名氏可考"的第十四卷内。

南朝诗有陆凯《赠范晔》一首,"江南无所有,聊赠一枝春",也是脍炙人口的诗句。但关于其作者、本事,启人疑窦,古今表示怀疑者,颇不乏人。现代学者多引录唐汝谔《古诗解》,以为唐氏是最早提出疑问的。本论文则指出:实际上在唐氏之前,杨慎已经质疑,唐氏乃是转述杨慎之语。

凡此之类,看似细小,但是认真的科学研究是不能忽视它们的。也只有认真地下苦功夫、死功夫,才能在这些地方精益求精,有所前进。在一个学术浮躁的时代,我们是太需要发扬这种负责任的学风了。

《明人编选汉魏六朝诗歌总集研究》不仅以认真踏实的文献调

查、考证见长，而且能大处着眼，从总集编录中看出明代诗学的演变。

比如论述杨慎所编《五言律祖》时，便分析明代复古派对于六朝诗歌的态度，指出复古人士虽然也明白六朝诗在律体形成过程中的作用，但总是举沈佺期、宋之问以后的盛唐作者为律体正宗和学习楷模，而对于六朝却往往一概鄙视、排斥，甚至有的作者在创作上被认为是效法六朝的，也还是发表指斥六朝的言论，因此《五言律祖》便遭受某些论者如许学夷的抨击。但其书自具特色，其光彩终不可掩。人们也渐渐地认识到它的价值，如七子后学之巨擘胡应麟就说"用修之识，致足仰也"，其《诗薮》所论就显然受到杨慎的影响。这样的分析，让读者对当时诗学的复杂情况，能有比较真实具体的了解。

又如作为后七子领袖的李攀龙，所编选的《古诗删》受到不少人的批评，认为其去取多不惬人意。即使复古派中人如王世贞、吴国伦、许学夷等也多有訾议，说是"徒为识者姗笑"，"去取之意，漫不可晓"。李攀龙怎么会编选出这样一部诗集来呢？本论文认为，该集有一些特点：一、将李攀龙《古诗删》与他自己的《拟古乐府》相比较，发现《古诗删》所录乐府诗有一半以上在《拟古乐府》中有拟作；二、该集多选六朝人的拟古之作；三、该集选陶渊明诗甚多，远过于陆机、潘岳、左思，这当与李攀龙当时罢官隐居的心态有关。因此，《古诗删》不是一部一般意义上的六朝佳作选集，也就是说，李氏选录时，并非单单着眼于一般的优劣标准，而是为了适应他自己创作拟古作品的需要而选录，而且与他当时特定的心态有关。因此，该集的不惬人意，尽管原因可能很复杂，但与它是一部充满个人色彩的选集有关。这样的解释，显示出独到的眼光，可以启发读者作深入的研究、思考。

再如论徐献忠的《乐府原》，指出该书十分重视探寻乐府诗的

杨焄著《明人编选汉魏六朝诗歌总集研究》序

本事，常以合不合本事作为评价拟作者的一个标准，进而考察复古派文人热衷于写作拟古乐府的风气和当时人对此种风气的评论，从而得出结论：徐氏编撰此书，既顺应了这一创作源流，又针砭其中某些流弊，对于初学者正确认识古乐府，学习写作拟古乐府有所助益。这样结合当时诗坛风气进行论述，就比孤立地论《古乐府》的优劣较有深度。

王运熙先生曾总结自己的治学经验，说服膺"好学深思，心知其意"的古训，在研究中取一种"释古"的态度。王先生又强调在研究古代文学理论批评时，必须与文学创作结合起来。从上述例子可以看出，杨焄同志也正是遵循着这样的路径努力的。笔者认为这甚为可喜，因为这是一种科学的态度，一条正确的道路。入门正还是不正，与以后能否取得成绩，能够取得怎样的成绩，实在是大有关系。

执笔至此，夜色渐深。想来杨焄同志一定还在灯下读书吧。我们能在同一座城市的天幕下，读着共同感兴趣的书籍，有时还或通过电话，或促膝并座，相互切磋交流，其乐也何如！是为序。时维丁亥岁杪。

（杨焄《明人编选汉魏六朝诗歌总集研究》，
陕西人民教育出版社 2009 年出版）

符懋濂著《唐代明道文学观与正统历史观的比较研究》序

符懋濂先生的著作《唐代明道文学观与正统历史观的比较研究》即将出版了。这部著作原是他的博士学位论文,作为该论文的指导教师,我当然感到十分高兴。

符先生是新加坡华裔学者。初次相见的时候,我已经过了耳顺之年。当时他留给我的印象是精干而朴实。当得知他的年龄比我还大,已经退休多年,并且还在"发挥馀热",从事着社会教育工作的时候,不禁感到惊讶和佩服。接着又得知,他原毕业于新加坡南洋大学,早已取得了硕士学位,只因后来新加坡教育制度发生变化,所以未能继续攻读博士课程。如今就是为了圆这个继续学习博士课程的梦而来到复旦。他的深造,完全是出于兴趣,为了求知,没有任何功利的目的。我还是第一次指导这样年龄和经历的学生。

在论文写作过程中,我们经常交换意见。符先生原来的专业是历史学,而我感到他对于中国古代文学也有相当的了解。文史不分家,本该如此。令我感到意外的是,据符先生说,他在新加坡读中学时,对许多中国古代诗文名篇都是按要求背诵、精读的,因此获

符懋濂著《唐代明道文学观与正统历史观的比较研究》序

益匪浅。随着写作的深入，我们二人在一些问题上当然会有不同的想法。我是直来直去，学术上有不同想法就要说，尽管符先生年长于我，经历比我丰富；而符先生呢，也不会轻易放弃自己的观点。有时候所谓"指导"便成了二人之间的学术研讨。我觉得符先生的这种坦诚，这种坚持独立思考、决不盲从的精神，非常可贵。教学相长，在相互讨论的过程中，我也获得了好处。已经是好几年前的事了，至今还记得当时讨论甚至是争论的情景，并且十分怀念。

在《唐代明道文学观与正统历史观的比较研究》中，确实可以看到不少经过深思熟虑，有着亲切体会的见解。例如，作者认为中国古代史学中的正统历史观，其核心内容乃是大一统的理论。论文说："从元代开始，凡是能够统治全中国，实现政治大一统的王朝，不论来自哪个民族，都被视为正统王朝，如元王朝、清王朝。这就是王朝正统性的真正内涵，虽然王夫之、梁启超等人并不接受此一界说。"王夫之、梁启超在思想史、史学史上的学术地位当然崇高，但符先生并不盲从他们的观点。论文又强调意识形态的"大一统"理念的重要。秦汉统一以后，在漫长的历史进程中，虽然也有过不止一次的分裂时期，但"大一统"的理念始终存在，终究转化为政治、民族的统一。与欧洲历史比较起来，统一是一个鲜明的特点。论文说，世界历史上少有的几个大帝国，如罗马帝国、阿拉伯帝国，一旦分裂，就再也无法统一，中国则不然。其间原因当然是多方面的，但在地理、历史、经济诸种背景上自然而然地产生的"大一统"理念的确立，无疑是一个重要的因素。论文热情地指出："两千馀年来，大一统观念不仅早已演化为文化基因，渗入中华传统文化实体之内，而且历久弥新，魅力无穷，就连今日的海外华人也深受其惠。"作者举例说，对台湾分离主义者"去中国化"的倒行逆施，华人中凡接受中文教育者多深恶痛绝，这就是因为他们"蒙受中华传统文化的熏陶，血液中含有政治大一统的遗传因子"。

符先生说，此点或许国内文史学者关注还不够，故在论文中特为指出。

从意识形态的"大一统"理念之重要，论文肯定了汉代独尊儒术的积极方面，"从汉武帝开始，思想大一统与政治大一统结合为一，相互作用，构成正统历史观两股精神或道德力量，支撑着历代中华帝国的重建与发展。……从历史主义角度来看，我们对'罢黜百家，独尊儒术'的合理性与必然性，既不可否定，也不可忽视。单就这点而言，董仲舒不愧为独具慧眼的思想家，而汉武帝不失为非凡的帝王"。而儒家思想既然取得了权威的地位，又具有很大的兼容性；它并不是一种宗教，而是一种世俗性的思想。因此，"中华民族的宗教信仰趋向于多元化"，"从根本上排除了一元论信仰的极端化，消除了宗教战争在中国出现的可能性"，而且"历代统治者还可充分利用儒家思想的兼容性，在一定程度上调和了各地区、各族群之间的利害冲突，使之有利于政治大一统的重建与维系"。

论文还强调了汉字与大一统的关系，"汉字是大一统理念的产物，而汉字的独特性，使其政治功能超越拉丁或任何一种表音文字"，对于重建、维系历史上中华帝国的大一统功不可没。

从上面简略的介绍，不难看出，符先生的治学，确确实实是深思熟虑，绝不随声附和。而且从中也让我们感受到一位海外华裔对自己的民族、自己的祖先的拳拳之心。

今年春夏之交，我们国家经历了一场又一场严峻的考验。3月14日拉萨发生了严重的打砸抢事件，西方某些媒体乘机造谣诬蔑，激起了中国人民和海外华人的极大义愤。中华民族子孙的血液毕竟有着共同的遗传基因。符先生多次给我来信，义形于色，令人十分感动。嗣后又是5月12日的汶川大地震，全球为之震撼。符先生同样极大地关注着，和我们一起悲痛欲绝，一起为灾难中焕发的人性光辉而深深感动。他坚信古老而年轻的中国具有无比强大的生命力。"幸有成城众志,不惧万险千难","十三亿神州,多英杰","齐心绘就、江山似画,谁能越",他在所作诗词中这样坚定、热情地歌唱。读了符先生的信,我更加感到他的论文中许多观点真是出自内心深切的体会。

  借着论文出版之机,回顾数年前读论文时的感受,回顾和符先生的交往,当日情景又回到眼前,颇感愉快,也不禁觉得有点儿留恋。拉拉杂杂写下一些,权为序言。

2008 年 7 月于上海浦东

(符懋濂《唐代明道文学观与正统历史观的比较研究》,辽宁大学出版社 2008 年出版)

吴晓峰著《〈诗经〉中物类事象的礼俗化研究》序

在《诗经》研究中，对于诗中写到的名物、事象，结合着上古礼制加以说明和阐释，历代学者在这方面做了不少工作。吴晓峰同志的这本《〈诗经〉中物类事象的礼俗化研究》则专就此进行深化和开拓。我读了之后，感到很受启发，觉得值得推荐。但是很惭愧对于先秦文学并无研究，只能从一个普通读者的角度，粗略地谈一点读后感罢。

首先，我觉得书中这样的一个思路很值得我们注意，即对《诗经》所反映的礼俗之归属加以分析。作者说夏、商、周本是平行发展的三大部族，分属三个不同的礼俗系统；而夏、商、周又是前后相继的三个王朝，后代对前代的礼俗有所因袭和借鉴。这样，《诗经》所反映的礼俗，既分别具有三个部族自身的特点，又可见出彼此之间的影响。作者认为可以将它们大体分为反映周人礼俗、反映商人礼俗、反映春秋霸主之国独特礼俗和反映夏及夏以前先圣遗风这样四组。这一思路，考虑到共时性和历时性两方面的因素，比较周密，指出了研究的方向、路径。我国古代传统的理论，向来重视

吴晓峰著《〈诗经〉中物类事象的礼俗化研究》序

不同地域风俗文化的不同特点，并且从各地不同的自然条件、"水土风气"以及政教措施、文化继承等角度加以解释。比如著名的季札观乐故事，还有班固《汉书·地理志》的叙述，都是显例。这两个例子还都论及《诗经》对风俗文化的反映。本书的观点，不妨视之为在古人这一文化理论基础上的新的探索。

《诗经》的时代离开我们已经那样遥远，要探究那个时代人们生活的具体情况，以至于某些细节，实在是很不容易的事情。《诗经》本身就是可供我们探索的可贵资料，可是解释起来又是那样艰难，因为旁证的资料太少了。就以婚姻嫁娶的时间、季节来说吧，《卫风·氓》说"秋以为期"，《邶风·匏有苦叶》说"士如归妻，迨冰未泮"，加以《荀子·大略》说"霜降逆女"，因此从《毛传》以来，不少学者认为婚期是在秋冬季节。可是《国风》中又有一些诗篇使人感到婚期是在春天。例如《召南·野有死麕》说"有女怀春"，郑玄解释道"有贞女思仲春以礼与男会"；又如《豳风·七月》"女心伤悲，殆及公子同归"，是说采桑的女子将作为陪嫁随豳公之女前往夫家，那正是春日迟迟、黄鸟鸣啭之时。加以《周礼·地官·媒氏》有"中春之月令会男女"之语，故也有不少学者认为婚娶是在春日。此外也有人认为四季皆可婚娶，并无限制。如西晋束皙云："春秋二百四十年，鲁女出嫁，夫人来归，大夫逆女，天王娶后，自正月至十二月，悉不以得时、失时为褒贬，何限于仲春、季秋以相非哉？"这一问题，至今聚讼不已。本书在详细考究诸家的观点及其论据的基础上，独立思考，赞同束皙之说。尤为可贵的是仔细考察《春秋》《左传》所载嫁娶事件，进行统计，从而得出结论，是很有说服力的。其间还涉及《春秋》《左传》纪事的历法问题，本书作者利用了清代学者的研究成果，做出了合理的说明。在笔者心目中，经学是一门艰难的学问，历代学者的著作汗牛充栋，涉及远古时代的名物制度，读来颇觉烦琐，常生治丝益棼之

· 41 ·

叹。本书则能很好地利用有关资料，融会贯通，解决问题，确实值得赞赏。

《诗经》中涉及名物之处甚多。历代学者做了许多考辨，近年来扬之水先生的研究成果颇令人瞩目。本书在这方面也值得称道。例如古代女子的发饰，《召南·采蘩》有"被之僮僮""被之祁祁"的描写，《鄘风·君子偕老》则云"副笄六珈"。"被""副"都是贵族女性所佩戴的假发。其形制如何，又是怎样佩戴的？本书在认真梳理历代和当代学者说法的基础上，特别是结合了考古发掘的成果，阐述得清清楚楚。这就使得我们读《诗》以至读后世写到女性妆饰的文学作品时，不仅扫除了阅读障碍，而且能在眼前展现出清晰的画面，加强了形象性的感受。此类考证，看似琐细，却使得纸上的文字活了起来，读来饶有兴味。

吴晓峰同志曾经专门从事于上古史和古代汉语专业的研习。以这样的学术底子进行先秦文学研究，当然具有有利的条件。相信她锲而不舍，必将取得更大的成绩。

2009 年 9 月

（吴晓峰《〈诗经〉中物类事象的礼俗化研究》，武汉出版社 2009 年出版）

赵厚均著《两晋文研究》序

魏晋南北朝是所谓"文学自觉"的时代。近年来有的学者提出异议,或云汉代已经"自觉",或相反,以为魏晋时还谈不上"自觉"。鄙意以为,说文学自觉始于魏晋,还是不错的。理由是:判断自觉与否,主要不是看文学创作,而是看理论批评。魏晋时文学理论批评的主流,已经不再将文学视为政治的工具,不再强调其功利性,而是充分重视其审美特性,开展对于文学本身、文学内部规律的讨论,此与汉代理论全然不同,那就是"自觉"的表现。这种从非自觉到自觉的转变,是潜移默化的,并不是说汉代就没有"自觉"的先声,也不是说魏晋就已扫尽了非"自觉"的残馀,而是就主流倾向而言的。

魏晋南北朝文学自觉的表现之一,当时文学理论的重要内容之一,是对于众多文章体裁的论述迅速发达起来。从曹丕《典论·论文》到刘勰《文心雕龙》,日益发展,臻于大成。文体论成为我国古代文论中的一项重要内容,引人注目,当今学界于此已有许多重要的研究成果。文体论的发达当然是基于各体文章的大量涌现,关于文体论的研究自亦离不开对那些林林总总、数量巨大的文章的分析和综合。而在这一方面，似还未见有规模较大的、系统性的论著面世。赵厚均同志的《两晋文研究》，则在这一方面做出努力，取得了可喜的成绩。厚均原从我研习六朝文论，正是基于理论研究必须与实际创作研究相结合的理念，他选择了这个题目写作博士论文。现又加以修改，并作了较多增补，出版供学界参考。

　　厚均写作此书，首先本着竭泽而渔的原则，将现今传世的两晋文一一读过。严可均的《两晋文》自然是主要的资料来源，而又不限于此。他于严辑之外广事搜罗，予以补辑，复加以必要的考证。然后就各种文体，考察其起源和发展过程，遴选出优秀篇章和代表性作家，分析其思想内容和艺术表现，总结一时期内该体作品的特点。其态度谨严，思理细密，提出不少他人未曾注意到的问题，得出不少新的见解。比如哀辞一体，向来以为用于哀悼夭折者，挚虞《文章流别论》说"率以施于童殇夭折不以寿终者"，刘勰《文心雕龙·哀吊》也说"不在黄发，必施夭昏"。但本论文则提出四例，指出汉魏六朝时亦有例外，于成人死亡时亦可用之，至唐以后，便大都用于伤悼成年人了。又如吊文，本是凭吊古人之作。但本书注意到陆云与兄陆机书中言及陆机"《吊少明》殊复胜前"，而夏少明乃陆机之友，又注意到束皙有两篇吊文，其对象亦皆束氏好友，因此可以说"吊"此类文章，在晋代是有所发展的。再如东晋著名作家孙绰曾撰《道贤论》，以七名高僧与竹林七贤相比拟。严可均据慧皎《高僧传》辑出六条，尚缺一僧一贤，不知孙绰以何人与阮咸相配比。本书据《高僧传·于道邃传》，乃知系以于道邃为比。再如本书据郦炎《遗令书》"赋诵诔自少为之"之语以及《三国志·王粲传》注引《魏略》曹植初见邯郸淳时"颂古今文章赋诔"的记载，又据《后汉书》著录传主著述时往往赋诔并举的情况，判断汉末诔的写作已颇普遍，已成为一种重要文体。凡此都见出作者搜集资料之广和读书得间的眼光。

赵厚均著《两晋文研究》序

在不少地方,作者的宏观论述颇为精湛。由于掌握资料全面,对文体的发展变迁,溯其源而观其流,因此每能作出准确的概括,引人注目。如论哀、诔、祭文一类文字经历了从实用到抒情的转化,有理有据,读之了然在目。论曹植在诔文写作中的变体之功,具体分析其如何继承、发展以景抒情、情感外射等写法,不但使读者清晰地了解诔文的流变,而且对于了解魏晋文学重视情感的特征、了解整个古代文学抒情手法的发展,都有所帮助。作者还引用曹植《上卞太后表》"诔尚及哀""贵以展臣《蓼莪》之思"的话,说明曹植以诔抒情的做法乃是自觉为之。又进而引用古今学者对曹植诔文的评论,以说明曹植在此种文体发展过程中的作用和地位。这样将文学创作和文学批评结合起来进行论述,能给读者不少启发。论序体文中的赋序时,也指出两晋时的作品重视抒情,此外还强调了老庄思想的渗透,所论均颇为翔实。论诗序时,对石崇的《金谷诗叙》等加以细致的分析,说:"石崇《思归引序》《金谷诗叙》更因其叙事详尽,描写细腻,已经不再是诗歌的附属物,而单独为人们所称道。尤其值得注意的是,《金谷诗》已不存,而其序尚在,更显示出走向成熟之后的序已具有较强的独立性。这是序脱离诗而传世的开始,后世之传世名篇如《兰亭集序》《滕王阁序》等,皆序掩诗名,想必是肇端于此的。"又联系到唐代韩愈的赠序之作,认为从其部分赠序中可看出脱胎于诗序的痕迹,如《送石处士序》《送湖南李正字序》《送温处士赴河阳军序》等,它们都与赠别诗并作,与两晋诗序应当有一定的联系。类似的论述在书中不少。应该强调的是,作者不尚空论,论必征实,是能实实在在地给读者以裨益的。

古代大多数文体都是适应社会生活中的实际需要而产生的,原具有很强的实用性,但在其发展过程中却往往逐渐加入了审美的因素,甚至转变为以审美为主。这是一个颇有趣而值得仔细研究的现

· 45 ·

象。学者们探讨古代"文学"的范围、古人的"文学观念",有时会为那许多实用文体是否属于"文学"而踌躇。我们若以发展的眼光看待那些文体,不拘执于其实际用途,而是具体分析其中的审美因素,区别对待,也许可以为回答上述问题提供某些新的思路。比如论说文,抽象地想起来,是理性的,缺少美感的,但我国古代的论说文却未必都如此。六朝的论说文因时代风气的影响,骈俪的气息很浓,而骈文正是十分注重文辞的形式美的。这种整饬的文辞体式似乎不利于思想的自由表达,但我们读六朝的许多论说文,却感到骈偶的句式并未成为一种束缚。那些作者是怎样做到这一点的呢?这样的体式是不是与某些思维特点有关呢?这是一个值得深入探讨的话题。笔者曾作《"宛转相承":骈文文句的一种接续方式》一文,就是企图在这方面探索一下。赵厚均博士的这部论文,对晋代诸种论说文的论述占了不小的篇幅,包括不少难啃的佛学论文。其论述中便颇为注意这些文章的审美因素,包括某些修辞手法,那也是颇为有益的探索。作者说:"僧徒连类外书,文人冥搜内典,互相取资,为中国文学创造出了许多璀璨的作品。"诚哉是言!

厚均同志十分热爱古典文学研究事业,勤勤恳恳,孜孜不倦。我们见面时,他总是谈近来买了些什么书,下载了什么有用的资料,有什么新的发现和见解,或者提出问题一起讨论。教学相长,彼此都感到十分愉快。如今他这部著作将要出版,我略作介绍,权为序言,并祝厚均不断取得新的成果。

(赵厚均《两晋文研究》,陕西人民教育出版社 2011 年出版)

孙凯昕著《方回研究》序

孙凯昕女史的专著《方回研究》即将出版，令人十分高兴！

在中国古典文学领域里，方回以首倡"一祖三宗"之说、崇奉江西诗派而闻名。他的《瀛奎律髓》是一部唐宋律诗选本，而又加以评点，充分而具体地体现了他的诗学观点，向来为治古代文学批评的学者所重视。笔者也经常翻阅此书。虽然在后人看来，其说显得琐屑、浅薄，但那是时代的局限。其实他的评点对于我们了解宋诗的典型——江西诗派的艺术特色，是颇有帮助的。古人谈论某种艺术风格，往往用一些非常简约的语词加以概括。那是他们在欣赏大量作品的基础上，凭着敏锐的艺术感觉所做的审美判断，是一种感性的抽象。今人往往缺乏那样的审美经验，因此觉得难以体会。而《瀛奎律髓》选与评相结合，便有助于我们对于宋诗（主要指江西派）特征的掌握和理解。所谓高格、奇崛、峭拔、瘦硬、平淡、以文为诗，这些常常用来形容宋诗风格的语词，如果我们细细涵咏方回所选的作品，同时细细体会他的评点，就会渐渐地有所领悟。我们会领悟到那样的风格，是如何具体地通过用字、声律、对偶、用典、句法、句子之间的关系、写景与写情等等因素而形成的。我们会感到，江西派的创作思想，一言以蔽之，就是力求奇崛，力求反"唐调"而开新面。而处理得不好，则流于生硬、粗野、草率、枯槁。笔者觉得通过细读《瀛奎律髓汇评》，于此略有所悟。那是仅在理论上兜圈子所无法体会的。

方回的评论，有时比较详细，比如论拗体、论情景句的安排等；有时则只是点到为止。但即使简单地点一下，也有助于我们的欣赏、体会。这里试举几个例子：

黄庭坚《题胡逸老致虚庵》后半云："山随宴坐画图出，水作夜窗风雨来。观水观山皆得妙，更将何物污灵台。"方回说："五、六奇句也。"试想为何是奇句呢？庵在山水之间，本来算不上奇。但说成山"随宴坐"而"出"，既写出了山色的随处随时可见，又似乎山是活的图卷，在窗牖间一幅幅展开，那就显得构思不一般。夜窗听雨，本已是颇有情趣的意象，而其实不是风雨而是水声，就更觉有妙趣。这是否让我们体会到：江西诗人的一大法门，便是对常见景象，作不寻常的构思，那么就显得新奇了。黄庭坚《汴岸置酒赠黄十七》的名句"黄流不解涴明月，碧树为我生凉秋"也是这样。浊水里仍能见明月的倒影，绿树下凉气宜人，本也不足为奇，偏构想成黄流不会弄脏了月亮，碧树下的凉风是为我而生，就觉得有意趣。上两句是"吾宗端居怀百忧，长歌劝之肯出游"，原来"黄流"二句是为力劝黄十七出游解忧而说的，因此既有奇趣，又顺理成章，很自然。

刘禹锡《和牛相公春日闲望》前四句："官曹崇重难频入，第宅清闲且独行。阶蚁相逢如偶语，园蜂速去恐违程。"方回评曰：""阶蚁'、'园蜂'一联，似已有江西体。"是的，这两句让我们想起黄庭坚《题落星寺》中的名句"蜂房各自开户牖，蚁穴或梦封侯王"。诗人不但将蜂蚁之类没有什么美感、一般不入诗的形象写入诗里，显示出搜求诗料力求新异的努力，而且将虫豸拟人化，似有滑稽之感，实际上却是冷语嘲弄世态。而且这样的诗句在全诗中与上下文表面上是不甚协调的，显得有些突兀。这样，就形成了一种特殊的诗味。这也是江西派的特色吧。

谢薖《饮酒示座客》颔联："劬劳母氏生育我，造物小儿经纪之。"方回评曰："三、四尤极诗之变态。"这两句是散文句法，对偶不工，声律不甚谐，更重要的是体现了诗人对于身世不谐、受命运播弄的无奈，而以自嘲的口吻出之。似乎是说理，有理趣，其实表现了一种难以说清楚的心态。这也给人一种很特别的感觉。

方回本人是一位诗人，对于诗是颇有领悟能力的。虽然后人对他有种种不满，但我们还是能从他的选诗、评诗里获益。当然，他评诗往往只是点到为止，有待于引申发挥，那正是今人应该做的事。在我看来，虽然学者们对方回已经有不少研究成果，但还是有进一步深化、细化的馀地的。

正因为这样，当孙凯昕打算以方回研究为题撰写博士论文时，我欣然表示赞成。她从搜集、整理、刻苦钻研原始资料入手，一字一句仔细琢磨，不畏苦，不惮烦，下苦功夫、死功夫，终于完成了这部专著。论文不仅论述了方回的诗歌理论，而且分析了他的诗歌创作；不仅较为细致具体地论述了方回对唐宋律诗的评点，而且运用比较的方法，论述清代诗学家对方回评论的再评论，即所谓批评之批评。凡此都是颇有新意的。

如今孙凯昕已经回到大学本科时的母校香港树人大学任教。她终于实现了自己的梦想——从事中国古典文学的教学与研究。有志者事竟成，这句老话在她身上得到了很好的体现。她当然非常高兴，我作为她当年的导师，也深感欣慰！在复旦的六七年里，多少个酷暑严冬，同学们都回家度假，与亲人团聚，孙凯昕仍独在异乡，孜孜矻矻地勤学苦读。平时她话语不多，而对于自己认定的正确目标，则坚韧不移，全力以赴。这是非常可贵的。我衷心祝愿她不断进步！

2011年岁暮于上海

（孙凯昕《方回研究》，香港书作坊出版社2012年出版）

赵俊玲著《〈文选〉评点研究》序

近年来,在古代文学,尤其是古代文学批评的研究中,评点这一样式日益受到重视。这种样式,可说是一种具体的、实际的批评,具有很强的实践性,体现了我国古代文学批评的特点和优点。过去一些学者,往往轻忽评点,究其缘故,主要是两点:一是以为评点层次低,只不过便于初学,难登大雅之堂;二是因明清评点每多讲文脉、章法,受八股影响,八股文既被否定、排斥,则评点也受其累。其实层次之高低,主要取决于评者的眼光、见解,而不在于形式。评点虽显得零碎,也难于发表理论色彩强烈的高言谠论,但从具有真知灼见、艺术感悟的片段之中,正可以归纳、概括出评点者的观点、倾向,而且有血有肉,更为准确。至于讲究意脉、章法,正是我国古人为文的一大优点。不信笔所之,以锤炼求自然,以约束求放达,古代有那么多脍炙人口、流传千古的诗文,与这样的好传统大有关系。

复旦大学中国语言文学研究所黄霖先生,一贯重视评点,曾主持教育部人文社会科学重点研究基地重大研究项目《明清文学评点的整理与研究》。该项目的任务,首先是对我国古代的几部文学名著被评点的情况进行大规模的调查,以原著为单元,将搜集整理的各家评语汇集于其上,形成系列。这就是不久将要面世的《中国古代文学名著汇评丛刊》(黄霖、陈维昭、周兴陆主编)。这项工作,实在是一件功德无量的大好事。丛刊中有一种,便是赵俊玲博士承担的《〈昭明文选〉汇评》。

赵俊玲为了做好这项工作,竭尽心力,真是到了废寝忘食的地步。她从上海、北京、杭州、无锡、郑州五地的十四所图书馆里,寻找到二十六种附有评点的《昭明文选》,仔细研读,将其评语一一过录,然后加以整理、对照、排比。除了因个别图书馆将馆藏资料视为秘笈不肯示人,因而尚有两种文本未能经眼之外,其他二十馀种《昭明文选》评本上的评语都已被她搜集完备。虽然我们不敢说天下的《文选》评本都已囊括无遗(也许还有私人藏本、海外藏本或某些图书馆藏本未见著录),但当已掌握其十之八九吧。那二十馀种《文选》文本上的评语,不少是经过古人多次的移录、汇辑和刊刻、抄录的,乱象丛生,头绪纷繁,理董甚为不易。完成这项工作,需要怎样的毅力!需要多么大的对于学术的热忱!

在完成汇评的同时,赵俊玲还对诸家的《文选》评点进行缜密的研究,其成果便是现在我们面前的《〈文选〉评点研究》一书。

赵俊玲首先对评点者的生平及其评点活动,评本的刊刻、抄录、流传予以考证梳理,然后概括、评述诸家评点所体现的文学思想及其与时代风气的关系,最后以历史的眼光论述明清《昭明文选》评点的发展历程。由于所有论述都来自第一手资料,因此十分扎实,而且有许多地方发人之所未发,这里仅举有关于光华《文选集评》的几个例子:

于光华《文选集评》刊行于乾隆年间,流行甚广,对于清中叶以后《昭明文选》的流传,颇具影响。赵俊玲将于氏所辑评语与其原始面貌一一加以比较、清理,从而有重要的发现,纠正了于氏的一些失误。

例如《文选集评》辑录了不少明末孙鑛的评语。孙氏是一位评点大家，他对《昭明文选》的评点，经常为人们所引用。于氏《凡例》自称已将孙氏评语"悉载入无疑"，但赵俊玲经过仔细研究，发现并非如此。据赵俊玲调查，孙氏的评语，最早收录于天启二年闵齐华刻的《文选瀹注》上。她比照二本后发现，于氏所引孙氏语比《文选瀹注》少了三百馀条之多，此外还有节引孙氏语、引孙氏语而不标出处的情况。因此若要了解孙鑛评点的真实面貌，就必须以《文选瀹注》为依据。

《文选集评》几经修订重刊，曾有所增添，所增重点是于氏自称得于宜兴吴氏的何焯"初次评本"中的评语。关于这些所谓何氏评语，于光华说："或云系后人假托，然是非得失，有识者自能辨之。"著名的版本目录学家王欣夫先生曾疑并非何焯所为，但虽列出若干理由，却还未能举出确凿的证据，也未能查明究系谁人所评。赵俊玲因仔细对照了各种评本，终于找到好几条证据，能够确定所谓何焯"初次评本"的评语，其实是何氏同时代人俞玚所为。何焯乃著名学者，今日也有人对他进行研究；他对于《文选》的评语，也是经常为人们所引用的。因此，赵俊玲的辨析真伪，同样是不可或缺的颇有意义的基础性工作。

于氏《文选集评》引有孙执升的评语。执升乃清初隐士孙琮的字，他是著名的评点家，曾评点多种书籍，其书斋名山晓阁。今日所见有《山晓阁重订文选》，见藏于某图书馆，亦著录为孙琮所评。但赵俊玲仔细阅读该书的序言、凡例等，发现其书实成于孙琮之弟孙洙之手，又发现书中所引评语，有许多虽未具名，但实际上乃出自其他评家如孙鑛等人。

我们知道，《文选集评》流传广泛，远比《文选瀹注》等评本易见易得，且汇诸家评点为一书，有集大成的性质，使用起来确实方便。但经过赵俊玲的工作,可知它实际上不尽可信。知晓这一点,对于研究者来说,无疑是十分重要的。现在好了,待《〈昭明文选〉汇评》面世之后,我们将有一部更全面、更准确的集大成的评本,可以取代于氏之书了。这无疑是令人欣喜、令人翘首以待的。

以上从文献角度举例说明赵俊玲工作的独到之处及其重要性。此外她对于诸评家通过评点所表现出来的文学观点、批评方法,都加以概括和论述。如通过细致地考察孙鑛的批评用语和他最心仪的作品,具体地论述了其复古的倾向,指出了其心目中的理想文风是精腴简奥、奇隽有力,崇尚阳刚之美。又如研讨诸家的批评方法,总结"细读式批评方法""比喻象征的批评方法"以及"唐诗证《选》"在评点中的表现及发展,都言之有据,能给读者以启发。这里就不详述了。

总之,这本《〈文选〉评点研究》的出版,将给学术研究带来实实在在的益处。它将与《〈昭明文选〉汇评》相辅相成,同时也具有独立的学术价值。我为它的出版感到高兴和庆幸,写下以上的话,略作介绍,权为序言。

2012 年 2 月于海上欣然斋

(赵俊玲《〈文选〉评点研究》,上海古籍出版社 2013 年出版)

陈晓红著《方东树诗学研究》序

　　我国古代文学批评有一个显著的特点,即具有很强的实践性。批评家们几乎都无意于作某种纯理论的探讨,而是密切结合文学创作、文学鉴赏发表意见。即使被认为最具有理论体系的《文心雕龙》,也显然具有指导各体文章写作的目的。这样的特点也就决定了我们研究古代文学理论的方法。我们必须结合着创作和鉴赏的实践进行研究,才能有的放矢,才能研究得好。笔者随王运熙先生研习古代文论,先生一再强调,必须将古代批评家的理论表述与他们对具体作品的评论结合起来,才能比较正确地理解他们的意思,才能做出比较中肯的结论。这真是一个颠扑不破的真理。

　　《文心雕龙》是比较最有体系性的。至于开始兴盛于宋代的诗话,以及评点之类,大多显得零碎。但正是这些著作,因为直接地评论具体的作品,所以评论者的意见也就具体而比较容易把握。这样的评论能加深我们对古代作品的理解,提高我们的艺术鉴赏力,给我们带来切切实实的好处。而且,从那些具体评论中,窥见作者、评点者的审美倾向,概括出一些理论观点,那正是研究者的任务,是一项饶有兴味的工作。总之,那些诗话、评点类的著作,理应得到重视和研究。这种研究应该不仅仅停留于"外部"(如文献方面的研究,著作者生平、时代的研究等等),而且须深入其"内部",结合着其具体批评的对象,加以体味、分析和概括。

晚清方东树的《昭昧詹言》,就是一部涵盖面广,具有真知灼见、独特心得的诗话类著作,值得深入探讨。

顺手举一个例子:方氏对于陶渊明的为人、精神境界,颇有他独特的见解。他认为渊明"胸中别有大业,匪浅儒所知"。陶之本志,是想要力挽狂澜,弥缝衰世而使之淳;既不可能,乃抱固穷之节,遗荣辱而一得丧。看似旷达,其实正是其怀抱伤心处。方东树说,陶既有此"高怀本量",所以他既不是"见几行遁"的隐士,也不是"殉国立节"的仁人。若以为陶渊明只是心存晋室,那是低估了他。因此陶渊明虽不乐仕,而亦不妨出仕,因为其仕既不害道,亦未为失己失义。"时来苟冥会,聊且凭化迁",正合孔子"无可无不可"之义。方东树对渊明的立身行事评价甚高,说"渊明之学,自经术来",非"庄老玄虚之士可望","非大贤以上不能及"。但对于渊明《形影神》等诗中流露的"纵浪大化"的情愫,还是有所不满,认为"有放肆意",于圣人知其不可奈何而仍然"尽性致命"的"大中至正尽人理之学",尚有未达。也就是说,方东树觉得陶渊明虽非"玄虚之士",但毕竟也受老庄影响而随顺自然,那样的人生态度,是比较消极的,尚未达到儒家圣人之道的高度。方东树对陶渊明人格的认识,是立体的、多层次的、比较完整的,可以说在陶诗接受史上具有重要的意义。他的认识,当然与他本人崇奉程朱理学、他本人的遭遇和立身态度也很有关系。他的认识、评价,是通过对陶诗的具体分析得出来的,对于我们读陶诗确有启发。他对陶诗的艺术性,也不人云亦云,不局限于称赞其自然平淡之美,而是强调陶诗的用意精深、曲折顿挫、变化不可执著、恣肆奇妙不测,指出陶诗既高妙天成,又有纵横浩荡、峥嵘壮浪的笔

陈晓红著《方东树诗学研究》序

势。那也是结合着对诗篇的具体分析得出的结论，确有心得，对于读者欣赏尤有裨益。我们若顺着他的指点读去，会感到心悦诚服，而得到前所未经的艺术享受。

方东树评诗，非常重视诗歌的文法、章法，注重分析诗的意致脉络。这一显著特点，研究者都已指出，而且认为是桐城派古文家法在诗歌领域的体现。这无疑是正确的。也有研究者指出方东树还重视"兴象"，这一点却可能还未能引起比较广泛的注意。问题是我们对于方氏以"兴象"论诗须有准确的理解。方氏所谓诗有兴象、兴象高卓，主要不是说其形象描绘逼真，而是说诗人的兴会、感慨表现得真切，富于感染力。因此，即使并无形象描绘，也可以是富于兴象的。例如李商隐《重有感》："玉帐牙旗得上游，安危须共主君忧。窦融表已来关右，陶侃军宜次石头。岂有蛟龙愁失水？更无鹰隼与高秋！昼号夜哭兼幽显，早晚星关雪涕收。"通首议论，说不上什么形象描绘，但方东树称其"兴象彪炳"。我们细加体会，所谓"兴象彪炳"，是说其诗将一腔忠愤表述得大义凛然、堂堂正正。可见这里"兴象"应理解为感慨、情怀之传达，与是否形象描绘无关。又如谢灵运的《七里濑》："羁心积秋晨，晨积展游眺。孤客伤逝湍，徒旅苦奔峭。石浅水潺湲，日落山照曜。荒林纷沃若，哀禽相叫啸。遭物悼迁斥，存期得要妙。既秉上皇心，岂屑末代诮？目睹严子濑，想属任公钓。谁谓古今殊，异代可同调。"其"石浅"四句写景形象真切，但方东树批评说"平钝"，以为平常；后半并无形象描写，方氏却称赞说："心目中借一严陵，与己作指点比照，兴象情文涌现，栩栩然蝶也，而已化为周矣，是为神到之作。"那就是因为在方氏看来，诗人看到了子陵滩，一下子产生联想，感到自己与严子陵是异代同调，古人才是自己的知音。这种感触表现得自然而感人，所以说是"兴象情文涌现"。可知在方东树那里，形象描绘固然重要，但尤其重要的是诗人兴会、感慨的传

· 57 ·

达。兴会、感慨可以通过形象描绘而传达,也可以不经由形象描绘。他称赞谢灵运诗"兴象宛然","兴象不可思议执著",不应理解成是说山水形象如在目前,不是称赞写景体物之妙,而是说诗人的兴致、情怀似在耳目之前,真切可感;是说兴致、情怀之传达微妙难言。方东树特别欣赏的是"不可思议执著"的兴象,也就是"兴在象外"。他评卢纶的《晚次鄂州》,说"估客昼眠知浪静,舟人夜语觉潮生"两句是"兴在象外,卓然名句";而"三湘愁鬓逢秋色,万里归心对月明"两句则虽"兼情景,而平平无奇"。那就是因为"估客"二句不直接说出诗人的感触情怀,却能引导读者体会那种既孤寂无聊,又思绪重重、不能入眠的难以说得分明的情绪;而"三湘"二句直说"愁鬓""归心",就平淡无奇了。

方东树所说的"兴象""兴在象外",其实与宋代严羽所倡"兴趣"意思相通。严羽说盛唐诗的一大优点就在于有"兴趣",但他没有直接举出实例,因此遭到后人(包括今人)的误解,以为是专指恬淡幽闲的山水清音一派。其实不然。方东树结合具体诗作谈"兴象",就便于我们体会理解。这也是理论、概念与具体评论相结合的好处。

以上不过是举两个例子,想要说明《昭昧詹言》值得研究和研究时应该采取的方法。陈晓红博士的《方东树研究》,便在这方面做了有益的工作。这本著作,内容全面,首先对方东树的生平、交游和著述加以考证,然后介绍方氏的诗歌创作,再以《昭昧詹言》作为考察对象,就方氏的诗歌理论批评加以论述,最后介绍了《昭昧詹言》所受到的评价,就该书在我国诗歌批评史上的地位发表了自己的看法。其考证力求翔实,论述则力求实事求是。对批评家本人的创作加以研究,是一项重要的工作,因为我们可以将其创作与其批评相互对照,那是很有意思的。陈晓红在这方面的工作,可以说具有一定的创新意义。关于《昭昧詹言》所受的评价,陈晓红收集了不少资料，也颇有意思。从中我们可以看到，后人对此书的评价或扬或贬，颇不一致。撇开"五四"时代"桐城谬种"之类偏激的言论及其影响不谈，贬之者主要是认为它多为具体批评，且指示作法，故伤于细碎，缺少体系性、理论性，算不得高层次之作。方氏在世时已有人持类似的意见。方氏本人所作跋中所说某友人讥其"和盘托出，用意、为体太陋，大雅所不出"，便是如此。但笔者不这样看，已见上文所述。何况若就旧体诗的知识、修养而言，时至今日，一般水准恐亦难以与方氏时代的学子相比并，有意于赏鉴历代诗歌者正需要《昭昧詹言》这样颇具真知灼见的指导。因此，笔者认为陈晓红博士的工作是很有意义的。希望她以此为发端，进一步深入研究，取得新的成绩。

2012年2月于海上欣然斋

（陈晓红《方东树诗学研究》，安徽大学出版社2013年出版）

杨鉴生著《王弼研究》序

　　三国时魏国的王弼，天纵英才，享年仅二十四岁，却是魏晋玄学的创始人，在我国哲学史上占有非常重要的地位。关于王弼哲学方面的建树，学者们已有深入的研究，成果累累。杨鉴生同志的这本《王弼研究》，则另辟蹊径，别具眼光，为丰富王弼研究的成果做出了贡献。这本著作的一项重要内容是论述王弼的文学。王弼流传至今的作品，如《周易注》《老子注》《论语释疑》《周易略例》《老子指略》等，或尚属完整，或仅存佚文，其内容都属哲学方面，相当抽象深奥，其形式或是论说文，或只是对经典的注释，今天一般人是很少从文学角度加以研究的。但鉴生从刘勰《文心雕龙·论说》得到启发，认为注释与论文相通，可以视为一种文体；特别是王弼的《周易注》《老子注》，有时洋洋洒洒，发挥义理，竟如同一篇论文，与汉儒注经面貌迥异。因此，完全可以将其注释当作文学作品看待。他通过具体分析，指出王弼的注释和《周易略例》等哲理性很强的文字，不但议论生发，明快畅达，要言不烦，令人思之有味，而且气势充沛，情感奔腾，具有阳刚之美；又从其行文的句式、层次、音韵等方面，指出它们在骈文发展过程中的地位。这些

杨鉴生著《王弼研究》序

论述，是能够开拓读者的眼界，带给我们不少启发的。

其实，正如本书作者所指出的，古代论者多有论及王弼文字的艺术特色的，所谓"辞才逸辩""丽辞溢目""要约明畅"等。近人刘师培《中国中古文学史》也从文辞运用的角度对王弼文字给以很高评价。只是到了现代，人们受外来文学观的影响，欲森严文学与非文学之畛域，强调形象、情感为文学之特征，于是将思辨性、实用性的文字排斥于文学之外，自然就容易忽略王弼那样的作家、作品。近年来有的学者认为此种见解不符合我国古代的实情，遂认为应恢复古人那种"广义"的文学观，将所谓"杂文学"如一些应用性、学术性文字也包罗于"文学"作品之内。笔者认为，从审美的角度将现代意义上的"文学"从古代广义的所谓"文""文章"中分离出来，探究其特点，乃是一个进步，是科学研究的必然趋势。"文学"作品与学术性、应用性作品不应混为一体，"文学"之学与史学、哲学等当然有密切关系，但毕竟有其独自的特点，也不可能再混融而不分。但是，确实又不能对某些学术性、应用性作品的文学性视而不见。关键在于如何认识、如何概括"文学"的特点。除了形象、情感之外，应该将行文之美、文辞之美也看作"文学"的一个特点。这样，"文学"的领域就扩大了，一些应用性、学术性作品，即使不称之为"文学作品"，但也可以从"文学"的角度观察、研究它们，分析它们所具有的文学性。比如王弼的作品就可以这样作为文学研究的对象。重视作品的行文、文辞之美，这是我国古代文论的一个特点。王运熙先生早就指出，南朝文论家对于作品里人物形象的认识还很薄弱，而对于文辞的声色美却十分强调。[①]清代主张骈文的阮元等人和近人刘师培，继承了南朝文论家讲求文辞美的

[①] 见王先生发表于1984年的《从文论看南朝人心目中的文学正宗》，收入先生的《中国古代文论管窥》；又见发表于1986年的《刘勰论文学作品的范围、艺术特征和艺术标准》，收入《文心雕龙探索》。

传统,强调必须沉思翰藻、会集众采、声律和谐方得名之为"文"。他们的缺点是只讲骈文的声色之美,没有认识到散文也自有其行文、文辞之美,但在形象、情感之外,标举文辞美作为区分"文学"与非"文学"的标准,这种做法却是可供借鉴的。话说得有些远了,为的是借此对研究者们比较关心的问题发表一点看法。

说杨鉴生同志的这本书别具眼光,还包含这样的意思:对一些人们已耳熟能详的说法,能有理有据地提出自己的不一样的看法。例如关于魏晋言意之辨,是一个热门的话题。王弼在《周易略例·明象》既说"尽意莫若象,尽象莫若言",又说"得象而忘言""得意而忘象",有的研究者抓住前者,认为王弼是主张言可以尽意的,有的则根据后者,认为王弼是主张言不能尽意的。鉴生同志认为,"莫若"是"没有比这更好"的意思,言、象是达意的最好的工具,但不等于说这最好的工具就可以尽意了。因此王弼的观点本质上还是言不尽意论。他又举出王弼《老子指略》论"道"时所说的"言之者失其常,名之者离其真""名号则大失其旨,称谓则未尽其极",并联系荀粲所说"象外之意,系表之言,固蕴而不出矣",指出主张言不尽意的论者,不仅是一般地讨论语言的有效性问题,而且在很大程度上是从本体论出发,是说作为本体的"道"是无法用语言加以表述的;他们实际上并不排斥语言的功用性。这样的观点,我以为实事求是,符合古人原意。从这里也可以得到一点启示:我们研究问题,一定要回到那个问题原本的背景里去,要充分考虑问题产生的各种条件,即使对待抽象的哲学问题也该如此。如若从抽象到抽象,仅仅作纯粹的逻辑推论,恐怕不容易探明事实的真相。

本书的第一章是《王弼佚文考论》,作者对学者们已经做过的辑佚工作提出了一些不同的意见,用心细密,足供参考。其中涉及阅读古书时如何裁断引文的起讫问题。常读古书的人都知道,这个问题看似只是个技术性问题，也许有的习惯于放言高论的学者不会重视这样的问题，其实它并不简单。研究者必须真正读懂古人原意，必须从古人行文的层次、语气、习惯等等方面细心体会，还应对被引用者和引用者的想法有比较全面的了解，还要明白古书的编撰体例，才有可能做到不失误、少失误。本书所指出的一些错误，就是由于在那些方面有所欠缺而造成的。研究古代文化必须尽可能看懂古书，要看懂古书必须提高古代文献、古籍整理方面的素养，这也是我们应该注意的。

鉴生同志曾在我的指导下攻读博士学位。我感到他读书细心，喜欢思考，尤为可贵的是知难而上，常有自己的见解。他的这部著作即将面世，我十分高兴，故作此序略加介绍。书中某些具体的结论，或许还有可商榷的空间——如何邵《王弼传》言"太原王济好谈，病《老》《庄》，尝云见弼《易注》，所悟者多"。作者解"病"为"沉湎"，"病《老》《庄》"或为"为《老》《庄》所困苦之意"，虽爱《老》《庄》，但有不能解处，故感到苦恼，读了王弼注，遂豁然开朗——但其优点是很突出的。相信书中的观点，以及所体现的治学的态度、方法，会给读者带来益处。

（杨鉴生《王弼研究》，河南人民出版社2012年出版）

施建军著《建安文学探微》序

施建军博士曾从我问学，如今他的著作《建安文学探微》即将出版，我由衷地感到高兴。这倒不仅仅是由于师生之谊，主要还是因为这部著作具有学术价值，能带给读者不少启发。

本书大致包括两方面的内容：一是梳理自古迄今人们对于建安文学的论述，并且加以评说，那可以说是"批评之批评"；二是关于建安文学若干问题的再认识，主要是有关三曹游仙诗、曹操与当时文士的关系和曹丕、曹植争嗣三个问题。作者无意于对建安文学作全面的论述——那样的著作已经够多，而其所论者，都是在深入研读原始资料的过程中有所悟解、有所创获的内容，都是别人未曾言或言之未详的自己的心得。

举例来说，所谓风骨、建安风骨，几乎是"言家口实"，凡谈论建安文学者没有不加以讨论的。现代的学者往往着眼于那些反映社会动乱、民生疾苦的作品，如曹操的《薤露行》《蒿里行》《苦寒行》，王粲的《七哀》，曹植的《送应氏》《野田黄雀行》，陈琳的《饮马长城窟行》之类，认为那些诗作慷慨苍凉，是所谓建安风骨的典型表现。同时学者们多认为风骨之有无与作品的内容密切相关，充实而富于积极意义的内容方才谈得上具备风骨。但是本书的见解不同。作者注意到《文心雕龙》的作者刘勰在《明诗》篇里对建安诗歌内容的概括，不是什么反映动乱民瘼，而是"怜风月，狎池苑，述恩荣，叙酣宴"，其着眼点与今人颇为不同。刘勰是称赏建安风骨的，他所概括的这些内容的诗歌，显然应该是他认为具有风骨的。由此可知，刘勰心目中的风骨，与今天许多学者所说的风骨，并不一致。今人使用传统用语时加进自己的意思，也未尝不可，但同时应该理清古人的原意，才不至于误读古书。那么，刘勰那个时代所谓的建安风骨，究竟是何含义呢？本书有《所谓"建安体"》一节，写得颇为精彩。作者列举了建安作者诗文里许多言及"慷慨"的书证，联系《文心雕龙·时序》论建安文学所说"观其时文，雅好慷慨"的话，发表意见道：

> 慷慨常常由悲情激发。这悲情，可以是忧世不治之悲、壮志难酬之悲，也可以是时不我待之悲、乐极哀来之悲。其实，是何种悲情，甚至是不是悲情激发了他们的慷慨都不太重要，重要的是他们骋才使气、慷慨悲歌的状态，这种状态使他们的作品呈现出鲜明爽朗、刚健有力的体格风貌。这种体格风貌，刘勰《文心雕龙·时序》篇称为"梗概而多气"，钟嵘《诗品序》称为"建安风力"，严羽《沧浪诗话·诗评》称为"建安风骨"。称谓不同，但意思相近。（着重点为笔者所加）

这段话，我以为说得很好。它启发读者：风骨乃是指说作品的风貌，与作品的内容并无直接的关系。也就是说，不同内容的作品都可能具有风骨。风骨是就作品的风貌而言，不是指作品的内容而言。风骨是我国古代文学批评中的重要概念。关于《文心雕龙·风骨》的涵义，我国学术界曾有漫长而日渐深入的讨论。王运熙先生早在半个世纪之前，就发表了很好的意见。施建军博士于建安诗文馈寝有年，体会真切，因此他关于风骨的理解也是正确的。

关于三曹游仙诗以及曹操对诸文士的态度、曹氏兄弟的争嗣，本书的论述也颇引人入胜。作者阅读史料用心细密，每能读书得间，提出与旧说不同的见解，而合情合理，令人信服。有的学者认为丕、植兄弟立嗣之争起自建安十三年，本书以为不确。作者运用不少资料，证明至少在建安十六年之前，曹植在曹操心目中的分量，还不足以与曹丕等量齐观；包括曹植本人在内，人们是认定了曹丕作为继承人的地位的，曹丕本人心中也并无危机感。作者举出一些例子，颇有意思：曹植早期所作诗文，称曹丕为主人、公子、"我君"，赞美其"高义""仁恩"过于周公。诸文士也同样如此。而曹丕也俨然以周公自喻。作者认为，由此可见丕、植二人此时的关系和在人们心中的地位。这些诗文里，曹植的《离思赋》乃建安十六年从曹操西征时忆念居邺留守的曹丕而作，赋中有"愿我君之自爱，为皇朝而保己之语"，注家多解"我君"为曹操。本书指出据文意应是曹丕。那么可见此时曹植也还并无争嗣之想。在这里，对"我君"一语的理解颇为关键。由此也可见出建军读书之认真。关于丕、植争斗中诸文士的态度，本书也梳理史料，叙述得细致入微。如吴质"善处其兄弟之间"的圆滑，就令人觉得跃然纸上。

书中胜义尚多。如论历代对建安作家作品的评价，颇具历史的眼光，同中见异，异中见同，且多探讨历代评价变迁的思想学术、审美取向等背景状况。又如论刘桢诗，认为用语多重复，才思匮乏。凡此都是具有心得之言。有关曹植某些游仙诗的写作年代、主旨的分析，读来也觉比旧说来得合理。

本书体现的研究方法、写作态度也值得重视。首先，作者将文学批评与作品的鉴赏、阐释联系起来，打成一片，相互印证。这是一个非常重要的方法。我国古代文学批评的实践性很强，论者往往结合具体作品发表见解，其理论多从作品的写作和鉴赏中来，因此若脱离对于具体作品的理解、分析，单纯就理论谈理论，那是很容易看似头头是道、其实言不及义、郢书燕说的。前辈学者强调读《文心雕龙》须结合阅读《文选》，便是为此。再者，本书看起来似乎没有完整的系统，那是由于作者有意要避开学界已有定论的内容，集中表述自己的心得。在我看来学术研究正当如此。说得夸张一点，一条具有真知灼见的、能为学术提供一些新东西的小小注释，其价值是胜过面面俱到、看起来"体系"完整，实际上人云亦云的大部头"著作"的。（当然，普及型读物另作别论。）王运熙先生曾说："我一向认为，单篇的富有新意的论文，其学术价值往往会超过完整而有系统的书籍，因为后者尽管也会有不少新意，但为了照顾全面和系统，不免要讲述不少陈言，这是限于书的体例，不得不然。"王先生还是就"有不少新意"、但不得不照顾全面系统的著作而言；至于时下某些为了追求学术以外的目的而叠床架屋的"著作"，那就只能说是灾梨祸枣了。

相信施建军博士这本书的出版，对于中古文学的研究将有所裨益。

序于二〇一二年初秋，黄浦江畔

（施建军《建安文学探微》，花木兰文化出版社2013年出版）

徐美秋著《纪昀评点诗歌研究》序

评点此种文学批评方式,极富于民族特色。它的好处,是能密切地与作品相结合,让读者深入到作品里去,细致亲切地体会作者的文心,从而提高审美欣赏的能力。当然,这有一个前提,就是评点者必须是具有高卓的审美眼光的人。他有细腻的感觉,敏锐的眼光,灵动的心思,又眼界开阔,观念宏通,因而虽只三言两语,却能搔着痒处,如灵光乍照,使读者豁然开朗,会心而笑。如若泛泛而谈,作三家村语,那就毫无意思。大名鼎鼎的清代学者、作家纪晓岚,便是一位出色的诗歌评点大家。他自小受学,即好吟咏,壮岁与天下胜流相唱和,于古今诗歌,简练揣摩,下过切实的功夫。其评点诗歌持续数十年之久,面广量大,乐此不疲,极有心得。徐美秋博士以纪氏评点诗歌作为研究对象,著成《纪昀评点诗歌研究》一书,实在是很有意义的。

与所有认真踏实的学术研究一样,徐美秋的工作始于广泛深入地搜集资料。她从各图书馆馆藏中将有关诗集上的纪氏评语一一过录下来,加以考证、梳理,获得了不少新的见解。

比如有的学者说纪氏因主持修撰《四库全书总目》,熟悉历代典籍，故评点时能俯视诗史，从诗歌的因革流变角度立论。徐美秋则指出，纪氏的评点诗歌，绝大多数完成于入《四库》馆之前。因此恰是其评点活动，有助于形成他斟酌古今的学术气象，有助于他的《总目》编纂，而不是相反。

又如今人著作谈到清代科举以律诗为考试内容之一时，都以为始于乾隆二十二年（1757）。徐美秋注意到纪昀编选、评注试律诗的集子《庚辰集》，其中作者的登科时间是康熙三十九年庚辰至乾隆二十五年庚辰（1700—1760）。经过考证，她指出虽然会试、乡试等用律诗始于乾隆二十二三年，但选拔庶吉士和翰林的馆选和散馆以及大考、制科，则是早在清初就已经将试律诗作为一项重要内容了。即使乡试、会试，乾隆二十二年之前也偶有用诗的。因此，"乾隆二十二年、二十三年下诏会试、乡试等增试律诗并非横空出世的一项措施，而是清代科举制度内由上逐渐向下推行的一项考试内容，有其制度上的延续性。由于试律诗在科举考试中的重要地位，清人也很早就开始了对试律诗的源流、体例、鉴赏和技巧等多方面的探讨"。这一结论，无论对于研究清代科举史还是诗歌史，无疑都是重要的。

徐美秋在调查文本的过程中，发现了几部学界所未知或未加注意的纪昀评点本，即朱墨批解吴兆宜注本《玉台新咏》（王文焘过录）、《点论李义山诗集》以及《纪批苏诗择粹》（赵古农编）。它们对于深入研究纪昀的诗歌评点，都有一定的价值。如署名纪容舒（纪昀之父）的《玉台新咏考异》，据其自序乃乾隆二十年从云南北归后林居无事所作，其序所署时间为乾隆二十二年。有学者认为该书其实是纪昀所著而归之于父亲名下。徐美秋将朱墨批解《玉台新咏》与《玉台新咏考异》仔细对照，发现批解本在文本校勘考证上遗留的一些问题，在《考异》中基本上得到了解决，那就说明《考异》成书必定晚于批解本，而批解本系成于乾隆三十六至三十七年，那么看来《考异序》所述是失实的，不可信的。可以说，朱墨批解本的发现和研究，为否定纪容舒著《考异》之说提供了新的有力的证据。

以上介绍的是《纪昀评点诗歌研究》在文献搜集考证方面的一些成绩。而我认为此书的特色，尤在于著者对于古典诗歌有较好的审美感受力，因而能正确理解纪昀的评语。在此基础上，概括纪氏的诗歌美学，自然就比较实事求是，能给读者以启发。

鉴赏诗歌，理解其内容、含义，大约还相对容易；欣赏其艺术表现之美，并且说出个门道来，有时就颇觉困难。好的评点正在这方面能发挥很大的作用。但因其往往点到即止，所以要理解那些评语，又必须涵泳于作品中，在作品、评点二者之间沉潜往复。我以为徐美秋在这方面做得较好。

例如杜甫的《送郑十八虔贬台州司户》："郑公樗散鬓成丝，酒后常称老画师。万里伤心严谴日，百年垂死中兴时。苍惶已就长途往，邂逅无端出饯迟。便与先生应永诀，九重泉路尽交期。"纪昀评曰："一气盘旋，清而不弱。"怎样理解这八个字呢？徐美秋认为，此诗"八句一气贯注，不作侧面烘染或景物点缀，语意清空明晰，而情感十分沉挚深厚"，故纪评云然。这样的理解，自是潜心体味原诗的结果。

又如纪昀评苏轼诗曾说东坡惯用"意注本题，先盘远势"的手法，但他只揭示过一次。徐美秋乃在苏轼的许多作品中看出此法的运用，并且概括道：东坡在题目较小较实时常运用此法，以便于少处用多，于平实处弄奇，将小题写得意境开阔；至于在长诗中运用此法，则更是奇气纵横，淋漓酣畅。她又说："'意注本题，先盘远势'的关键是如何从远势折入本题，在这一点上，苏轼用笔之灵妙与纪昀评析之精确，堪称相得益彰。""'意注本题，先盘远势'不仅将诗境拓开，而且在结构上有开合之变动，避免了平直呆板。而

徐美秋著《纪昀评点诗歌研究》序

纪评的细心钩剔,让我们对苏诗巧妙的结构脉络有更清晰的认识。"这些体会,无疑申发了纪评的精义,于读者领会苏诗的魅力颇为有益。

苏轼《卢山五咏·障日峰》云:"长安自不远,蜀客苦思归。莫教名障日,唤作小峨眉。"其诗乃诗人知密州时作,郡东有卢山,似峨眉而小,常牵动其乡思。纪昀评曰:"坐煞反成死句,不如《步至溪上》诗多矣。诗家往往同一意而工拙不同,只争运笔耳。"按《出城送客不及步至溪上》亦密州作,有句云:"倦游行老矣,旧隐赋归哉。东望峨眉小,卢山翠作堆。"徐美秋比较二诗,以为《障日峰》末二句直白无馀味,故是死句;而《步至溪上》不直说思乡之意,只写出"东望"之情态,"翠作堆"之秀美,思念峨眉之情若隐若现,情韵较长,故是活句。她说:纪评这里所说的运笔,主要是指诗意的表达不要直接诉说,要有情景,有意境,让读者能涵泳其中;这样,即使是常情常意,也让人回味不尽。苏轼《送顿起》云:"岱宗已在眼,一往继前躅。天门四十里,夜看扶桑浴。回头望彭城,大海浮一粟。故人在其下,尘土相豗蹴。"纪评:"将两地两人镕成一片,笔力奇绝。"徐美秋说:"不仅从顿起一面着笔写他的行程,更进一步设想他到了泰山之顶会回望诗人所在的彭城,感叹诗人在其中尘土满面,不得清净。诗思极曲折,情意极深至。"这些细致的体会,于读者理解纪评,欣赏原诗,都很有好处。纪评称说苏诗的运笔、笔力之处颇多,本书一一加以解说,并概括、归纳出种种不同的内涵,颇为具体。

王运熙先生常说,研究古代文论必须联系作品实际,要将文学批评史和文学史结合起来。理论联系实际,这确是颠扑不破的真理。如果从理论到理论,就很可能隔靴搔痒,甚至郢书燕说,南辕北辙。评点,可以说是古代文学批评的"第一线",尤其需要从作品实际出发。印象式的片言只语,似乎是随意而谈,其实凝聚着丰

· 71 ·

富的审美体验。对于我们研究者来说，结合作品鉴赏，从个别的、零碎的评语出发，概括归纳出评者的美学观念，联系广阔的背景，做出理论概括，这不是别具魅力的工作吗？

　　文学的本质是审美的，文学研究归根结柢应该阐发作品的美。而为了使研究工作是科学的而非随心所欲的，又首先要求弄清事实，进行文献方面的实证性的考辨。就研究者而言，当然可以在这二者之中有所侧重，但最好是二者有所兼顾，既具有审美的妙悟，又能作细密的考订，并进行理论上的概括抽象。徐美秋博士的这本著作，显示出她这两个方面的能力和潜质。如今此书即将由花木兰出版社印行，我深感高兴，写下上面一些话，既希望对读者略有帮助，也祝愿徐美秋博士在研究工作中更多地获得盎然的兴味，取得更大的成绩。

2012年岁末于欣然斋

（徐美秋《纪昀评点诗歌研究》，花木兰文化出版社2013年出版）

李婧著《黄侃文学研究》序

　　李婧博士的《黄侃文学研究》即将面世，令人欣喜。这本著作对黄季刚先生从事文学创作、文学批评和整理研究文学典籍等方面的业绩进行了全面的考察和论述，具有学术创新的意义。我想它的出版，对于黄侃研究的深入，是很有意义的。

　　黄侃先生的学术研究，有一特点，即多从校勘等文献工作入手，然后一字一句，细读文本，由词句到段落到全篇，力求准确深入地吃透古人原意。例如他的《文选平点》，便全是对《文选》各篇加以校读点评。他的《文心雕龙札记》，开《文心》理论研究的先河，在《文心雕龙》研究史上具有重要意义，其也是从字句校读、词语解释入手的。凡研究一文一书，必先从文献学角度着手，必精细地研读文本，这样的途径、方法，是前辈学者给我们的宝贵启示。如今李婧作《黄侃文学研究》，要对先生的工作有所了解，加以分析、概括、总结，当然也就必须踏踏实实地循着先生的路径走，那绝不是高谈阔论一通所能济事的。李婧博士在这方面做得好，值得称赞。

　　就拿书中关于《文选平点》的论述来说。黄先生既然用的是评点的形式,当然都是片言只语,颇为零散,而数量既多,牵涉面又很广。《文选》中的作品,对今日的读者而言,本来就显得艰深,而黄先生的研究,又往往就其缴绕之处发论,涉及许多典籍文献,故欲对《文选平点》加以论述,自有其特殊的困难。若是心浮气粗,只怕读之都不能终卷,遑论深入理解、抉发精义?而李婧不惮繁杂,对《文选平点》书中的校语、评语一条一条地细心研读分析,并与清代、近代一些学者的研究成果进行对照,然后归纳整理,从而见出黄先生的治学特点、研究方法以至文学思想,以及先生对前人的承袭与超越,也能指出其若干不足之处。凡此都从大量艰苦踏实的工作而来,因而能得出合乎实际、颇为合理的结论。

例如关于《文选》的校勘。据李婧统计,《文选平点》的校勘共有1 900多处,广泛吸取胡刻本《考异》(实出顾千里手)以及其他清代学者的成果。吸取顾千里者最多,1 900多处中有1 200馀处是顾氏曾经论及者。但由于《文选平点》本非有意于发表,而是为教学所作札记,经后人整理而成,因此书中吸取顾校处绝大多数不曾加以说明。经过李婧细心比对,发现有1 100馀处校语大体与顾校相同,另有70馀条与顾校意见不同,对顾校有所补充或辨正纠谬,此外还有一些结论虽与顾氏相同,但依据、方法并不一样。李婧对那有所辨正、意见不同的70馀条当然特别重视,予以举例说明。下面我们就此略举数例。

张衡《东京赋》:"招有道于侧陋,开敢谏之直言。"薛综注:"招,明也。有道,言使郡国于侧陋之中举有道之士而用之也。"其注中"有道"云云颇似有脱误,顾千里《考异》云:"此有误也。陈(景云)云'有'上似脱'明'。但'招'本不训明。……盖训为举。陈所说未是。今无以订之。"陈景云认为注中"有道"应作"明有道",顾千里不同意,因为"招"字本不能解释为"明"的意思,他觉得这里应该是"举有道"之意。可是没有版本依据,因此

"无以订之"。黄先生则推断正文和薛综注的"招"乃"昭"字之误,"昭"正训明,原文应是"昭有道于侧陋"(即显明有道者于疏远幽隐之中,亦即"明明扬侧陋"之"明")。应该说,黄先生此说虽无版本依据,但相当合理。

贾谊《吊屈原赋》:"彼寻常之污渎兮,岂能容夫吞舟之巨鱼?横江湖之鳣鲸兮,固将制于蝼蚁。"蝼蚁,五臣注本作蚁蝼。顾氏《考异》认为"蝼"与"鱼"较为叶韵,故以"蚁蝼"为是。但黄先生指出"'鱼'与'蚁'韵不误",否定了顾校。黄先生精于小学,这正是运用音韵学于校勘的一个显例。

潘岳《闲居赋》:"张钧天之广乐,备千乘之万骑",何焯、顾校都觉得下句中的"之"字可疑。(盖因"千乘""万骑"并列,一般而言,当中不应插入"之"字。)黄先生则说:"下'之'字足句,古人多有之,不足疑。"黄先生主张调和骈散,对于六朝骈文极为精熟,他自己也写得一手漂亮的骈文,因此他对于骈体有非常敏锐的语感,对于骈赋的特殊句法深有会心。这一条校记便很好地体现了他的词章修养。

再举一个颇为有趣的例子:谢朓《和王主簿怨情》云:"掖庭聘绝国,长门失欢宴。相逢咏蘼芜,辞宠悲班扇。花丛乱数蝶,风帘入双燕。徒使春带赊,坐惜红妆变。生平一顾重,宿昔千金贱。故人心尚尔,故人心不见。""故人心不见"之句为李善注本所载,五臣注本则作"故心人不见",二者孰是?一时不易裁断。顾氏《考异》主张后者,其言云:"上句'故人心尚尔',承'生平一顾重'言之,谓辞宠之未尝易操也。此句'故心人不见',承'宿昔千金贱'言之,谓相逢之遽已贬价也,此情之所为怨也。传写下句涉上倒两字,绝不可通,非善如此。"他似将"生平一顾重""宿昔千金贱"分别理解为女子被宠爱和遭受轻视两件不同的事,而将"故人"解为"辞宠"(失宠)的女子,她因曾受宠爱,所以今虽失宠但"心"犹"不变",可是既已被遗弃,因此其心毕竟不被人所见。这样解释也能勉强说通,但颇觉迂曲。黄先生则主张"故人心不见",他说:"'生平'、'宿昔',一意;'一顾重'、'千金贱',一意。此复语耳。"意谓两句说的是同一回事,即女子曾经备受宠爱,得其"一顾"被认为重于"千金"。揆之李善注所引《列女传》及曹植诗语,这样的理解无疑是正确的。黄先生又说:"末二句(即"故人"二句)一问一答,云故人心岂当如生平宿昔乎?今则不见此心矣。或讹作'故心人不见'而妄说之。"黄先生的解释,贴切明白,颇解人颐。由此例很可以看出先生"精读文本"之精,也可以说是先生以文学词章修养与校勘相结合的一个好例。

从以上数例,可以窥见黄先生《文选平点》之一斑。它们都是李婧博士书中所抉发的。李婧不仅爬罗剔抉,举出许多类似的例子,而且在此基础上总结先生校理《文选》的方法以及每种方法的特点,特别强调黄先生兼具文学家和小学家之长,因而其治《选》具有自己的优势。她论述先生《选》学的地位与影响,认为是二十世纪传统国学向现代学科转变的标志之一:"黄侃具有非常鲜明的从《选》注向《选》学转变的意识。……在这一主导思想下,黄侃加重了对《文选》的文学研究,形成了熔文献研究与文学研究为一炉的整体性研究模式。其解评(指黄先生对《文选》中作品的解评)熔章句训诂、考证订误等文献研究和义理解析、文学批评、文论互证等文学研究于一炉,实虚结合。……体现出从传统《选》学向现代新《选》学转型的特点。"这些论述,都不是人云亦云的虚言,而是在一点一滴细致研读黄先生著作的基础上得出的结论。

对于黄侃先生《选》学的论述,只是李婧博士书中的一部分内容。其他还有不少值得注意和肯定之处。如论析黄先生的《文心雕龙札记》,本书也是先依循先生的思路和研究途径,细心研读,然后与其他学者的研究加以比较,并且结合先生的经历、思想、所处时代的文化背景，从而能更好地理解、阐释其研究成果，得出结论：黄侃在《文心雕龙》研究史上具有继往开来、实现从传统到现代之转变的重要地位。又如黄侃先生在"五四"时期，反对以提倡白话为中心的文学革命，这往往被斥为保守。本书则结合先生的生平与思想，认为这看似守旧，但实际上反映了坚守传统文化的热忱与苦心。这样的见解，不人云亦云，也是在全面掌握资料的基础上独立思考而得出的。

黄侃先生是一代宗师，正如本书所强调的，在学术研究的传统与现代的转换之间占有重要的地位。关于这一转换，当然是一个还应该进一步深入探讨的课题。而关于这一课题的研究，需要研究者本身对于新旧学术都有相当的了解和造诣，不然只怕所谓的研究也不过是浮光掠影，隔靴搔痒，难以对今天的学术有所裨益。人们有时多言其"新"，有意无意地忽视传统中的有益的东西，甚至以侈谈"新"来掩盖对于传统的无知、无能。笔者以为，重视文献工作和文本精读，乃是传统学术方法中的很值得发扬的因素，然而要做好实在不易。今天借着写这篇小序的机会，与李婧共勉。而东隅已逝，不能不将希望更多地寄托在如李婧博士这样年轻奋发的学者身上。

2013年夏日于欣然斋

（李婧《黄侃文学研究》，中国社会科学出版社2016年出版）

孟伟著《清人编选的文章选本与文学批评研究》序

孟伟博士的《清人编选的文章选本与文学批评研究》一书即将出版,我由衷地感到高兴!他在从我研学时,就以此为题撰博士论文,那已经是十年以前的事了。毕业之后,孟伟任职于常熟理工学院人文学院中文系,是一位口碑很好、深受学生欢迎的老师,担负着繁重的教学任务,可是他念兹在兹,仍然想着将当年的研究进一步拓展。于是抓紧一切可以利用的时间,乐此不疲,终于成就了这一部书稿。

翻阅这部书稿,首先感受到那种老老实实做学问的态度。作者从文献调查入手,在这方面花费了巨大的、艰辛的劳力。有不少稀见的、分散收藏在各地图书馆内的书籍,他都亲自前往,一一过目、研读。他认为必须"竭泽而渔",才能有"发言权",才能下笔。总之,孟伟对存世的清人所编的文章选本做了较为全面的调查,将其编选、评点、刊刻、流传等情况写成叙录,然后才进入对于选本所反映的文学思想的探讨。择其重要的写成正文,其他的也都编入"知见录"内。因此,即使光从为读者提供书目和线索的角

孟伟著《清人编选的文章选本与文学批评研究》序

度而言,这也是一部很有用的书。

披读一过,我觉得本书在以下几方面颇有优长。

首先,它指出了清人所编文章选本具有的文献价值。

例如姚椿的《国朝文录》,乃穷数十年之精力而成。姚氏是宗奉理学思想的古文家,故清初以来重要理学著作的序跋多有收录;而对于汉学著作的序跋也并不排斥,汉学著作的序跋也收录了不少。这对于研究清代思想史提供了便利。《国朝文录》还广收诸家为归有光、方苞等古文名家文集所作的序跋,对于清代文学史、文学批评史的研究也提供方便。本书指出,这样经过广事搜罗,将相关的资料汇集一处,可说是选本在文献方面的一种"集合"作用。其他清朝当代的文章选本也都有类似的功能。又如沈粹芬、黄人、王文濡等所编辑的《国朝文汇》,编纂于清王朝即将结束的前夜,其时西学东渐,东西方思想文化强烈碰撞。其编纂强调不立宗派,不主一家,以保存国粹为目的。该书收录作者凡 1356 人,卷帙之大,为清文选本之最,对于保存清代文献,卓有贡献,也为研究者提供了不少方便。

本书指出,选本在保存逸文方面也有很大贡献。

有的作者默默不为人知,赖选本而留存文字于天壤之间。例如李祖陶编录《国朝文录》及《续编》,特别注意收录"卓然自为于荒江穷谷之中,而未行于世者"的文章,不遗馀力地进行搜罗,以"表扬幽隐"。这些作者的文集多未经版刻,如刘巘的《丛桂堂文录》,系从其子所藏稿本中录出。若无李祖陶的一番努力,刘巘的作品很可能就湮没无闻了。就连刘巘其人,有关记载也极难见到,正是从李氏搜罗的《丛桂堂文录引》中,才可约略知道其生平事迹,原来他曾学诗于翁方纲,学文于赵佑,还在纪昀家作过多年塾师。李祖陶对他的文章评价很高,说他"文章高雅,浩瀚中悉归典则"。

有的作者虽然知名于时,却并无文集传世,他们的文章也是靠着选本才得以流传,如姚椿的《国朝文录》保存了盛敬、陆世仪、王汝骧、蔡上翔等人的文章,就是这样的情况。其他如王先谦的《骈文类纂》,屠寄的《国朝常州骈体文录》,其中所选的骈文作家,也有许多是并无文集传世,其作品端赖选本而为后人所知。

本书还指出,还有一种情况,即某作家虽有文集,但选本收录了不见于文集的篇章。如曾燠是乾嘉时期的骈文名家,今有《赏雨茅屋外集》传世,收录其不少骈文作品。但吴鼒编的《国朝八家四六文钞》内有曾氏的《西溪渔隐外集》一卷,其中所收骈文有十一篇不见于《赏雨茅屋外集》。这《西溪渔隐文集》仅有《国朝八家四六文钞》本,那十一篇作品便是靠着吴鼒的编选才流传下来的。又如周寿昌,是晚清著名的史学家,于两《汉书》《三国志》造诣尤深,而诗文也颇有成就。周氏遗稿由其门人王先谦刊刻成书,名《思益堂集》,但其中未有骈文。其实周氏长于骈文,为曾国藩所推重,可是生前已大半遗失。幸赖王先谦收得十六篇,刻入所编《国朝十家四六文钞》内。可谓硕果仅存,弥觉可珍。再如陈衍为吴鼒编的《国朝八家四六文钞》作补注,有自序一篇,论注书之难,列举注书之弊十二条,颇有价值,而亦未收入《石遗室文集》,仅仅靠着《八家四六文补注》一书才得以流传。

清人所编文章总集,还具有校勘价值,本书也举了不少例子加以说明。

邬国平先生曾经指出,王昶所编《湖海文传》具有辑佚、校勘方面的价值,但尚未得到今人的充分的重视(见邬国平《王昶的〈湖海诗传〉〈湖海文传〉》,载《古籍新书报》292期)。这一论断同样适合于其他许多选本。《清人编选的文章选本与文学批评研究》列举许多例证,让读者看到清人所编文章总集的文献价值,是很有意义的。作者指出,今人编印的《周寿昌集》,仅据《思益堂集》加以整理,却遗漏了《国朝十家四六文钞》中所收的骈文,不能不

孟伟著《清人编选的文章选本与文学批评研究》序

说是重大的遗憾。那就是由于对于选本的文献价值缺少认识所致。本书作者之所以能指出、强调这样的价值，当然是他广收博见并且不畏繁难、深入了解、细致比对的结果。

除了从文献的角度论述诸家选本，《清人编选的文章选本与文学批评研究》概括选本所反映的文学思想和文学批评，常能见微知著，点明要点。这是本书的又一重要优点。

众所周知，选本选录哪些作品，如何编排，序跋中发表怎样的见解，都体现出编撰者的观点、趣味；有的选本还施以点评，就更具有研究价值。本书的论述在这方面也给我们很多启示。

如方苞的《古文约选》，当代研究者似乎不太重视，本书却强调其研究价值。作者说，方苞以前的选本如《古文渊鉴》《古文观止》《古文雅正》等，都收有少量的骈文。古文选本中兼收骈文，这在清初是较为普遍的现象。而方苞的古文观念则极为明确。他所收录的，限于两汉、唐宋八大家的散文。方苞是古文写作名家，其作品崇散拒骈，一贯鄙薄"俪语"。他的选录和创作以及理论是一致的，他的这种态度对其后的古文选本产生了影响。本书又指出，《古文约选》不选先秦文和《史记》，并不是认为它们不好，而是为初学者易于学习作文的"义法"着想，特别是有防止"流为明七子之伪体"的用意。盖明七子"文必秦汉"，流弊所及，一味求古求典，形成一种食古不化的拗僻文风，故方苞之不选先秦文和《史记》，与对于七子的不满有关。这也体现了《古文约选》的文学批评意义。还有，方苞此选载有评语，而学界尚未给以重视，本书则特意指出，举例说明其价值。凡此均为进一步研究指出了路径。

类似的例子在本书内颇多。例如沈德潜的《唐宋八家文读本》，本书强调其反对摹拟、学古当求"精神""神理"的主张，强调沈氏的评语别具手眼，不落时文评点蹊径。又如王先谦的《续古文辞类纂》，虽可谓赓续姚鼐《古文辞类纂》之作，王氏对于方苞、刘大櫆、姚鼐等桐城文人的成绩和影响也十分肯定，但本书指出，王氏主张"立言之道，义各有当"，反对清末文坛的门户畛域之风，故选文甚宽，这与姚鼐明代只选归有光，清代只选方苞、刘大櫆，"自为一家之学"，是有所不同的。王先谦还编有《国朝十家四六文钞》与《骈文类纂》两部骈文选本。骈散并重，也显示了王氏文章学思想的通达。本书又指出，王氏既不同于方苞至姚鼐的崇散拒骈，也还不同于李兆洛等人所主张的骈散交融。李兆洛《骈体文钞》收录了《报任安书》《出师表》等散文作品，王先谦批评其"限断未谨"。姚鼐《古文辞类纂》收录"辞赋"类作品，王先谦的《续古文辞类纂》则不收辞赋，因为辞赋"取工骈俪"，与古文文体有别。（王氏所编《骈文类纂》列有"辞赋"类，认为辞赋是骈文写作必须学习的对象。）可见王先谦是主张严格文体区别的。但是，另一方面，他既编有古文选本，又编辑骈文选本，则表明他是骈、散并重的。本书特地指明此点，让读者对于王先谦的文章学观点有明晰的了解。

《清人编选的文章选本与文学批评研究》还有一个优点，就是十分注意选本的编纂以及流传等情况的时代背景，常常结合社会文化、学术思想、文学创作、文学思潮等因素进行研究。例如强调了古文选本的大量涌现与科举考试、时文写作的关系，强调桐城文人编辑古文选本与清代统治者文化政策的关系，等等。这里我们只举出本书对《六朝文絜》的论述，比较详细地作一些介绍。

《六朝文絜》为许梿所编，编辑和刊印于嘉道之际。它的分量不大，所选均为短小的骈文。本书指出，其书虽然分量不大，但却备受欢迎。自编成之后，不断刊印，光绪年间还出现了笺注本，直至民国，仍有多种重印本和标点整理本出版。有的骈文选本当日声价颇高，但随着时代变迁，在出版领域多归于沉寂，《六朝文絜》却持续地为出版界和读者所欢迎。本书强调，这不是偶然的现象。

《六朝文絜》选短小的文章,所选又多抒发性情、具有风韵的作品,乃是深受晚明小品文审美趣味影响的结果。晚明崇尚性灵,重视具有风韵和闲适趣味的小品文,此种审美趣味与六朝时期存在的喜好语言华美、内容柔媚、侧重抒情的文学审美取向相一致。《六朝文絜》正体现了这样的趣味,不仅反映在选篇上,也体现于许梿的评语之中。清朝统治者和正统文人对晚明士风和文学是持排斥态度的,但晚明思潮在清代仍然影响着文人思想与创作,晚明小品的精神仍继续发挥其作用,《六朝文絜》的编选和流传正证明了这一点。本书又指出,许梿的序和评语都表达了对于骈文的推崇和对诋斥六朝骈文者的不满,肯定骈文价值、提高骈文地位也是许梿编辑《六朝文絜》的宗旨所在。因此《六朝文絜》的编选与乾嘉、光绪时期骈文的复兴有密切关系。据本书作者的调查,光绪年间,二十馀年里,《六朝文絜》的刊本竟在八种以上,还出现了黎经诰的用功甚深、质量颇高的笺注本。黎氏笺注此书,是作为家塾读本用的,相比许梿自序所云少年时塾师禁止他读徐陵、庾信等六朝骈文,是多么大的变化。作者说,由此可见骈文在清末得到普遍接受的情况,也反映出清末社会文化、教育思想的变化。这样的论断是颇解人颐的。作者又进一步详尽调查了《六朝文絜》《六朝文絜笺注》在民国时期的出版情况,指出尤其是二十世纪的二三十年代出现了出版热潮,这一现象与民国时期"小品热"文学思潮有直接的关系。当时周作人、林语堂等提倡小品文。周氏提出"上有六朝,下有明朝",自述"《六朝文絜》及黎氏笺注常备在座右"。鲁迅虽对于这股"小品热"表示不满,但据周作人说,他其实也是爱读《六朝文絜》,作为常备书的。本书说:"同为骈文选本,李兆洛的《骈体文钞》尽管享誉甚高,但在民国时期的刊印远远少于《六朝文絜》,这种情况也可间接说明《六朝文絜》的大量刊印与当时文坛热衷小品文的文学思潮是有直接关系的。"确是有根有据的判断。又说:

"对《六朝文絜》这样一个勾连了四个时代、产生了广泛影响的选本进行考察，可以加深我们对晚明、乾嘉、光绪、民国时期文学思潮、文学创作、文学批评，以及出版、印刷等的认识，这也是选本研究的独特价值所在。"足见本书作者是非常自觉地在广阔的时代背景上研究选本的。

文如其人。孟伟为人朴实，踏实、用功而不露圭角。他的这部书稿，也正是老老实实下大功夫撰成，是在平实之中包含真知灼见的学术佳作，值得向读者推荐。

2016 年 10 月，欣然斋北窗下

（孟伟《清人编选的文章选本与文学批评研究》，
中国社会科学出版社 2016 年出版）

黄爱平著《宋诗话与唐诗学》序

鲁迅先生曾说："我以为一切好诗，到唐已被做完。"那虽然是朋友间私下里的一时兴到之言，但先生对于唐诗的倾倒之情，自是不言而喻。确实，我们又有谁不倾倒于唐诗呢？但是宋人在此"一切好诗已被做完"的窘境里，异军突起，别开生面，开辟出一个闪耀异彩的崭新的境界，不同样值得我们欣赏而欢欣鼓舞吗？以后历朝历代非崇唐即宗宋，唐宋诗之争成了诗歌史上的一大公案，而所谓唐声宋调超越了时代界限，成了古典诗歌两种风格的代称。直至近现代，也还有许多作者对于宋诗心摹手追。因此之故，我们也就很愿意了解宋人是如何评议唐诗的，那确是一桩重要而饶有兴味的事情。

唐人做了那么多好诗，论诗的著述却并不算发达；而宋朝却是一个诗话崛起的时代。据郭绍虞先生的考察，宋诗话流传至今的较为完整的便有四十馀种，加上部分流传、已佚而有辑本的以及有其名而未见其书或已亡佚而尚未辑集者，共有一百四五十种之多，这还不包括那些诗格诗句图等浅陋之作。这些林林总总的著作中，包含着不少议论唐诗的资料，正可以让我们了解宋人对于唐诗的见解。但是宋诗话颇为庞杂零碎，要从中抽绎相关的内容，不是一桩容易的工作。

黄爱平的《宋诗话与唐诗学》，正是以此为鹄的而做出了很可观的成绩。作者阅读的文献十分丰富，勾稽相关资料，加以细致的分析，在此基础上进行提炼，归纳为本色论、范畴论、体派论、诗法论、作家论五个方面，比较全面而系统地展示了宋诗话中的唐诗论概貌。

宋诗话中的一些诗学用语往往不加以明确的定义，并且在不同语境中呈现出含义的多面性。本书结合具体语境对这些用语进行辨析，剥茧抽丝，逐层展示诗学概念的丰富内涵。比如"味"在描述具体诗歌时就有"理之味""情之味""境之味""物之味"等等不同层面的涵义。这样阐释诗学概念比较贴合中国诗学的特点。正是因为能结合具体语境和具体作品，所以得到的结论常有新意。比如关于"俗"这一用语，本书指出语言层面的"俗"并不全是贬义的，"俗"乃是诗歌作者具有读者意识和传播意识的表现。这样的结论便颇具启发性。

本书作者分析宋诗话时紧密结合具体的唐诗作品，通过对作品的细致解读来领会宋诗话的诗学意义，因而所述比较准确，可信性较高。作者具有较强的艺术感悟能力，评析到位，能传达出诗歌的美学特质，同时给读者带来审美愉悦。这就使得本书在进行深入学术研讨的同时，兼具较强的可读性。这也是本书的一个显著优点。

在我看来，《宋诗话与唐诗学》的作者眼光独到，选题新颖。这本著作既有文学批评史方面的学术价值，也适合爱好古典诗歌的广大读者阅读。故写下一点感想，权为序言。

2019 年岁末

（黄爱平《宋诗话与唐诗学》，社会科学文献出版社 2020 年出版）

春华秋实

《诗》《骚》"求女"意象探源

——从清华简《楚居》说开来

◎ 韩高年

清华大学出土文献研究中心编《清华大学藏战国竹简（壹）》有一篇《楚居》，记录楚人先祖的传说，以及楚先世诸王迁都的情况及原因。整理者认为是一篇类似于传世《世本》的《居篇》的文献，故定名为《楚居》。释文公布后，也有的研究者认为属于《世本》中的"帝系"或"世"一类的文献。还有的学者发现《楚居》"是以楚公楚王的谱系为经，以居处迁徙为纬的综合体。在叙述楚公楚王的世系时，及于求偶经历、配偶长相、生育过程等；在叙述居处迁徙时，及于都城改造、都城改名、迁徙原因"，"颇疑《楚居》即《梼杌》的部分内容，或者是在《梼杌》的基础上创作而成的"。[①]这些意见对于深入揭示《楚居》的内涵及发掘相关学术信息具有重要的启发意义。笔者在此基础上研读《楚居》，发现其中的两次"求女"与《诗》之《汉广》《蒹葭》，以及屈原《离骚》三次

---

① 赵平安《〈楚居〉的性质、作者及写作年代》，《清华大学学报》（哲学社会科学版）2011年第4期。

"求女"、《九歌》中《湘君》《湘夫人》等篇"求女"等，存在着某种内在的关联。笔者认为，这种关联绝非出于偶然，而是楚人关于早期祖先事迹的共同记忆在不同文化语境中的"再现"。今就此若干愚得，写出来求教于方家。

一　清华简《楚居》中的两次"求女"

诚如学者们所说，《楚居》为最新的了解楚人早期历史的重要材料，其中所见的许多细节不见于传世文献，显得弥足珍贵。然而《楚居》文本带有神话色彩且包含的信息十分丰富，其价值不仅在于有助史学。如其中所载季连和穴熊"求女"的记载就是如此。笔者认为，所谓"求女"，实际上反映了楚民族早期比较盛行的抢夺婚及"野合"习俗。《楚居》前半部分载：

> 季连初降于騩山，抵于穴穷，前出于乔山，宅处爰波，逆上汌水，见盘庚之子，处于方山，女曰妣隹，秉兹率相，詈胄四方。季连闻其有聘，从，及之盘，爰生絟伯、远仲，游徜徉，先处于京宗。穴酓迟徙于京宗，爰得妣列，逆流哉水，厥状聂耳，乃妻之，生侸叔、丽季。丽不从行，溃自胁出，妣列宾于天，巫烖賅其胁以楚，抵今日楚人。①

上引这一段简文分别记录了楚人先祖季连与盘庚之女妣隹之间、穴酓（穴熊，即鬻熊）与妣列之间成婚的事迹，颇为引人注目。据《世本·帝系》载："陆终娶于鬼方氏之妹，谓之女嬇，生子六人……六曰季连，是为芈姓。季连者，楚是也。"季连为陆终之第六子，是楚人得姓之祖。《世本》早佚，今传之辑本未见季连

---

① 引文据清华大学出土文献研究中心《清华大学藏战国竹简（壹）》，中西书局，2012年，页181。

求偶与成婚的记载。《史记·楚世家》综合当时所能见之楚世系材料排列如下："楚之先出自帝颛顼高阳。……高阳生称，称生卷章，卷章生重黎。……吴回生陆终。陆终生子六人，坼剖而产焉。……六曰季连，芈姓，楚其后也。……季连生附沮，附沮生穴熊。其后中微，或在中国，或在蛮夷，弗能纪其世。周文王之时，季连之苗裔曰鬻熊。鬻熊子事文王，蚤卒。"①《大戴礼记·帝系》亦记穴熊（鬻熊）之事，惟误其名作"内熊"。二书对穴熊（鬻熊）的婚事亦未有记载。上引清华简《楚居》中有关季连、穴熊的文字提供的信息较《世本》及《楚世家》要详细，鄙见以为《楚居》是特别要突出季连和穴熊两位先祖在楚族历史上的伟大功业，其中所述的是楚族发展历史上两次迁徙——两个与其他部族（殷商是强援，赖国则是土著）联姻的重大事件，而这两个事件都与楚人早期的"野合"婚姻习俗有关。

《楚居》简文中言季连"逆上洲水，见盘庚之子，处于方山，女曰妣隹，秉兹率相，詈胄四方。季连闻其有聘，从，及之盘，爰生缉伯、远仲"。整理者认为这几句是说季连逆洲水而上，遇到盘庚之女，居于方山，名字叫作隹（据整理者的意见，"妣"字当作"祖妣"之"妣"，表明此为《楚居》作者追述之辞），这位叫"隹"的女子，具有仁慈柔顺之品质，她美丽娴静，四方闻名。季连一见，当然很是爱慕，但听说她已经有婚约；季连不甘心，一直追赶隹；到了盘，终于见到隹，如愿以偿地赢得她的芳心，后来生下了两个孩子。简文的叙述虽然相当隐晦，但仍然透露了与抢婚或野合

---

① 按：《帝系》有穴熊而无鬻熊，《楚世家》则既有穴熊又有鬻熊。穴熊与鬻熊是两人还是一人？清人孔广森曰："《楚世家》云：'附沮生穴熊，其后中微，弗能纪其世。周文王之世，季连之苗裔曰鬻熊。'广森谓：鬻熊即穴熊，声读之异。《史》误分之。穴熊子事文王，蚤卒。其孙以熊为氏，是为熊丽。历熊狂、熊绎、熊艾、熊黑旦、熊胜、熊杨，至熊渠，凡九世也。但穴熊上距季连劣及千岁，所云产者，亦非父子继世。杜预以为，鬻熊，祝融之十二世孙。"见方向东《大戴礼记汇校集解》，中华书局，2005年，页745。

婚相关的信息。第一个信息是简文中说"季连闻其有聘","聘",整理者释为"媒聘",意谓已经有婚约,所言极是。简文强调季连既知"佳"与他人已有婚约在前,却仍因恋其美貌而不舍,是为了表明他们的结合并不合乎"媒聘"之礼,而是另有隐情。其次,简文说季连"从"佳,"从"字整理者释为"追赶"也很正确。"从"常与军事行动有关。如《左传·僖公二十八年》:"楚子入居于申,使申叔去穀,使子玉去宋,曰:'无从晋师!'"此处"从"意谓派兵追击。这样后文的"及之盘"也就有了着落。所谓"及之盘",也就是一直追赶到盘这个地方,终于追上了妣佳,也就是季连实施抢婚成功。后来"穴酓(鬻熊)"得其妻"妣列",赵平安认为"'得'通常表示得到,'得'后面跟人时往往表示掳获的意思。从'爰得妣列'这种表述看,鬻熊之于妣列,很像是'匪寇婚媾',即劫夺婚,抢老婆。"[1]赵先生的看法很有道理,不过除赵先生提出的"得"这个证据外,还有一些证据也表明穴熊实施了抢夺婚。《楚居》记述在"爰得"之后,又说"厥状聂耳",《山海经·海外北经》有"聂耳之国","为人两手聂其耳",注曰:"言耳长,行则以手摄持之也。"实则不然。《楚居》中描述穴熊见到妣列时,"厥状聂耳",当是说她因受到突如其来的惊吓而双手捂着双耳的情形。此外,穴熊也是"逆流哉水",与前述季连之"从"妣佳的情形相同。通过以上两个补充的证据来看,穴熊也是通实施抢婚而与妣列缔结的婚约。

学者们认为,中国上古时代存在着抢婚的族外婚习俗,陈顾远将其概括为"掠""师""夺""劫"四种形式。所谓"掠婚",即掠取。陈氏以为《说文》"礼,娶妇以昏时,故曰婚",即"娶妇必以昏者,当系古代劫略妇女,必乘妇家不备,而以昏时为便,后世沿

---

[1] 参赵平安《清华简〈楚居〉妣佳、妣列考》,收《清华简研究》(第一辑),中西书局,2012年,页319—324。

用其法,遂以昏礼为名"。所谓"师婚",即是"于战争中得其妻妾"。如"周幽王伐有褒而娶褒姒","晋献公伐骊戎而娶骊姬"等即是。所谓"夺婚"就是以武力强夺强娶他人妻妾。"春秋时,郤犨聘于鲁,求妇于声伯,声伯夺施氏妇以与之,与夫为子娶妻而自娶之,若卫宣、楚平之类,皆系其例。"所谓"劫婚",就是"或因徒贪他人妻女之色而然,或因门第之隔不易得妻逼而如此"。春秋时"郑人游贩于归晋途中,遭逆妻者而夺之,以馆于邑"等即是。①求之先秦典籍,《周易·屯卦》卦爻辞六二:"屯如邅如,乘马班如。匪寇,婚媾;女子贞不字,十年乃字。"六四:"乘马班如,求婚媾。"上六:"乘马班如,泣血涟如。"还有《睽卦》上九:"睽孤,见豕负涂,载鬼一车,先张之弧,后说之弧,匪寇,婚媾。往遇雨,则吉。"梁启超、刘师培、吕思勉、郭沫若、余永梁等学者都认为是描写抢婚习俗的材料。当然,也有学者不赞同这种说法,认为抢婚本身是不存在的。②但无论如何,《楚居》两次"求女"带有强制性,并且其目的是出于通过缔结族外婚姻关系而达到政治联盟的目的确为事实。

《楚居》所见楚王世系截止于楚悼王(前 401 年—前 381 年),由此可以推定其文本写定时间当在悼王继任者肃王(前 380 年—前 370 年)以降,③但其中的内容,很可能出自穴熊以来长久流传的口传史料。《楚居》是对楚人得姓始祖季连氏和立国之祖穴熊氏功业的追述,带有浓重的神话传说色彩。罗运环认为:"'《楚居》季连世系'和'穴熊世系',皆出自陆终第六子季连,是芈姓楚先中的两个支系。在商代后期,《楚居》季连氏曾一度兴起,但不出三世

---

① 参陈顾远《中国婚姻史》,台湾商务印书馆,1983 年,页 79—84。
② 参李衡眉《掠夺婚说问难》,《中州学刊》1987 年第 6 期。
③ (日)浅野裕一《清华简〈楚居〉初探》,见清华大学出土文献研究保护中心编《清华简研究》第一辑,中西书局,2012 年,页 242—247。

便随之衰落。至商末穴熊氏首领鬻熊率部兴起,统一芈姓诸部,重新组建国家,并定名为楚。"①在楚民族发展的早期,也盛行着这种在后世和今天看来似有些野蛮粗鄙的抢婚习俗,到后来楚人迈入文明社会的门槛,民族意识趋于强烈时,这种习俗就逐渐被赋予神话色彩,而加以美化。荣格认为:"集体无意识不能被认为是一种自在的实体;它仅仅是一种潜能,这种潜能以特殊形式的记忆表象,从原始时代一直传递给我们。……它们仅仅在艺术的形成了的材料中,作为一种有规律的造型原则而显现。也就是说,只有依靠从完成了的艺术作品中所得出的推论,我们才能够重建这种原始意象古老的本质。"②根据这一原理,楚族关于先祖功业的早期记忆不会消失,而是借助神话或传说的形式代代相传。这恰如周民族史诗《大雅·生民》之述姜嫄"履迹生子"、殷商民族之史诗《玄鸟》叙述"天命玄鸟,降而生商"及简狄吞卵有孕而生商人之事。

二 "俗与族迁"与《汉广》《蒹葭》之"求女"

据典籍所载可知,楚人远祖所居之地在"祝融之虚"。《左传·昭公十七年》载梓慎云:"郑,祝融之虚也。"③《汉书·地理志》亦云:"今河南之新郑,本高辛氏火正祝融之虚也。"④据《国语·郑语》载,郑国所居新郑一带,原为桧国之地。而桧国即《史记·楚世家》所载陆终六子之"四曰会人"。《诗》有《桧风》,郑玄《诗谱·桧谱》曰:"桧者,古高辛氏火正祝融之墟。桧国在《禹贡》

---

① 罗运环《关于季连纠葛问题的探讨》,见清华大学出土文献研究保护中心编《清华简研究》第一辑,中西书局,2012年,页288—294。
② (瑞士)荣格《心理学与文学》,冯川、苏克译,生活·读书·新知三联书店,1987年,页120。
③ 杨伯峻《春秋左传注》,中华书局,1981年,页1391。
④ 班固《汉书·地理志》,中华书局,1962年,页1651。

豫州外方之北，荥波之南，居溱洧之间。祝融氏名黎，唯妘姓桧者处其地焉。"①其地当在今新密市东南一带。二十世纪九十年代末，在新密市东南与新郑交界的溧水和洧水汇流处的曲梁乡大樊庄古城寨一带，发现一处龙山时代古城遗址，考古学者认为属龙山文化遗址。马世之认为此处"很可能就是历史上的'祝融之墟'"。②罗运环先生认为："陆终六子中还有彭祖、莱言的始居地也均在今河南中部新郑、密县等地。再结合昆吾、季连'旧许'即许昌一带来看，陆终六子独立之初，均居住在今新郑周围一带。从而也进一步证实，大约在唐尧时代，季连率芈姓族系独立后，最初的居地就在这个旧许的范围之内是可信的。这也就是说芈姓楚先的发祥地就在'旧许'，就在今河南省的中部地区。"③这是学者们认为楚人发祥于中原地区的重要证据。

专家们考证，上文所引《楚居》一段文字中的"䣙山"即《山海经·中山经》内"中次三经"的䘽山，又称大䘽之山，也即今河南新郑、密县一带的具茨山。"洌水"就是《水经注》中的均水，《汉书·地理志》作钧水，上中游即今河南西南部之淅川，下游即会合淅川以下的丹江，是汉水的支流。"京宗"就是景山，《中山经》言"荆山之首曰景山。"《诗·商颂·殷武》："陟彼景山，松柏丸丸。"景山在山东境内。穴熊所妻之"妣列"，可能出自生活于随州随枣走廊的厉山氏部落，春秋时的厉国即其后裔。④可见《楚居》中季连与妣隹、穴熊与妣列的结合，反映了楚族发展历史上两次重要借助婚姻与其他部族的结盟。据《楚世家》，季连时代在龙山文化中晚期，最初在今河南新郑一带建国。至穴熊时代以后，芈姓楚

---

① 孔颖达《毛诗正义》，阮元校刻《十三经注疏》，中华书局影印本，1987年，页381。
② 马世之《新密市古城寨城址与祝融之墟问题再探索》，《中原文物》2002年第6期。
③ 罗运环《荆楚文明起源与楚人早期国家新探》，见氏著《出土文献与楚史研究》，商务印书馆，2011年，页291—329。
④ 赵平安《清华简〈楚居〉妣隹、妣列考》，《中国文化研究》2012年第1期。

人有一部分散居中原地区，有一部分则迁居江汉地区。至殷商时代，楚人为其方国。楚人的活动范围已由江、汉流域远至山东一带，故与殷商通婚，以达到与之结盟的目的。

江汉流域本为"三苗"所居之地，后舜征三苗后，芈姓氏族的楚人一支由中原迁居于此。楚民族早期的历史传说及风俗也会随着民族的迁徙而传播到新的居留地。《诗经·周南·汉广》本是产生于江、汉流域的诗，写"汉有游女"，君子求之，似还存有《楚居》所述楚人早先婚俗的古意。诗中言：

> 南有乔木，不可休息。汉有游女，不可求思。汉之广矣，不可泳思。江之永矣，不可方思。
>
> 翘翘错薪，言刈其楚。之子于归，言秣其马。汉之广矣，不可泳思。江之永矣，不可方思。
>
> 翘翘错薪，言刈其蒌。之子于归，言秣其驹。汉之广矣，不可泳思。江之永矣，不可方思。

《诗序》说这首诗表现了周文王"德广所及。文王之道，被于南国，美化行乎江汉之域，无思犯礼，求而不得也。"意思是说《汉广》所咏之事，是江汉之间南国的君子见"汉有游女"，心虽思慕，但不非礼以求之。然而，王先谦《诗三家义集疏》谓："此章乔木、神女、江汉三者，皆兴而比也。"三家《诗》皆以诗中所写的"游女"为汉水女神。诗之首章是以汉水女神的传说起兴。诗人正是借此传说以引起下文对"君子"爱而不得之痛苦的抒写。[1]清代学者冯登府解释此诗说："汉女，游神，说本三家，为曹植《洛神赋》之祖。"[2]正是此意；著名学者闻一多解说此诗，也是从诗中"游"字本义为"浮行水上"入手，认为三家《诗》之说可信，并

---

[1] 参王先谦《诗三家义集疏》，吴格点校，中华书局，1987年，页51—53。
[2] 冯登府《三家诗遗说》，房瑞点校，华东师范大学出版社，2010年，页10。

进一步指出："三家皆以游女为汉水之神，即郑交甫所遇汉皋二女。郑交甫事未审系何时代，然足证汉上实有此传说。游女既为水神，则游之义当为浮行水上，如《洛神赋》云'凌波微步，罗袜生尘'之类。诗曰：'汉有游女，不可求思'，下即继之曰'汉之广矣，不可泳思。江之永矣，不可方思。'夫求之必以泳以方，则女在波上，审矣。"①由此可见，《汉广》所述，与《楚居》两位楚人之祖先循水而"求女"，并最终与其成婚的情节极其相似。季历所求为"秉慈善相，历游四方"的"游女"，这不是一般的游女；鬻熊所求则为"厥状聂耳"、能"宾于天"的"神女"。

另外，《楚居》篇中所叙述的两次"求女"的具体细节，也与《秦风》中的《蒹葭》一诗十分相似，二者之间亦似存在着某种内在的关联。由此也可见神话传说随着民族迁徙而向四处扩散的规律具有普遍性。为论述方便，兹引原诗如下：

蒹葭苍苍，白露为霜。所谓伊人，在水一方。溯洄从之，道阻且长；溯游从之，宛在水中央。

蒹葭萋萋，白露未晞。所谓伊人，在水之湄。溯洄从之，道阻且跻；溯游从之，宛在水中坻。

蒹葭采采，白露未已。所谓伊人，在水之涘。溯洄从之，道阻且右；溯游从之，宛在水中沚。

在充满了尚武气概的《秦风》中出现《蒹葭》这样温婉浪漫而又空灵的诗篇，不能不说是一个奇迹！但以往学者说解此诗，多未中的。《诗序》以为这首的主题是"刺襄公也，未能用周礼，将无以固其国也"。说诗刺秦襄公，没有根据。朱熹《诗集传》认为诗"言秋水方盛之时，所谓彼人者，乃在水之一方，上下求之而皆不

---

① 闻一多《诗经新义》释"游"字，见《闻一多全集》第 3 卷，湖北人民出版社，1993 年，页 261—262。

可得。然不知其何所指也"。①现当代解《诗》者多以为诗中的"伊人"是女性，则这是一首表现爱而不得之痛的情诗。比较而言，还是朱子的解说比较稳妥，诗中主人公苦苦追寻的"伊人"忽远忽近，不可企及，带有神秘的色彩。日本学者家井真认为《蒹葭》也是歌咏水神的诗。②考虑到这很有可能是秦人早期居于陇右时的诗，③故诗中的"水"应当为"西汉水"。汉水发源于今天水西南，而早期秦人正居住在这里。《蒹葭》所描述的"水"，正是汉水。所以"伊人"可能与《汉广》中的"游女"相同，都是指汉水之女神。

诗中的主人公为求女而"溯洄从之""溯游从之"的方式，与《楚居》中季连为追求妣隹"逆上汌水"，而后又"从及之盘"，以及鬻熊"逆流哉水"而求妣列的方式极为相似。这种内在的关联，应当不是巧合，而是同一种习俗的反映。上文已言及，《楚居》中的"汌水"，学者们认为就是《水经注》中的均水，《汉书·地理志》作钧水，其上中游即今河南西南部淅川，下游即会合淅川以下的丹江，流入汉水。也就是说，《楚居》中季连"求女"之地所在的汌水，是汉水的支流。《汉广》《蒹葭》二诗，虽分属《诗经》的《周南》和《秦风》，但都产生于汉水流域，楚人自西周以来，长期在江、汉流域经营，因此其远祖的传说也必然会在其地广为流传。另外，秦人最初也居于东方，殷商末年始迁至西北，或许他们早就熟悉这种习俗。所以《汉广》《蒹葭》二诗，曲折地反映出上古时代，尤其是早期楚人这种特别的族外婚习俗。若非清华简《楚居》

---

① 朱熹《诗集传》，王华宝整理，凤凰出版社，2007年，页88。
② （日）家井真《诗经原意研究》，陆越译，江苏人民出版社，2011年，页183—185。
③ 赵逵夫先生认为，产生于秦文公（前765—前746）时代的秦人《石鼓诗》描写秦人打猎场面，其中第二首云"于水一方"，指文公初迁至汧渭之间所见情景，似是袭用《蒹葭》中的"在水一方"等语，据此判断，《蒹葭》的作时当早于《石鼓诗》。所以《诗序》认为《蒹葭》作于秦襄公（前777—前766）时代，大体是可信的。说见氏著《诗经注评》，凤凰出版社，2011年，页144。

面世，二诗的本义终将湮没无闻了。

由上文的论述来看，《楚居》将其两代祖先进行掠夺婚的史实描述得充满了神话色彩与浪漫气息，而《汉广》《蒹葭》二诗的作者，则不仅以抢婚习俗的变形——"邂逅相遇"为题材，同时也得其传神之笔。无论从这一风俗本身来说，还是从《楚居》作者对这一风俗的"改写"来说，都体现了春秋时代自称为"蛮夷"的楚人，实际上从来也没有离开过华夏文化的现实空间和历史语境。

三 "俗与时俱"与《离骚》三次"求女"

《楚居》虽成篇于战国前期，但其中记录的远祖季连、穴熊事迹则时出久远。一个民族远古时代的历史记忆常常会在后世以行为方式或艺术原型等特别的方式或直接或间接地呈现出来。时至春秋时代，楚人虽自称"蛮夷"，实则浸习中原文化已深，然而在贵族阶层中，仍偶有古风旧习。《左传·庄公二十八年》载：

> 楚令尹子元欲蛊文夫人，为馆于其宫侧而振《万》焉。夫人闻之，泣曰："先君以是舞也，习戎备也，今令尹不寻诸仇雠，而于未亡人之侧，不亦异乎！"御人以告子元。子元曰："妇人不忘袭雠，我反忘之。"

杨伯峻注曰："子元，《楚语上》韦注云：'楚武王子，文王弟，王子善也。'三十年谓之公子元。蛊音古，蛊惑以淫事也。文夫人，文王夫人息妫。""武舞必振铎以为节，故舞万曰振万。"[①] 此前楚文王薨，掌握大权的令尹子元对其嫂嫂心怀不轨，在其所居宫之侧表演《万》舞。这种方式绝对不能理解为当今社会里的时髦男子在心仪的女生的住所旁弹着吉他唱歌式的表演。令尹子元的"振

---

① 杨伯峻《春秋左传注》，中华书局，1981年，页241。

《万》",既有借表演武舞《万》展示武力以诱引的意思,同时也有胁迫之以遂其愿的用意。此外,《左传·成公二年》载楚申公巫臣之巧夺夏姬,也属此类。在春秋时人看来,令尹子元和申公巫臣之举均殊为失德,然而究其实,则与《楚居》中季连与穴熊之"求女"无异,可以视为早期文化习俗在后世的"返祖"现象。

除行为方式外,《楚居》中的"求女"现象,还以一种"集体无意识",也即"原型"记忆的形式,在后世楚人的文学作品中表现出来。除以上所举《汉广》和《蒹葭》等受楚文化影响的地域性诗歌外,在正宗的楚文学——楚辞中,"求女"原型被创造地运用于诗人的抒情和讽谏,并且取得了上佳的艺术效果。

战国末期,屈原离谗忧讥,报国无门,发愤抒情而创作了《九歌》《九章》及文学史上的旷世奇葩《离骚》等作。据王逸《楚辞章句》的解说,《九歌》是屈原在祭神曲的基础上创作的一组诗篇,①其中《湘君》《湘夫人》《山鬼》三篇反映了或借用了"求女"的原型。对于《湘君》等三首诗,英国学者大卫·霍克斯指出:"我想阐明的观点是,如果我们假定本诗自始至终都是由追寻女神的巫师所唱,我们就会取得迄今为止对本诗(附带着也对其姐妹篇《湘夫人》)最深入的理解。巫师为了吸引在周围听唱的拜神者起见,有意把他追寻女神的旅程描写得困难重重。他历经千辛万苦,好不容易才靠近她,而女神的行踪又是那样飘忽不定。最后他只能'捐余玦兮江中,遗余佩兮澧浦',像现代人似的先在她的门前放上一张名片,然后怅然离去。……有一点是毫无疑问的,即尽管这首诗可能经过一个并不专注于宗教仪式的诗人的文学加工,它仍然体

---

① 王逸《九歌序》云:"《九歌》者,屈原之所作也。昔楚国南郢之邑,沅、湘之间,其俗信鬼而好祠。其祠,必作歌乐鼓舞以乐诸神。屈原放逐,窜伏其域,怀忧苦毒,愁思沸郁。出见俗人祭祀之礼,歌舞之乐,其词鄙陋。因为作《九歌》之曲,上陈事神之敬,下见己之冤结,托之以讽谏。"见洪兴祖《楚辞补注》,白化文等点校,中华书局,1983年,页55。

现了一种在悠久的历史传统中不断发展,不断神圣化的宗教仪式。如果我们将之与《九歌》中的其他诗篇相比,我们有信心断言,其用词中亦有些是沿用已久的句式,之所以用这些惯用句式,并非出于逻辑上的必要,而是由于它们用于宗教仪式场合时恰如其分。"①显而易见,在《九歌》之《湘君》诸作中,"求女"已经脱离了芈姓楚族历史记忆和早期纪念性宗教仪式的层面,成为诗人抒发情感和表现个体生存状态的艺术手段。美国学者薛爱华也认为:"虽然隐藏在《湘君》和《湘夫人》那种神奇而又几乎使人迷惑的语言之中,我们仍然可以侦察到那种化石化的仪式:一个男巫在湘水神女最可能惠临的洞庭湖上,乘着画船出行,代表他的人间代理人寻求她的陪伴——这对他自己无疑也是有利的。(在其他地方,他乘的是一条龙,而龙舟在中国则随处可见。)两首诗的语言不仅充满洞庭湖水和有关龙的典故,而且有一大堆鲜花和香草。巫师似乎还在神女宫殿附近的水面上撒下花瓣,他许诺将来还会源源不断地送上礼品。一切都无济于事。神女似乎全神贯注于其他事情,对他的奉承无动于衷,巫师遭此挫折,萎靡困顿。"②诚如两位汉学家所说的一样,《楚居》中所记载的芈姓楚族杰出人物季连与穴熊的"求女"与民族迁徙,到了《湘君》《湘夫人》二诗中,在诗人的笔下以带有戏剧性和表演性的"求女"和"巡游"(或旅行)方式呈现出来。这种情形在《离骚》中表现得更为典型。

有学者认为,《楚居》篇的写作动机与春秋战国之交楚人自立称王有关。日本学者浅野裕一认为:"或即出于为与周相抗衡的用心,楚王遂于此时开始创作自己的世系谱,使之与周朝一统天下之前的殷

---

① (英)大卫·霍克斯《神女之探寻》,程章灿译,见莫砺锋编《神女之探寻》,上海古籍出版社,1994年,页28—52。
② (美)薛爱华著《神女——唐代文学中的龙女与雨女》,程章灿译,叶蕾蕾校,生活·读书·新知三联书店,2014年,页60。

王相连。《楚居》篇中所记述季连迎娶殷王盘庚之子的女儿妣隹为妻,遂生绎伯与远仲兄弟,盖即出于上述意图创作而成。楚昭王率大兵至周之国境行阅兵之举、问周定王之使者宝鼎之轻重之事件,均显示出楚要与周同等、平等的意图。《楚居》篇的发现,首次显示出楚人自居与殷有血统渊源,并以此为精神支柱。"①屈原的时代,楚怀王曾一度任用屈原变法图强。后因朝中保守势力的阻挠,迫使屈原离开朝廷,导致变法失败。《离骚》这首诗就是诗人在极度悲愤和痛苦中写成的。在诗中,诗人在现实和想象的世界里穿行,剖白心迹,寻求同道。可称得上是一次"精神的旅行"或"心灵的遨游"!诗的末尾有一段写他在"叩帝阍"而未果的情况下"求女"的情形:

> 朝吾将济于白水兮,登阆风而绁马。
> 忽反顾以流涕兮,哀高丘之无女。
> 溘吾游此春宫兮,折琼枝以继佩。
> 及荣华之未落兮,相下女之可诒。
>
> 吾令丰隆乘云兮,求宓妃之所在。
> 解佩纕以结言兮,吾令蹇修以为理。
> 纷总总其离合兮,忽纬繣其难迁。
> 夕归次于穷石兮,朝濯发乎洧盘。
> 保厥美以骄傲兮,日康娱以淫游。
> 虽信美而无礼兮,来违弃而改求。
>
> 览相观于四极兮,周流乎天余乃下。
> 望瑶台之偃蹇兮,见有娀之佚女。

---

① (日)浅野裕一《清华简〈楚居〉初探》,见清华大学出土文献研究保护中心编《清华简研究》第一辑,中西书局,2012年,页242—247。

> 吾令鸩为媒兮，鸩告余以不好。
> 雄鸠之鸣逝兮，余犹恶其佻巧。
> 心犹豫而狐疑兮，欲自适而不可。
> 凤皇既受诒兮，恐高辛之先我。
> 欲远集而无所止兮，聊浮游以逍遥。
>
> 及少康之未家兮，留有虞之二姚。
> 理弱而媒拙兮，恐导言之不固。
> 世溷浊而嫉贤兮，好蔽美而称恶。

以上一节主要写了诗人在"高丘无女"可求的情况下，转而"要下女之可诒"后的三次求女：即求宓妃、求有娀之佚女、求有虞之二姚。洪兴祖以为"宓妃，伏羲氏女，溺洛水而死，遂为河神"。[1]而"有娀氏之佚女"，则指殷商族的女性始祖简狄一族的女子。"有虞之二姚"则指帝舜的女儿。为什么作者在上叩帝阍无果之后突然写到"求女"呢？王逸《离骚序》以为："《离骚》之文，依《诗》取兴，引类譬谕。故善鸟香草，以配忠贞；恶禽臭物，以比谗佞；灵修美人，以媲于君；宓妃佚女，以譬贤臣；虬龙凤凰，以托君子；飘风云霓，以为小人。"[2]又言："屈原设至远方之外，博求众贤，索宓妃则不肯见，求简狄又后高辛，幸若少康留止有虞，而得二妃，以成显功，是不欲远去之意也。"[3]是说"求女"表达了诗人寻求贤者的意愿。后之学者多从此说。

游国恩在前人研究的基础上指出："此节（自朝济白水至蔽美称恶）复设言求女，以隐喻求通君侧之人也。夫屈子国之宗臣，一再窜逐，哀故都之日远，冀一反之何时，欲呼吁而无门，复叩阍而

---

[1] 洪兴祖《楚辞补注》，白化文等点校，中华书局，1983年，页31。
[2] 洪兴祖《楚辞补注》，白化文等点校，中华书局，1983年，页2—3。
[3] 洪兴祖《楚辞补注》，白化文等点校，中华书局，1983年，页34。

见拒,岂遂甘默默以毕世乎?故此下文又欲于举朝溷浊之中,求一二可为关说通事者,以冀反乎故都,图谋补救,此诚孤臣之苦心,抑亦文章之幻境也。"①则以为"求女"曲折地表达了屈原希望寻求朝中之人代为疏通,劝说怀王收回成命,使自己回朝效力的愿望。以上两种观点,都是从"比兴"的诗歌创作手法的运用方面进行分析,而笔者以为,伟大诗人的"言说",都是在他所拥有的文化语境下借助于其先辈的"言说"。换句话说,某种比兴关系在创作中的运用,其中包含着基于民族文化心理记忆的内在选择性,而不是随意的和即兴的。揭示《离骚》"求女"的真意,固然首先要考虑比兴的因素,同时也还要从特定的比兴比如"求女"的来源上说起,方能得其正解。

比较两个文本可知,《离骚》中的"求女"情节与《楚居》存在着明显内在关联。首先,《楚居》中"洛水""洀水""盘"与《离骚》中"白水(河水)""洧盘"均在今河南境内,它们在不同文本中的出现,说明了民族历史记忆的不可磨灭。其次,二者不仅在"求女"和"巡游"的主题方面具有相似性,而且在结局的悲剧性和风格的感伤方面也如出一辙。《楚居》中的季连氏与穴熊氏通过"求女"实现了政治联姻,为芈姓楚族的兴起(季连得姓)和壮大(穴熊建国江汉)奠定了基础。屈原为楚同姓贵族,博闻强识,熟知楚族历史,当然对这两位伟大先祖的事迹耳熟能详且倾慕不已。屈原心系楚国命运,一心想使楚国强大,但因谗被疏,内心实有不甘。故于被放汉北之时,作《离骚》以谏,仍希望怀王可以幡然醒悟,所以在篇中反复陈述楚国历史上的明君圣贤之事以启发君王。"三次求女",正是借楚怀王也熟悉的祖先荣耀之事来讽谏他,希望他不要一味听信郑袖为代表的奸佞小人的谗言,而应当效法自

---

① 游国恩《离骚纂义》,中华书局,1980年,页294。

己的伟大祖先季连和鬻熊,求得于楚国有利的贤内助来使楚国变得更强大。

荣格指出:"原始意象或者原型是一种形象(无论这形象是魔鬼,是一个人还是一个过程),它在历史的进程中不断发生并且显现于创造性幻想得到自由表现的任何地方。因此它本质上是一种神话形象。……每一个原始意象中都有着人类精神和人类命运的一块碎片,都有着我们祖先的历史中重复了无数次的欢乐和悲哀的一点残余,并且总的说来始终遵循着同样的路线。它就像心理中的一道深深开凿过的河床,生命之流在这条河床中突然奔涌成一条大江,而不是像先前那样在宽阔而清浅的溪流中漫淌。无论什么时候,只要重新面临那种在漫长的时间中曾经帮助建立起原始意象的特殊环境,这种情形就会发生。"①屈原在写作《离骚》时因谗被疏,谪居汉北云梦之地。②那里有楚先王的宗庙,里面的墙壁上画着描写楚先王事迹的图像。他在汉北云梦时,常去那里观览省思。③他要实现"美政",使楚国更富强,但却遭遇严重的挫折,被迫离开朝廷闲居汉北。当他在观看描绘先王事迹的壁画时,抚今追昔,完全进入了容格所说的那种"曾经帮助建立起原始意象的特殊环境"!他的生命与祖先及楚民族融而为一,诗人不再孤军奋战,而是和祖先站在一起。这一切,都是通过创作完成的。屈原在《离骚》中所写的三次"求女"涉及的三位"神女",不仅时代上与《楚居》所述接近,更重要的是,他借助这一原型情节的"移植",完成了跨越

---

① (瑞士)荣格《心理学与文学》,冯川、苏克译,生活·读书·新知三联书店,1987年,页120—121。
② 参见赵逵夫《屈骚探幽》(修订本),巴蜀书社,2004年,页57—76。
③ 《离骚》与《天问》作于同时。汤炳正据王逸《楚辞章句·天问序》推断:"如果《天问》之作确实受到先王庙堂壁画之启示,则其时地当在流亡汉北之时。因近代考古发现,汉北丹浙之地乃楚先代都城所在,贵族陵墓甚多,当时先王庙堂必有存者。屈原行经其地,触目生情,赋《天问》篇。"说见其《楚辞今注》,上海古籍出版社,1996年,页80。

时空的、与楚族伟大祖先的"心灵沟通"。

刘操南认为:"《离骚》云'哀高丘之无女',屈原是借楚国习见习闻的传说,来表达对当时楚国的现实的不满的。高丘神女,看来是那时的传说。……高丘是双关语,无女是影射语。借男女情爱传说,来抒发政治愤懑,这就体现了屈原艺术手法的特点。有弦外之音,空中之响。意内言外,有双重形象。在中国文学史上,开创了新的艺术境界。"①他的这一说法虽未揭示出"哀高丘之无女"及"三次求女"的具体来源,但已经触及了问题的实质,初步揭示出屈原是借"楚国习见习闻的传说,来表达对当时楚国的现实的不满的"。前文已经指出,有的学者认为"《楚居》即《梼杌》",是楚国贵族必须从小诵习之书。由此来看"三次求女"这种写法,实际上是和《离骚》前半部分希望怀王能以史为鉴是一样的:"昔三后之纯粹兮,固众芳之所在。杂申椒与菌桂兮,岂维纫夫蕙茝。彼尧舜之耿介兮,既遵道而得路。何桀纣之猖披兮,夫唯捷径以窘步。"屈原之所以要在《离骚》中重写祖先"求女"的神话,其主要的目的还在于想以此神话唤醒楚怀王,不要听信郑袖之流的谗言而误国事。关于这种在自己的诗歌中重写早期神话的特殊创作方式,西方学者的"互文性"研究有深入的探讨。法国学者蒂费纳·萨莫瓦约曾指出:"重写神话绝不是对神话故事的简单重复;它还叙述故事自己的故事,这也是互文性的功能之一:在激活一段典故之余,还让故事在人类的记忆中得到延续。"②他山之石,可以攻玉。西方文学批评对类似创作现象中蕴含的文本之间的潜在关系以及其中所呈现出的创作意图的揭示,可以帮助我们认识屈原在《离骚》中"重写"楚人所共知的"求女"情节的真正意图。

---

① 刘操南《〈离骚〉"哀高丘之无女"解》,《杭州大学学报》1963年第2期。
② (法)蒂费纳·萨莫瓦约《互文性研究》,邵炜译,天津人民出版社,2003年,页108。

小　结

　　综上所述，由《楚居》前半部分记载可以看出，芈姓楚人最初居于今河南境内的丹淅流域，至季连而其族逐渐强大，因而谋娶盘庚之女妣隹，与殷商结盟；至穴熊，迁徙于江汉流域，谋娶古列山氏后裔之赖国女子妣列，达到了与土著部族的结盟。考虑到季连是传世文献如《世本》《大戴礼记·帝系》《史记·楚世家》等特别予以关注的楚先祖；穴熊则屡见于包山楚简、望山楚简及葛陵楚简等当中所记载的楚人"祀谱"之中，并且常常与"祝融"并列。①由此可知《楚居》中所记载的这两位人物（或两个部族），在《楚居》作者及后世楚人心目中都是伟大的、了不起的人物，而他们带有抢婚性质的两次"求女"，也成为楚人深刻的、代代相传的"民族历史记忆"，保留在历史传说之中。传说和风俗会因民族迁徙而发生空间上的"位移"，楚人先祖的"求女"传说，也因楚族的迁徙而传播到江汉之间。《诗经》中的《汉广》与《蒹葭》产生于汉水流域，《蒹葭》产生于秦人居于陇南西汉水流域时期，因此二诗中的"求汉游女"与"求水滨伊人"，是对《楚居》所载楚先祖季连、穴熊"求女"事件的变形式再现。上古民族的历史传说和风俗还会在本民族中一代代传承下来，形成时间上的"链接"。屈原在报国无门的困境中所创作的《九歌》"二湘"与《离骚》三次求女，就是楚人族群记忆在后世的创造性"复活"。体现了楚民族早期历史记忆的存在方式及在后世的传播途径，显示了楚文化的强大生命力。

（原载《学术论坛》2017 年第 2 期）

---

① 参郭永秉《帝系新研——楚地出土战国文献中的传说时代古帝王系统研究》，北京大学出版社，2008 年，页 166—218。

汉赋为"学"论

◎ 易闻晓

一 子学与辞章

在中国古代的文学体裁中,辞赋尤其是大赋最资学问,兹以汉大赋为论,足为代表。大赋盛于两汉,汉代经学昌明,蔚起学风,包括辞章的各种著述都根于学问。辞章也深受往代学术浸被,清章学诚《校雠通义·汉志诗赋》第十五论曰:

> 古之赋家者流,原本《诗》《骚》,出入战国诸子。假设问对,《庄》《列》寓言之遗也;恢廓声势,苏张纵横之体也;排比谐隐,韩非《储说》之属也;征材聚事,《吕览》类辑之义也。虽其文逐声韵,旨存比兴,而深探本原,实能自成一子之学,与夫专门之书,初无差别。①

章氏认为赋出诸子,由此确指赋为"一子之学"的本质属性。其中"排比谐隐",汉大赋承之为寡,不作申论。《庄》《列》寓言的谈说

---

① 章学诚撰,王重民注《校雠通义通解》,上海古籍出版社,2009年,页116。

方式与屈《骚》具有相通之处，对汉赋当有深刻影响。班固《离骚序》谓《骚》"多称昆仑、冥婚、宓妃虚无之语，皆非法度之政，经义所载……自宋玉、唐勒、景差之徒，汉兴，枚乘、司马相如、刘向、扬雄，骋极文辞，好而悲之，自谓不能及也"。①"多称……虚无"的假托无征与寓言相类，考虑到南方文化的共性，庄、屈也许具有某种共通的"浪漫"气质，这在刘师培《南北文学不同论》中早有概略的叙述，②后世亦以《庄》《骚》并列。③汉大赋职在夸饰，《庄子》义归说理，但《庄子》的寓言谈说与大赋铺陈的"凭虚"夸饰都出于荒唐谬悠、漫无端崖的想象，这是精神气质的深层相通。其次是"苏张纵横之体"，当然在于人物生动、辞藻丰赡等方面，但最主要的还是"恢廓声势"，运用结构相同的语句，一顺排比，气势恢弘，为了说动人主，必须危言耸听，正好夸夸其谈，滔滔不绝。汉大赋的写作也具有恢张扬厉的特点，只是出于物类铺陈和形容描写的需要。再次是"《吕览》类辑之义"。《吕氏春秋》有"八览"，若《有始》谓"天有九野，地有九州，土有九山，山有九塞，泽有九薮，风有八等，水有六川"，如九塞谓"大汾、冥陀、荆阮、方城、殽、井陉、令疵、句注、居庸"，④这真是知识的类聚，与汉大赋如相如《子虚赋》"其树楩柟豫章，桂椒木兰……"的名物堆砌十分相似，前者意在博览，后者凭虚夸饰，并资博识，可知汉大赋本于学问的体制特点。

---

① 洪兴祖《楚辞补注》，中华书局，1983年，页49—50。
② 刘师培《南北文学不同论》："惟荆楚之地，僻处南方。故老子之书，其说杳冥而深远。及庄、列之徒承之，其旨высは，其义隐，其为文也，纵而后反，寓实于虚，肆以荒唐憰怪之词，渊乎其有思，茫乎其不可测矣。屈平之文，音涉哀思，矢耿介，慕灵修，芳草美人，托词喻物，志洁行芳，符于二《南》之比兴。而叙事纪游，遗尘超物，荒唐谲怪，复与庄、列相同。南方之文此其选矣。"见程千帆编《文论十笺》，武汉大学出版社，2008年，页81。
③ 韩愈《进学解》："下逮《庄》《骚》，太史所录。"屈守元、常思春《韩愈全集校注》，四川大学出版社，1996年，页1910。
④ 高诱注《吕氏春秋》，《诸子集成》本，上海书店出版社，1986年，页124—126。

先秦学术对汉赋的影响，固然包括《诗》《书》等，但诸书在汉代被尊为经典，经学对汉赋的影响比先秦子学更为直接。经义要求辞赋创作具有讽喻的功用，然而经学对于词章的影响主要在于崇学的风气以及赋家所具有的经学学养，与先秦子学一起灌注于自《骚》衍流的汉赋创作中，使之具有"学"的特征，这不尽合乎现代关于"文学"的定义。"文学"首先是"语言的艺术"，但又加上情感和形象两大要素。汉大赋去情叙物，并不合乎这一标准；而且在西方文学的"四分法"里，找不到中国赋的位置。

在中国的观念中，赋就是赋，这是完全出于文体学的分类。"赋"则被称为"辞章"，推而上溯，屈《骚》宋赋，也被纳入"辞章"的源流系统。《后汉书·蔡邕列传》谓邕"少博学……好辞章"，[1]擅长辞章的人称为"辞人"。扬雄《法言·吾子》"诗人之赋丽以则，辞人之赋丽以淫"云云。[2]刘勰《文心雕龙·情采》："昔诗人什篇，为情而造文；辞人赋颂，为文而造情。"[3]《诗》言志缘情，大赋叙物，章炳麟谓"风雅颂者，盖未有离于性情，独赋有异"，固未"动人哀乐"，[4]刘勰尊经，论赋完全接受班固《两都赋序》"赋者古诗之流"[5]的观点，以《诗》义论赋，反映赋论的《诗》诗学本位。"辞人"在汉代特指赋家，尤其是追求丽藻的大赋作者。"词""辞"通。"辞"就是言词，也是文词。《字汇·言部》："词，文也。"[6]"章"义花纹、文采，引申为辞采、文采。《玉篇·音部》："章……采也。"[7]"辞章"或"词章"的本义就是文采、辞藻，将辞赋称为"辞章"，乃是从语言文采角度的定义，非必"为

---

[1] 范晔《后汉书》，中华书局，1965年，页1980。
[2] 汪荣宝《法言义疏》，中华书局，1987年，页49。
[3] 刘勰撰，范文澜注《文心雕龙注》，人民文学出版社，1958年，页538。
[4] 章炳麟《国故论衡》，上海古籍出版社，2003年，页52—53。
[5] 萧统编，李善注《文选》，中华书局影印清胡克家刻本，1977年，页21。
[6] 梅膺祚撰，吴任臣补《字汇》，上海辞书出版社，1991年，页450。
[7] 顾野王《大广益会玉篇》，中华书局，1987年，页44。

情而造文"。

　　文学是"语言的艺术",书写下来就可以说是文字的艺术。相对于多音节的拼音文字来说,汉字象形表意,不纯粹是语音的忠实记录,而有表音之外的相对独立性和稳定性,况且单音独字便于灵活的组合,造就无数奇丽的辞藻。中国文学成于汉字的运用,其最为基本的素质就是"字本位"的组合,辞藻乃是中国文学的根基,"辞章"的观念取决于此。中国古代的文体学总是统合各种应用文体如奏、疏等,几乎一切汉字的书写都具有"文言"的讲究。如果我们愿意套用当世习用的"文学"称谓,这些文体由于汉字使用的语言之美,完全可以称之为"文学"。当然辞赋、骈文等最具文采,遂被习惯视为"辞章"的代表,而辞、词的文体称名本身就彰显文学作为"辞章"的本质。

　　大赋凭虚夸饰,恢张扬厉,征材聚事,都体现为辞藻的铺陈,基于作者的广博知识和深厚学养。汉代经学之盛彰显崇学的时代风气,这个时代的学术在校书、修史和文字等方面凌轹后世。六国文献虽经秦火,但在民犹有藏匿,及汉发掘所献,经师传之,遂有"古文"之学。辞赋夸饰铺陈,搜罗奇字,当存古文之遗,又复今文之异。按《汉书·艺文志》所言,"太史试学童,能讽书九千字以上,乃得为史,又以六体试之",即古文、奇字、篆书、隶书、缪篆、虫书,著名赋家如司马相如、扬雄及班固都撰有字书[1],不仅对于国家"正字"作出了贡献,而且为他们自己的辞赋创作奠定了基础。辞赋创作实际上就是字词的运用,汉大赋的繁复名物、繁难僻字和大量异体字,也许由于六国文字和今文并用,未正复字的存在,"书同文"的不彻底,古文、奇字及多种书体的遗存,成为赋家选字、堆砌名物、排比形容的文字渊薮。汉赋作家的学问修养

---

[1] 《汉书》,中华书局,1962年,页1720—1721。

当然并不限于小学，他们大都学养深厚，扬雄、张衡、马融、东方朔都是如此。博学资于辞章的创制，乃能发为"繁缛壮丽"的凭虚铺陈。学问是汉赋的根基，也成就汉赋为"学"的独特品格。

二 博物的取资

学问之于汉大赋，就是"辞章"的铺陈，首先在于博物的取用。汉大赋名物广涉历史、典制、人事、传说、宫室、器物、天文、地理，及飞走鳞甲、卉木蔬果等类，相与构成庞大的知识结构，反映汉赋的博物学倾向。汉大赋容纳名物极多，是由于题目苞揽、长篇巨制，具有广阔的铺陈空间，需要广博的名物充实其中。赋题不同，如《子虚》《上林》写云梦泽、上林苑，凡其中山水、土石、草木、鸟兽，类聚众多；京都则如班固《西都赋》、张衡《西京赋》，宫殿、苑囿、人物、车马、仪仗、玩好，靡不铺写至极。又往往展开上下左右的空间铺写，若《子虚赋》"其中有山焉，其山则……其土则……其石则……其东则有……其南则有……其高燥则生……其埤湿则生……其西则有……其中则有……其北则有……其上则有……其下则有……"，各类名物充实其中，构成十分广阔的铺陈空间。具体铺陈如"其土则丹青赭垩，雌黄白坿，锡碧金银，众色炫耀，照烂龙鳞；其石则赤玉玫瑰，琳瑉昆吾，瑊玏玄厉，碝石碔砆"云云。丹，朱砂，或指赤土；青，指黑土。《管子·地数》："山上有赭者，其下有铁。"①《尔雅·释宫》："墙谓之垩。"郭璞注："白饰墙也。"②雌黄与雄黄相对而称，可药用，具有奇怪的讲究。《本草纲目·金石部》引《土宿本草》谓"造化有夫

---

① 戴望《管子校正》，《诸子集成》本，上海书店出版社，1986年，页382。
② 郭璞注，邢昺疏《尔雅注疏》，《十三经注疏》本，北京大学出版社，1999年，页126。

妇之道，故曰雌雄"。①《文选》本赋李善注引苏林曰："白坿，白石英也。"②《说文·玉部》："玫，火齐，玫瑰也，一曰石之美者。"③《史记·司马相如列传》本赋裴骃集解引《汉书音义》曰："琳，球也。珉，石次玉者。"④《文选》本赋李善注引《尸子》谓"昆吾之金"，⑤其山产金，即以山名代之。《山海经·中山经》："（葛山）下多瑊石"郭璞注谓"瑊石，劲石似玉也"。⑥《史记·司马相如列传》本赋裴骃集解引徐广谓"石似玉"⑦。《文选》本赋李善注引张揖谓"碱玐，赤地白采，葱茏白黑不分"。⑧总上两句，前句写土10种，后句写石8种，各有来历，可见名物之富、闻识之博。

　　明谢榛《四溟诗话》谓"汉人作赋，必读万卷书，以养胸次，《离骚》为主，《山海经》《舆地志》《尔雅》诸书为辅，又必精于六书，识所从来，自能作用"。⑨读书"以养胸次"，也在博学的积备。除了上述诸书，汉人作赋所资者，当然也还包括《诗》《书》《老》《庄》等，语词名物多取于典籍，而不是我们现代这样来源于生活的口语，后者不能算作博学的修养。再以《子虚赋》并《上林赋》为例看其名物对《离骚》和《山海经》的取用，以见谢榛所言不虚。取于《离骚》者植物类如江蓠、辟芷、蕙茝，神物类如玉鸾、望舒、鸩鸟，并神话地名如县圃、飞龙之类；取于《山海经》者动物类则如玄豹（《海内经》）、蛮蛮（《海外北经》）、鸡（《北山

---

① 李时珍《本草纲目》，中国书店出版社，1988年，页69。
② 萧统编，李善注《文选》，中华书局影印清胡克家刻本，1977年，页119。
③ 许慎《说文解字》，中华书局，1963年，页13。
④ 司马迁《史记》，中华书局，1959年，页3005。
⑤ 萧统编，李善注《文选》，中华书局影印清胡克家刻本，1977年，页119。
⑥ 郝懿行《山海经笺疏》，上海古籍出版社，2015年，210页。
⑦ 《史记》，中华书局，1959年，页3005。
⑧ 萧统编，李善注《文选》，中华书局影印清胡克家刻本，1977年，页120。
⑨ 谢榛《四溟诗话》卷二，丁福保辑《历代诗话续编》，中华书局，1983年，页1175。

经》)、蛫（《中山经》）之类，由此可见一斑。

　　汉大赋的名物铺陈不是按实求之，而是出于凭虚夸饰的目的，在想象的空间充当丽藻的功用，这是赋体作为"辞章"的本质，那么名物的取用就必需广致多方，在典籍中搜罗殊方奇异以为夸饰，较之实录的文体指向实际的物事，更加需要作者的博识。左思《三都赋序》谓相如、扬雄等赋，"考之果木，则生非其壤，校之神物，则出非其所……侈言无验，虽丽非经"，①《上林赋》中有些植物取于《离骚》，本楚地所生，却移到了关中，在赋家铺陈之时，出于名物类聚的需要而取之四方。左思自己写《三都赋》，也一样侈言神怪，如《吴都赋》"长鲸吞航，修鲵吐浪，跃龙腾蛇，鲛鲻琵琶"，岂必如《序》所云"鸟兽草木，则验之方志"？又如扬雄《羽猎赋》实叙所见，但具体描写如"撞鸿钟，建九旒，六白虎，载灵舆，蚩尤并毂，蒙公先驱……霹雳列缺，吐火施鞭……飞廉云师，吸嚊潇率，鳞罗布烈，攒以龙翰"云云，却凑会神物，极尽夸诞。这要求作者博览群籍，具备博物的闻见，借以达到自我炫耀并竦动览者的效果。

三　字词的繁难

　　大赋铺陈，一在名物的直接呈现，二在形容词的叠复描写。大赋名物需要之多，在于名物作为对象的呈现，借助散语一顺铺陈，形成名物的堆积，例如张衡《西京赋》"其中则有鼋鼍巨鳖，鳣鲤鱮鲖，鲔鲵鳄鲨……鸟则鹔鹴鸹鸧，鴐鹅鸿鶂……不可胜论"，这是散体大赋铺陈的典型句式，以四字为逗，其义不断，四字中或以双音节奏固定二字为一个名物，或一字一物，堆砌呈现，间不容

---

① 左思《三都赋序》，李善注《文选》，中华书局影印清胡克家刻本，1977年，页74。

发。那么名物的广取，在某种角度上看就是多识字，《西京赋》罗列鱼类和鸟类之字，乃见识字为多、闻见为博。汉语初多单音命物，物乃有名，因以单字代之，故有"名字"，一字对应一名，一名指代一物，故谓"名物"，必多识字，才能博识名物。

赋家的铺陈，尤其需要不常见的奇异名物，相对应的字也就显得生僻繁难，赋家适可炫耀博学。例如《上林赋》"其兽则麒麟角端，䮶䮷橐驼，蛩蛩驒騱，駃騠驴骡"云云。《汉书·扬雄传》，扬雄《解嘲》"陶涂"颜师古谓"北方国名也，本国出马，因以为名"①。《诗·鲁颂·駉》："薄言駉者，有驒有骆。"《说文·马部》："驒，驒騱，野马也，从马，单声。"②并本赋"騕褭"等，皆为异物，若都是平常之物，就难以起到夸饰的效果。又如《七发》"鹖鴠"，二字并翰韵，本叠韵联绵，当是因其鸣声得名，《方言》作"鶡鴠""鹖鴠"，《广志》作"侃旦"，皆一语之转。③这些不同的字都是因声异字，字无定型，益滋繁难。

大赋形容词的叠复描写，情况益加复杂。汉大赋中堆砌形容词最多的莫过于《上林赋》一段：

> 沸乎暴怒，汹涌彭湃，滭弗宓汩，偪侧泌㴔，横流逆折，转腾潎洌，滂濞沆溉。穹隆云桡，宛潬胶盭，踰波趋浥，涖涖下濑，批岩冲拥，奔扬滞沛，临坻注壑，瀺灂霣坠，沈沈隐隐，砰磅訇礚，潏潏淈淈，湁潗鼎沸，驰波跳沫，汩㵒漂疾。

这一段形容词的堆砌描写不仅在汉大赋中具有普遍性，而且考察其组合的方式及其祖述与被祖述的转写，可以反映辞赋语词的历时性演变，具有典型的阐发意义，让我们看到汉赋为"学"具体落实于

---

① 《汉书》，中华书局，1962年，页3568。
② 《说文解字》，中华书局，1963年，页202。
③ 段玉裁《说文解字注》，中华书局，2013年，页151。

"字本位"的真实情形。在这些语词中,仅"瀺灂"出《高唐赋》;"彭湃、滂濞、砰磅",都是《风赋》"溯滂"因声异形的转写;"渾弗",是《诗·大雅·瞻卬》《诗·小雅·采菽》"觱沸"的异形。其馀都首见本赋,在缺乏此前文献支持的情况下,暂定其为相如临文所造。没有人会怀疑司马相如在汉代以至整个中国赋史上的地位,在一定程度上他的创作开启了汉大赋的模式,而且他是语词创造的大师,引导后人的递相祖述,惟以相如"赋圣"在前,后人祖述因便,但自造语词,此风既开,亦必影响后人。

这些词在字的组合上具有声、韵、调的联系,或无声韵系联而以同义、近义并列,借助双音节的作用和后人祖述固定为词;有声韵系联的词则多因声异形,往往繁复叠出。"彭湃、滂濞、砰磅",并"渾弗、宓汨、沆溉"为双声联绵;"汹涌、宓汨、偪侧、泌瀄、潎洌、穹隆、宛潬、湝溧"为叠韵联绵;"汨淢"是入声并用;"沆溉、瀺灂、胶戾"无声韵系联;"暴怒、转腾、漂疾"近义组合,或以后代祖述成为习语,或临时组合而未成常式。兹分析这些语词的组字和后人祖述及其转音易形,显示汉赋语词的纷繁复杂:

"彭湃、滂濞、砰磅",都本《风赋》"飘忽溯滂,激飓熛怒",李善注谓"溯滂,风击物声"。①按"溯、滂、彭、湃、濞、砰、磅"在《广韵》都是滂母。按上古声类,"溯",《说文》"朋"声,"朋"并母蒸部;"滂",本次清声母;"彭",帮母阳部;"湃",滂母月部;"濞",滂母质部;"砰",同音字如"怦""抨",滂母耕部,《广韵》同;"磅"音同"旁",并母阳部。上古音全清"帮"、次清"滂"、全浊"并"、次浊"明"属于同一声类系统,诸母以双音并用形成"旁纽双声"。"溯滂"状风触物,其声大;"滂濞、砰磅",李善注引司马彪并谓"水声",并大声;"彭湃",李善注引司马彪

---

① 萧统编,李善注《文选》,中华书局影印清胡克家刻本,1977年,页191。

谓"波相戾也",①亦如"滂濞"状大水声。其书写异形,是避免重复。大赋长篇巨制,用词繁复,因声易字也出于这一考虑,要求赋家具有丰富的字类储备,字类繁难叠复反而显得厚重博学,这是较为普遍的现象。枚乘《七发》"温淳甘臛,腥醲肥厚",同段"甘脆肥醲","臛"同"脆","醲"同"脓",同赋"沌沌浑浑,混混庉庉","沌"同"庉","浑"同"混",都是避重易字,反见字类丰富,适资炫耀。而"彭湃"的联绵系列在后人也具有因声易形或转声异形的不同表现。王褒《洞箫赋》、马融《长笛赋》、嵇康《琴赋》、成公绥《啸赋》、木华《海赋》并仍"彭湃"拟水,"彭"以与"湃"并用,类化为"澎",遂以通行,"彭"字遂废。郭璞《江赋》"鼓㕦窟以漰渤""灌三江而漰沛"、马融《长笛赋》"气喷勃以布覆兮"、郭璞《江赋》"渍薄相陶"、左思《吴都赋》"渍薄沸腾",其中"漰渤、漰沛、喷勃、渍薄"都是"彭湃"或"滂濞"的转声变形。又张衡《南都赋》"砏汃",李善注谓"波相激之声也"②,二字旁纽双声。"砏",音同"潘",上古滂母元部,《集韵》披班切,滂母删韵,训"石声";"汃",音同"拔",上古并母月部,《集韵》普八切,滂母黠韵。这些词虽然韵母各异,用以形容的对象和语境也有差别,但其声母发音初与某种意义具有一定关联,所以因声易字也递相保留了某种意义的关联。

"渾弗"为"髴沸"的仍音转写,《诗》之《大雅·瞻卬》《小雅·采菽》并有"髴沸槛泉"语。《说文·水部》:"沸,渾沸,滥泉。"③朱骏声《说文通训定声》谓"涌出之貌"④。"渾",上古帮母质韵,"弗",帮母物韵。"渾弗"在本赋又转作"咇茀",义为香气

---

① 萧统编,李善注《文选》,中华书局影印清胡克家刻本,1977年,页123—124。
② 同上书,页70。
③ 《说文解字》,中华书局,1963年,页232。
④ 朱骏声《说文通训定声》,武汉市古籍书店,1983年,页626。

发散，由发出义转为形容香气，字亦随之变形，故从"口"从"艸"。"宓汨"，李善注引司马彪谓"（水）去疾也"。①"宓"，上古并《广韵》明母质部，"汨"，上古并《广韵》明母锡部。

"洶涌"，李善注引司马彪谓"（水）跳起也"。②宋玉《高唐赋》"潏洶洶其无声兮"，扬雄《羽猎赋》、左思《吴都赋》祖之，李善注引《说文》谓"洶洶，涌也"。③"洶"本"涌"义，双声同义并用。汉语造字，本其韵或造二字，或多字，赋家以同韵的语感并用，并以双音节固定为一词，后人祖述，遂成习用联绵，嵇康《琴赋》祖之，至今习用。"偪侧"，叠韵同义组合。"偪"，上古帮母职部，《广韵》未变。"侧"，上古庄母职部，《广韵》未变。《说文》无"偪"字，同"逼"，本字为"畐"。《方言》："偪，满也。"④"侧"义狭窄。《释名·释姿容》："侧，偪也。"⑤《荀子·解蔽》："处一危之，其荣满侧。"杨倞注："侧谓迫侧，亦充满之义。"⑥张衡《西京赋》作"偪仄"，傅毅《舞赋》"逼迫"，也是近义并列。"泌瀄"，近韵连用，汉晋赋罕见祖述。"泌"，上古帮母职部，《广韵》毗必切，变为并母，《说文·水部》谓"侠流也"，⑦《玉篇》作"狭流"。⑧"瀄"，《广韵》阻瑟切，庄母栉韵，质部。"瀄"音同"栉"，上古庄母质部。"潎洌"，叠韵联绵，《史记·司马相如列传》本赋司马贞索引引薛林谓"流轻疾也"，⑨嵇康《琴赋》、潘岳《秋兴赋》祖之。"潎""洌"上古并月部，《广韵》并薛韵，"薛"本在上古月

---

① 萧统编，李善注《文选》，中华书局影印清胡克家刻本，1977年，页123。
② 同上书，页123。
③ 同上书，页265。
④ 扬雄撰、郭璞注《方言》，中华书局，1985年，页61。
⑤ 毕沅《释名疏证》，中华书局，1985年，页70。
⑥ 王先谦《荀子集解》，《诸子集成》本，上海书店出版社，1986年，页266。
⑦ 《说文解字》，中华书局，1963年，页229。
⑧ 顾野王《大广益会玉篇》，中华书局，1987年，页89。
⑨ 《史记》，中华书局，1959年，页3019。

部。"穹隆",李善注引郭璞谓"䆕起回宆也",①扬雄《甘泉赋》、孙绰《游天台山赋》祖之,扬雄《羽猎赋》"三军芒然,穷尤阏与","穷尤"盖其转音变形。"宛潬",李善注引司马彪谓"展转也"②。"宛",上古影母元部,《广韵》於阮切,影母阮韵;"潬",《集韵》上演切,禅母狝韵。二字并元部,近韵连用。本赋"象舆婉僤于西清","婉僤"为"宛潬"易形,形容山势如象舆蜿蜒相接,亦避重,李善注谓"动貌也";③马融《长笛赋》易为"虫"旁,转作"蜿蟺",形容吹笛声,李善注谓"盘屈摇动貌";④嵇康《琴赋》"蜑蟺"形容水流,李善注谓"展转也"。⑤"滀漯",一作"滀渭",后人罕用。李善注引三国魏周成《襍字》曰:"水沸貌也"。⑥"滀",《广韵》丑入切,彻母缉韵。《说文·水部》:"滀,滀渭……从水,拾声。"⑦"拾",上古禅母缉部。"漯",《广韵》子入切,精母缉韵,《广韵》子入切之字如"咠",上古清母缉韵,二字叠韵。凡上联绵之字,或双声,或叠韵。比较特殊的是"汩灈",李善注引司马彪谓"水声也",⑧二字入声并用,在赋家用字组词,也是普遍的现象。"汩"已见上文,上古并《广韵》明母锡韵。《说文·水部》:"灈,水,出颍川阳城少室山,东入颍。从水,瞿声。"⑨李善注引韦昭谓"许及切",⑩当从。《史记·司马相如列传》本赋作"澺",字当从此。"许及切"之字如"吸",上古并《广韵》

---

① 萧统编,李善注《文选》,中华书局影印清胡克家刻本,1977年,页123。
② 同上书,页123。
③ 同上书,页125。
④ 同上书,页252。
⑤ 同上书,页255。
⑥ 同上书,页124。
⑦ 《说文解字》,中华书局,1963年,230页。
⑧ 萧统编,李善注《文选》,中华书局影印清胡克家刻本,1977年,页124。
⑨ 《说文解字》,中华书局,1963年,页227。
⑩ 萧统编,李善注《文选》,中华书局影印清胡克家刻本,1977年,页124。

晓母缉韵。

"瀺灂"出宋玉《高唐赋》"巨石溺溺之瀺灂兮",李善注引《埤苍》谓"水流声貌",①二字单用本无声韵联系,以同义并用。张衡《南都赋》、潘岳《闲居赋》《西征赋》转相祖述。本赋李善注引《字林》谓"小水声也",②"瀺"单用也是此义。"灂",上古崇母药部,《广韵》士角切,崇母觉韵,《说文》训"小水声"。③"瀺""灂"并可作为名物的所指,并用转为形容词。

"沆溉"连义并用。"沆",大水,水流貌。"溉",灌注,洗涤。李善注引司马彪曰:"沆溉,徐流也。"④"胶戾",李善注引司马彪曰:"胶戾,邪屈也。"⑤"胶",胶着,扰乱。"戾",同"庚",乖庚。二字连用,形容水流扰乱而不直行。左思《吴都赋》写房舍"东西胶葛,南北峥嵘","胶葛"另组词,与"胶戾"具有意义关联。"訇磕"拟声连用,李善注引司马彪谓"水声也",⑥成公绥《啸赋》祖之。枚乘《七发》"訇隐匉磕",四字并拟水声,本赋略取其二,组合成形容词。潘岳《藉田赋》"鼓鞞硡隐以砰磕","硡隐"状鼓声,为"訇隐"的转写,而另组"砰磕",可见临文组词之实。"暴怒、转腾、漂疾"近义组合,常语不假分析。晚清郑知同《说文新附考》"溪"字按语谓"自屈宋滥觞,喜作体物语,汉晋以还,竞尚辞赋,文士模山范水,以意鱼贯,肆加偏旁,或且文无定形,形无定义,繁滋复赘,眴惑心目",⑦然辞赋语词孳乳繁复,正是名物铺陈和描写形容之需,随用随写,音形义因仍转复,

---

① 萧统编,李善注《文选》,中华书局影印清胡克家刻本,1977年,页265。
② 同上书,页124。
③ 《说文解字》,中华书局,1963年,页230。
④ 萧统编,李善注《文选》,中华书局影印清胡克家刻本,1977年,页123。
⑤ 同上书,页123。
⑥ 同上书,页123。
⑦ 郑珍、郑知同《说文新附考》,王锳、袁本良点校《郑珍集·小学》,贵州人民出版社,2002年,页381—382。

这是辞赋字词孳乳的主要来源。究之必须识字之多、闻见之博,才能满足大赋的丽藻堆积、完成空前绝后的大赋创制,博得"一子之学"的名声,以迥然不同于六朝述情赋和现代"文学"的面目彰显自己为"学"的鲜明特征。

(原载《中山大学学报》2018 年第 6 期)

论汉地本土五言赞的生成与在东晋南北朝隋唐五代的演变

◎ 李秀花

　　五言赞是汉地本土赞体比较重要的体式,出现过不少优秀的作品。探明汉地本土五言赞[①]的基本问题:生成、发展、与汉译佛经的关系等,[②]对全面深入地认识赞体文学的特征、赞体文学发展史、赞体文学乃至汉地本土文学与汉译佛经的关系等不可或缺。对此若干基本问题,学术界的研究成果很少,仅笔者在数年前的有关研究中涉及。笔者《论支遁诗文对汉译佛经之容摄》指出,汉地本土五言赞的出现,系摄取汉译佛经中大量存在的五言赞之五言形式的结果,[③]是不全面的,且缺乏充分论证。限于篇幅,本文仅探讨汉地本土五言赞的生成与在东晋南北朝隋唐五代的演变。

[①] 汉地本土五言赞指:作于汉地、五言、带有明显赞体标志"赞"字的文章。赞体标志"赞"字或见于赞文的题目中,如支遁、张翼的下述13首五言赞,或见于赞文前的引出语中,如"说偈赞云""说偈赞叹""各诵赞洞灵琼宝三元章句"等,或见于赞文后的收束语中,如"说此赞已"等。
[②] 本文佛经,泛指《大正藏》等佛藏中的经、律、论等。
[③] 李秀花《论支遁诗文对汉译佛经之容摄》,载于《西南交通大学学报》2011第5期,页8—12。

论汉地本土五言赞的生成与在东晋南北朝隋唐五代的演变

一　汉地本土五言赞的生成

从现存材料与学术界的有关研究成果来看，在作时具体或较为具体的汉地本土五言赞中，最早者为写于东晋前半期的支遁（314—366）的 11 首：《善思菩萨赞》《弥勒赞》《文殊师利赞》《维摩诘赞》《法作菩萨不二入菩萨赞》《月光童子赞》《首立菩萨赞》《首闻菩萨赞》《善多菩萨赞》《善宿菩萨赞》《不眴菩萨赞》与张翼的 2 首：《道树经赞》《三昧经赞》。①

那么，汉地本土五言赞是如何生成的呢？

仔细考察支遁与张翼的上述 13 首五言赞，不难发现：

（一）此 13 首五言赞均五言押韵

此 13 首五言赞或用独韵，或用通韵，无换韵。用独韵者如《善多菩萨赞》：

　　自大以跨小，小者亦骇大。所谓大道者，遗心形名外。
　　都忘绝鄙当，冥默自玄会。善多体冲姿，谿谿高怀泰。②

"大""外""会""泰"，泰韵。③用通韵者如《善思菩萨赞》：

---

① 本文以 369 年为界，将东晋分为前半期、后半期。张翼为穆帝时人。刘宋羊欣《采古来能书人名》云："晋穆帝时，有张翼善学人书。"参见张彦远辑、洪丕谟点校《法书要录》卷一，上海书画出版社，1986 年，页 13。张翼二赞作于东晋前半期，详细论证见待刊拙文《张翼二首汉地本土五言赞创作时间初探》。目前，被学术界认为作于六朝的含五言赞的道经有《太上大道玉清经》《上清元始变化宝真上经九灵太妙龟山玄箓》《白羽黑翩灵飞玉符》《洞真上清龙飞九道尺素隐诀》《洞玄灵宝千真科》6 部。从现存材料来看，在作时具体或较为具体的本土五言赞中，最早者为支遁、张翼的 13 首五言赞，作于东晋前半期；上述 6 部道经的行文风格与孙吴时期文章不类，本文认为，它们均不产生于孙吴，成立时间的上限为东晋前半期。又有曹毗五言赞《黄帝赞》作时无法确定是在东晋前半期抑或后半期，姑存疑。
② 道宣《广弘明集》卷十五，《大正新修大藏经》，第 52 册，佛陀教育基金会，1990 年，页 197。
③ 王力《汉语语音史》，中国社会科学出版社，1985 年，页 127。

· 123 ·

> 玄和吐清气，挺兹命世童。登台发春咏，高兴希遐踪。
> 乘虚感灵觉，振网发童蒙。外见凭寥廓，有无自冥同。
> 忘高故不下，萧条数仞中。因花请无著，陵虚散芙蓉。
> 能仁畅玄句，即色自然空。空有交映迹，冥知无照功。
> 神期发筌悟，豁尔自灵通。①

"童""蒙""同""中""空""功""通"，东韵，"踪""蓉"，冬韵，②东、冬通韵。

（二）此 13 首五言赞中 8 首具有一定或较高的审美性

此 8 首为：《善思菩萨赞》《弥勒赞》《文殊师利赞》《维摩诘赞》《法作菩萨不二入菩萨赞》《月光童子赞》《道树经赞》《三昧经赞》，具体看《弥勒赞》：

> 大人轨玄度，弱丧升虚迁。师通资自废，释迦登幽闲。
> 弥勒承神第，圣录载灵篇。乘乾因九五，龙飞兜率天。
> 法鼓震玄宫，逸响亮三千。晃晃凝素姿，结跏曜芳莲。
> 寥朗高怀兴，八音畅自然。恬智冥徼妙，缥眇咏重玄。
> 磐纡七七纪，应运莅中幡。挺此四八姿，映蔚华林园。
> 叠叠玄轮奏，三摅在昔缘。③

此赞颂扬弥勒之情强烈；凡 22 句形象性强者 9 句，如"法鼓震玄宫，逸响亮三千""晃晃凝素姿，结跏曜芳莲。寥朗高怀兴""挺此四八姿，映蔚华林园"等；凡 4 对对偶；多用典故，如"九五""龙飞""三千""四八"等，使此赞的审美性较高。

在当时与其前的文坛上，其基本特征为五言押韵、典型特征为具有一定或较高的审美性、作品大量存在的文章体式，只有一种：

---

① 《广弘明集》卷十五，《大正新修大藏经》，第 52 册，页 197。
② 《汉语语音史》，页 120、122。
③ 《广弘明集》卷十五，《大正新修大藏经》，第 52 册，页 197。

五言诗,汉地本土五言赞与五言诗关系非常密切。可以说,汉地本土五言赞五言押韵、具有一定或较高审美性的特征直接来自五言诗。

支遁现存全部 41 篇诗文中①,五言押韵者共 29 首,除上述 11 首五言赞外 18 首均为五言诗,此 18 首五言诗中,具有一定或较高审美性者 16 首;张翼现存全部 9 首诗文均五言押韵,除 2 首五言赞外 7 首为五言诗,此 7 首五言诗均具有一定或较高的审美性。盖支遁、张翼谙熟五言诗,遂在五言赞的写作中自觉不自觉地直接采纳了五言诗的基本特征、典型特征。

概言之,汉地本土五言赞五言押韵、具有一定或较高审美性的特征直接来自五言诗。

然而,汉地本土五言诗早在东汉即已存在,汉末建安(196—225)初期出现了"五言腾踊"的局面,②那么,汉地本土五言赞何以未在五言诗的"腾踊"期及其后的一百五六十年内产生,而至东晋前半期方产生?笔者认为,汉地本土五言赞的产生,除汉地本土五言诗外,尚需其它因素:汉译佛经五言赞的介入。从现存材料来看,东晋以前,汉地并无本土五言赞,而在东晋以前的汉译佛经中却存在比较多的五言赞。译人明确的汉译佛经中,五言赞首见于后汉译经。译人明确的后汉汉译佛经中,五言赞共 4 处,③见于康孟详译《佛说兴起行经》、昙果共康孟详译《中本起经》、支娄迦谶译《佛说无量清净平等觉经》、安世高译《佛说自誓三昧经》4 部佛经。译人明确的三国汉译佛经中,五言赞共 7 处,见于白延译《佛

---

① 含残篇。《与桓玄论州符求沙门名籍书》文首有"隆安三年"(399)语,支遁卒于海西公太和元年(366),此文非支遁所作无疑。《弘明集》卷十二将此文系于支遁名下,误。
② 王运熙、周锋《文心雕龙译注》,上海古籍出版社,1998 年,页 43。
③ 1 处五言赞即由 1 条引出语引出,或由 1 条收束语收束。引出语和收束语有明显的赞体标志"赞"字,引出语如"以偈赞曰""颂赞曰"等,收束语如"……说偈赞佛已"等。

说须赖经》、支谦译《佛开解梵志阿颰经》《撰集百缘经》3部佛经。后汉、三国两时期，汉译佛经五言赞数量少，势力小，不具备影响汉地本土创作的能力，且它们在汉地扩散其影响需要时间。译人明确的西晋汉译佛经中，五言赞共72处，见于竺法护译《正法华经》《佛说阿惟越致遮经》《大哀经》《普曜经》、聂承远译《佛说超日明三昧经》、聂道真译《大宝积经》卷一百《无垢施菩萨应辩会》等26部佛经，汉译佛经五言赞的数量较大，势力较大，而他们扩散其影响同样需要时间。东晋十六国时期，含五言赞的汉译佛经继续译出，而且一方面后汉、三国、西晋的汉译佛经五言赞总量较大，共83处；另一方面，此83处五言赞扩散其影响已经过了一段时间，尽管长短不同。特别是，此期出现了汉译佛经五言赞体式进入汉地本土创作的不可或缺的条件：汉地崇奉佛教的热潮空前高涨。

　　何以见出东晋十六国崇奉佛教的热潮空前高涨？与汉译佛经五言赞体式进入汉地本土创作问题关系最密切的表现为：此期汉地容摄汉译佛经内容的诗文空前大量增加。从现存材料来看，汉地本土诗文容摄汉译佛经内容，首见于后汉。此期容摄汉译佛经内容的诗文共9篇，[①]三国共5篇，西晋共17篇，而东晋十六国则超过了300篇。东晋容摄汉译佛经内容的诗文数量急剧增长，充分地显示出崇奉佛教的热潮已经到来。此300篇以上诗文容摄的汉译佛经内容较多，有因果报应、轮回转生、诸法皆空、功德、普度众生、称观世音名而脱难得救、神通、禅定、佛与菩萨之言行等。

　　在汉地崇奉佛教热潮的强力推动下，汉译佛经五言赞体式遂进入汉地本土创作；换言之，东晋十六国诗文在比较多地容摄汉译佛

---

① 本文统计均不计重复者。

经内容的同时，亦容摄了其五言赞体式，汉地遂出现了本土五言赞。

在这一崇奉佛教的热潮中，支遁、张翼是前期活跃的弄潮儿。支遁现存全部 41 篇诗文中，明显容摄汉译佛经内容者 24 篇；张翼现存全部 9 首诗文中，明显容摄汉译佛经内容者 6 篇。支遁、张翼在诗文中积极容摄汉译佛经内容的同时，亦容摄了其五言赞体式。——支遁、张翼成为汉译佛经五言赞体式进入汉地本土创作的具体操作者。

（三）此 13 首五言赞中 5 首枯燥述说

并且，支遁、张翼的此 13 首五言赞中，5 首枯燥地述说义理，此 5 首为：《首立菩萨赞》《首闻菩萨赞》《善多菩萨赞》《善宿菩萨赞》《不眴菩萨赞》。且看《首闻菩萨赞》：

首闻齐吾我，造理因两虚。两虚似得妙，周象反入粗。
何以绝尘迹，忘一归本无。空同何所贵，无贵乃恬愉。①

而枯燥述说是汉译佛经五言赞的典型特征，随意举出一例，竺法护译《佛说无言童子经》卷上云：

无言大士而于中与菩萨异口同音，以偈赞佛：

无形而现形	亦不住于色	欲以开化众	现身而有教
佛者无色会	亦不著有为	皆度一切数	导师故现身
显相三十二	奇好八十种	以严其身体	为众讲说法
法者则无相	亦无有音响	无声不可得	无念寂微妙
佛法觉了法	处在佛树下	彼道无言教	言辞无所说
其法无形法	求相不可得	以无相之法	安可有所说
愍伤于群生	此佛之大恩	分别无所获	所说不失时

---

① 《广弘明集》卷十五，《大正新修大藏经》，第 52 册，页 197。

>　　晓了无所得　解空无所获　能如此养者　佛义无名字
>　　有为之言教　诸佛因所说　彼数无所有　无为无自然
>　　如无常形色　导师缘见象　此法无所有　为众说此经……①

在枯燥乏味地述说这点上，二赞何其相似！此高度相似赤裸裸地昭示了汉地本土五言赞体式的另一来源：汉译佛经五言赞。

总之，东晋前半期，汉地本土五言诗之五言押韵、具有一定或较高审美性的特征、汉译佛经五言赞之五言赞体、枯燥述说的特征诸种因素的有机融合，生成了汉地本土五言赞；支遁、张翼是汉地本土五言赞生成的具体操作者。

二　汉地本土五言赞在东晋南北朝隋唐五代的演变

笔者遍检《正统道藏》《万历续道藏》《敦煌道藏》《大正藏》《卍续藏》《嘉兴藏》《藏外佛教文献》《〈金刚经赞〉研究》《七寺古逸经典研究丛书》《全敦煌诗》《全上古三代秦汉三国六朝文》《先秦汉魏晋南北朝诗》《全唐文新编》《全唐诗》《全唐诗补编》等，得到可确定作于东晋至五代的汉地本土五言赞共197首，其中作时具体或较为具体者共170首，将此170首按作时的先后顺序排列，并从文学的角度考察上述197首每首的审美性，列出表一、表二、表三、表四，以表一为基础生成表二，表二和表三的数据汇总生成表四。

---

① 竺法护《佛说无言童子经》卷上，《大正新修大藏经》，第13册，佛陀教育基金会，1990年，页523。

表一：东晋南北朝作时较为具体的汉地本土五言赞情况表①

写作时段		不同特征的五言赞的数量 具有一定或较高审美性的汉地本土五言赞的数量	审美性不足乃至缺乏的汉地本土五言赞的数量		
			枯燥述说的汉地本土五言赞的数量	其它汉地本土五言赞的数量	合　计
东　晋		16	9	1	26
南北朝	刘　宋	11	0	1	12
	宋齐梁②	5	0	0	5
	北　魏	4	0	0	4
	合　计	20	0	1	21
总　计		36	9	2	47

表二：现存可以确定作于东晋南北朝的几乎全部汉地本土五言赞情况表③

作时性质不同的本土五言赞	不同特征的五言赞的数量 具有一定或较高审美性的汉地本土五言赞的数量	审美性不足乃至缺乏的汉地本土五言赞的数量		
		枯燥述说的汉地本土五言赞的数量	其它汉地本土五言赞的数量	合　计
东晋南北朝作时较为具体的本土五言赞	36	9	2	47
东晋南北朝作时笼统④的本土五言赞	12	12	0	24
合　计	48	21	2	71

---

① 作时具体，指具体作于哪一年。现在可考证出的东晋南北朝汉地本土五言赞的作时无具体者。这一时期南朝陈、北齐、北周本土五言赞相关数据均为0，故下表不再罗列。
② 作时无法进一步具体为宋或齐或梁，故笼统称为"宋齐梁"。
③ 笔者遍检了所能见到的道藏、佛藏、世俗文献（具体书目上文），除笔者所见文献外，可能尚有含东晋南北朝汉地本土五言赞的其它文献，但其中所含汉地本土五言赞应不多，本文所搜检到的71首应占现存东晋南北朝汉地本土五言赞的几乎全部。后文中"现存可确定作于隋唐五代的几乎全部汉地本土五言赞"之"几乎全部"类此。
④ 即学术界标明作时为"六朝""南北朝"或类似者。如，朱越利《道藏分类解题》标明《太上大道玉清经》的作时为"当出于六朝时期"（朱越利《道藏分类解题》，华夏出版社，1996年，页48），《中华道藏》标明《洞真太上紫书箓传》的作时为"约出于南北朝"（张继禹主编《中华道藏》，第2册，华夏出版社，2004年，页463）等。

表三：隋唐五代作时具体或较为具体的汉地本土五言赞情况表

写作时段	不同特征的五言赞的数量	具有一定或较高审美性的汉地本土五言赞的数量	枯燥述说的汉地本土五言赞的数量	其它汉地本土五言赞的数量	合　计
隋初唐盛唐	隋	2	0	0	2
	隋初唐①	1	1	0	2
	初　唐	1	1	11	13
	初唐盛唐②	0	50	1	51
	盛　唐	2	4	7	13
	合　计	6	56	19	81
中晚唐五代	中　唐	0	1	2	3
	中唐晚唐③	1	0	0	1
	晚　唐	3	15	17	35
	五　代	1	0	2	3
	合　计	5	16	21	42
总计		11	72	40	123

---

① 指作时兼跨隋代、初唐者。
② 作时无法进一步具体为初唐或盛唐，故笼统称为"初唐盛唐"。
③ 作时无法进一步具体为中唐或晚唐，故笼统称为"中唐晚唐"。

论汉地本土五言赞的生成与在东晋南北朝隋唐五代的演变

表四：现存可确定作于东晋南北朝隋唐五代的几乎全部①
汉地本土五言赞情况汇总表

不同特征的五言赞的数量 写作时段	具有一定或较高审美性的汉地本土五言赞的数量	审美性不足乃至缺乏的汉地本土五言赞的数量		
		枯燥述说的汉地本土五言赞的数量	其它汉地本土五言赞的数量	合　计
东晋南北朝	48	21	2	71
隋唐五代	12	72	40	124
合　计	60	93	42	195
南北朝隋唐②	0	2	0	2
总　计	60	95	42	197

表四数据显示：

（一）东晋南北朝至隋唐五代，汉地本土五言赞数量明显增加

现存可确定作于东晋南北朝的几乎全部汉地本土五言赞共 71 首，现存可确定作于隋唐五代的几乎全部汉地本土五言赞共 124 首，数量明显增加，显示出汉地本土五言赞由东晋南北朝至隋唐五

---

① 笔者遍检了所能见到的道藏、佛藏、世俗文献（具体书目见上文），除笔者所见文献外，可能尚有含东晋南北朝隋唐五代汉地本土五言赞的其它文献，但其中所含汉地本土五言赞应不多，本文所搜检到的 197 首应占现存东晋南北朝隋唐五代汉地本土五言赞的几乎全部。

② 现存可确定作于东晋南北朝隋唐五代的汉地本土五言赞除此表中的 195 首外，尚有 2 首：《三洞奉道科诫仪范》卷四的"寂寂至无宗"赞（李德范辑《敦煌道藏》四，全国图书馆文献缩微复制中心，1999 年，页 1693）、《无上内秘真藏经》卷四的"天尊在灵解"赞。《三洞奉道科诫仪范，吉冈义丰认为出于六朝末或隋代，最晚在唐初问世（吉冈义丰《道教经典史论》第二篇第三章，道教刊行会，1955 年。转引自陈鼓应主编《道家文化研究》第十三辑万毅《敦煌本〈升玄内教经〉补考》，生活·读书·新知三联书店，1998 年，页 278）。《无上内秘真藏经》，《中华道藏》认为约出于隋唐之际（《中华道藏》第 5 册，页 412），《道藏分类解题》疑撰于隋唐（《道藏分类解题》，页 57），《道藏提要》认为出初唐或唐以前（任继愈主编《道藏提要》，中国社会科学出版社，1991 年，页 3）。此 2 首究竟作于南北朝还是隋唐，无法确定，故笔统称"南北朝隋唐"。

· 131 ·

代的发展。

汉地本土五言赞于东晋南北朝、隋唐五代两大时段，呈现出不同的特点。

表一、表二数据显示：

（二）东晋南北朝，汉地本土五言赞具有一定或较高审美性的特征占明显优势

上文已述，汉地本土五言赞的产生与汉地本土五言诗关系至为密切，而具有一定或较高审美性是汉地本土五言诗的典型特征，这使得此期——本土五言赞的产生期与其后——南北朝汉地本土五言赞具有一定或较高审美性的特征占优势，无论就作时较为具体的汉地本土五言赞而言，还是就可确定为作于此期的几乎全部的汉地本土五言赞而言，均如此。此期现存作时较为具体的全部47首五言赞中，具备此特征者36首；现存可确定为作于此期的几乎全部汉地本土五言赞71首中，具备此特征者48首。需要说明，支遁、张翼上述13首五言赞的内容均与汉译佛经有关。支遁《文殊师利赞》《维摩诘赞》《法作菩萨不二入菩萨赞》《首立菩萨赞》《首闲菩萨赞》《善宿菩萨赞》《不眴菩萨赞》《善多菩萨赞》8首均阐发支谦译《维摩诘经》中有关内容，《弥勒赞》阐发竺法护译《佛说弥勒下生经》等中有关内容，《善思菩萨赞》阐发竺法护译《佛说大方等顶王经》中有关内容，《月光童子赞》阐发竺法护译《佛说月光童子经》中有关内容，张翼《道树经赞》《三昧经赞》依次阐发支谦译《私呵昧经》（一名《菩萨道树》）、《佛说法律三昧经》的有关内容。汉地本土五言赞中汉译佛经内容的存在，加大了汉地本土五言赞异化即非汉化的程度。而东晋前半期与其后的东晋南北朝，共有18首本土五言赞内容与汉译佛经无关，如东晋曹毗《黄帝赞》、刘宋颜测《栀子赞》、宋齐梁沈约（441—513）《雪赞》、宋齐江淹（444—505）《雪山赞》4首，后魏常景《司马相如赞》等。

论汉地本土五言赞的生成与在东晋南北朝隋唐五代的演变

这样，在支遁、张翼的五言赞中加大了汉地本土五言赞异化即非汉化程度的汉译佛经内容在此18首五言赞中没有了，此18首五言赞的汉化程度更高了。特别是，此18首五言赞均审美性突出，若抛开题目或序言中明显赞体标志的"赞"字，其正文均完完全全是地道的本土五言诗，如《栀子赞》：

> 濯雨时摛素，当飙独含芬。丰荣殊未纪，销落竟谁闻。①

如《司马相如赞》：

> 长卿有艳才，直致不群性。郁若春烟举，皎如秋月映。
> 游梁虽好仁，仕汉常称病。清贞非我事，穷达委天命。②

两首均形象鲜明，慨叹颇深；若不看题目，只看正文，前者不是一首上乘的托物言志的五言咏物诗吗？后者不是一首上乘的通过咏史以咏怀的五言咏史诗吗？这充分显示出此期汉地本土五言赞与汉地本土五言诗的关系仍至为密切。整个东晋南北朝，汉地本土五言诗对本土五言赞的影响颇大。不过，应当看到，东晋南北朝，汉地本土五言赞具有一定或较高审美性特征占优势的势头并不强劲，表二中，此期具有此特征的现存本土五言赞仅48首。当然，毕竟，现存可确定为作于此期的几乎全部本土五言赞总量不大，仅71首。

与具有一定或较高审美性的特征相比，此期汉地本土五言赞枯燥述说的特征处于明显的劣势，无论就现存作时较为具体的本土五言赞而言，还是就现存可确定为作于此期的几乎全部本土五言赞而言，均如此，现存作时较为具体的本土五言赞47首中，枯燥述说者9首；现存可确定为作于此期的几乎全部本土五言赞71首中，枯燥述说者21首。上文已述，枯燥述说是汉译佛经五言赞的典型

---

① 《全上古三代秦汉三国六朝文》，中华书局，1958年，页2651。
② 《全上古三代秦汉三国六朝文》，页3674。

特征。毕竟，作为新奇的外来物，此期熟悉、接受汉译佛经五言赞体式的人不多。汉地人对汉译佛经五言赞体式的认识由陌生到熟悉，认识的人由少到多，需要时间，东晋南北朝就属于这种性质的时间。

表三数据显示：

(三) 隋唐五代，汉地本土五言赞枯燥述说的特征占明显优势

汉地对汉译佛经五言赞体式的认知经过了东晋南北朝长时间的积淀，到隋唐五代，认可此体式特别是其枯燥述说的典型特征、并将其采用到著述中的汉地人明显增多，现存可确定为作于隋唐五代的几乎全部本土五言赞共124首，其中枯燥述说者72首，较现存可确定为作于东晋南北朝的几乎全部本土五言赞共71首、其中枯燥述说者21首均增加明显，特别是，枯燥述说者增加的幅度尤其大；且枯燥述说者占几乎全部本土五言赞总数的比重增加显著，由东晋南北朝的29.6%增至隋唐五代的58.1%。可以说，此期汉译佛经五言赞对汉地本土五言赞的影响大大强化。

本来，东晋南北朝，汉地本土五言赞具有一定或较高审美性特征占优势的势头即不强劲；时至隋唐五代，这种优势丧失。与枯燥述说的特征相比，此期汉地本土五言赞具有一定或较高审美性的特征处于明显的劣势，现存可确定为作于隋唐五代的几乎全部124首本土五言赞中，具有一定或较高审美性者仅12首[①]，远远少于此期枯燥述说的本土五言赞72首。上文已述，汉地本土五言赞在产生期：东晋前半期与其后的东晋南北朝与汉地本土五言赞的关系颇为密切，汉地本土五言诗对汉地本土五言赞的影响颇大，着眼点之一为汉地本土五言诗之具有一定或较高审美性的典型特征。以此审视此期汉地本土五言诗对汉地本土五言赞的影响，可谓大大减弱。此

---

① 表三中的11首加《父母恩重赞文》1首。

12首具有一定或较高审美性的本土五言赞中,内容与汉译佛经无关者仅2首,即隋陈子良《赞德上越国公杨素》、唐李白《观佽飞斩蛟龙图赞》,隋唐五代现存全部本土五言赞中内容与汉译佛经无关者也仅此2首。《赞德上越国公杨素》赞美杨素才能、道德,赞颂之情强烈,共50句19对对偶,10句形象性强,多用典故等,使此赞的审美性较高。《观佽飞斩蛟龙图赞》云:

> 佽飞斩长蛟,遗图画中见。登舟既虎啸,激水方龙战。
> 惊波动连山,拔剑曳雷电。鳞摧白刃下,血染沧江变。
> 感此壮古人,千秋若对面。①

此赞描状佽飞斩龙,形象鲜明生动,共10句3组对偶,审美性颇高。上文已述,汉地本土五言赞中的汉译佛经内容加大了汉地本土五言赞异化即非汉化的程度;此2首五言赞无汉译佛经内容,均审美性突出,显示出与汉地本土五言诗的关系颇为密切。东晋南北朝,内容与汉译佛经无关、审美性突出的本土五言赞现存共18首,远远多于隋唐五代同类五言赞的2首。从这个角度,可感受到,隋唐五代,汉地本土五言赞汉化程度在减弱。

隋唐五代,汉地本土五言赞枯燥述说的特征占明显优势,内容与汉译佛经无关的本土五言赞很少,表明此期汉地本土五言赞异化即非汉化的程度大大加强。

表四数据显示:

(四)整个东晋南北朝隋唐五代,汉地本土五言赞枯燥述说的特征表现得最为突出

现存可确定为作于东晋南北朝隋唐五代的几乎全部197首本土五言赞中,审美性不足乃至缺乏者占绝对优势,有137首,其中枯燥述说者95首,其他42首,具有一定或较高审美性者60首,枯

---

① 李白著,王琦注《李太白全集》,中华书局,2011年,页1137。

燥述说的特征表现得最为突出；枯燥述说是汉译佛经五言赞的典型特征。可以说，整个东晋南北朝隋唐五代，汉译佛经五言赞对汉地本土五言赞的影响颇大。

（原载《江南大学学报》2019年第4期）

中国古代人物品评中的"典型"批评

◎ 汪群红

中国传统文化语境中,一些重要的审美范畴,如"气韵""风骨""神韵"等,往往同时被用于自然、人物及艺术的批评,这些范畴大多已为研究者所关注。而作为传统人物品评中常用的观念——"典型",其审美意义却未得到学界应有的重视。本文拟重点研究中国古代人物品评中"典型"批评的形成发展及其内在的思想倾向、美学内涵,以及由此形成的文学母题与文论观念,以期加深读者对传统文化语境中"典型"观念的理解。

一 从"典刑"制度到"典型"人物

典型源于"典刑"一词。"典刑"一语最早见于《尚书·舜典》:"象以典刑,流宥五刑,鞭作官刑,扑作教刑,金作赎刑。"孔传曰:"象,法也。法用常刑,用不越法。"[①]《诗·大雅·荡》亦

---

① 孔颖达《尚书正义》,中华书局影印十三经注疏本,1980年,页128。

云:"文王曰咨,咨汝殷商。匪上帝不时,殷不用旧。虽无老成人,尚有典刑。曾是莫听,大命以倾。"郑笺云:"此言纣之乱,非其生不得其时,乃不用先王之故法之所致。""老成人谓若伊尹、伊陟臣扈之属。虽无此臣,犹有常事故法可案用也。"又笺曰:"朝廷君臣皆任喜怒,曾无用典刑治事者,以至诛灭。"[1]可见"典刑"指国家常用的重要法律制度。

至荀子已将"尚有典刑"与日常人伦规范及人格理想的树立联系起来。荀子曰:"兼服天下之心:高上尊贵不以骄人,聪明圣知不以穷人。齐给速通不争先人,刚毅勇敢不以伤人;不知则问,不能则学,虽能必让,然后为德。遇君则修臣下之义,遇乡则修长幼之义,遇长则修子弟之义,遇友则修礼节辞让之义,遇贱而少者则修告导宽容之义。无不爱也,无不敬也,无与人争也,恢然如天地之苞万物,如是则贤者贵之,不肖者亲之。如是而不服者,则可谓訞怪狡猾之人矣。虽则子弟之中,刑及之而宜。诗云'匪上帝不时,殷不用旧。虽无老成人,尚有典刑。曾是莫听,大命以倾。'此之谓也。"[2]他引《诗经·大雅·荡》诸句,说明继承传统礼仪规范的重要性。荀子法教与礼教并重。王先谦释"刑及之而宜"句曰"妖怪狡猾之人,虽在家人子弟之中,亦宜刑戮集之",又释"典刑"曰"常事,故法"。但从上下文可见,荀子所论"典刑"具有约束规范日常行为之意。在荀子心目中一般士人"兼服天下之心"的行为,应符合"老成人"的标准,这一定程度上体现了儒家的中和思想。

汉代班固、蔡邕等人使用"典刑"一语,尚指政治制度层面的常法。桓宽《盐铁论》记载汉昭帝时御史桑弘羊与贤良、文学等官员的论辩。其《遵道篇》录治经之"文学"官员的观念:"圣王之

---

[1] 孔颖达《毛诗正义》,中华书局影印十三经注疏本,1980年,页552—554。
[2] 王先谦撰,沈啸寰、王星贤点校《荀子集解》,中华书局,1988年,页99—100。

治世，不离仁义"①，王利器注曰："道就是孟子所谓'遵先王之法'的意思。"②"文学"官员们又引《诗经》"虽无老成人，尚有典刑"句，论其乃"言法教"，③由此明确将法律制度与儒家教化联系起来，进一步拓展了"典刑"的内涵。魏晋南北朝时期，尽管玄风盛行，其时之人物品评还是以儒家思想为基础，④不过当时"典刑"尚未成为道德批评体系的核心观念。从现存文献看，至唐代，"典刑"一语更鲜明地融有道德规范要求的内涵，成为人物品评中使用相当普遍、最为重要的概念之一。自宋代始，"典刑"亦往往写作"典型"。型即范型，可引申出"法"的意思，故"尚有典刑"常假借为"尚有典型"。

唐以后人物品评中的"典型（刑）"批评，大致可分为两类：

其一，"尚典型""奉典型"等，指尚有前代贤者的风范。唐杜甫诗云："大雅何寥阔，斯人尚典刑。"⑤"尚典刑"，即"尚有典刑"，指人物品行遵守传统的道德规范与行为规范。北宋苏舜钦《代人上申公祝寿》曰："天为移文象，人思奉典型。"⑥奉典型，指将先贤奉为典范。南宋沈遘（1025—1067）言御史之职责，乃"执法典纲纪，总方略大臣之任也"，朝廷内外，公卿百官，各有分职，然亦有枉直兴坏之别，必须一一察举，使"一纳于轨则"，而成以治体。故沈遘认为御史之职不能轻授，要求为官者"行有典刑，学有师法"。⑦有"典刑"指行为上"执法典纲纪"，沈遘强调为官者行为应遵守法纪法规。元钱惟善（？—1369）《故婺录事文林周公挽

---

① 桓宽撰，王利器校注《盐铁论校注》卷五，中华书局，1992年，页292。
② 同上书，页293。
③ 同上书，页292。
④ 彭昊《〈世说新语〉人物品评的儒学渊源》，《湘潭大学学报》2008年第3期。
⑤ 钱谦益《钱注杜诗》卷十，清康熙刻本。
⑥ 苏舜钦《苏学士文集》卷六，《四部丛刊》影清康熙刊本。
⑦ 沈遘《西溪集》卷四，影印文渊阁《四库全书》本。

词》曰："东南耆旧半雕零，士类于公见典型。"①明嘉善人沈朝阳《秋祭陈贤良祠》诗云："不到荒墩已十年，清风祠宇尚依然。典型人物非无赖，释奠仪文幸有传。"②清张英（1637—1708）《寄丹枫》诗云："相忆城阴一草亭，祗今耆旧若晨星。谢家群从推模楷，江左宗风赖典型。"③国家、地方的兴盛往往有赖于那些行为遵从纲常法纪的人物，此即为"典型人物"，而地域性的传统风尚往往受当地道德楷模之士的影响。

其二，"称典型"，指人物品行具有垂范后世的意义。如元陈基《次家兄之湖州兼简同府判沃㖊叔敬教授》诗云："安定先生足典刑，金源文学播芳馨。已承博士尊三传，更饬诸生授五经。马氏有兄眉最白，阮家诸老眼偏青。水精宫里神仙府，为借清风送鹤翎。"④安定先生即宋代胡瑗，曾执教于湖州。欧阳修《胡先生墓表》说："先生为人师，言行而身化之，使诚明者达，昏愚者励，而顽傲者革。故其为法言而信，为道久而尊。"⑤故而陈基称胡瑗堪称士人典范。元赵汸《周易文诠》释"中孚"卦曰："初九虞吉，有他不燕，中孚之道，贵审乎初，初以阳刚应四柔，正所当信者，业已度其可信，而一意信之，是始合，以正德性事业，借为典型。吉之道也。如有他焉，则二三之心，非所以定交而成其孚矣。宁得燕安乎？"⑥"中孚"卦意在说明人品中诚信的重要性，其初九爻言人有诚信则一切预料必合，平安顺利；人生之本在于讲诚信，此为修德建业的根本大法，后世当借以为楷模典型。借为典型，即可称为典型。又如清代施闰章（1618—1683）《览罗侍御述祖扬庭文学

---

① 钱惟善《江月松风集》卷五，影印文渊阁《四库全书》本。
② 沈季友编《檇李诗系》卷十一，影印文渊阁《四库全书》本。
③ 张英《文端集》卷二十六，影印文渊阁《四库全书》本。
④ 顾瑛《草堂雅集》卷一，影印文渊阁《四库全书》本。
⑤ 欧阳修著，李逸安点校《欧阳修全集》，中华书局，2001年，页389。
⑥ 赵汸《周易文诠》卷二，文渊阁《四库全书》本。

旧德爱著于篇》云："豫章稽故老，三罗称典型。"①"三罗"指晚明文毅公罗伦、文庄公罗钦、文恭公罗洪先，他们可称是后世的楷模，即"典型人物"。

人物品评中的典型批评重在评价人的社会行为是否符合道德伦理和规范要求。这种道德标准的树立，显然首先是为统治者选拔人才服务的，体现一定的人才标准、人才观念，与统治者的制度建设有密切关联。其次，在文人学士的日常交往中，"典型"人物批评则往往隐含品评者的人生价值与审美趣味。"典型"的意义既包括制度层面的法律法规又包含基本的人伦道德规范，乃至具有与道德规范相统一的"美的风范"的意味。

二 "典型"人物之古风古韵

强调规范要求，与重视文化传承相一致。"尚典型"与"称典型"从两方面构建了"典型"人物与传统历史及现实未来的关系。二者都体现古人对文化传统的重视。中国传统文化中，对遵礼守法及道德规范的重视，尤显突出。

中国政治史上，一方面主流话语较为强调对典型制度的继承；但另一面，又不断有声音反对政事一味依照传统旧制。然而道德规范要求则相对稳定。北宋神宗期间官至参知政事的著名大臣张方平（1007—1091）所撰《政体论》论曰：

> 臣尝论之：夫为邦之道，有制有权，制为之本，权为之势。节之以礼，行之以信，齐之以刑，断之以义；此不可易之法，故为之制。长则萦之，短则引之，重则损之，轻则益之；

---

① 施闰章著，何庆善、杨应芹点校《施愚山集》第二册诗集卷十三，黄山书社，1992年，页237。

此不可常之理，故为之权。其不可易者，不为艰危急卒而变之；其不可常者，不为安宁平泰而慢之。其本正，虽危必安。其势倾，虽治必乱。然人之大情，危必思安，治必息乱，均乎二者，处权为难，非通才达义适时知变者，孰能与於此乎？易曰："变则通，通则久。"故乐而不乱，复而不厌之谓道。

　　夫事远必弊，法久必衰。原其始初，各有云设。时迁俗易，迹在理非。圣人执权，盖即回革，使天下之耳目常新，万务之本源必正。彼立法垂制，不在人君乎？言为典型，动为律度，苟无愆于大义，宁一取乎旧章。①

治邦之道，有不可易之法，此为"制"；有不可常之理，此为"权"。张方平更强调"权"的重要，认为不知达权推变之理，将有害于治道，乃圣智之所常患。他认为，人们只要言谈符合常法，行为遵守制度，不违背大义，不必事事遵守旧规。然与政治法律制度不同的是，由于一般日常道德规范相对较为稳定，古人还是更多强调人伦规范、行事风格应有本有源。因而人物典型批评重视传统道德规范倾向更为明显。

　　重视继承传统，首先体现为对好学的典型人物的称赞。苏轼（1037—1101）《祭欧阳文忠公夫人文》论欧阳修诸子受其父品行、精神、文章影响曰："文忠之薨，十有八年，士无所归，散而自贤。我是用惧，日登师门。既友诸子，入拜夫人。望之愀然，有穆其言。简肃之肃，文忠之文。虽无老成，典刑则存。何以嗣之，使世不忘。诸子惟迨，好学而刚。夫人实使，兄弟吾孙。"②明代署名为祝肇（或为祝允明）撰《金石契》评著名藏书家、学者朱存理云："性父（朱存理，字性父）爰自弱龄，夙勤文学，阅三馀以靡空，

---

① 张方平著，郑涵点校《张方平集》卷六，中州古籍出版社，1992年，页85—86。
② 苏轼《苏东坡全集》，中国书店，1986年，页419。

揽五车而尤富。书窥晋户，吟升宋室。接先曹之典型，畅遗民之风格。愿绁多识，庸裨寡闻云尔。赞曰：野有遗良，性父老矣。深藏若虚，博哉君子。"①明东林党人邹元标（1551—1624）为吴达可《荆南稿》作序，吴达可，官至御史，巡按江西。邹元标评其为人坦直，曰："以故有所谭吐，皆惟其性。所欲为欲言者，绝无一毫安排纂组其间。"②《荆南稿序》言吴达可自幼求学于文孟震，后又投于周怡和万士和门下，"以故往哲典型，熟于耳目，浃于心神，其所厝注于民牧省方者，一惟哲范是型，于世所谓机刻巧媚之习，非惟不为，亦且不知"；又论曰："先生之言即先生之人，先生岂好为言以传世，而不能不传者。"好学、博学是继承传统，向前辈典型学习的基础，亦是成为后世典范的必要条件。晚明著名文人陆符（1597—1646）与书官至尚书的冯邺仙云："古人用心不以自立为足，必有望于后来有志者之承禀。而天下豪杰思出其乡，皎皎植立，又无不奉先达前辈以为典型。《诗》不云乎，'德音孔昭，视民不佻'。君子是则是效若门下者，诚吾党之则效矣。"③引诗出自《诗经·小雅·鹿鸣》，言主人宴会宾客，嘉宾们品德高尚，名满天下，而且待人宽厚，不轻浮，是君子们效仿学习的榜样。陆符论后人承传传统，必先"奉先达前辈为典型"。

重视传统还体现于对人物身上古风古韵的赞美。宋韩元吉（1118—1187）《挽曾伯充大夫词二首》曰："作吏馀家法，临民有古风。政推平易外，人在典型中。"④该诗评曾伯充做官待民均遵家法与古训，因而身上体现一种古风遗韵，"人在典型中"，写出了士大夫阶层遵循传统规范而具有的理想生存状态。元尹廷高（约1290

---

① 祝肇《金石契》，《丛书集成初编本》，史地类203册。
② 邹元标《愿学集》卷四，影印文渊阁《四库全书》本。
③ 黄宗羲《明文海》卷一百八十三，影印文渊阁《四库全书》本。
④ 韩元吉《南涧甲乙稿》卷三，影印文渊阁《四库全书》本。

年前后在世)《赟见虚谷方使君》诗云:"典型尚见灵光古,德政常留钓濑清。瓜熟东门遗世味,菊香晚节寿耆英。"①他评价方回言行颇具东陵侯召平秦破后种瓜东门、遗世独立的独特风范与古韵。施闰章(1619—1683)《北风行怀方尔止》诗云:"多君好古存典型,白眼却向东湖青。荒郊苦问云卿圃,废渚冥搜孺子亭。"②他称赞明遗民桐城诗人方文尚存古人典型,而洪都(今南昌)苏云卿、徐孺子等古代先贤的遗迹尚可搜寻。

好学好古,因而言谈举止颇具古人风范,尤显古雅之韵,是"典型人物"美之所在。

三 "典型"人物之老成

上文所提及的《诗经》"虽无老成人,尚有典刑(型)"句,后为人物品评中常用的评语。"虽无老成人"与"尚有典刑"两句之间,义转折,指老成的国家重臣已亡,所幸的是,他们制定的法律制度尚存。后人则常将"典型"与"老成"作因果或并列关系看。除用本义外,更多时候,"虽无老成人,尚有典刑(型)"指一个人老练成熟而且遵守常规常法,因而成为后世的典范。

"老成"亦见于汉孔安国《尚书·酒诰》之传语。《酒诰》是周公令康叔去殷商故地卫国昭告戒酒的诰辞,其中一段曰:"庶士有正越庶伯君子,其尔典听朕教! 尔大克羞耇,惟君,尔乃饮食醉饱。"意为各级官员能够进献酒食给老人,君主就可饮食醉饱。孔安国传曰:"汝大能进老成人之道,则为君矣。"《酒诰》又曰:"丕惟曰:尔克永观省,作稽中德,尔尚克羞馈祀。"孔安国传曰:"汝

---

① 尹廷高《玉井樵唱》卷中,影印文渊阁《四库全书》本。
② 施闰章著,何庆善、杨应芹点校《施愚山集》第二册诗集卷十八,黄山书社,1992年,页335。

能长观省古道所为，考行中正之德，即是进行，老成人惟堪为君。能考中德，则汝庶几能进馈祀于祖考矣。"①原文意为，周公教训卫国官员惟有行中正之道，才有资格参加国君举行的祭礼；孔安国则言，只有能践行中正之德的老成人，才能做君王。孔安国传不能定其真伪，对原文本意颇有些申发。然而很显然，该传对"老成"及其与中正之德的关系颇为重视。《三国志》裴松之注引《魏书》评汉代诸位宰臣云"乃祖已来，世著名节，年过七十，行不逾矩，可谓老成人矣"②，言只有人至老年尚遵从道德规范的人才能称为老成人。

"老成"与"典刑（型）"兼用的结构模式在《易》学著作中出现多次。唐李过《西溪易说》释"贲卦"曰："四在三上，贲盛于三，蓄德老成，可为典型者也。"③李言贲卦之象，寓指有道德且老成之士，可称为"典型者"。苏轼释"师卦"卦辞"师，贞丈人吉，无咎"句曰："'丈人'，《诗》所谓'老成人'也。夫'能以众正'，有功而无后患者，其惟丈人乎！"④言老成人能使众人归于正。明末清初黄宗炎（1616—1686）《周易象辞》释"师"卦上句爻辞曰："师非有异道，惟贞而已。用师将以正人之不正，而其身可不先正乎？既谓之师，群居易扰，克敌须人统率，驾御者不可以不慎，未宜好事而轻举也，未宜果敢而贪功也，必老成典型。众所素知而习闻，爱敬而亲信之人，方足以当斯任，丈人是也。得其人而专委之，则有成功之吉而无偾事之咎。"⑤所谓"丈人"，即老成、有典型之人，果敢而不贪功，有"中正"之德。

此类"老成"与"典型（刑）"并列的结构模式在人物品评中

---

① 孔颖达《尚书正义》卷十三，中华书局影印十三经注疏本，1980年，页206。
② 陈寿著，陈乃乾校点《三国志》卷二，中华书局，1959年，页78。
③ 李过《西溪易说》卷五，影印文渊阁《四库全书》本。
④ 苏轼《东坡易传》卷一，影印文渊阁四库全书本。
⑤ 黄宗炎《周易象辞》卷四，影印文渊阁《四库全书》本。

很常见。如宋刘攽（1023—1089）《寄刘道原秘丞》评曰："司马公老成兼典刑。"[1]司马光《祭观文丁尚书文》云："老成之德，中外式瞻。"[2]其《安之朝议哀辞二首》之一曰："场屋推声价，朝绅仰典型。朱衣老卿列，白首恋亲庭。舟壑一朝失，泉台万古扃。音容宛在目，争免净飘零。"[3]苏轼《次韵子由送蒋夔赴代州学官》曰："功利争先变法初，典刑独守老成馀。穷人未信诗能尔，倚市悬知绣不如。代北诸生渐狂简，床头杂说为爬梳。归来问雁吾何敢，疾世王符解著书。"[4]苏轼《笏记》二首之一曰："禁林之选，多士所荣。非独文章之工，俾专翰墨，当属典刑之老，以重朝廷。"[5]言及朝廷重臣之选，不仅要求擅长文辞，且须行为堪称典范的老成之士。苏辙拟《西掖告词》之《范镇可侍读太一宫使》曰："敕：为国无强于得人，用人莫先于求旧。朕历选贤俊，至于侧微，患其德望之未充，而典刑之未练。"[6]所言透露苏辙"典刑"须练就而成，用人当先选老成人的观念。又宋度正（1166—1235）《赘见漕使启》释"当代典型之老"曰：

> 道配前修，行高当世，包太虚以为量，得失不动其心；粲春风以为言，喜怒不形于色。当代典型之老，中兴勋业之苗。进退雍容，议论宏远。爱民如保傅之于赤子，待士如父师之于诸生。和气袭人，欢声被物。[7]

"典型之老"，即守传统规范又老成之人，其行为举止，几近乎完

---

[1] 刘攽《彭城集》卷六，影印文渊阁《四库全书》本。
[2] 司马光著，李文泽、霞绍晖点校《司马光全集》卷八十，四川大学出版社，2010年，页1615。
[3] 司马光著，李文泽、霞绍晖点校，《司马光全集》卷十五，四川大学出版社，2010年，页482。
[4] 苏轼《苏东坡全集》，中国书店，1986年，页124。
[5] 同上书，页327。
[6] 苏辙著，马德富校点《栾城集》，上海古籍出版社，1987年，页569。
[7] 度正《性善堂稿》卷九，影印文渊阁《四库全书》本。

美，符合儒家对士大夫品行的种种规范要求。

由此可见，"典型"人物往往具老成之品性。以老成人七十不逾矩的人生境界为典范，体现中国古代人物品评的审美倾向。

有关文学"典型"的批评在宋代亦逐步展开，到明清时期，使用极为广泛普遍，其内涵亦偏向于对传统文学规范的继承，这不能不说是受人物"典型"批评的影响。[1]而文学批评中与"典型"相关的"老成"作为审美批评的标准，颇为常见。如明杨士奇《故邹兼善甫墓碣铭》云："诗歌骎骎有老成语。"[2]又《故登州府学教授郭先生墓志铭》曰："所著文有《淮南集》二十卷……乡先生陈心吾称其雅驯而不陈，发舒而不激，为典刑老成。"[3]清朱彝尊《静志居诗话》评元末明初钱宰诗曰："博士诗波澜老成，诸体悉称之。"[4]明初大臣韩宜可、唐愚士（名之淳，以字行）皆以钱宰为师。诗文老成，一般指语言厚重、结构安排老练，风格雅正；而老成的文风，堪称诗文写作的典型。

四　"典型"人物之风清

"典型"人物往往别有一种风流或风貌，体现出真、善与美的统一。南宋学者陈东（1086—1127）《谒王乐道之子闻方饭绝客一绝》诗云："晚生恨不及前辈，来访诸郎观典型。吐握风流何寂寞，满林风竹自秋声。"[5]南宋名臣胡铨（1102—1180）《转调定风波·和答海南统领陈康时》云："从古将军自有真，引杯看剑坐生春。扰扰介鳞何足扫，谈笑，纶巾羽扇典型新。试问天山何日定。伫

---

[1] 另有专文论述"中国传统文化语境中文学典型批评的文体学意义"。
[2] 《东里集》续集卷二十四，影印文渊阁《四库全书》本。
[3] 《东里集》续集卷三十六，影印文渊阁《四库全书》本。
[4] 朱彝尊选编《明诗综》卷七，中华书局，2007年，页280。
[5] 陈东《少阳集》卷五，明正德刻本。

听,雅歌长啸静胡尘,解道汾阳是人杰。见说,如今也有谪仙人。"①南宋学者李吕(1122—1198)《追挽刘平父二首》之一云:"奕世旗常记姓名,屏山道学蔼馀馨。流风与世为标的,好义于君见典型。琴韵祗求追古意,吟怀偏喜旁林肩。相逢恨晚情犹厚,怅望音容隔杳冥。"②元代官至礼部郎中的吴师道《隐斋记》云:"张侯湛,九江名家子也。其风流酝藉,馀前人典型。"③由上引可见,评典型人物,往往要描绘他们的风流姿态与音容笑貌。

"典型"人物论还常与"清风""清气"连用,"典型"人物无论是从外形还是骨髓里都透出清朗、清峻的风貌。南宋曾幾(1084—1166)《送尹叔之象州东珣》诗云:"岁星一别又回天,贫贱交情老更坚。传世典型清彻骨,向人怀抱直如弦。"④典型从风骨中显现出来,其"清"之品格,乃高尚纯洁的道德情操的感性显现。又南宋严粲(光、宁、理宗三朝在世)有《张德庆挽诗》云:"擢第家声在,通班宦路亨。为亲迟受邑,未老谢专城。活计诗书富,岁寒梅竹清。闲中将道眼,醉梦笑功名。九衮犹身健,联麾见子荣。笏床欢节序,鸠杖话平生。世久伤零落,吾犹及老成。酸风吹苦泪,一为典型倾。"⑤金元好问(1190—1257)《郑州上致政贾右丞相公》曰:"黄阁归来履舄轻,天将五福畀康宁。四朝人物推耆旧,万古清风在典型。"⑥明郑潜《题文公书光风霁月四大字,平章燕公将构亭滦阳,以此为扁》诗云:"行乐归沂上,阳和满座中。精神秋沉潋,胸次玉玲珑。草色浮窗动,花阴上几浓。乾坤清淑

---

① 胡铨《澹庵文集》卷六,影印文渊阁《四库全书》本。
② 李吕《淡轩集》卷二,影印文渊阁《四库全书》本。
③ 吴师道《敬乡录》卷十,影印文渊阁《四库全书》本。
④ 曾幾《茶山集》卷五,影印文渊阁《四库全书》本。
⑤ 陈起编《江湖小集》卷十一之《华谷集》,影印文渊阁《四库全书》本。
⑥ 狄宝心《元好问诗编年校注》卷二,中华书局,2011年,页276。

气,分付在吾躬。宇宙自风月,千年犹一心。典型尊道统,翰墨照儒林。"①诸诗中的"典型",皆指散发着清气的典型人物。

　　典型人物与"清风""清气"关联,与传统文化强调"志清"的人格美一致。《荀子·乐论》云:"故乐行而志清,礼修而行成。耳目聪明,血气和平,移风易俗,天下皆宁,莫善于乐。"②荀子论乐对人格精神与行为规范的影响,亦可见其所述人格美的基本内涵。东汉王逸《楚辞章句》论屈原之"志清",释《哀郢》"人之心不与吾心同"句云:"我志清白众泥浊也。"③又注刘向《九叹》"平明发兮苍梧,夕投宿兮石城"句云:"言已动履大水,宿止名山,用志清洁且坚固也。"④夏侯湛《东方朔画赞》有云"洁其道而秽其迹,清其质而浊其文",李善注曰:"班固《汉书》赞曰:朔秽德似隐。"吕向注曰:"言志清而为秽迹以混於俗,使人不知也。"⑤"志清"成为后世人格精神论的基本内涵。用"清气"评价典型人物,应当是受到"志清"观念的影响,"用志清洁"的道德准则,显然与中国文化"气清"的审美标准有内在的关联性。

五　独特的饮者"典型"

　　饮酒是日常生活较为独特而又必不可少的活动,而一人之真言真行最易于饮酒的过程中表现出来。饮酒行为是否有益人生,历来亦颇多争议。西晋刘伶有《酒德颂》,述饮酒纵意怡情之功,玄学色彩浓郁。元谢应芳作《酒赋》,其旨不出《酒德颂》,言醉客"高

---

① 郑潜《樗庵类稿》卷二,影印文渊阁《四库全书》本。
② 沈啸寰、王星贤点校,王先谦撰《荀子集解》,中华书局,1988年,页382。
③ 王逸章句,洪兴祖补注《楚辞补注》卷四,中华书局,1983年,页140。
④ 洪兴祖《楚辞补注》卷十六,中华书局,1983年,页284。
⑤ 《六臣注文选》卷四十七,《四部丛刊》影宋本。

其旷达",醒客则"矜其典型"。作者首先假托二客进行一番雄辩,然后再作更富于儒家色彩的折衷之论,其曰:

> 往古来今,酒不可无,祭祀宾客,日用之需。但用之者,丰不可纵,俭不可拘,纵失之湎,拘失之愚。愚乃人所鄙,湎乃酒之辜。酒以成礼,威仪秩如;酒以合欢,怡怡愉愉。夫如是,又安得丧于而德,害于而躯,亡于而国,败于而家乎?二客于是蹶然而起,负墙而立,请诵惟酒无量不及乱之言,庶无过与不及。①

言饮酒的旷达与清醒者持其典型并非对立,其观点较为中正。

最早将饮酒与典型联系起来的是唐代王绩(约589—644),其《答冯子华处士书》云:"吾所居南渚,有仲长先生,结庵独处三十载,非其力不食,傍无侍者。虽患瘖疾,不得交语,风神肃肃,可无俗气。携酒对饮,尚有典刑。"②后人化用王绩之语者更是举不胜举:

苏轼《用前韵再和霍大夫》云:

> 文字先生饮,江山清献游。典刑传父老,尊俎继风流。度岭逢梅雨,还家指麦秋。自惭鸿雁侣,争集稻粱洲。野阔横双练,城坚耸百楼。行看凤尾诏,却下虎头州。君意已吴越,我行无去留。归涂应食粥,乞米使君舟。③

韩维(1017—1098)《送孙通直》曰:

> 白首归来养性情,同时流辈尽雕零。忘怀物外思游好,访旧樽前得典刑。霜月醉留湖榭白,雪风吟度陇山青。斯民利病

---

① 谢应芳《巢稿》卷一,影印文渊阁《四库全书》本。
② 王绩《东皋子集》卷下,影印文渊阁《四库全书》本。
③ 苏轼《苏东坡全集》,中国书店,1986年,页538。

君多识,好奉新书谒帝庭。①

南宋刘学箕(1192前后在世)《楚骚有正有反,予既以数语咏独开荷花,诸公宠和工甚,辄拾余意反作一章》云:

  一从炎暑变秋风,识破维摩色想空。岂有三乘无尽法,尚怜孤艳十分红。唯惭寡陋吟怀劣,却爱诸贤句法工。共倚栏杆休怅恨,典型犹在四筵中。②

王柏(1197—1274)《和易岩首夏韵》云:

  垂老东君恋旧寒,惜春情绪正孤单。哂他功业传千古,还我诗书博一安。芍药阶前风味浅,酴醾架上典型残。勒回春色凭诗句,生意津津上笔端。③

清彭孙遹(1631—1700)《上巳日》曰:

  落英细草满沙汀,三月春残柳未青。裙屐久埋惊蛰雨,园林初展护花铃。祓除故事传京洛,觞咏风流见典型。今昔兴怀多怆恨,不堪重问戴山亭。④

厉鹗(1692—1752)《腊日同周少穆泛湖》亦曰:

  残年风景得重经,更借湖波倒玉瓶。寺鼓渐催沙草动,船窗才放雪峰青。酒垆泉下无消息,旧曲尊前有典型。举似梅花知此意,冰澌苔涩上空亭。⑤

又有白居易在香浓醇厚,令人回味的酒中,品味出"典型"来。白居易《府酒五绝》之《辨味》曰:

---

① 赵湘《南阳集》卷十一,影印文渊阁《四库全书》本。
② 刘学箕《方是闲居士小稿》卷上,元至正刻本。
③ 王柏《鲁斋集》卷二,影印文渊阁《四库全书》本。
④ 彭孙遹《松桂堂全集》卷十二,影印文渊阁《四库全书》本。
⑤ 厉鹗《樊榭山房集》卷七诗庚,《四部丛刊》影清振绮堂本。

> 甘露太甜非正味，醴泉虽洁不芳馨。杯中此物何人别，柔旨之中有典刑。①

酒之香浓、热烈非甘露与醴泉可比，酒之味岂非人生之正味。后人亦多有化用其语者。宋韩维（1017—1098）《酴醾》诗云：

> 平生为爱此香浓，仰面常迎落架风。每至春归有遗恨，典刑犹在酒杯中。②

元周权《听泉席上赋荼蘼》诗云：

> 修条盘出笼春碧，满架花开春院寂。青蛟脱骨翠波寒，玉练摇光绀云密。东风清润晓阑深，襟袖飘飘兰麝湿。典型元在酒杯中，摇碎琼瑰和露吸。③

从上文所引可见，描写、赞美饮酒者"典型"的诗非常之多，"饮者有典型"已形成一个文学母题。

为何古人喜好将饮酒行为或酒之味旨与赞美他人有"典型"联系起来呢？大概有两方面的原因，一是文人聚会，多半饮酒，这是赞美他人行有典型、行称典型的最佳场合，故而上文所引诗句中的"典型"，基本上还是指人的行为修养、人格精神符合传统的审美理想，堪称楷模。二是饮酒者本身具有的独特风采与风范，往往能体现饮酒人的率真与不俗，这种风范实为描写对象道德观念或思想意识的感性显现。

结　语

由上所述，我们可以了解到，中国传统文化语境中，"典型"

---

① 白居易著，顾学颉校点《白居易集》卷二十八，中华书局，1979年，页650。
② 韩维《南阳集》卷十四，影印文渊阁《四库全书》本。
③ 周权《此山诗集》卷五，影印文渊阁《四库全书》本。

一语之内涵由政治、法律制度向道德规范、人格精神方面拓展的大致情形。牟宗三曰："国家政制之建立，即所以充实而支撑绝对精神者，亦即所以丰富而完备个人精神者。"①"典型"观念的内涵正是牟宗三所言的"绝对精神"与"个人精神"的结合。中国古代人物"典型"批评，基本上以儒家重道德规范与人格修养的伦理思想为基础，大体符合当权者选拔人才的一般标准，故而不仅属于道德层面，还往往与政治制度相关联。可即便如此，人物"典型"批评中蕴含的审美意趣亦相当耐人寻味，不容忽视。理想的"典型"人物美一般表现为，人物身上的道德力量与传统力量，及其由此展现的古雅、老成、清明、纯洁的风貌。古雅、老成、文清等观念在中国古代文学批评中的广泛运用，充分地表明了中国文化内在的一致性。而从饮酒中体会到典型人物的道德精神与风流蕴藉的文学母题，更体现出中国传统文化的独特魅力。

（原载《江西师范大学学报》哲学社会科学版2011年第5期，略作修改。）

---

① 牟宗三《牟宗三文集》，高等教育出版社，2010年，页5。

"文体三变说"：中国文学史的基本论述模式

◎ 李定广

文学史作为一门独立学科和一种著述类型，是近代窦警凡、林传甲、黄人等学者接受西方（经日本）的影响而建立起来的。这就使得许多人误以为我国古代没有系统的文学史研究或论述，事实上，我国历代对于文学史的研究和撰述一直没有中断，文献资料相当丰富，现代以来却并没有受到足够的重视。直到近年董乃斌、陈伯海、刘扬忠三先生联名主编的三卷本《中国文学史学史》面世，才有对"古代文学史学"的较为系统的总结和梳理。重点讨论了刘勰的"质文代变"和明清人的"诗体正变"两个文学史观，但对"文体三变说"并未展开讨论和梳理，故而观点较为保守。本文试图全面梳理、阐发这个中国一千五百年来最为重要的文学史论述模式——沈约的"文体三变说"，揭示其重大的理论意义，或可补《中国文学史学史》之不足。

一 "文体三变说"与历代的文学史论述

沈约在《宋书·谢灵运传论》中提出了他的"文体三变说":

> 至于建安,曹氏基命,二祖陈王,咸蓄盛藻,甫乃以情纬文,以文被质。自汉至魏四百馀年,辞人才子文体三变:相如工为形似之言,班固长于情理之说,子建、仲宣以气质为体,并标能擅美,独映当时。是以一世之士,各相慕习,原其飚流所始,莫不同祖《风》《骚》。徒以赏好异情,故意制相诡。①

沈约所谓"文体"乃指文学作品的体貌风格,他认为,从西汉到建安这四百多年来,文学作品的体貌风格共出现三次大的变化:第一次是汉武帝时的赋家司马相如相对于《风》《骚》一变为"形似之言",即其赋作善于刻画事物形貌。第二次是东汉赋家班固再变为"情理之说",即班固赋多议论,有理致。第三次是建安诗人曹植、王粲三变为"以气质为体",指其情感表现鲜明有力而又比较质朴本色的动人风格。对于一、二两变,沈约渐次肯定,对第三变,沈约则大加推奖,赞其为"以情纬文,以文被质",文质彬彬,尽善尽美。接下来,沈约又论述了晋宋文学,认为也有"三变":潘岳、陆机"体变曹王",其诗风"缛旨星稠,繁文绮合",对于建安文学是一种新变;东晋玄言诗又是一变;到刘宋时期的谢灵运"兴会标举"的山水诗则是对玄言诗风的彻底变革。总之,沈约的"文体三变说"首先将自汉魏至晋宋的六百八十馀年文学史的发展分为"汉魏"与"晋宋"两大阶段,每一阶段的文学演变都有"三变",这一宏观理论概括的意涵颇为丰富,但最主要的意图是通过"文体三变"来突出、称美第三变的高度成就,即高度推崇以曹植、王粲为

---

① 《宋书》,中华书局,1974年,页1778。

代表的建安文学和以谢灵运为代表的刘宋文学。

作为与沈约同时而稍后的刘勰（沈约《宋书》成书于公元488年，刘勰《文心雕龙》成书于公元501年），对文学史也有一系列精到的论述，并最受现当代学界重视，但其核心论述模式却受到沈约的影响。刘勰文学史论述中最重要的两个观点是"质文代变"论和"文变染乎世情，兴废系乎时序"论，前者就文体（文学体貌风格）自身演变而言，后者就时代、社会对文学演变的影响而言，前者的论述对象、论述模式显然受到沈约的影响。综合《通变》《时序》篇可知，刘勰认为：黄、唐、虞、夏为文学的第一阶段，其特色是质胜于文；商、周是文学发展的第二阶段，特色是丽而能雅，文质彬彬；楚、汉、魏、晋、南朝是第三阶段，特色是文胜于质。刘勰以"文、质"变化为标准和线索，将整个文学史大致切为三段来论其变化轨迹，显然是受到沈约影响，不过与沈约不同的是，刘勰推崇的是第二阶段商周文学，认为商周以前是一个递进的发展过程，商周以后是一个递退的发展过程，从而贬低楚、汉、魏、晋、南朝文学，体现了明显的宗经复古主义和保守主义色彩。

其后，北周庾信的《赵国公集序》亦曰："昔者屈原宋玉始于哀怨之深，苏武李陵生于别离之世。自魏建安之末晋太康以来，雕虫篆刻，其体三变，人人自谓握灵蛇之珠，抱荆山之玉矣。"[1]庾信似乎是有意接轨沈约的说法，稍稍拓展了沈约第二个"三变"的时间，即"自魏建安之末晋太康以来"直至庾信时代。

入唐以后，"三变"已经成为一个习惯性术语乃至口头禅。到唐代宗大历末年，梁肃作《补阙李君前集序》，提出了著名的"唐文三变说"：

> 唐有天下几二百载，而文章三变：初则广汉陈子昂以风雅

---

[1] 郁沅、张明高《魏晋南北朝文论选》，人民文学出版社，1996年，页422。

革浮侈,次则燕国张公说以宏茂广波澜,天宝已还,则李员外、萧功曹、贾常侍、独孤常州比肩而出,故其道益炽。若乃其气全,其辞辩,驰鹜古今之际,高步天地之间,则有左补阙李君。①

梁肃对唐代将近二百年的文学史演变进行宏观鸟瞰,认为若从贯穿、体现儒家"道"的历程来观察,唐代"文章"(主要指骈散文章)共有"三变":第一变为陈子昂"以风雅革浮侈",即初步实现文体革新;第二变为张说"以宏茂广波澜",即进一步壮大陈子昂掀起的革新波澜;第三变为李华、萧颖士、贾至、独孤及、李翰,其中又以李翰为最高代表,意即李翰等人使得唐代文章蔚为大国,充分达到了"以道兼气兼辞"的完美境地。其"三变"的精神与沈约完全一致,也是以前二变来衬托第三变达到的高度成就。

五代史臣在《旧唐书·文苑传序》中高度评价沈约的"三变说",并赞沈约的成就不在曹植、谢灵运之下,又在《旧唐书·元稹白居易传论》中纵论先秦至唐代文学亦有三变:一变为建安,二变为永明,三变为元和,建安文学的代表人物为曹植、刘桢,永明文学的代表人物为沈约、谢朓,元和文学的代表人物为元稹、白居易。其论述宗旨在于突出元白在整个中国文学史中的崇高地位,从而顺理成章地代表有唐一代的文章宗主,"元和"则代表唐代文学之最盛。"三变"中也给沈约以很高的地位,可见其精神与方法受沈约影响之深。

北宋宋祁、欧阳修为了推崇韩愈,在《新唐书·文艺列传序》中对唐代梁肃的"唐文三变说"进行了大力修正:

唐有天下三百年,文章无虑三变:高祖、太宗,大难夷

---

① 周祖譔《隋唐五代文论选》,人民文学出版社,1990年,页179。

始,沿江左馀风,缔句绘章,揣合低昂,故王、杨为之伯;玄宗好经术,群臣稍厌雕琢,索理致,崇雅黜浮,气益雄浑,则燕、许擅其宗,是时,唐兴已百年,诸儒争自名家;大历、贞元间,美才辈出,擩哜道真,涵泳圣涯,于是韩愈倡之,柳宗元、李翱、皇甫湜等和之,排逐百家,法度森严,抵轹晋、魏,上轧汉、周,唐之文完然为一王法,此其极也。①

梁肃论"唐文三变"的时候,韩愈尚不足十岁,后来才成了梁肃的弟子,故梁肃所论之"三变"自然无法齿及韩愈。宋人可以宏观整个唐代文学史,而且普遍尊韩崇杜,故必然要对梁肃的"三变"说重新进行调整。宋人以为陈子昂的主要成就和功绩在诗不在文,故将其换为"四杰"之王、杨,这是微调,重点调整在第三变,即将"三变"中的最高魁首李翰换为韩愈,将辅翼李华、萧颖士、贾至、独孤及换成柳宗元、李翱、皇甫湜,并推奖韩愈等人"抵轹晋、魏,上轧汉、周,唐之文完然为一王法",从而达到推尊韩愈为唐代文章宗主的目的。不过宋祁的"唐文三变说"有明显不合事实的部分,如谓第一变为高祖、太宗时代,代表人物为王、杨,事实上直到太宗死时,王勃、杨炯皆未出生,造成时代错位。又如夸韩愈等人的文章"完然为一王法",这是宋人追加的观点,在唐五代却不是事实。

宋祁等《新唐书·兵志》又有"唐兵三变说",所谓"盖唐有天下二百馀年,而兵之大势有三变"云云。《新唐书》"唐文三变""唐兵三变"之说,对有宋以后近千年产生重大影响,几欲成为定论。南宋严有翼的《柳文序》、魏了翁《唐文为一王法论》即原封不动搬用宋祁的说法,金元好问《闲闲公墓表》、元王恽《浑源刘氏世德碑》、明陆深《山西策问》、清李渔《论唐兵三变唐

---

① 《新唐书》,中华书局,1975 年,页 5725。

文三变》,直到晚清蒋湘南《唐十二家文选序》等等,仍都引用宋祁的说法。

宋人以"唐文三变说"来观照唐诗,又提出"唐诗三变"的理论。北宋杨龟山论唐诗之"变"曰:

> 诗:自《河梁》之后,诗之变至唐而止。元和之诗极盛。诗有盛唐、中唐、晚唐,五代陋矣。①

南宋刘克庄进一步说:

> 昔人有言,唐文三变,诗然,亦故有盛唐、中唐、晚唐之体。②

可见,正是在"唐文三变"的理论观照下,始有诗之"盛唐、中唐、晚唐"的概念,正因为盛中晚唐"三变"(初唐沿南朝诗风未变),始有"初盛中晚"四唐说。

宋元人在研究唐代文学史演变的基础上,也尝试用"三变"理论对于宋代文学史进行理论概括,于是又有"宋文三变说""宋诗三变说""宋词三变说"。如周必大论"宋文三变"曰:

> 本朝开设学校,复帝王之盛,虽硕儒名卿布于中外,而士之月书季考惟在举业。故时文无虑三变。始因唐旧,专用词赋。或曰雕篆无益也,于是经义行焉。专门一律,又以为病,而《大学》《中庸》之说出。时论愈高,行之愈难,为师儒者,既用此为去取,士亦以此应之。殆非国家孜孜求贤之本意也。上方会其有极归其有极,士当是训是行。一变而至于道,以副教育,则所谓文,将不胜其用矣。③

---

① 元人王构《修辞鉴衡》引《龟山诗话》,《四库全书》本。
② 刘克庄《后村先生大全集》卷九十四《中兴五七言绝句》,《四部丛刊初编》本。
③ 周必大《文忠集》卷五十三《广昌县学记》,《四库全书》本。

楼钥亦曰：

> 夫唐文三变，宋之文亦几变矣。止论骈俪之体，亦复屡变。①

吴渊的"宋文三变说"尤为具体。②元脱脱《宋史·文苑传序》则对"宋文三变"又有新的概括，认为柳开、穆修为一变，欧阳修为二变，王安石、苏轼、曾巩为三变，至第三变"宋文日趋于古矣"。这是称美第三变的成功和成就。

南宋刘克庄《江西诗派序·黄山谷》则提出了"宋诗三变说"，认为国初诗人潘阆、魏野、杨亿、刘筠等皆学唐人格调，苏舜卿、梅尧臣为一变，欧阳修、苏轼为二变，至黄山谷为三变，"遂为本朝诗家宗祖，在禅学中比得达摩，不易之论也"。③这是通过"宋诗三变"论述来高度推崇黄山谷为宋诗之最。《四库全书总目·云泉诗提要》所论"宋诗三变"稍有出入："宋承五代之后，其诗数变。一变而西昆，再变而元祐，三变而江西。江西一派，由北宋以逮南宋，其行最久。"

南宋汪莘的"宋词三变说"向来颇为词学界所重视，其《方壶诗馀自序》曰：

> 余于词，所爱喜者三人焉。盖至东坡而一变，其豪妙之气，隐隐然流出言外，天然绝世不假振作。二变而为朱希真，多尘外之想，虽杂以微尘，而其气清自不可没。三变而为辛稼轩，乃写其胸中事，尤好称渊明。此词之三变也。④

南宋朱熹又有"古今之诗三变"之说：

---

① 楼钥《攻媿集》卷五十一《北海先生文集序》，《四部丛刊初编》本。
② 吴渊《鹤山集原序》，见《四全书库》本魏了翁《鹤山集》卷首。
③ 见陶秋英编《宋金元文论选》，人民文学出版社，1984年，页396。
④ 见施蛰存编《词籍序跋萃编》，中国社会科学出版社，1994年，页270。

"文体三变说"：中国文学史的基本论述模式

> 尝间考诗之原委，因知古今之诗，凡有三变。盖自书传所记，虞夏以来，下及魏晋，自为一等。自晋宋间颜谢以后，下及唐初，自为一等。自沈宋以后，定着律诗，下及今日，又为一等。然自唐初以前，其为诗者，固有高下，而法犹未变。至律诗出，而后诗之与法，始皆大变，以至今日，益巧益密，而无复古人之风矣。①

朱熹的这一说法与沈约的"三变"精神刚好相反，以为"三变"是越变越差，却颇为明胡应麟《诗薮》所接受，《诗薮》内编卷二曰："国风雅颂，并列圣经……楚一变而为骚，汉再变而为《选》，唐三变而为律，体格日卑。"

其后，又有"元文三变说""元诗三变说"。元末陈基论"国朝之文凡三变"：中统、至元年间是元代开国初期，"风气开阔，车书混同"，文坛上呈现一片新气象；到了延祐年间，时代承平，作家"历金石以激和平之音，肆雕镂以篆忠厚之璞"，文章写得"峭刻森严"；殆至天历，作者"摆落凡近，宪章往哲"。②元末杨维桢论"元诗三变"曰：

> 我朝古文殊未迈韩、柳、欧、曾、苏、王，而诗则过之：郝、元初变，未拔于宋；范、杨再变，未几于唐；至延祐、泰定之际，虞、揭、马、宋诸公者作，然后极其所挚，下顾大历与元祐，上逾六朝而薄风雅。吁！亦盛矣。③

明代大儒黄佐写有《文体三变》一文，讨论了"明文三变"和"明诗三变"：

> 国初刘基、宋濂在馆阁，文字以韩、柳、欧、苏为宗，与

---

① 朱熹《答巩仲至第四书》，见陶秋英编《宋金元文论选》，页307。
② 陈基《夷白斋稿》卷二十二《孟待制文集序》，《四库全书》本。
③ 杨维桢《玩斋集序》，载《四库全书》本贡师泰《玩斋集》卷首。

· 161 ·

方希直皆称名家。永乐中，杨士奇独宗欧阳修，而气焰或不及，一时翕然从之，至于李东阳、程敏政为盛。成化中，学士王鏊以《左传》体裁倡，弘治末年，修撰康海辈以先秦两汉倡，稍有和者，文体盖至是三变矣。至于诗，则名家者犹罕。国初诗人生胜国乱离时，无仕进路，一意寄情于诗，多有可观者，如编修高启，盖庶几古作。其后举业兴，而诗道大废，作者皆不得已，应人之求，岂特少天趣，而学力亦不逮矣。大学士李贤尝议，欲场屋中添诗赋，以求博雅之士，正为此也。弘治检讨陈献章、庄昶养高山林以诗鸣，谓之"陈庄体"，为世所宗。李东阳极力变之，至正德初，有李梦阳、何景明辈追迹汉魏，世亦尚焉。[1]

钱牧斋《初学集》卷八十三有《题怀麓堂诗钞》一文，亦谓"明诗凡三变，由弱病而为狂病，由狂病而为鬼病，惟西涯文足以荡治之"。清邓显鹤《岳归堂全集序》亦云："有明之诗凡三变……以茶陵倡于前，以竟陵殿其后。"清初陈恭尹总结道："唐诗三变犹堪把，明诗三变风斯下。"（《扶胥歌送王阮亭……》）

又有"清诗三变说"，如蒋寅先生认为："正是由于钱谦益的鼓动，王渔洋继而提倡，这才有清初诗坛炽盛一时的宋诗风气，是为清诗一变。康熙十八年（1679），清廷武功告成，肇兴文治，开博学宏词科，王渔洋以新朝诗人领袖羽仪风流，宏奖后进，影响所及，整个康熙中后期直到雍正间，神韵诗风成为诗坛主潮，清诗为之一变，而自家面目出。雍正后期延及乾隆中，康熙朝名家逐渐凋落，神韵诗末流弊端渐显，沈德潜以耆年宿望主盟诗坛，以格调之实救神韵之虚，守成而已。乾隆中袁枚声名日盛，以性灵说摧廓传统的羁绊，最大限度地发挥诗歌的自我表现机能，天下向风，百态

---

[1] 黄佐《翰林记》卷十九《文体三变》，《四库全书》本。

杂陈，清诗于是又一变。"①

由上可知，沈约的"文体三变说"在其后的一千多年里影响是何其深远，确已成为历代文学史的基本论述模式，虽然历代理论家对此又有修正和发挥，并将其运用于各个朝代和各种文体，但其理论模式和精神实质却"名理相因"，这不能不引起我们的高度重视。

二 "文体三变说"的哲学依据与民族心理文化依据

沈约"文体三变说"决不是偶然的发明，而是有着深刻的哲学依据和民族心理文化依据的。《周易》强调"变"的哲学，强调事物的发展过程就是"变"的过程，"穷则变，变则通，通则久"。《周易》的筮法，据《系辞》介绍，是用五十根蓍草来演变，有所谓"三变而成爻、十有八变而成卦"等步骤。《周易》占筮时，三变成一爻，一卦六爻，故十八变成一卦。这一逻辑推衍，自商周以来已经普遍为人们所接受。《老子》以"三生万物"来阐释宇宙的创生模型和有机秩序，给后世留下了至三而质变的阐释空间。班固《白虎通义》卷三《封公侯》有曰："天道莫不成于三：天有三光，日、月、星；地有三形，高、下、平；人有三尊，君、父、师。故一公三卿佐之，一卿三大夫佐之，一大夫三元士佐之。天有三光然后而能遍照，各自有三法，物成于三：有始、有中、有终，明天道而终之也。"这不仅总结了天道生成于三，而且概括了天道运转的规律是三变而成。这种"三变"为一个周期的逻辑，恰与黑格尔"三段式"发展规律及唯物辩证法"事物发展的周期性规律"正相

---

① 蒋寅《清代文学的特征、分期及历史地位——〈清代文学通论〉引言》，《烟台师范学院学报》2004 年第 4 期。

吻合。黑格尔的"三段式"认为，一切发展过程都可分为三个有机联系着的阶段，即"正—反—合"的发展周期，事物的发展就是无限个这样的周期的循环；唯物辩证法认为，事物因内在矛盾所引起的发展，经过两次否定和转化，即经过"肯定—否定—否定之否定"，事物的运动就表现为一个周期。因而文学的发展也就可以描绘成无限个"三变"的循环。有学者在宏观中国文学史后认为：中国文学史由三个大的周期组成。即：由上古以至西周的巫官文学，到周秦间的史官文学，再到楚汉间的作家文学，构成发展的第一个周期；由汉魏的文质合一，到晋南北朝的文质分离，又到唐代的文质兼备，作为发展的第二个周期；然后由宋元雅俗两种文学的平行发展，到明清两种文学的尖锐对立，以至近代两者的变化接近，又是一个发展的周期。[1]这确是基于"三变"为一个周期哲学理论之上的有趣概括。

若从民族心理文化传统来看，中国人在人生、社会历史等层面普遍喜欢运用"三""三变"来解释某些现象或推衍某些规律。有学者深刻地指出："'三'和'五'，是中国人心目中最重要的两个数字，它们由最初的神灵符号，演化为祥瑞符号，终至广泛地进入中国人的日常生活。从古到今，'三''五'崇拜几乎渗透到华夏文明的各个方面，在神话、祭礼、占卜、术数、宗教、民族、伦理、礼仪、刑律、典章、官职、舆地、教育、军事、医药、艺术、饮食、服饰、婚丧等诸多领域……它从不同侧面反映了中国古人认识自身和身外宇宙的方式，及其据以解释宇宙万物的经验系统。"[2]《论语·子张》有曰："子夏曰：'君子有三变：望之俨然，即之也温，听其言也厉。'"这是讲"君子"个人在形貌、处事、

---

[1] 陈伯海《中国文学史之宏观》，中国社会科学出版社，1995年，页97。
[2] 谭学纯《数字"三""五"崇拜的发生、演进及相关阐释》，《中国典籍与文化》1995年第2期。

言谈三方面的"三变"。《韩诗外传》卷七记载孔子的话,说周公有"三变":于文王时能子,于成王幼时能武,于成王壮时能臣,"故一人之身,能三变者,所以应时也"。战国时,儒家公羊学派解释历史演变提出著名的"公羊三世说",直到清末的龚自珍、康有为还在宣扬此说。孟子两次提到"三个五百年循环说":由尧舜至汤五百年,由汤至周文王五百年,由周文王至孔子五百年,历史就这样五百年一循环(《公孙丑下》和《尽心下》)。董仲舒进而提倡"三统三正"历史循环交替说(《春秋繁露·三代改制质文》)。司马迁亦在《史记·天官书》中提出"天运三变说":"夫天运三十岁一小变,百年中变,五百载大变,三大变一纪。"这正是对孟子"五百年循环说"的进一步发挥。我国上古神话传说中有一个著名故事,就是麻姑三见"沧海桑田"(见葛洪《神仙传》卷七),反映了我国先民以"三变"逻辑对人世变化所作的浪漫解释。《淮南子·缪称训》甚至认为禾苗生长也有"三变"。由此可见,"三变"说确有深厚的民族心理文化渊源。

人生的"三变"说(如君子三变、周公三变)还直接启发了所谓的"作家三变说"。如杨炯赞高某"体穷三变,潘陆不足以升堂"(《唐上骑都尉高君神道碑》),王禹偁《回尹黄裳启》有"学富百家,文穷三变"(《小畜集》卷二十五)等,都是讲作家创作上的"三变"。杨万里"自言其作屡变,一变于绍兴壬午,再变于乾道庚寅,三变于淳熙丁酉"①,这与后人概括杨诗"先学江西,再学晚唐,最后学自然"颇为一致。宋濂《王忠文公集序》称王祎"文凡三变:初年所作,幅程广而运化宏;壮年出游之后,气象益以沈雄;暨四十以后,乃浑然天成,条理不爽"②。梁启超《曾刚父诗集序》说:"刚父之诗凡三变"。等等。"作家三变说"的深刻意义

---

① 林希逸《竹溪鬳斋十一稿续集》卷十二引,《四库全书》本。
② 《四库全书总目提要》卷一百六十九《王忠文公集提要》引。

在于，使人们认识到一个作家的创作风格和特色不是一成不变的，决不能简单地以一种风格特色来概括某个作家。"作家三变说"对于"文体三变说"的产生和发展起着重要的推动作用，同时也与"文体三变说"相互补充。而社会历史的"三变"说，则是"文体三变说"的直接原因和最重要的民族心理文化基础。

三 "文体三变说"的主要理论意义

沈约"文体三变说"作为对于文学史的理论形态的总结，具有极其重要的理论意义，主要表现在如下几个方面：

其一，开创了中国文学史论述的基本模式，从某种意义上说，是古代文学史论述中影响最为深远的甚至是唯一的论述模式。沈约之前，有汉儒提出的"风雅正变"观，魏晋人的"是古非今"论（文学退化论）和"是今非古"论（文学进化论），皆属于文学史观念层次，还没有上升到真正的理论形态，不具备完全的方法论意义。即使是与沈约同时而稍后的刘勰，其《时序》《通变》等篇所阐述的最重要的两个观点是"质文代变"论和"文变染乎世情，兴废系乎时序"论，仍然属于文学史观或文学发展观，仍不及沈约"文体三变说"那样具有独立自足的理论形态和方法论意义。因此，从这个意义上说，沈约"文体三变说"甚至是古代文学史论述最富理论形态、最有方法论意义同时也是影响最为深远的论述模式，沈约也因此成为中国最早的文学史家。后世的理论家从此掌握了一种最简洁、最有效的文学史研究方法和论述模式，并广泛运用于各个朝代各种文体，取得了一系列成果。刘勰"质文代变"论和"文变染乎世情，兴废系乎时序"论，明人提出的"文体代兴"论，清人提出的"一代有一代之文学"的文体进化论，作为文学史发展论，虽也具有一定的理论形态和方法论意义，但它们不能有效地应用于

"文体三变说"：中国文学史的基本论述模式

任何一朝或一阶段文学史的论述和概括，从这个意义上说，沈约的"文体三变说"又是唯一具有完全方法论意义的论述模式。

其二，开辟并规范了古代文学史论述的基本视角，即从"文体"角度来观照文学史的演变。沈约"文体三变说"之"文体"，不是指纯形式的体裁、体制，而是指"体貌风格"，接近英文中的"style（风格）"，又不完全等同于"style（风格）"，还含有"形貌、状貌"的意思。汉人观照文学史的视角更多从政治、社会的"外围视角"，刘勰的"文变染乎世情，兴废系乎时序"论也是从这个视角。魏晋人热衷于讨论"文质论"，从"文"（文华）和"质"（质朴）的演变来观照文学史（刘勰的"质文代变"也是此意），已经具有文学"内部视角"的性质，至南朝沈约进一步上升到"文体"（体貌风格）论，从此开辟并规范了古代文学史论述的基本视角。至于明清人提出"文体代兴"论则又是一个新的文学史论述视角。"文体代兴"所谓的"文体"是指体裁、体制，是纯形式的客观的东西，全然不同于沈约所谓的"文体"，但与沈约"文体"的共同点在于其"内部视角"属性。

其三，确立了古代文学史论述的基本原则和精神，即以"变"来观照和研究文学史，从某种意义上说，还具有文学进化论意味。《周易》从哲学上强调"变"的精神，有所谓"变化日新说"，唯有"变"才能"久"，是为后世文学新变思想的哲学依据。自汉儒在诗经学上提出"正变"论并"伸正黜变"后，魏晋六朝就掀起了文学"复古"与"新变"不同流派论争，并且一直延续到唐宋元明清各朝。刘勰表面上折衷为"通变"观，骨子里仍属于宗经复古派。沈约则真正以"变"来观照和研究文学史，表面上似乎是折衷派，即无论怎样新变，"莫不同祖《风》《骚》"，骨子里却属于新变派，即必须在"变"中才能创新，尤其是"三变"一循环中的第三变，又是这一循环中的高峰，从这个意义上说，沈约的"文体三变说"

· 167 ·

还具有文学进化论意味。沈约之后各代的"三变说"多半遵循这一论述的基本原则和精神。后世的文学理论家们至少认识到，任何一个时期或一个朝代的文学都不是一副面孔、一种风格，而是处在一个"变"的过程中。正如梁萧子显所说："若无新变，不能代雄。"（《南齐书·文学传论》）

其四，创立了一种推尊某些作家或流派文学成就和文学史地位并使之合法化的基本论述方法，尤其是将某些作家放在第三变上，突出其崇高的文学史地位，从而树立文学偶像和文学经典。这也许是"文体三变说"最重要的理论意义。魏晋人的作家论与人物品藻紧密相连，欲推尊或贬抑某个作家，往往采取直接品评等级，至钟嵘《诗品》定型为三品论人的论述模式。然而直接品评难免给人一种言人人殊的主观判断的印象，尤其是不能准确反映某个作家在文学史上的地位，也就是说，不能准确给一个作家进行文学史定位。而"文体三变说"则巧妙地将主观判断寓于客观规律之中，借客观规律的招牌表现出来，从而增加了论述的合法性。更重要的是，这一论述能够比较准确而且突出地显示某些作家或流派的文学成就和文学史地位，将论述者欲加推尊的某些作家放到"三变"的转捩点上，尤其是放在第三变上，突出其崇高的文学史地位，从而成功地树立了文学偶像和文学经典。韩愈在唐文史上的地位，黄庭坚在宋诗史上的地位，辛弃疾在宋词史上的地位，等等，主要都是靠这种方式推举起来的。

总之，沈约"文体三变说"具有哲学依据和民族心理文化依据，具有相当程度的科学性、合理性和概括性，我们当代的文学史书写决不能再漠视它的存在，应当充分借鉴、吸收这份宝贵的理论遗产。不过，必须指出的是，"文体三变说"在作为方法论运用时又具有某种程度的机械性和主观性的局限。历代理论家们为了套用"三变"论，有时不得不削足适履，主观地增加或减少某些环节，为了抬高某个作家或打压某个作家而不惜编造自己的"三变"逻辑。这些是我们在研究、借鉴历代"三变说"时必须要注意的。

（原载《学术界》2008年第5期）

赠序源流考论

◎ 赵厚均

    赠序在中国古代众多文体中是较为晚起的一类，也是文体学家较少关注的一类。但在实际创作中，它频频亮相于多种场合，具有非常重要的功用。姚鼐《古文辞类纂序目》云："赠序类者，老子曰：'君子赠人以言。'颜渊、子路之相违，则以言相赠处。梁王觞诸侯于范台，鲁君择言而进，所以致敬爱、陈忠告之谊也。唐初赠人，始以序名，作者亦众。至于昌黎，乃得古人之意，其文冠绝前后作者。苏明允之考名序，故苏氏讳序，或曰引①，或曰说。"这是第一次对赠序进行文体学意义上的观察，却失之甚简。今人偶有问津，对其发生与演进也语焉不详。兹就其源流略加爬梳，以期有较为深入的认识。

---

① 按，以序为引，不自苏洵始。《刘宾客文集》收录刘禹锡送别诗的序文 16 首，皆称"引"。盖刘禹锡父名溆，为避讳而改。溆，水名，即溆浦，汉代时又称序水、序溪。《刘宾客文集》卷十九收"集纪"8 篇，实则集序。又杨炯《登秘书省阁诗序》："轻为序引，缀在辞章。"《宴皇甫兵曹宅诗序》："日暮途远，聊裁序引。"柳宗元《送严公贶下第归兴元觐省诗序》："达若高阳、齐据者借赋，命余序引。余朴不晓文，故书严子之嘉言，编于右简，窃褒贬之义以赠。"权德舆《送杜少尹阁老赴东都序》："众君子皆赋，愧序引之辱。"《送陆校书赴秘省序》："于序引也，所不敢辞。"皆"序引"连用，为序的代称。

· 170 ·

一　赠序的滥觞：赠答、游宴诗及其序

我国古代文体的产生是与社会生活紧密联系在一起的，并且在经历漫长的历史过程和文学实践活动之后才趋于成熟。赠序的产生亦是如此。探究赠序之源，我们有必要上溯到汉魏六朝的赠答诗和游宴诗。

赠答诗的产生，一般认为受到先秦时临别赠言活动的影响。"自周秦以来，'居者'对即将出行之人赠以规箴、期勉性的言辞，乃是一种'君子'、'仁人'的表现；久而久之，自然也就形成了凡'临别'往往就'赠言'的传统。……'赠言'的传统不必然与'赠诗'活动相关，但其'个人化'的性质，或许对后世诗人从个人立场进行赠答诗的写作，不无启发。"①如《诗·大雅·崧高》："申伯之德，柔惠且直。揉此万邦，闻于四国。吉甫作诵，其诗孔硕。其风肆好，以赠申伯。"又《大雅·烝民》："四牡骙骙，八鸾喈喈，仲山甫徂齐，式遄其归。吉甫作诵，穆如清风，仲山甫永怀，以慰其心。"吉甫于申伯和仲山甫之出行，作诵以慰其心，开临别赠言之风。《史记·孔子世家》载孔子见老子，临去，老子曰："吾闻富贵者送人以财，仁人者送人以言。吾不能富贵，窃仁人之号，送子以言。"《晏子春秋》卷五："曾子将行，晏子送之曰：'君子赠人以轩，不若以言。吾请以言乎？以轩乎？'曾子曰：'请以言。'"于离别之际，老子之赠孔子，晏子之赠曾子，皆不以财而以言，是赠答诗的远源。由赠言到赠答诗的出现，其间必然经历漫长的历史过程和丰富的文学实践，而其嬗变之迹，已难详考。

东汉时，始有赠答诗传世。朱穆《与刘伯宗绝交诗》、桓帝时

---

① 梅家玲《论建安赠答诗及其在赠答传统中的意义》，《汉魏六朝文学新论》，北京大学出版社，2004年，页104。

桓驎与客问答之作，蔡邕《答对元式诗》《答卜元嗣诗》，秦嘉与其妻徐淑之赠答，吉光片羽，已初具赠答诗之规模。复经建安诸子"怜风月，狎池苑，述恩荣，叙酣宴"（《文心雕龙·明诗》）之作，赠答诗遂蔚然成风。据统计，建安诸子之赠答诗存世者有三十七首。其勃兴与其时文学集团活动及彼此之间的往来多所关联。①锺嵘《诗品序》云："嘉会寄诗以亲，离群托诗以怨。""嘉会"与"离群"为作诗之重要缘由，建安暨其后之赠答诗，实亦不出其藩篱。宴集与离别，酒酣耳热之际，"洒笔以成酣歌，和墨以借谈笑"，或亲或怨之赠答诗遂汩汩而出。据粗略统计，魏晋南北朝现存诗歌中，各类赠答诗竟有1 000馀首，萧统《文选》卷二十三至卷二十六选了王粲以下至齐梁的"赠答"诗作72首，如算上归入其他门类的如沈约《和谢宣城诗》《应王中丞思远咏月诗》，谢朓《和王主簿怨情诗》等，实有84首，居《文选》选诗之冠。唐初的类书《艺文类聚》于卷三十一单列"赠答"一门，供学诗者取材，亦可见赠答诗之风行。

　　在赠答诗风行六朝之际，一种新的文体——诗序亦随之壮大。一般认为诗序是受到毛诗小序和赋序的双重影响，在东汉时开始出现。②现存最早有主名的诗序是韦孟《讽谏诗序》，其后有张衡《四愁诗序》和《怨诗序》，其真实性皆尚待考究。建安时期，乃有曹丕《代刘勋妻王氏杂诗序》《寡妇诗序》《叙诗》，曹植《鼙舞歌序》《赠白马王彪序》《离友诗序》《喜雨诗序》，周昭《赠孙奇诗序》。部分序作真实性亦成问题。如吴承学先生就认为《赠白马王彪序》"尚属可疑"。③若所论为实，则周昭《赠孙奇诗序》就成为最早的

---

① 详见梅家玲《论建安赠答诗及其在赠答传统中的意义》。
② 参见吴承学《诗题与诗序》，见《中国古代文体形态研究》，中山大学出版社，2002年，页121—126。
③ 《中国古代文体形态研究》，页123。

赠答诗序。序云："散骑侍郎、武骑都尉孙奇，字仲容，年十七，以秀才入侍帷幄。余作诗一篇，美而讽之。"序文较简略，不出"序者，所以叙作者之意也"之范围。①延及两晋，诗序勃兴，据笔者统计，西晋共有 15 人创作 36 篇诗序，东晋共有 18 人创作 36 篇诗序。此时诗序的特点即是多用于赠答、宴集诗中，如傅咸存诗序 6 首、陆云存 6 首、郑丰存 3 首皆是赠答诗之序；潘尼 3 首，2 首赠答，1 首宴集；陆机存序 5 首，2 首赠答，2 首宴集……可以窥见诗序分布的情况。这一方面是因为此时的诗歌创作多是赠答、宴游之作，另一方面则是因为这类诗往往皆缘事而发，具有一个明确的创作背景。碍于诗的形式，这些内容又无法在诗歌中清楚地表述，叙事性强的序自然会得到诗人的青睐。赠答诗序的出现，是赠序产生的重要源头。

　　赠答诗之外，游宴诗于六朝亦极为盛行。"离群托诗"每有序文，"嘉会寄诗"亦常如斯。六朝人在宴饮、游乐之际，常群起而赋诗，或公宴唱和，或同题共作，十分重视诗歌创作的集体性与社会交际功用。②这类诗歌因其创作时间、主题的同一性，往往会有人裒集成册，并命人作序详述其缘由，于是产生了具有"众诗总序"性质的序文。它既不同于文集的序言，又不同于单一的诗序，具有特殊的意义。这类序文，以石崇《金谷诗序》为最早。元康六年（296），石崇与僚属亲故在其别业金谷宴集，此次宴集既是为石崇外任而兴办，又是为送别王诩而举行，具有赠别的性质。序文中说："时征西大将军祭酒王诩当还长安，余与众贤共送往涧中，昼夜游宴……遂各赋诗，以叙中怀。或不能者，罚酒三斗。……故具列时人官号、姓名、年纪，又为诗着后。后之好事者，其览之哉。"

---

① 刘知幾《史通·序例》引孔安国语，浦起龙《史通通释》，上海古籍出版社，1978 年，页 87。
② 参见吴承学《中国古代文体形态研究》"诗可以群"一章。

序文的意思很明显，在一次宴集活动中，大家即席赋诗，石崇再将诗集结起来，并做序文一篇，述其始末。其后，王羲之踵其步武，于永和九年（353）雅集于会稽山阴之兰亭，各赋诗兴怀。羲之作《兰亭诗序》，"列叙时人，录其所述，虽世殊事异，所以兴怀，其致一也。后之览者，亦将有感于斯文。"亦是为宴集之后的众诗作序。陶渊明《游斜川诗序》云："辛丑正月五日，天气澄和，风物闲美，与二三邻曲同游斜川……欣对不足，率尔赋诗，悲日月之遂往，悼吾年之不留。各疏年纪、乡里，以记其时日。"接武石崇、王羲之之迹显而易见。

两晋以来，士人常于三月三日修禊于曲水之滨，宴饮赋诗，形成一种集体作诗的传统，并往往作有总序性质的诗序。这类诗序仅颜延之、王融各一篇完整地保存下来。颜延之《三月三日曲水诗序》末云："方且排凤阙以高游，开爵园而广宴。并命在位，展诗发志。则夫诵美有章，陈信无愧者欤？"王融《三月三日曲水诗序》末云："正歌有阕，羽觞无算。上陈景福之赐，下献南山之寿。信凯燕之在藻，知和乐于食苹。桑榆之阴不居，草露之滋方渥。有诏曰：今日嘉会，咸可赋诗。凡四十有五人，其辞云尔。"又，王序李善注云："武帝永明九年三月三日，幸芳林园，禊饮群臣，敕王融为序，文藻富丽，当代称之。"显然，两篇诗序都是曲水赋诗的诸多诗作的总序。与石崇、王羲之之序，同出一辙。略为不同的是，二序已敷演成长文，与诗作没有多大的联系，具有较强的独立性，并完全骈偶化。游宴诗序的出现，是赠序产生的又一源头。

赠答诗序和游宴诗序作为源头的两股清泉，对赠序的滋养是显而易见的。赠序之名与赠答诗序有着千丝万缕的联系，赠序的创作模式与游宴诗序密不可分。随着创作实践的丰富和文体自身的发展，赠序融合了赠答诗序"赠答"之名和游宴诗序创作模式之实，成为独立的文体。

二　赠序的创体：送别之风与饯送序的兴盛

褚斌杰认为："每种文体都有一个发生、发展，以及相互渗透、流变和演化的过程。每一种新文体的产生和形成，往往既是社会生活发展的需要，也是社会语言发展变化、作家创作经验的日渐积累的结果。"[①]的确，每一种新文体的产生都是建立在作家创作经验积累的基础之上的。如果说六朝人在先秦两汉作家创作经验的基础上创造了"诗序"一体的话，唐人则在六朝诗序创作的基础上开疆拓土，创造了"赠序"体，极大丰富了古代文学的品类。

曾国藩《易问斋之母寿诗序》："古者以言相赠处，至六朝唐人，朋知分割，为饯送诗，动累卷帙，于是别为序以冠其端。昌黎韩氏为此体尤繁，间或无诗而徒有序，于义为已乖矣。"在曾氏眼中，序之正体是赠送类的"众诗总序"，韩愈创作的具有独立意义的赠序，反而是"于义为已乖矣"。这当然是拘执之见。不过，从赠序的发生学来说，他却敏锐地指出了赠序发生的模式：唐人赠序是由"动累卷帙"的饯送诗总序发展而来的。当然它的远源还是我们上面提到的六朝赠答诗序和游宴诗总序。

游宴活动在唐代十分繁盛，并对文学创作有巨大的推动作用，明胡震亨《唐音癸签》卷二十七云："有唐吟业之盛，导源有自……游宴以兴其篇，奖赏以激其价。"游宴赋诗，促成了唐诗的繁荣，六朝宴集赋诗的旗帜得以大张，作序的传统也得以延续。王勃《仲氏宅宴序》："思传胜饯，敢振文锋。盖同席者高人薛曜等耳。盍各赋诗，放怀叙志，俾山川获伸于知己，烟霞受制于吾徒

[①]　《中国古代文体概论》，北京大学出版社，1984年，页15。

也。"《春日孙学士宅宴序》:"侠客时有,且倾鹦鹉之杯;文人代兴,聊举麒麟之笔。人采一字。四韵成篇。"这显然和六朝游宴诗总序是一脉相承的。并且,此类游宴活动所作的诗歌大都已经亡佚,序文却单独流传了下来,显现出序文甩掉作为诗歌附属品的包袱而走向独立的历程。这对赠序的影响自不待言。

唐代国家的统一、社会的安定和经济的繁荣,促进了交通的发达和文化的交流,文人漫游之风盛行于世。此外,"由于科举、铨选、边帅可自辟佐吏等制度的推行,又产生了士子入国子学、赴京应试以及应试前广谒名流、失利后'举粮'州郡等现象,加上官吏的赴选、迁转、出使,士人的出塞谋职等等,共同造成了文人的旅食各地、以四海为家的风气"。[1]这种文人的大规模流动,必然会掀起送别之风。官吏的流动亦十分频繁,举凡量移、左迁、右迁、出使、征戍、致仕、丁忧、省亲、归葬等,无不波扇其风。再加上方外人士和文人官吏的广泛交游及其云游四方,唐人的出行与送别实已蔚然成风。于是彼此之间的饯送活动便十分普遍了。先秦时临别赠言的传统得以发扬,在"赠人以言,重于金石珠玉"(《荀子·非相》)的风尚下,宴集饯送、即席赋诗成为官吏、文人、僧道乐此不疲的活动:"虽相思有赠,终结想于华滋;而素赏无睽,盍申情于丽藻",[2]"群公赋诗,以光荣饯",[3]于邵《送王郎中赴蕲州序》亦云"赋诗追饯者,翰林之故事"。六朝人赋诗结集作序的传统得以绍述。杨炯《送并州旻上人诗序》:"群贤佥议,咸可赋诗,题其爵里,编之简牍。"陈子昂《送吉州杜司户审言序》:"群公嘉之,赋诗以赠,凡四十五人,具题爵里。"柳宗元《送韩丰群公诗后序》:"凡知兄者咸出祖于外,天水赵佶秉翰序事,殷勤宣备,词旨甚

---

[1] 乔象钟、陈铁民等《唐代文学史》(上),人民文学出版社,1995年,页12。
[2] 王勃《送李十五序》。
[3] 李白《冬日于龙门送从弟京兆参军令问之淮南觐省序》。

当。……于是编其饯诗若干篇,纪于末简,以贶行李,遂抗手而别。"于邵《送峡州刘使君忠州李使君序》:"以不腆斯文,遂冠于篇首。总南宫之赋者,凡四十有六章,次之爵里,亦当使君之佳传云。"从这些序文来看,他们饯别赋诗的作品应当已结集,序文是为众多诗作而作的总序,这和《金谷诗序》《兰亭集序》等是一脉相承的。陈尚君《唐人编选诗歌总集叙录》曾辑录唐人"送别集"十二种,可见唐人送别赋诗结集已成为风气。其中有萧昕《送邢桂州诗》一卷,《唐文粹》卷九八另有萧昕《夏日送桂州刺史邢中丞赴任序》,送诗仅存王维《送邢桂州》诗一首。[①]萧昕的赠序即承接六朝游宴诗总序而来,为《送邢桂州诗》而作。可以想见这类诗歌总集和赠序文在当时应该十分普遍。

很难说清第一篇赠序诞生于何时,目前所见到的赠序应以骆宾王的作品为最早。[②]《全唐文》收骆宾王赠序4篇,[③]《全唐诗》另有其饯送诗序3篇,各举一篇如下:

《秋日饯曲录事使西州序》:

> 曲录事务切皇华,指轮台而凤举;群公等情敦素赏,临别馆而凫分。促樽酒而邀欢,望山川而起恨。于时露团龙湿,云敛雁天,落叶响而庭树寒,残花疏而兰皋晚。闻秋声之乱水,已怆分沟;对零雨之飘风,倍伤岐路。五日之趣,未淹兰藉之娱;二星之辉,行照葱河之境。清飙朗月,我则相思;陇水秦川,君方鸣咽。行歌不驻,遽惊班马之嘶;赠言可申,聊振飞鱼之藻。人探一字,一韵一篇。

[①] 陈尚君《唐代文学丛考》,中国社会科学出版社,1997年,页215—218。
[②] 按,初唐四杰中,卢照邻无赠序传世。《全唐文》《全唐诗》中王勃、杨炯排序都在骆宾王前,实际上其年齿均比骆宾王少三十馀岁,故为此说。
[③] 按,骆宾王《赠李八骑曹诗序》又见王勃集中,题为《送李十五序》。从同篇异名即可看出赠答诗序和赠序的亲缘关系。

《秋日饯陆道士陈文林诗序》：

> 陆道士将游西辅，康庄指浮气之关；陈文林言返东吴，修途走落星之蒲。于是维舟镜水，藉兰叶以开筵；继骑金堤，泛榴花而祖道。于时赤熛纪节，青女司辰，霜雁衔芦，举宾行而候气；寒蝉噪柳，带凉序以含情。加以山接太行，耸羊肠而飞盖；河通少海，疏马颊以开澜。登高切送归之情，临水感逝川之叹。既而嗟别路之难驻，惜离樽之易倾。虽漆园筌蹄，已忘言于道术；而陟阳风雨，贵抒情于咏歌。各赋一言，俱成四韵，庶几别后用畅离忧云尔。（诗略）

两篇序文从命意到结构，都难分轩轾，区别仅在于后者还拖着一条诗歌的大尾巴。《文苑英华》就直接把《秋日饯陆道士陈文林》的诗歌和序文分开，将序文收入卷七百十八"饯送一"，即属于人们通常所说的赠序。[①]又，《全唐文》收录陈子昂赠序6篇，《全唐诗》另有5篇饯送诗序。二者体类皆相同，《文苑英华》曾将两篇饯送诗序与诗歌分开，收入"饯送"类。可见，在初唐时，赠序基本上是饯送诗歌的总序，且往往还和饯送诗联属在一起，显现出赠序和赠答诗序的渊源关系。至于"人探一字，一韵一篇"，"各赋一言，俱成四韵"云云，又显然可见六朝游宴诗总序的影子。"赠序可以说是由诗序演变而来。古代文人在亲朋师友离别之际，常常设宴饯别，在别宴上又往往饮酒赋诗，诗成，则由在场的某人为之作序。后来，则发展到虽无饯别聚会或赠诗，而送别者也写一篇表示惜别、祝愿与劝勉之词相赠，这样，赠序就割断了与序跋之序的关系。"[②]这大体上就是赠序产生的模式。

[①] 《文苑英华》卷七百十八"饯送一"收骆宾王序文三篇，全是将诗序与诗歌割裂而成的。
[②] 褚斌杰《中国古代文体概论》，页368。

三　赠序的文体形态探析

赠序的名称一般认为始于姚鼐《古文辞类纂》，如褚斌杰云："在文体分类上，过去把它（指赠序）与序跋合为一类，直到清代姚鼐编《古文辞类纂》，才把它单独列出，称为赠序类。"①薛峰进一步认为："'赠序'之名最早出自姚鼐《古文辞类纂》。姚鼐……单独列'赠序'作为一类，这在前代诸家文体著作和文章总集、选本等著作中也是不曾有过的。"②这与事实略有出入。

赠序，《唐文粹》入"饯别"类，《文苑英华》入"饯送"类，真德秀《文章正宗》卷十四、十五选韩、柳赠序若干，谓为"书序之辞"。宋人虽然大量创作赠序，并编选赠序类文章，却没有提出赠序的概念。至迟在明初，即有了"赠送序"的名称，如洪武初苏伯衡编成的元代陈高《不系舟渔集》卷十一就单列"赠送序"，后归有光《震川集》卷九至十一亦列"赠送序"条目，所收文章即赠序。同时，赠序的名称在明初亦出现。由元入明的林弼有《林登州集》，集中卷八至十一为"送序"，卷十二为"赠序"。虽是赠序与送序并列，内涵比我们讨论的赠序要小，但这是在文集类目中第一次出现"赠序"，具有十分重要的意义。黄宗羲编《明文海》应是取法于此，该书卷二百七十八至二百八十四为"赠序"，卷二百八十五至二百九十六为"送序"，也是把赠序与送序并列的。这是在文集编选中，赠序早就出现的例子。明代专门的文体著作也注意到赠序，吴讷《文章辨体序说》"序"条云："东莱云：'凡序文籍，当序作者之意；如赠送燕集等作，又当随事以序其实也。'大抵序事之文，以次第其语、善叙事理为上。近世应用，惟赠送为盛。当

---

① 褚斌杰《中国古代文体概论》，页367。
② 薛峰《赠序之诞生及文体实践》，《南阳师范学院学报》2005年第11期。

取法昌黎韩子诸作，庶为有得古人赠言之义。"吴讷认为赠送序作为"序事之文"，近世盛行，应"以次第其语、善叙事理为上"，并举韩愈作品为赠送序之典范，已具有鲜明的辨体意识。在作品中，已有"赠序"之名出现，如明李东阳《怀麓堂集》卷四十《跋陈愧斋送傅曰会诗序》云："方山谓予曰：'曰会之来讲《毛诗》于师召先生者数月，故其赠序，师召独慨然为之。'予未始信也，及观序中有'论诗知学'之语，乃知其言不诬。"所言赠序，即陈愧斋《送傅曰会诗序》。又清施闰章《学馀堂文集》卷八《送孙豹人归扬州序》："关中孙豹人先生召试博学宏词，被放将归，复有内阁中书舍人之命，同荐诸人奇其遇，高其志行，属施子为赠序。"清沈彤《果堂集》卷八《方望溪先生曰陈言务去近退之书翁霁堂六序册后》："霁堂先生以其两集序并赠序之册示余……余展阅之，其集序则家少宗伯李聘君、彭少宰家观察作也，赠序则惠征君之作。"在他们的作品中，都明确提出了"赠序"这一名称。无论是文集、总集的编选，文体的辨析，还是文学创作中的用词，赠序已被多次使用，并具有文体的意义。可见，在姚鼐之前，赠序之名已经存在。姚鼐的功绩在于，他把应用于文集、总集编选中的"赠送序""赠序""送序"统一起来，正式冠之以"赠序"之名，并作为古代文体中的一类，在《古文辞类纂》中选录了韩愈等人的名作，为赠序大张其体。赠序之名是在姚鼐手中得以最后确立，若说是始于姚鼐则不符合事实。

从现存唐人赠序来看，赠序创作的主要形态是饯别赋诗作序。韩愈《送石洪处士赴河阳参谋序》："于是东都之人士咸知大夫与先生果能相与以有成也，遂各为歌诗六韵，遣愈为之序云。"柳宗元《送苑论登第后归觐诗序》："群公追饯于霸陵，列筵而觞。送远之赋，珪璋交映，或授首简于予……予受而书之，编于群玉之右。"于邵《送赵评事赴东都序》："金樽叙离，群公当筵，相顾不足。白日陶暑，青槐好阴，牙幢宴如，亦既醉止。左右欢甚，诗人兴全，争论逸价，特以饷赵。故拜命之辱，辄冠于首篇。"凡此皆可显见于送别之际赋诗作序之迹。这种赠序是和饯别赠诗紧密联系在一起的，没有取得独立的地位，性质还类似于序跋。在官员胜流酒酣耳热、赋诗作序之际，往往有不参与赋诗而只负责作序的情况。柳宗元《送幸南容归使联句诗序》："群公以侍御之往也，予阙其述，命系而序焉。"《送班孝廉擢第归东川觐省序》："陇西辛殆庶猥称吾文宜叙事，晨持缣素，以班孝廉之行为请，且曰：'……我与河南独孤申叔、赵郡李行纯、行敏等若干人，皆歌之矣，若乃序者，固吾子宜之。'"作序者不再参与赋诗，甚或赋诗与作序已不在同时，显现出赠序挣脱赠诗的努力。也有并未宴集赋诗，只因朋友私交或受人请托而作序，韩愈《送孟秀才序》："今将去是而随举于京师，虽有不请，犹将强而授之，以就其志，况其请之烦邪？"《送陈密序》："太学生陈密请于余，曰：'密承训于先生，今将归觐其亲，不得朝夕见，愿先生赐之言。'"《送浮屠文畅师序》："文畅喜为文章，其周游天下，凡有行，必请于缙绅先生，以求咏歌其所志。贞元十九年春，将行，东南柳君宗元为之请，解其装，得所叙诗累百馀篇，非至笃好，其何能致多如是邪？……余既重柳请，又嘉浮屠能喜文辞，于是乎言。"任华《送姜司户赴宣州序》："仆与斯人，曾未觏止，其友人姜正范与余善，邀余序之。"可以看出，韩愈、任华都是因为受人请托而作序赠别，既没有饯别的场面，也没有赋诗的盛举。这是赠序摆脱束缚，自由抒写的一个契机，亦即是赠序由附庸到蔚为大国的重要转变。①柳宗元《送瀚序》《送内弟卢遵游桂州序》《送从弟谋归江陵序》，韩愈《送董邵南游河北序》《送孟东野序》《送廖道士序》等等，皆不再宴集赋诗，只是单纯地作序

---

① 参见薛峰《赠序之诞生及文体实践》。

赠别。赠序基本完成了赠诗附序到众诗总序再到独立赠序的演变，具有独立文体意义的赠序诞生了。

四　赠序的别体：后序、别序、字序、寿序

文体学家认为，在文体的发展演变过程中，存在着共时性与历时性的问题。据我的理解，共时性，主要指一种文体在特定的发展时期，尤其是形成定体的关键时期，往往存在一些与之相类、相近的文体，亦即是该文体还没有完全定型时会有一些比较接近的文体同时存在；历时性，主要指文体的发生、发展、流变、演化的过程。这有定体前后的区别。定体前，可能是相关文体融合渗透产生新的文体；定体后，则是该文体衍生、裂变出新的种类。以此来观照赠序，共时性的体类有后序与别序，历时性的体类有赠答诗序、游宴、饯送诗序、字序、寿序等等。赠答、游宴、饯送诗序在前文已经述及，在此就对后序、别序、字序、寿序再略作讨论。

柳宗元《送韩丰群公诗后序》："天水赵佶秉翰序事，殷勤宣备，词旨甚当。余谓《春秋》之道，或始事，或终义；大《易》之制，序卦处末，然则后序之设不为非经也。于是编其饯诗若干篇，纪于末简，以贶行李，遂抗手而别。"《送杨凝郎中使还汴宋诗后序》："礼部郎中许公以宏才奥学已任文字，顾倡在席咸断章而赋焉。谓工部郎中崔公文为时雄，允宜首序。谓小子预离筵之馀沥，俾撰后序，编以继之。"两序题目即称为后序，文中再交代了为后序的原因，是因为赵佶、崔群各有序文在前，作者受托编辑饯送诗，再作序文，只能称为后序。这是赠序中比较特殊的例子，于此可以更清楚地看到赠序是直接由饯送诗总序发展而来的。柳宗元另有《送从兄偁罢选归江淮诗序》云："于是赋而序之，继其声者列于左，凡五十七首，遂命从侄立编为后序终焉。"柳立的后序不传，

寻绎子厚语气，乃是柳立编完饯送柳俛的诗后再作序，与子厚前两篇后序同出一辙。又权德舆《送崔十七叔畐曹判官赴义武军序》："至于道观离宴，歌诗感激，则备于右拾遗独孤郁前叙云。"文中并无编集之语，又称独孤郁之文为"前叙"，则权氏之文似为后序。可见唐人赠序往往并不只是一事一篇，还存在不同作者的前后序之别。另外于邵有《送穆司法赴剑州序二首》，是同一作者针对同一事件而作的两篇序文，这是唐人赠序仅见的特例。

吴承学先生在《唐诗中的留别与赠别》一文中认为："所有别离诗可以分为两大类型，一是送别，一是告别。这是从诗人在离别时的身份来划分的。'送别诗'类是诗人送别他人离开此地而写的；'告别诗'类是诗人离开某地而向他人告别所写的。"送别即为赠别，告别为留别，"在唐诗中，'留别'与'赠别'通常是相对的离别类型。'留别'是留诗而告别，'赠别'是赠诗而送别。"①这对我们考察赠序中的留别与赠别深有启发。一般而言，赠序是指赠别序，即赠序而送别，这是非常普遍的现象。其实在赠序中也存在着留序而别的情形，我们姑且称之为别序。《文苑英华》卷七百三十四于"饯送序"后单列"别"序，收序文 15 篇，应当说编者是体察到饯送与别——亦即赠别与留别的区别的。先看王勃《还冀州别洛下知己序》，题目的意思很明显，是王勃留别洛下知己而回冀州。《春夜桑泉别王少府序》，题目看不出来是谁离去，但文意还是很明白："下官以穷途万里，动脂辖以长驱；王公以倾饯百壶，别芳筵而促兴。"是王勃离开桑泉，与王少府作别。骆宾王《夏初别宋三少府之丰城序》云："亲友徘徊，缔欢言于促膝；故人樽酒，掩离涕于交颐。"显然是骆宾王告别宋三到丰城而作。陈子昂《别冀侍御崔司议序》："所恨酒未醉，琴方清，王事靡盬，驿骑遄连……暌

---

① 吴承学《唐诗中的留别与赠别》，《文学遗产》1996 年第 4 期。后收入其《中国古代文体形态研究》，题为《留别诗与赠别诗》。

阔良会，我心怒然。请以此酹寄谢诸子，为巴山别引也。"这也是陈子昂告别诸人而作。可见，在赠序中确实存在留别之作，而不仅仅只是我们通常所认为的全为赠别。应当说这在很大程度上是受到留别诗的影响而产生的。

姚鼐《古文辞类纂》卷三十三"赠序类"收录欧阳修《郑荀改名序》，苏洵《仲兄文甫说》（又名《仲兄郎中字序》）、《名二子说》，归有光《守耕说》《二石说》《张雄字说》《二子字说》，与我们通常所了解的赠序完全不同。翻检宋人文集，这类文章非常普遍。以"字序""字说"名篇，实际上是一篇杂说。[1]欧阳修《郑荀改名序》："（郑昊）将更其名，数以请，予使之自择，遂改曰'荀'。"文章就紧紧围绕荀子"为说最近于圣人"和"世之学者，苟如荀卿，可谓学矣，而又进焉，则孰能御哉"立论。石介《吕虞部士龙字序》为吕士龙改字兼济而论"兼济"之义，苏轼《江子静字序》字江存之曰子静而论动静之义。凡此皆在赠人以字的同时，申说其含义，以致"丁宁训诫之义"。[2]归有光《守耕说》是为沈翁之居室"守耕"而阐明耕稼之义，虽然人换成了居室，也不出此体之藩篱。这类文章在宋以后大兴，徐师曾《文体明辨序说》就有"字说"一体，总括"字说""字序""字解""字辞""祝辞""名说""名序""女子名字说"等，且以为"近世多尚字说"。[3]由上述可见，字序与赠序相去甚远，何以姚鼐会把它们归入"赠序类"呢？一方面是明代以来文体分类极为繁杂，如徐师曾《文体明辨》就将文体分为一百二十七类，而姚鼐编选《古文辞类纂》仅列十三类，这就必须要删繁去复，囊括众体，尽量让每一体类包容更多的

---

[1] 参见曾枣庄《论宋代的赠序文》《君子尚其字——论宋代的字序》，文见《宋代文学与宋代文化》，上海人民出版社，2006年。
[2] 徐师曾《文体明辨序说·字说》，人民文学出版社，1962年，页147。
[3] 徐师曾《文体明辨序说·字说》，人民文学出版社，1962年，页147。

内容；另一方面，字序、字说具有赠言的意义，和赠序赖以产生的"赠人以言"的传统相关。如归有光《张雄字说》："张雄既冠，请字于余。余辱为宾，不可以辞，则字之曰'子溪'。"这和上文所说的独立赠序受人请托而作者是极为相似的。又王庭珪《送刘天游字序》："刘太虚诸孙皆俊秀，名九垓者时从余游，方冠时，请字于余，余字之曰天游。"单是题目就和赠序相类，请字则和请序如出一辙。应当说姚鼐正是看到了字序和赠序之间的这些相似性，才将之合二为一的。不过，我们今天讨论赠序时，大可不必再遵照姚鼐的旧例，应当把字序单列出去，毕竟二者之间还是有很大的差别。

《古文辞类纂》"赠序类"选归有光寿序4篇，《续古文辞类纂》"赠序类"选姚鼐《刘海峰先生八十寿序》等寿序5篇，可见在选家心目中，寿序是赠序的别体。寿序具体产生于何时已不可详考，清方苞《张母吴孺人七十寿序》云："以文为寿，明之人始有之。"《汪孺人六十寿序》云："尤病以文为寿之非古也。"毛奇龄《古今无庆生日文》："唐后作序者，无所不序，而独不序寿，近即俨然有生日序见文集间，则非古法端可验也。""此明代恶习，亟宜屏绝！"在清人看来，寿序产生于明代。又明高拱《本语》卷五谓翰林，"今也止教诗文，更无一言及于君德治道，而又每每送行贺寿以为文。"高拱为明万历时人，可见寿序在彼时已较为兴盛。其实，寿序可以溯源到南宋，南宋末俞德邻《佩韦斋集》卷十二中就有《李侍郎母夫人庆寿诗序》，乃为恒山李侯之母八十寿辰而作，文中说"学士大夫相率为歌诗庆羡之"，"因为之序，且系以诗"，这和赠序初起时之诗序相连是一致的。至元代时，贺寿作诗作序就非常普遍了，元同恕《榘庵集》卷二《寿吉太夫人八十诗序》："今年夏月上旬日之四，御史昆弟以夫人年开八袠，将率族人展庆初度，愿得名公硕人形诸咏歌，以侑奉觞之喜，而俾某也道其所以然者为之先云。"元刘岳申《申斋集》卷二《陈母魏国太夫人寿诗序》："总管陈侯为庐陵之明年二月，以元统甲戌南北诸贤所为魏国太夫人寿诗视余子曰：'盍为我序之？'"这时的寿序仍然是贺寿诗总序。明李时勉《古廉文集》卷四《庆寿诗序》："作为庆寿之诗以遗之，俾归而歌之以侑觞，所以发其爱亲孝养之情，以为其亲长生久视之祝。凡得诗若干篇，牧受而辑之为一卷，以来征予序。"至明季亦往往如是。如同赠序从饯送诗总序中脱胎而出一样，寿序亦从贺寿诗总序发展演变而来。明郑文康《平桥稿》卷九《张教谕寿序》："岁辛巳春正月，先生登六裹，群弟子欢然执爵称南山寿，求余文侑觞。"这或许是目前所见最早以"寿序"名篇的作品。后归有光《震川集》卷十二至十四收录"寿序"76篇，为明人寿序的大家，黄宗羲《明文海》卷三百一十九至三百二十一也专列"寿序"，收录明人作品20篇，寿序也就成为一种具有专有用途的实用性文体。寿序是赠序由赠人出行到赠人贺寿这样一个模式转变而孕育出来的，其体例与唐宋人的赠序大体一致，因此姚鼐就将它归入赠序一类。确实，从文体意义来看，寿序就是赠序的别体。

综上观之，赠序经过赠答诗序和游宴诗序的滋养，于初唐萌生。再经唐人的大量创作，由附庸而蔚为大国，成为实用性非常强的应用文体。并于宋以后滋生出字序、寿序等体类，几乎充斥于各家别集中。对赠序源流的考察，既有助于我们了解古代文体的实用性特征，又能加深对文体发展的聚变与裂变过程的认识，为当前方兴未艾的文体论研究增加一点积累。

（原载《文艺理论研究》2008年第4期）

释"建安体"
——兼论"汉音""魏响"

◎ 施建军

建安文学/建安诗歌,有着自己鲜明的特色,古人或谓之"建安体"。如:

萧子显《南齐书·文学传论》:"建安一体,《典论》短长互出。"

王维《别綦毋潜》:"弥工建安体。"

刘昫《旧唐书·元稹白居易传论》:"文章新体,建安、永明。"

严羽《沧浪诗话·诗体》:"以时而论,则有建安体(原注:汉末年号。曹氏父子及邺中七子之诗)。"

宋大樽《茗香诗论》:"苏、李赠答、《古诗十九首》外有乐府,后有建安体。"

至于什么是"建安体",并没有人对它进行确切的描述,由于不同的人、不同的时代对建安诗歌或建安文学的看法并不怎么一致,也难以对"建安体"作出一个确切的描述。不过,撮合历代批评,还是可以尽量地将它的内涵具体化,尽管这里所说的"建安体"已经是被抽象化了的、不再受某个历史语境所限定的"建安体"。

一 "建安风骨"

建安作者喜言"慷慨":

曹操《短歌行》其一:"慨当以慷,忧思难忘。"《爵封田畴令》:"慷慨守志,以徼真主。"

曹丕《于谯作》:"馀音赴迅节,慷慨时激扬。"

曹植《薤露行》:"怀此王佐才,慷慨独不群。"《箜篌引》:"秦筝何慷慨。"《赠徐干》:"慷慨有悲心,兴文自成篇。"《弃妇篇》:"慷慨有馀音,要妙悲且清。"《杂诗》"飞观百馀尺"篇:"弦急悲声发,聆我慷慨言。"《情诗》:"慷慨对嘉宾,凄怆内伤悲。"《幽思赋》:"搦素筝而慷慨,扬《大雅》之哀吟。"《七启》:"慷慨则气成虹霓。"《前录自序》:"余少而好赋,其所尚也,雅好慷慨。"《求自试表》:"何况巍巍大魏多士之朝,而无慷慨死难之臣乎!"

孔融《荐祢衡表》:"弱冠慷慨,前世美之。"

陈琳《游览》其二:"收念还房寝,慷慨咏坟经。"

阮瑀《筝赋》:"慷慨磊落,卓砾盘纡,壮士之节也。"

吴质《思慕诗》:"慷慨自俛仰,庶几烈丈夫。"《在元城与魏太子笺》:"都人士女,服习礼教,皆怀慷慨之节。"

繁钦《与魏太子书》:"莫不泫泣殒涕,悲怀慷慨。"

这和刘勰所说的"观其时文,雅好慷慨"当然不是一码事,但刘勰所说的"雅好慷慨"很可能就是承曹植《前录自序》中的"雅好慷慨"而来。正所谓"慷慨有悲心","悲怀慷慨",慷慨常常由悲情激发。这悲情，可以是忧世不治之悲、壮志难酬之悲，也可以是时不我待之悲、乐极哀来之悲。其实，是何种悲情，甚至是不是悲情激发了他们的慷慨都不太重要，重要的是他们骋才使气、慷慨悲歌的状态，这种状态使他们的作品呈现出鲜明爽朗、刚健有力的体格风貌。这种体格风貌，刘勰《文心雕龙·时序》篇称为"梗概而多气"，钟嵘《诗品序》称为"建安风力"，严羽《沧浪诗话·诗评》称为"建安风骨"，称谓不同，但意思相近。因为"建安风骨"具有高度的概括性，至今仍为我们所袭用。

沈约较早用近似风骨的"气质"来标志"建安体"，《宋书·谢灵运传论》："自汉至魏，四百馀年，辞人才子，文体三变。……子建、仲宣，以气质为体，并标能擅美，独映当时。"后人承之，如李善《上文选注表》："气质驰建安之体。"在唐代，"建安风骨"得到大力张扬。对于建安诗歌的"多气"，也可以大致地说对于"建安风骨"，赞赏有加者多矣，但也不尽然：

徐祯卿《谈艺录》："气本尚壮，亦忌锐逸。魏祖云：'老骥伏枥，志在千里。烈士暮年，雄心不已。'犹暧暧也。思王《野田黄雀行》，譬如锥出囊中，太索露矣。"又："陈琳意气铿铿，非风人度也。"

胡应麟《诗薮》内编卷二："魏之气雄于汉，然不及汉者，以其气也。"又："古诗降魏，虽加雄赡，温厚渐衰。"卷三："陈琳《饮马长城窟》一章，格调颇古，而文义多乖。昌谷谓'意气铿铿，非风人度'，其以是乎？"

许学夷《诗源辩体》卷四："……等句皆'慷慨以任气，磊落以使才'者也。胡元瑞云：'魏之气雄于汉，然不及汉者，以其气也。'冯元成亦言：'诗至建安而温柔乖。'其以是夫？"

陆时雍《诗镜总论》："子建任气凭材，一往不制，是以有

· 189 ·

过中之病。"

　　王夫之《古诗评选》卷四:"古今有异词而无异气。气之异者为嚣、为凌、为荏苒、为脱绝,皆失理者也。……若世推尚王仲宣之作,率以凌厉为体,此正当时诸子气偏所累,子桓、元瑜即不尔矣。"

这些明清论者指责一些建安诗人诗作"一往不制","太索露",太"凌厉"。他们的论断,可能是从儒家传统的温柔敦厚的诗教说出发的,用这个"温润"的标尺去衡量,"建安风骨"难免会患上"过中之病"。此前,颜之推在《颜氏家训·文章》篇中云:"凡为文章,犹人乘骐骥,虽有逸气,当以衔勒制之,勿使流乱轨躅,放意填坑岸也。"杨炯《王勃集序》亦云:"壮而不虚,刚而能润……徒纵横以取势,非鼓怒以为资。"为文不可放任自流、鼓怒叫嚣的论调,与徐祯卿等人比较相像。实际上,颜、杨二人是倡导文章要有逸气或者刚健的骨气的,只是要避免肆无忌惮,鲁莽灭裂,与斤斤于诗教者形聚神散。

二　"天成""作用"

　　汉魏诗在宋代就已经很受推崇,被赋予某种程度上的诗歌源头的意味,一些论诗者将其奉为学诗的门径和揣摩效法的对象。这种势头在明清时期有了进一步的发展。徐伯虬《曹子建集序》:"究原作者,未有不祖汉氏之风,而不本之魏也者。"就是一个集中的体现。他们论下的汉诗,多指无名氏《古诗》和所谓的李陵、苏武诗,有时也连带汉乐府诗;至于魏诗,偶尔也包括正始诗歌,但绝大多数情况下仅仅是指建安诗歌。

　　古人论文,多重自然、轻雕琢,尽管在不同的历史时期,认定自然和雕琢的尺度可能相去甚远。建安之作,一般被认为是自然的、不雕琢的。如：

卢照邻《南阳公集序》："邺中新体，共许音韵天成。"

释皎然《诗式》卷一："邺中七子……不由作意，气格自高。"

严羽《沧浪诗话·诗评》："建安之作，全在气象，不可寻枝摘叶。"

有鉴于此，建安诗与汉诗常常被相提并论、"一视同仁"：

严羽《沧浪诗话·诗评》："南朝人尚辞而病于理；本朝人尚理而病于意、兴；唐人尚意、兴而理在其中；汉、魏之诗，词、理、意、兴，无迹可求。"又："汉、魏古诗，气象浑沌，难以句摘。"

王世贞《艺苑卮言》卷一："西京、建安，似非琢磨可到，要在专习、凝领之久，神与境会，忽然而来，浑然而就，无歧级可寻，无声色可指。"

宋大樽《茗香诗论》："汉、魏之诗，所谓天下之马者，若灭若没，若亡若失。"

《师友诗传录》（郎廷槐编）："萧亭（张实居）答：'汉、魏古诗，如天衣无缝。'"

王尧衢《古唐诗合解》凡例："汉、魏古诗，浑朴古雅，以理胜，不屑于字句计工拙，或于拙处反见其工。"

方东树《昭昧詹言》卷一："汉、魏人大抵皆草蛇灰线，神化不测，不令人见。苟寻绎而通之，无不血脉贯注生气，天成如铸，不容分毫移动。"

而分化汉诗、建安诗的言论也不稀见。如：

沈德潜《古诗源》卷五："孟德诗犹是汉音，子桓以下，纯乎魏响。子桓诗有文士气,一变乃父悲壮之习矣。要其便娟婉约,能移人情。"

陈祚明《采菽堂古诗选》卷五:"细揣格调,孟德全是汉音,丕、植便多魏响。"

张玉毂《古诗赏析》卷首:"老瞒诗格极雄深,开魏犹然殿汉音。文帝便饶文士气,《短歌》试个百回吟。"

"魏响",意近"建安体"。在沈氏等人论下,"汉音""魏响",丁是丁,卯是卯,不能等量齐观。对于何者为"汉音",何者为"魏响",他们并没有说明。当代学者或有说明①,但并非定论。曹操诗"悲壮""雄深",曹丕诗"便娟婉约",自然是前者更有风骨,而曹操"犹是汉音",曹丕"纯乎魏响"。看来,"建安风骨"肯定不是构成"魏响"的主导性因素。关于"汉音""魏响"之别,我们不妨从其他人的论说中去寻找答案。如胡应麟《诗薮》内编卷二:

汉人诗,无句可摘,无瑕可指;魏人诗,间有瑕,然尚无句也;六朝诗较无瑕,然有句也。

严(羽)谓"建安以前,气象浑沦,难以句摘",此但可

---

① 如曹文心、刘传增《汉音·魏响——论曹丕与建安文学》:"沈德潜把建安文学分为两个阶段:曹操为代表的'汉音'阶段;曹丕肇始的'魏响'阶段。""所谓'汉音',是说曹操、蔡琰等人的文学作品,以通俗、质朴的语言,继承汉乐府现实主义精神,模写当时的社会动乱给人民带来的深重苦难;并抒发渴望天下统一的理想和建功立业的雄心。""'子桓以下'的'魏响',鲁迅曾经指出:'曹丕的一个时代可以说是文学的自觉时代','是向"文以载道"说进攻的'。换句话说,此一阶段的文学,就内容而言,不再是政治功利的简单附庸和工具,它无拘无束、大胆抒写个人的情性,从建安文学初期侧重现实生活的铺陈写实,转向个人内心世界的生动抒发。就形式而言,则是追求'纯'文学,探索文学反映现实的特殊形式。具体来说,就是文学语言从质朴走向华美;新的文学体裁,被广泛尝试和采用;'以情动人'的艺术方法,被充分运用和发挥。"郁贤皓、张采民《建安七子诗笺注》前言:"所谓'汉音'与'魏响',是指建安诗歌的两个不同的阶段。'汉音',慷慨悲歌,质朴浑厚;'魏响',以情动人,华美壮大。这正是'建安风骨'的两种不同的表现形式。"

论汉古诗。若"高台多悲风""明月照高楼""思君如流水",皆建安语也。子建、子桓,工语甚多,如"丹霞夹明月,华星出云间""秋兰被长坂,朱华冒绿池"之类,句法字法,稍稍透露。仲宣、公幹以下寂寥,自是其才不及,非以浑沦难摘故也。

汉人诗不可句摘者,章法浑成,句意联属,通篇高妙,无一芜蔓,不著浮靡故耳。子桓兄弟,努力前规,章法句意,顿自悬殊,平调颇多,丽语错出。王、刘以降,敷衍成篇,仲宣之淳、公幹之峭,似有可称,然所得汉人气象音节耳,精言妙解,求之邈如。严氏往往汉、魏并称,非笃论也。

汉诗自然,魏诗造作,优劣俱见。

同书卷六:

汉乐府杂诗,自《郊祀》、《铙歌》、李陵、苏武外,大率里巷风谣,如上古《击壤》《南山》,矢口成言,绝无文饰,故浑朴真至,独擅古今。自曹氏父子以文章自命,宾僚缀属,云集建安。然荐绅之体,既异民间;拟议之词,又乖天造,华藻既盛,真朴渐漓。

胡氏不赞同严羽"往往汉、魏并称",着力辨析汉、魏诗歌的不同之处,有关言论甚多,远不止上面引述的这些。而上面引述的这些言论,又可以一言以蔽之,曰:"汉诗自然,魏诗造作。"此后的许学夷,又有针对性地推出了自己的论点。《诗源辩体》卷四:

汉、魏五言,沧浪见其同而不见其异,元瑞见其异而不见其同。愚按:魏之于汉,同者十之三,异者十之七。同者为正,而异者始变矣。汉、魏同者,情兴所至,以不意得之,故其体皆委婉,而语皆悠圆,有天成之妙。魏人异者,情兴未至,始着意为之,故其体多敷叙,而语多构结,渐见作用之迹。故汉人篇章不越四五,而魏人多至于成什矣。此汉人潜流而为建安,乃五言之初变也。谢茂秦云:"诗以汉、魏并言,魏不逮汉也。"斯言当矣。

许氏的按断是严羽、胡应麟之间的有倾向性的折中。他用七三开划定汉诗、建安诗的异同,言下之意,二者"有天成之妙"的共同之处是次要的,后者相较于前者的"渐见作用之迹"才是主要的。他的观点实际上和胡应麟差不多,只不过语更悠圆。所谓"作用",是指刻意的经营、雕琢,它是天成的反面,与自然相悖。"渐见作用之迹"道出了"汉音"与"魏响"之别,也是"建安体"的一个重要内涵。

三 "作用之迹"

梳理明清人的论述,可以搜寻到建安诗的种种"作用之迹"。

其一,借用前引胡应麟的话说就是"句法字法"乃至章法"稍稍透露"。

> 谢榛《四溟诗话》卷四:"陈思王《白马篇》:'俯身散马蹄。'此能尽驰马之状;《斗鸡诗》:'觜落轻毛散。'善形容斗鸡之势。'俯'、'落'二字有力,一'散'字相应,然造语太工,六朝之渐也。"

此建安诗讲究字法之例。按炼字的痕迹,在建安文人,尤其是曹植、曹丕、王粲、刘桢的诗作中委实不罕见。即以王粲为例,诸如《公宴诗》"凉风撤蒸暑"之"撤",《杂诗》"列树敷丹荣"之"敷",《七哀诗》其三"冰雪截肌肤"之"截",都给人以用字尖新的感觉。

> 许学夷《诗源辩体》卷四:"(魏人五言)构结者略摘以

见：文帝如'野田广开辟，川渠互相经'，'弦歌奏新曲，游响拂丹梁'，'白旄若素霓，丹旗发朱光'，'齐倡发东舞，秦筝奏西音'；子建如'山岑高无极，泾渭扬浊清'，'亮怀玙璠美，积久德逾宣'，'肴来不虚归，觞至返无馀'，'行徒用息驾，休者以忘餐'，'鸣俦啸匹侣，列坐竟长筵'，'仰手接飞猱，俯身散马蹄'；公幹如'华馆寄流波，豁达来风凉'，'乖人易感动，涕下与衿连'，'清歌制妙声，万舞在中堂'，'自夏涉玄冬，弥旷十馀旬'，'白露涂前庭，应门重其关'；仲宣如'凉风撤蒸暑，清云却炎晖'，'陈赏越丘山，酒肉逾川坻'，'泛舟盖长川，陈卒被隰坰'，'日月不安处，人谁获恒宁'，'崔蒲竟广泽，葭苇夹长流'等句，语皆构结，较之西京，迥然自别矣。"

按建安诗偶句渐多，观许学夷所摘诗句，大多对偶工整。如"白旄若素霓，丹旗发朱光""肴来不虚归，觞至返无馀"之类，一个意思，割剥为两句，就是为对偶而对偶的"构结"之语了。此羔可用作建安诗讲究"句法"之例。

陈祚明《采菽堂古诗选》卷五论曹丕《善哉行》"上山采薇"篇："章法条递……"论《秋胡行》"朝与佳人期"篇："前后屡呼应，章法圆警……"论《大墙上蒿行》："……此皆先秦、《史记》作古文妙法，非韩、柳以后可知。诗家长篇定须得此结构方妙。盖长篇须有章法……"论《艳歌何尝行》："……此亦章法反正之妙。"

此建安诗讲究章法之例。

其二，借用前引许学夷的话说就是"体多敷叙"。以下是他举出的例证：

《诗源辩体》卷四："至如子桓'观兵临江水'，子建'名都多妖女''白马饰金羁''九州不足步''仙人揽六箸''驱车挥驽马''盘盘山巅石',仲宣'从军有苦乐''凉风厉秋节''悠悠涉荒路',体皆敷叙,而语皆构结,益见作用之迹矣。"

按"敷叙"者,敷衍铺陈之谓。如王粲《从军诗》其五,即许氏列出的"悠悠涉荒路"一诗,先是极写沿途的荒凉,然后笔锋一转,再极写谯郡的富庶:"朝入谯郡界,旷然消人忧。鸡鸣达四境,黍稷盈原畴。馆宅充廛里,士女满庄馗。自非贤圣国,谁能享斯休?诗人美乐土,虽客犹愿留。"这首诗是出于歌颂曹操的需要制作的,此类"情兴未至"而"着意"所为之诗,不一定不是好诗,但也不能不留下矫揉造作的痕迹。

其三,开"声律之渐"。

谢榛《四溟诗话》卷一:"诗以汉、魏并言,魏不逮汉也。建安之作,率多平仄稳贴,此声律之渐。而后流于六朝,千变万化,至盛唐极矣。"卷三:"若陈思王'游鱼潜绿水,翔鸟薄天飞','始出严霜结,今来白露晞'是也。此作平仄妥帖,声调铿锵,诵之不免腔子出焉。"

按建安作者加意于声韵的和谐,这是事实,他们诗中甚至出现了比较合乎后世声律的句子,曹植最多,除了谢氏举出的以外,还有《公宴诗》中的"秋兰被长坂,朱华冒绿池。潜鱼跃清波,好鸟鸣高枝"等。曹丕等人的诗中也有一些,如《猛虎行》"梧桐攀凤翼,云雨散洪池",《十五》"雉雊山鸡鸣,虎啸谷风起"等,但这只能说是"暗与理合,匪由思至"[①],谢氏谓"建安之作,率多平仄稳贴",有些夸大其词。

其四,"益张"使事之风。

---

① 沈约《宋书·谢灵运传论》。

徐世溥《榆溪诗话》云："前汉诗不使事,至后汉郦炎《见志诗》始有'陈平敖里社,韩信钓河曲'及'抱玉乘龙骥,不逢乐与和。安得孔仲尼,为世陈四科'之句;孔北海'吕望''管仲'两言耳,曹氏父子益张之。"

按徐氏所言不虚。在曹氏父子的诗中,使事的情况确实比以前大为增多。曹操《苦寒行》"悲彼东山诗",《短歌行》其一"青青子衿,悠悠我心""呦呦鹿鸣""周公吐哺",《秋胡行》其一"正而不谲"等,都使用了典籍故实,《度关山》使用更多,至如《短歌行》其二、《善哉行》其一,歌咏古人古事,几乎就是典籍故实的堆垛。类似的堆垛,曹丕、曹植都有,如曹丕《煌煌京洛行》《秋胡行》"尧任舜禹"篇,曹植《怨歌行》《丹霞蔽日行》等。

其五,"叙景已多"。

吴乔《答万季野诗问》："《十九首》言情者十之八,叙景者十之二。建安之诗,叙景已多,日甚一日,至晚唐有清空如话之说。"

按在建安诗歌中,写景的成分是逐渐多了起来,表现最显著的是邺下文人的游宴诗,如曹丕《芙蓉池作》《于玄武陂作诗》,曹植《公宴诗》,刘桢《公宴诗》等。兹录曹丕《于玄武陂作诗》:

兄弟共行游,驱车出西城。野田广开辟,川渠互相经。黍稷何郁郁,流波激悲声。菱芡覆绿水,芙蓉发丹荣。柳垂重荫绿,向我池边生。乘渚望长洲,群鸟谨哗鸣。萍藻泛滥浮,澹澹随风倾。忘忧共容与,畅此千秋情。

诸如此类的"作用",使建安诗显示出与汉诗不同的格调,而逐渐朝着做作华靡工巧的态势发展,晋、宋、齐、梁,愈演愈烈。对唐前诗歌的评论,胡应麟的看法是比较具有典型性的。《诗薮》

内编卷二：

> 五言盛于汉，畅于魏，衰于晋、宋，亡于齐、梁。汉，品之神也；魏，品之妙也；晋、宋，品之能也；齐、梁、陈、隋，品之杂也。汉人诗，质中有文，文中有质，浑然天成，绝无痕迹，所以冠绝古今；魏人赡而不俳，华而不弱，然文与质始离矣；晋与宋，文盛而质衰；齐与梁，文盛而质灭；陈、隋，无论其质，即文无足论者。

在汉魏六朝诗歌由质趋文的演变中，建安诗歌承前启后，开重文风气之先。隋、唐以后，人们在追查文体讹滥之源时，往往追究到建安，建安诗歌因此受过，不一而足。李白《古风》其一"大雅久不作，吾衰竟谁陈。……自从建安来，绮丽不足珍"云云，就是尽人皆知的例子。

四　淳朴馀风，隐约尚在

建安诗歌有"作用""绮丽"的成分，但就总体而言仍不失其古朴自然，否则释皎然、严羽、王世贞、方东树之流"作不由意""气象浑沌""浑然而就""天成如铸"之类的评价就无从谈起。

关于建安诗的种种"作用之迹"，也可以找到一些相反的说法：

> 释皎然《诗式》卷一："邺中七子，……不拘对属，偶或有之。"

> 范温《潜溪诗眼》："建安诗，……其言直致而少对偶。"

> 殷璠《河岳英灵集》序："至如曹、刘，诗多直语，少切对。"

说建安诗偶句渐多，是和前代相比，和后代相比，就只能说少了。

释"建安体"

许学夷《诗源辨体》卷四:"谢茂秦云:'诗以汉、魏并言,魏不逮汉也。'斯言当矣。又云:'建安率多平仄稳贴,此声律之渐。'则谬言耳。盖魏人虽见作用,实有浑成之气,虽变犹正也,况于平仄之间乎!魏诗惟曹子建'游鱼潜绿水,翔鸟薄天飞'、'始出严霜结,今来白露晞',似若平仄稳贴,实偶然耳。"

范晞文《对床夜语》卷一:"子建:'明月照高楼,流光正徘徊。上有愁思妇,感叹有馀哀。'结句云:'愿为西南风,长逝入君怀。君怀良不开,贱妾当何依?'解韵者谓'哀'叶于希反,且引《毛诗》:'山有蕨薇,隰有杞桋。君子作歌,维以告哀。'又谓'怀'叶胡威反,及引《离骚》'载云旗兮委蛇'、'心低徊兮疲怀'等语为证。辨则辨矣,如不通何!且子建此篇,既押'徊',又押'哀',乃一韵耳。及'怀'字之上,亦有'会合何时谐','谐'、'怀'亦一韵也,何必强为引证!盖古未拘音韵,旁入他韵者,亦奚疑焉?若文帝《漫漫秋夜长》,皆押十阳,独一句云'三五正纵横'。……不知解者又当如何?"

王观国《学林》卷八:"曹子建《美女篇》曰:'明珠交玉体,珊瑚间木难。'又曰:'佳人慕高义,求贤良独难。'一篇押二'难'字。"

沈德潜《古诗源》卷五论曹植《弃妇篇》:"篇中用韵,二'庭'字,二'灵'字,二'鸣'字,二'成'字,二'宁'字。"

许学夷指名道姓地指斥了谢榛的"谬言"。从范、王、沈三人所举之例看,建安诗有一篇之中旁入它韵,甚至是重韵的,则其不甚拘于声韵可知矣。

> 许学夷《诗源辩体》卷七:"汉、魏人诗,但引事而不用事。……曹子建'思慕延陵子,宝剑非所惜',王仲宣'窃慕负鼎翁,愿厉朽钝姿'等句,皆引事也。至颜、谢诸子,则语既雕刻,而用事实繁,故多有难明矣。"

许氏说建安诗只是引事不是用事,是不大能够说过去的。只是建安诗的用事还只能算是个别现象,不多,也不生僻,浅显易懂。与锺嵘《诗品序》提到的刘宋大明、泰始中"文章殆同书抄","竞须新事",索解为难的风气不可同日而语。

在刘勰眼下,建安诗"造怀指事,不求纤密之巧;驱辞逐貌,唯取昭晰之能",[①]谈不上"绮丽";在潘德舆眼下,建安诗是"质实"的,《养一斋诗话》卷三:"汉、魏以性情时事为诗,故质实而有馀味。"陈祚明《采菽堂古诗选》一则云"建安正格,以秀逸为长",一则云"汉、魏诗,质而雅者也",其论建安诗,时而说文,时而说质。对建安诗"文与质始离"颇有微辞的胡应麟,在《诗薮》外编卷二又声称"魏承汉后,虽浸尚华靡,而淳朴馀风,隐约尚在"。不同的人,甚至同一个人之所以参差如此,就是因为建安诗本身就存在着既文又质、既质又文的二重性。事实上,像沈约诸人,用类似文质彬彬的意义来概括建安诗是再妥当不过的:

> 沈约《宋书·谢灵运传论》:"至于建安,曹氏基命,二祖、陈王,咸蓄盛藻,甫乃以情纬文,以文被质。"
> 杜确《岑嘉州集序》:"开元之际……其时作者,凡十数辈,颇能以雅参丽,以古杂今,彬彬然,灿灿然,近建安之遗范矣。"
> 范温《潜溪诗眼》:"建安诗,辩而不华,质而不俚。"
> 陈绎曾《诗谱》:"凡读建安诗,于文华中取真实。"

[①] 《文心雕龙·明诗》篇。

结　语

最后对古人所谓"建安体"作一小结：一、"梗概而多气"，或谓之"建安风骨"。二、"渐见作用之迹"。具体表现为"句法字法"乃至章法"稍稍透露"，"体多敷叙"，开"声律之渐"，"益张"使事之风，"叙景已多"等，这也是"魏响"与"汉音"的区别所在。三、"虽浸尚华靡，而淳朴馀风，隐约尚在"。藉此，可以丰富和深化我们对建安文学/建安诗歌特色的认识，也有助于我们辨析"汉音""魏响"两者的区别。

（节选自《建安文学探微》，花木兰文化出版社 2013 年）

曹丕《柳赋》作年考

◎ 杨鉴生

  曹丕《柳赋》，据严可均辑《全三国文》卷四所载曹丕《柳赋序》，当作于建安二十年（215）。陆侃如先生《中古文学系年》以为曹丕该年并未到达种柳之地，断赋作于建安十九年（214）。张可礼先生《三曹年谱》则直接采用《柳赋序》说，而系赋作于建安二十年。俞绍初先生《建安七子集》附录四《建安七子年谱》系赋作于建安二十年五月。曹道衡、沈玉成先生《中古文学史料丛考》之《曹丕〈柳赋〉作年考》认为曹丕植柳处为孟津，此赋作于建安二十年（215）二三月间。诸家之说均能发启人思，亦有未尽之宜，似可进一步探讨。笔者以为曹丕《柳赋》作年当为黄初六年（225）十二月至黄初七年（226）一月间。

  确定《柳赋》作年，必须先明确曹丕种柳之地。除曹道衡先生外，诸家于此均未明言。但曹先生断为孟津，似可商榷。确定曹丕种柳之地及相关联的《柳赋》作年，最重要的依据当然为《柳赋序》。《艺文类聚》卷八十九、《古文苑》卷七、李善《文选》石崇《王明君辞》注、《太平御览》卷九百五十七虽均载《柳赋序》，但

均有删节。今以年代最早的《艺文类聚》文为底本,以它本校补而成《柳赋序》:

> 昔建安五年,上与袁绍战于官渡,是(《太平御览》)时余从行(《古文苑》),始植斯柳,自彼迄今十有五载矣,左右仆御已多亡(李善《文选》注),感物伤怀,乃作斯赋曰。

《柳赋序》云"昔建安五年,上与袁绍战于官渡,是时余从行",可知曹丕跟随曹操参加过官渡之战。据《三国志·魏书·武帝纪》及《资治通鉴》卷六十三,建安四年(199)九月曹操分兵守官渡,十二月亲自率主力驻扎官渡,此后,曹操以官渡为据点,沿延津、白马、乌巢与袁绍发生一系列战役,并在官渡相持三个多月,官渡一直是曹操与袁绍争战的大本营。而曹操带年少的曹丕出征,很重要的原因是保证曹丕的安全。有鉴于初平年间合家被徐州太守陶谦的都尉张闿所杀、兴平元年(194)根据地兖州丢失、建安二年(197)征张绣长子曹昂遇害的惨痛教训,曹操此次出征,也不例外要将曹丕带在身旁,曹丕《典论·自叙》云"(曹操)以时之多故,每征,余长从",可充分证明这一点。而官渡之战时曹丕年仅十四岁,并不具备领军打仗的资格,曹操当然不可能无缘无故让曹丕待在孟津,况且孟津远在洛阳,官渡之战中并非战略要冲,而曹操更不会离开前线前往孟津。故曹丕不在孟津,而在官渡。王粲同名作《柳赋》云"昔我军之定武,改天界而徂征。元子从而抚军,植嘉木于兹庭",所谓"元子从而抚军",显然即指曹丕跟随曹操参加官渡之战;又曰"睹城垒之故处,悟元子之话言,信思难而存惧",按《三国志·魏书·武帝纪》云:"(建安五年八月)绍复进临官渡,起土山地道。公亦于内作之,以相应。"《三国志·魏书·袁绍传》云:"绍为高橹,起土山,射营中。营中皆蒙楯,众大惧。太祖乃为发石车击绍楼,皆破,绍众号曰'霹雳车'。绍为地道,欲袭太祖营,太祖辄于内为长堑以拒之。"《后汉书·袁绍传》及《资治通鉴》卷六十三"汉献帝建安五年"条亦有相同记载。官渡土垒在当时是一项重大的军事工程,其遗迹保存良好,历代备受关注。《水经》卷二十二《渠水》郦道元注、《后汉书·献帝纪》注引裴松之《北征记》、《后汉书·袁绍传》李贤注均有详细记载。时隔近两千年,土垒旧址今仍然遗存,现经过整治开发,成为中外游客游览的景点,何况在当时,当然会引起王粲极大的惊叹,"城垒之故处"无疑就是昔年官渡之战曹、袁两军修筑的土垒。"悟元子之话言,信息难而存惧"当指听了曹丕描述惊心动魄的官渡之战,感到不可思议而心怀恐惧。

植柳的方法有插干、插枝、埋种等多种方法,据《齐民要术》卷五所言,正月、二月,六、七月,八、九月皆可种植,当然不同的种植方法,则有不同的对应时间。从《柳赋》所云"始围寸而高尺""惟尺段而能植兮"来看,曹丕种柳采取的应是枝接方法,而唯有枝接,春、夏、秋三季皆可种植。据《三国志·魏书·武帝纪》,建安五年(200)整个春季,曹氏父子先行驻守于官渡,据《后汉书》之《献帝纪》和《袁绍传》,建安五年六至九月,曹操、袁绍一直在官渡对峙相攻,曹操以少胜多,最终赢得官渡之战的重大胜利。曹丕既可能于春季植柳,亦有可能在夏、秋季节种柳。但不管在何季节,都只能在官渡。要之,曹丕建安五年植柳于官渡之事,不应有所怀疑。

不过,据《三国志·魏书·钟繇传》注引《魏略》、《三国志·魏书·吴质传》注引《魏略》,建安二十年(215)曹丕镇守孟津,未达官渡。而《柳赋序》云"自彼迄今十有五载",明言该赋作于是年,岂不矛盾?细读赋序,建安二十年作赋之说,实疑窦重重。《柳赋序》言"左右仆御"有四解:一指曹丕左右的杂役奴仆,一指与曹丕过往甚密的建安文人,一指参加官渡之战诸人,一指支持立曹丕为太子的近臣。而曹丕为微不足道的奴仆"感物伤怀",似乎不大可能,"左右仆御"当指后三类人。如指"建安七子"等人,则建安二十年(215),除孔融、阮瑀外,徐幹、王粲、陈琳、刘桢、应玚、吴质、荀纬、繁钦均未亡;如指参加官渡之战诸人,此时,曹洪、张辽、乐进、许褚、徐晃、于禁、程昱、贾诩、董昭等亦均在世;而支持立曹丕为太子的崔琰、毛玠、邢颙、卫臻、桓阶等人,也都在建安二十年(215)以后去世。这样看来,《柳赋》应作于建安二十年(215)以后。建安二十年(215),王粲作《从军行》,曹丕亦有《孟津》诗,充满慷慨乐观的精神,与《柳赋》"感物伤怀"的情调不相吻合,亦可证《柳赋》不作于此时。《柳赋序》称曹操为"上",当然不能据此便认定《柳赋》作于曹丕称帝以后,曹丕赋序如《临涡赋序》《感离赋序》亦往往称曹操为"上",实为后来补作,但序言"自彼迄今",不可能为追叙之笔,应为《柳赋》与《柳赋序》同时之作的佐证,此又可证《柳赋》不作于建安二十年(215),当作于二十四年(219)称帝以后。官渡之战发生于建安五年,已属不争的事实,又赋曰"在余年之二七,植斯柳乎中庭",曹丕生于中平四年(187),建安五年(200)正为十四岁,与赋序吻合,赋序所言"建安五年",可以确证,不应有错。

那么,如何解释此中的矛盾呢?

疑"十有五载"前脱落一"二"字,"十有五载"为"二十有五载"之误。按,建安五年后二十五年为黄初六年(225),此时,建安六子及荀纬、繁钦、张辽、乐进、于禁、程昱、崔琰、毛玠、邢颙、桓阶等都已辞世,加上早先去世的荀攸、荀彧、郭嘉等人,可说此时"左右仆御已多亡"。更重要的是,曹丕称帝后唯有此年到过官渡。考《三国志》之《魏书·文帝纪》、《吴书·孙权传》黄武四年注引《吴录》、侯康《三国志补注续》据《艺文类聚》卷十三引《江表传》、《魏书·鲍宣传》、《魏书·陈思王植传》,曹丕于黄初六年（225）十月至广陵故城，后还寿春、屯陈留，十二月自谯过梁，遣使祭祀已故汉太尉桥玄，之后，经雍丘，幸曹植宫，再过黎阳、许昌、洛阳等地。虽无明文记载曹丕到过官渡，但从行走的路线看，官渡位于黎阳、许昌之间，从黎阳渡过白马津即到黄河南岸，官渡至许昌几乎为一直线，而此线正是当年官渡之战的主战场，曹丕经过官渡当在情理之中。

我们还可以从柳树的生长期上得到一些旁证。柳树十五年即可成材，此时高可达十七八米，但树围仅二十七厘米左右，一般寿命为五十至七十年，高度可达二十米，树围可达八十厘米，甚至一米，但三十年以后，生长极其缓慢（参见《中国树木志》，中国林业出版社，1985年版，第2047页）。《柳赋》云"始围寸而高尺，今连拱而九成"，"连拱""九成"典出《老子》，"连拱"形容树身粗大，"九成"形容树木极高。"连拱"一词虽可用于夸张，不必坐实，但也不可能用来形容树围仅二十七厘米的柳树，而二十五年左右的柳树，相当接近树围极限，"连拱而九成"之语可谓恰如其分，这也可证明《柳赋》作年当在黄初六年（225）十二月至黄初七年一月间，而不应为建安二十年。不过，俞绍初先生据《初学记》卷二七引《柳赋》有"于是曜灵次乎鹑首"句，认为《柳赋》的写作月份为五月，而《三国志·魏书·文帝纪》载曹丕于黄初七年正月壬子返回洛阳，五月丙辰去世，上述推断似乎不可能成立。事实上，《柳赋》既描写了夏季的柳树，也描写了春季柳树形态。又《柳赋》全文已佚，严可均辑文仅是大致连缀，结构上缺乏相承，很难单方面断定《柳赋》写于春天或是夏天，需要综合判断。而《柳赋》文中特别强调"去冬节而涉春"，与曹丕到达官渡的时间亦相吻合，故《柳赋》当作于黄初六年（225）十二月至黄初七年一月间。

王粲亦作有《柳赋》，且借曹丕所种之柳抒情，自章樵以来，一般都认为王粲《柳赋》实乃奉和曹丕之作,其实二赋并不同时。王粲《柳赋》云"行复出于斯乡",既指曹丕回到故地,也表明王粲与曹丕一起来到官渡,但建安二十年(215)曹丕驻守孟津,王粲随曹操西征张鲁,两人并未一同出征。两人一同出征当为建安二十一年(216),《三国志·魏书·甄皇后传》注云"二十一年太祖东征,武宣皇后、文帝及明帝、东乡公主皆从",《三国志·魏书·王粲传》云"建安二十一年,从征吴",《三国志·魏书·武帝纪》云"二十一年春正月,公还邺","冬十月,治兵,遂征权,十一月,至谯",可知,王粲与曹丕随曹操从邺城出发南征孙权,途经官渡,王粲写下了《柳赋》。后来曹丕作《柳赋》,而此时王粲已亡,故触发"左右仆御已多亡,感物伤怀"之情。"鸟之将亡,其鸣也哀",王粲因曹丕而作《柳赋》,四个月后即亡;曹丕亦因王粲而作《柳赋》,四个月后亦去世,时年均为四十一岁。冥冥之中,或有天意?天丧斯人,不亦悲乎!

(原载《文学遗产》2006年第5期)

陆机、陶渊明拟古诗初探

◎ 吴晓霞

引　言

《说文》云："拟者，度也。"段注："今所谓揣度也。"所谓拟古诗，顾名思义，就是揣度古人诗作，对其进行摹拟所作的诗。①

六朝时期涌现了大量在标题中标以"拟""代""效""学""依""绍"等字样的诗歌。萧统在《昭明文选》中将诗分为23类，其中即有"杂拟"一类，选录自陆机《拟古》（12首）至江淹《杂体诗》（30首）总计63首拟作，数量仅次于"杂诗"与"赠答"两类，而《文选》还只是"集其清英"，更有未录入者不知凡几。"杂拟"类诗作风格各异、题材广泛，胡大雷先生在《文选诗研究》一书中曾对此作出分类："或拟某诗而作，或拟某人而作，或笼统言

---

① 此处亦可作"模拟"。《说文》："模，法也。"段注："以本曰模，以竹曰范，以金曰镕，以土曰型，皆法也。"引申为法式、模式，依照某种法式去做叫"摹"。《说文》："摹，规也。"段注："规者，有法度也。以法度度之亦曰规。……摹与模义略同。"

拟。"①而在逯钦立先生辑校的《先秦汉魏晋南北朝诗》中，②标题含有"拟"字的诗作就有 68 首之多，其中又可分为两类：一类是在诗题中明确标出所拟对象的，包括傅玄《拟四愁诗》、陆机《拟古诗十二首》等，总计 51 首；另一类则并未标明所摹拟的篇目，而笼统题之为"拟古"或"拟古诗"，如张华的《拟古》和陶渊明的《拟古》9 首，共计 17 首。

从如此庞大的数量上我们可以判断，六朝时期的拟古诗创作绝非一人一时，而是一种集体行为。从持续时间和影响力上看，拟古诗贯穿了整个六朝，进行拟古诗创作的不乏名家，晋有陆机、陶渊明，宋有谢灵运、鲍照，梁有江淹、沈约，后世也多将他们的拟诗视为其代表作品之一。可以说，拟古诗作为一种特别的文学创作手法，理当被视作一个独立的文类而存在。而在这一文类之中，又存在着两个相对独立的类型：有明确摹拟对象的拟作和无明确摹拟对象的拟作。前者包括上文中胡大雷先生所提到的"拟某诗而作"和"拟某人而作"，侧重的是"拟"，即有意识地模仿前人的作品或诗人的风格；后者则是"笼统言拟"的作品，侧重的是"古"，即营造出一种古意，摹拟不摹拟倒在其次了。

后一类型的拟古诗摹拟成分大大低于前者，甚至不及一些并未在题目中标明为拟作的作品。这就为拟古诗的界定带来了一定的困难。因为文学作品并非横空出世，或多或少都带有摹仿的痕迹。如果深究起来，恐怕上古以降所有的文学作品都要被归入"摹拟文学"一类。譬如，张华一首题为《情诗》的作品被收录在《文选》"杂诗"类中，试引如下：

---

① 胡大雷《文选诗研究》，广西师范大学出版社，2000 年，页 399。
② 下文中出现诗歌如无特别注明，皆引自逯钦立先生所辑《先秦汉魏晋南北朝诗》，中华书局，1983 年。

游目四野外,逍遥独延伫。兰蕙缘清渠,繁华荫绿渚。佳人不在兹,取此欲谁与?巢居知风寒,穴处识阴雨。不曾远别离,安知慕俦侣?

此诗无论在结构上,还是在修辞上,都明显与《古诗十九首》的"涉江采芙蓉"有着相似之处,萧统却不曾将其收录在"杂拟"类中。或许当时他已经意识到了,仅仅根据现存的诗作来判断作者是否摹仿了前人作品、是有意识还是无意识的摹仿,且不论妥当与否,实际操作起来是十分困难的。因此,本文所要研究的拟古诗,也并不包括那些虽有摹拟成分,却未在题目中标明的诗作。

纵览历代的文学史、文艺理论著作对拟古诗的阐述与评价,我们可以看到不少值得进一步研究的问题。

首先是笔者所见的各类中国古代文学史著作皆将拟古诗作为某个诗人的代表作加以阐述,散见于各作家条目之下,而非目之以一个独立的文类进行系统的研究。或许可以这样解释,为了保持文学史结构的完整、线索的清晰,从时代、作家、作品三者出发是最为省力的,而如果要将拟古诗从中剥离开来加以独立的阐述,势必会破坏这一经典的叙述方式。可以说,拟古诗作为一个独立文类的价值因为文学史的传统阐述模式被取消了,至少是削弱了。这一点和萧统不顾建立双重立类标准也要特立"杂拟"一类的宗旨明显是相背的。故本文的一个目的就是对六朝时期的拟古诗进行系统的梳理,以期对《文选》特为拟诗单独立类的编纂宗旨作出呼应。在文中,笔者并非不论及代表诗人的拟古作品,而是要将作品放入到整个拟古诗这一文类中进行考量。

其次则是历代文艺理论作品对"拟古"这一创作手法的评价问题。六朝时期的文艺理论著作对摹拟前人著作多持肯定态度。以刘勰为例,他在《文心雕龙·定势》中谈到文学的摹拟这一问题时说:"模经为式者,自入典雅之懿;效骚命篇者,必归艳逸之华。"

对于所摹拟的对象，刘勰也在《文心雕龙·体性》有所论及："夫才有天资，学慎始习，斫梓染丝，功在初化，器成彩定，难可翻移。故童子雕琢，必先雅制，沿根讨叶，思转自圆。八体虽殊，会通合数，得其环中，则辐辏相成。故宜摹体以定习，因性以练才，文之司南，用此道也。"由此看来，刘勰是主张对前人作品进行模仿，通过学习各类典范之作，进一步提高写作水平的。再看六朝时期拟古诗所得到的评价，也以褒扬居多。如锺嵘在《诗品序》中将"士衡《拟古》"与"陈思'赠弟'，仲宣《七哀》，公幹'思友'，阮籍《咏怀》"等诗作并称，认为它们都是"五言之警策者"，是"篇章之珠泽，文采之邓林"。

然而，六朝之后的诗话作品对陆机拟古之作的评价几乎每况愈下，虽间或有肯定的声音出现，却总被否定的声浪所淹没。如清人贺贻孙在《诗筏》中批评说："陆士衡《拟古》，将古人机轴语意，自起至迄，句句蹈袭，然去古人神思远矣。"让人不禁怀疑锺嵘与贺贻孙评论的对象是否为同一组诗。在笔者所见二十世纪五十年代到八十年代的中国文学史著作中，拟古诗得到的也多是"因袭原作""形式主义"等负面评价。直到近年来，研究者才更偏重于其探索性、积极性的一面，如章培恒、骆玉明先生在《中国文学史新著》中论及陆机的拟古诗时有如下评价："他的《拟古诗》十二首，就是把《古诗十九首》的一部分按照各篇原来的内容用不同的语言重写一遍，其用力主要在于修辞，没有多少个人的特点。然而换一个视角去看，陆机诗歌创作中所呈现的这些不足，同时又是中国诗歌发展到一定阶段，在突破固有程式前所不可避免会出现的情况。而其积极的意义，是为诗歌特殊语言的形成，作了有一定价值的探索性的实验工作。"①

---

① 章培恒、骆玉明主编《中国文学史新著》，上海文艺出版社，1997年，上卷，页437。

据笔者所见，近十年来大陆学者关于六朝拟古诗的研究成果主要有：俞灏敏《文学的摹拟与文学的自觉——魏晋六朝杂拟诗略论》（《学术月刊》1997年第2期）；刘加夫《论陆机文论的创新思想与作品的拟古倾向》（《齐鲁学刊》2000年第5期）；薛泉《两晋拟古诗成因浅探》（《河北大学学报〈哲学社会科学版〉》2001年第2期）；赵红玲《拟诗溯源》（《求索》2002年第2期）；胡大雷《论江淹摹拟之作的两大类别》（《首都师范大学学报〈社会科学版〉》2005年第5期）。港台地区的研究成果亦较丰富，如2000年第四届魏晋南北朝文学与文化国际学术研讨会上洪顺隆的《论六朝〈杂拟诗〉的题材类型》等，但笔者多仅见其题目，故在此不一一列出。海外研究者叶嘉莹在其"迦陵说诗"系列的《叶嘉莹说陶渊明饮酒及拟古诗》中，亦用了大量的篇幅对陶渊明的拟古诗作出讲解。可以说，海内外学者或从拟古诗这一文类出发，或从具体作家作品出发，对拟古诗相关研究逐渐增多，系统性也比历代诗话中所多见寥寥数语的点评进一步加强了。

值得关注的是，直至今日，一些对于拟古诗的评价看似针对整个"拟古诗"文类，其实却多是对摹拟具体作家作品的拟古诗的评价，未免有以偏概全之嫌。其实上文所提到的无明确摹拟对象的拟古诗，在历代诗话类作品中得到的评价和前者相去甚远。如王夫之在论及陆机的《拟明月何皎皎》时指出其与原作"步趋如一"，而在论及张华《拟古》时却赞其"具此深远之才方堪拟古，杂之《十九首》中不辨矣"。[1]我们究竟该如何看待这两类拟古诗？它们是否各自独立演变，形成两种拟古的传统影响到后世的拟古诗创作？下文将结合两位作者的拟古之作，具体探讨这些问题。

---

[1] 王夫之《古诗评选》，文化艺术出版社，1997年，页197。

浅析陆机《拟古诗十二首》

陆机是太康时期的文坛领袖,《文选》中共收录其诗作52首,分别归入八类。其中《拟古诗十二首》收入"杂拟"一类①,除《拟兰若生朝阳》外,每一首都对应着同被收入《文选》的汉末十九首古诗中的一首,是第一类型拟古诗的代表之作。《文赋》中曾提出"诗缘情而绮靡"的观点,陆机对古诗的摹拟可看作是将《文赋》中的文艺理论付诸实践的一种努力。出于这两点考虑,本文将结合《古诗十九首》,对原作与拟作进行比较,从而分析陆机《拟古诗十二首》的具体艺术特色及其文学成就。

在形式上,陆机拟诗的篇幅与原作大致相当,稍有出入。另外,陆机还对拟作的排列顺序作出了一些调整。具体情况见下表:

拟 诗	句数	原 诗	句数
(1) 拟行行重行行	18	行行重行行(十九之一)	16
(2) 拟今日良宴会	16	今日良宴会(十九之四)	14
(3) 拟迢迢牵牛星	12	迢迢牵牛星(十九之十)	10
(4) 拟涉江采芙蓉	8	涉江采芙蓉(十九之六)	8
(5) 拟青青河畔草	10	青青河畔草(十九之二)	10
(6) 拟明月何皎皎	10	明月何皎皎(十九之十九)	10
(7) 拟兰若生朝阳	10	兰若生春阳	10
(8) 拟青青陵上柏	18	青青陵上柏(十九之三)	16
(9) 拟东城一何高	20	东城高且长(十九之十二)	20

---

① 逯钦立《先秦汉魏晋南北朝诗》,页685。

(续表)

拟 诗	句数	原 诗	句数
(10) 拟西北有高楼	16	西北有高楼（十九之五）	16
(11) 拟庭中有奇树	10	庭中有奇树（十九之九）	8
(12) 拟明月皎夜光	14	明月皎夜光（十九之七）	16

从这个表格中我们可以看出，陆机拟作第四、五、六、七、九、十首句数与原作完全相同，其馀也与原作大致相当。

《古诗十九首》中运用了大量叠字，这一点在陆机的拟作中也有体现：

拟 诗	叠 字	原诗叠字
拟行行重行行	悠悠、戚戚、去去	行行、行行
拟今日良宴会		
拟迢迢牵牛星	昭昭、粲粲	迢迢、皎皎、纤纤、札札、盈盈、脉脉
拟涉江采芙蓉	采采、悠悠	浩浩
拟青青河畔草	靡靡、熠熠、皎皎、粲粲、灼灼	青青、郁郁、盈盈、皎皎、娥娥、纤纤
拟明月何皎皎		皎皎
拟兰若生朝阳	灼灼	
拟青青陵上柏	冉冉、习习、戚戚	青青、磊磊、郁郁、戚戚
拟东城一何高		
拟西北有高楼	迢迢	
拟庭中有奇树	迢迢	
拟明月皎夜光	明明、翻翻、嘒嘒	历历

· 214 ·

陆机的拟作中还有大量和原作相仿的词句。原作《涉江采芙蓉》起首两句为"涉江采芙蓉，兰泽多芳草"，拟作则为"上山采琼蕊，涉江采芙蓉"。又如原作中曾有"音响一何悲""岁暮一何速"语，拟作则将其稍加变化，作"高楼一何绮""华容一何冶""故乡一何旷"和"高楼一何峻"语。

由此可见，无论在结构、语言还是句式方面，陆机的拟作都和原作有着严格的对应关系。同时我们应当看到，与原作相比，拟作也有着创新的一面。陆机《拟古诗十二首》的创新之处主要在于修辞方面。

《古诗十九首》中的比喻共出现了 3 次，而拟作则多达 8 处。对比喻的熟练运用说明陆机对于诗歌内容的形象化有着一定的追求。

拟 诗	诗 句	古 诗	诗 句
拟行行重行行	缅邈若飞尘	明月皎夜光	弃我如遗迹
拟今日良宴会	蔚若朝霞烂	东城高且长	美者颜如玉
拟迢迢牵牛星	挥手如振素	迢迢牵牛星	涕泣零如雨
	双涕如沾露		
拟兰若生朝阳	引颈望天末 譬彼向阳翘		
拟东城一何高	时逝乎如颓		
拟西北有高楼	四节逝若飞		
拟庭中有奇树	哀响馥若兰		

《古诗十九首》一定程度上已经有文人加工的痕迹，出现了几处用典的现象，如《行行重行行》中"胡马依北风，越鸟巢南枝"

两句，典出《韩诗外传》。①而拟作在用典的广度和深度都比原作更进了一步。这与陆机在《文赋》中提出的"倾群言之沥液，漱六艺之芳润"文艺理念无疑是相通的。试举两例为证：《拟青青河畔草》中有"靡靡江离草，熠耀生河侧"两句，分别出自《离骚》"扈江离与辟芷兮"和《诗经·豳风·东山》"熠耀其羽"。《拟西北有高楼》中"玉容谁得顾，倾城在一弹"，出自李延年歌中的"一顾倾人城，再顾倾人国"两句。

另外，陆机的拟作在对偶方面也比原作更为工整。原作中有几处类似"青青河畔草，郁郁园中柳"这样的对偶句，多是自然天成，并无刻意雕琢。正如胡应麟所言，《古诗十九首》"蓄神奇于温厚，寓感怆于和平；意愈浅愈深，词愈近愈远；篇不可句摘，句不可字求"。②而陆机拟作所用的对偶，则明显可以看出锤炼的痕迹。如《拟行行重行行》中将原作"衣带日已缓"改作："揽衣有馀带，循形不盈衿"。

此外，陆机拟作对景物的铺排也比原作更为细致。在这里引《青青陵上柏》的原作与拟作：

洛中何郁郁，冠带自相索。长衢罗夹巷，王侯多第宅。两宫遥相望，双阙百馀尺。极宴娱心意，戚戚何所迫。（原作）

名都一何绮，城阙郁盘桓。飞阁缨虹带，曾台冒云冠。高门罗北阙，甲第椒与兰。侠客控绝景，都人骖玉轩。遨游放情愿，慷慨为谁叹。（拟作）

相较之下，拟作显得更为出彩，不仅有对城市中建筑的细节描写，而且有"飞阁缨虹带，曾台冒云冠"这样工整的对偶。

---

① 李善《文选》注引《韩诗外传》曰："诗曰：'代马依北风，飞鸟栖故巢。'皆不忘本之谓也。"
② 胡应麟，《诗薮》内篇卷二，上海古籍出版社，1979年。

除了语言风格上的摹拟，陆机拟作的意旨情感也和原作大致相当，多是抒写游子弃妇、离别失志、人生无常之感。但拟作与原作相比风格更为含蓄，感情的表达不那么直白，体现了五言诗发展过程中由民歌转向文人化的特点，如《青青河畔草》：

  青青河畔草，郁郁园中柳。盈盈楼上女，皎皎当窗牖。娥娥红粉妆，纤纤出素手。昔为倡家女，今为荡子妇。荡子行不归，空床难独守。（原作）

  靡靡江离草，熠耀生河侧。皎皎彼姝女，阿那当轩织。粲粲娇容姿，灼灼美颜色。良人游不归，偏栖独只翼。空房来悲风，中夜起叹息。（拟作）

拟作变原作"荡子行不归，空床独难守"这样直白的表达为"空房来悲风，中夜起叹息"，使感情显得更为含蓄内敛。特别是"中夜起叹息"，拟曹植《白马篇》中"中夜起长叹"一句。一方面，我们可以将这种改变视为诗歌文人化的体现；另一方面，陆机在入洛后并不得意的经历也可能影响了诗人的创作，而如果要借古诗言作者自身之志，拟作明显要比原作合适得多。

  正如前文中提到的，到了明清时期陆机的拟古诗多为当时的评论家所诟病，因为陆机拟作往往只是找出与原作中的物相似的意象，并进行替换，有机械呆板的一面。但作为一种新的文艺理论指导下的实验之作，陆机的拟作在语言风格各方面多有所创新，在文学史上还是具有一定意义的。

浅析陶渊明《拟古》九首

  与第一类型的拟古诗不同，第二类型的拟古诗没有在诗题中明确标明所拟为何，而往往统称其为《拟古》。这类作品在西晋开始出现，真正得到发展则在东晋以后，陶渊明的《拟古》[1]是其中的代表之作。这类摹拟之作发展到后期，无论在数量上还是在成就上都有超越第一类型拟古诗之势。

上文中已经提到，这类作品往往是虚拟了一个古典的情境，将作者自身情志曲折地表达出来。这种含蓄委婉的手法和当时的社会政治背景是有一定关系的。下文将结合陶渊明个人经历，简要概述这组拟古之作的写作背景与艺术成就。

《拟古》之一：

> 荣荣窗下兰，密密堂前柳。初与君别时，不谓行当久。出门万里客，中道逢嘉友。未言心先醉，不在接杯酒。兰枯柳亦衰，遂令此言负。多谢诸少年，相知不忠厚；意气倾人命，离隔复何有？

钟嵘《诗品》对陶渊明的评价是"文体省净，殆无长语。笃意真古，辞兴婉惬"。虽然钟嵘仅将陶渊明列为中品，但这一段评语还是比较中肯的。从第一首诗的前两句"荣荣窗下兰，密密堂前柳"中，我们依稀可以看到《古诗十九首》之"青青河畔草"的风味，但两者的意旨有所区别，语言结构也大不相同，故不可将"荣荣窗下兰"视为对"青青河畔草"的摹拟。兰之于草更容易让人联想到高洁的品质。陶渊明酷爱柳树，如果说"郁郁园中柳"主要还是在于描摹景物，那么"密密堂前柳"在起兴之外多少还有象征的意味。而此诗中"多谢诸少年，相知不忠厚"一句，极可能是陶渊明对于东晋灭亡后变节之人的隐晦指责。

《拟古》之二：

> 辞家夙严驾，当往至无终。问君今何行？非商复非戎。闻

---

[1] 逯钦立《先秦汉魏晋南北朝诗》，页 1003。

有田子泰,节义为士雄。斯人久已死,乡里习其风。生有高世名,既没传无穷。不学狂驰子,直在百年中。

诗人在诗中自比田畴,其事迹可参见《三国志·魏书十一》,将刘裕比为曹操。刘裕因讨伐篡晋的桓玄有功,先后受封相国、宋公,加九锡,位在诸侯王之上,的确与曹操有不少相似之处。后刘裕令心腹鸩弑安帝,立司马德文为傀儡皇帝,后又迫其禅让,即皇帝位,国号宋,改元永初,是为武帝。陶渊明曾在刘裕手下担任镇军将军,感慨曹操帐下田畴的节义,故自比之。

《拟古》之三:

仲春遘时雨,始雷发东隅。众蛰各潜骇,草木纵横舒。翩翩新来燕,双双入我庐。先巢故尚在,相将还旧居。自从分别来,门庭日荒芜;我心固匪石,君情定何如?

此诗中"翩翩""双双"这两个叠字的运用十分自然,体现了陶诗不事雕琢的写作风格。而"先巢故尚在,相将还旧居"两句,隐喻的可能是被桓玄挟持的安帝回朝之事。诗末的"我心固匪石"用《诗经·柏舟》的典故,意味着诗人决绝的心意和坚定的操守。

《拟古》之四:

迢迢百尺楼,分明望四荒。暮作归云宅,朝为飞鸟堂。山河满目中,平原独茫茫。古时功名士,慷慨争此场。一旦百岁后,相与还北邙。松柏为人伐,高坟互低昂。颓基无遗主,游魂在何方!荣华诚足贵,亦复可怜伤。

这首诗中的"百尺楼"已不可考,陶渊明在这里可能只是虚拟了这样一个场景,借以阐发其对于人生的感慨。诗人在登高望远的过程中参悟了人生的短暂无常,并得出"荣华诚足贵,亦复可怜伤"的结论。荣华和功名都是短暂的,我们也可将这句话视作陶渊明对于自己作出归隐田园这个选择的一种解释。

《拟古》之五：

> 东方有一士，被服常不完。三旬九遇食，十年著一冠。辛勤无此比，常有好容颜。我欲观其人，晨去越河关。青松夹路生，白云宿檐端。知我故来意，取琴为我弹。上弦惊别鹤，下弦操孤鸾。愿留就君住，从今至岁寒。

这首诗同上一首一样，也是虚拟一种古典情境而作的。我们无法考证诗人所写的这位士人究竟姓甚名谁，其实这一点对陶渊明来说可能也无关紧要。士人的生活状态很可能只是出于陶渊明的对归隐生活的一种理想状态的想象，虽然在生活方面辛勤困苦，但在精神上可以得到很大的满足，故而"常有好容颜"。诗末"愿留就君住，从今至岁寒"两句，则体现了陶渊明对这种理想状态的向往。

《拟古》之六：

> 苍苍谷中树，冬夏常如兹。年年见霜雪，谁谓不知时。厌闻世上语，结友到临淄。稷下多谈士，指彼决吾疑。装束既有日，已与家人辞。行行停出门，还坐更自思。不怨道里长，但畏人我欺。万一不合意，永为世笑嗤。伊怀难具道，为君作此诗。

这首诗的意旨较为曲折难辨。叶嘉莹在《说陶渊明饮酒及拟古诗》中说作的说明是："陶渊明生在东晋跟刘宋之间大变革的时代，他所面对的是很多的考验，有很多的不得已之处，他的这首诗就表现了这种不得已。"[①]这种考验可能来自生活上的困苦，也可能来自陶渊明身边的友人。诗人作此诗的目的，应该还是对自己躬耕之志的辩白。

---

① 叶嘉莹《说陶渊明饮酒及拟古诗》，中华书局，2007 年。

《拟古》之七：

> 日暮天无云，春风扇微和。佳人美清夜，达曙酣且歌。歌竟长太息，持此感人多。皎皎云间月，灼灼叶中华。岂无一时好，不久当如何。

这首诗的前四句写良宵之时的佳人酣歌，但其后笔锋一转，开始触及人生苦短的主旨。但此诗的写作目的恐怕不仅于此，《拟古》之二中有"不学狂驰子，直在百年中"二句，用来影射那些暂时得势的士人。此诗中的末句"岂无一时好，不久当如何"，恐怕也是对这类短目士人的影射。

《拟古》之八：

> 少时壮且厉，抚剑独行游。谁言行游近？张掖至幽州。饥食首阳薇，渴饮易水流。不见相知人，惟见古时丘。路边两高坟，伯牙与庄周。此士难再得，吾行欲何求！

在这首诗中陶渊明回顾了年轻时的远大志向而非实际经历，因为按照当时的政治和地理情况陶渊明是不可能到达张掖或幽州这两个地方的。所以这首诗也是一首虚构古典情景的摹拟之作。陶渊明用"首阳薇"和"易水流"这两个典故，表现了对刘裕篡位称帝的反感。诗末"此士难再得，吾行欲何求"两句，则是诗人对当时的社会政治环境中知音难求的局面的感叹。

《拟古》之九：

> 种桑长江边，三年望当采。枝条始欲茂，忽值山河改。柯叶自摧折，根株浮沧海。春蚕既无食，寒衣欲谁待？本不植高原，今日复何悔。

这是陶渊明《拟古》组诗中寄托政治隐喻最为明显的作品。起首用比兴的手法，以桑树比喻晋室；中间用桑树为山河所摧的情形形象地表现了东晋的覆灭;"春蚕""寒衣"二句,表现的是晋室灭亡后诗人的无所依托感;诗末二句则是诗人对于晋室灭亡的反思。

结　　语

六朝时期的拟古诗创作大致经历了发端、兴盛和低潮三个时期,在这三个时期的发展过程中,拟古诗的类型不断地细化,题材也日趋丰富。

概而言之,六朝的拟古诗可以分为有具体摹拟对象的第一类型拟古诗和没有具体摹拟对象的第二类型拟古诗,前者以陆机《拟古诗十二首》为代表,后者以陶渊明《拟古九首》为代表。这两类拟古诗在后世仍不断地发展着,以唐代为例,出现了二百馀首在题目上直接加以注明的拟古之作。其中第一类型的拟古诗约占其四分之一,其馀多为没有明确摹拟对象的拟古之作,前者如韦应物拟《古诗十九首》所作《拟古诗十二首》,后者如李白的《拟古十二首》。李白的这十二首诗虽也依稀可见《古诗十九首》的影子,但更多地体现了诗人本人的风格。可见,拟古诗发展到六朝以后,成功的诗人已经能够将原作自然地融入自身的作品之中。

值得注意的是,拟古诗在发展的早期往往得到文艺理论家比较高的评价,而明清以降的诗话类作品则对其多加贬低。这反映了不同时代文学评论家关注点的不同。六朝时期的评论家多关注作品的语言与形式美,后世评论者关注的则是诗中有无新意。关注点不同,得出的结论自然大相径庭。其实创作第一类型拟古诗的诗人往往以摹拟原作语言和意旨为目的,并将其作为一种刻意的追求。有时会因为追求过度而给人以步趋如一的印象,但这并不能反映作者的真实写作水平。

另外,前人对拟古诗这一文类的评价往往笼而统之或曰"复古保守"，或曰"机械呆板"。通过上文对两大类拟古诗的辨析，我们发现这类评价大多是针对第一类型拟古诗的。而第二类型的拟古诗作为拟古诗所得评价甚少，这是因为这类拟古诗因为没有具体摹拟对象，而多被视为原创之作。

（节选自硕士毕业论文《六朝拟古诗研究》，2007年）

《文选序》"事出于沉思，义归乎翰藻"新解

◎ 吴晓峰

萧统在《文选序》中说："至于记事之史，系年之书，所以褒贬是非，纪别异同，方之篇翰，亦已不同。若其赞论之综缉辞采，序述之错比文华，事出于沉思，义归乎翰藻，故与夫篇什，杂而集之。"

萧统这段话的意思其实很明确，他是说史书重在系年、记事与褒贬历史上的是非。这类作品与自己所要编选的文章有区别，所以不被选入《文选》中。但由于史书中的赞论、序述是"综缉辞采""错比文华"的作品，具有"事出于沉思，义归乎翰藻"的特点，适合自己选文的要求，因此才进入选文之列。这里"综缉辞采"与"错比文华"意义基本相同，都是指精心组织语言使文辞华美；而"事出于沉思，义归乎翰藻"二句，按照行文的内在逻辑性来分析，是萧统对于赞论、序述的写作特征的高度概括，所侧重的不仅是写作的形式，也涉及写作的内容。正确解释这两句话，不但可以理解萧统对赞论、序述类作品艺术特征以及表现手法的认识，也可以从

中体会到萧统选文对于作品艺术特色的要求。

清代阮元在分析这段文字以后说:"《选序》之法,于经、史、子三家不加甄录,为其以'立意''记事'为本,非'沉思''翰藻'之比也"(阮元《与友人论文书》)。又说:"必'沉思''翰藻',始名为'文',始以入《选》也"(阮元《书梁昭明太子文选序后》)。

显然就是注意到萧统这两句话所蕴含的对文学作品艺术特征的认识。但由于阮元对于"事""义"二字没有作特别的解释,于是引发了学术界的种种争议。

如朱自清先生在《〈文选序〉"事出于沉思,义归乎翰藻"说》一文中指出:阮元以《文选序》"事出于沉思,义归乎翰藻"二句中的"沉思""翰藻"作为《文选》的选文标准是正确的,但是,阮元忽略"事""义"二字则是错误的。他分析了西晋以来文章中"事""义"的用例,认为:"事""义"即事类,指古事成辞;有的时候也指"比类",可指日常事理。认为《文选序》中这两句,亦不外乎"善于用事,善于用比"之意。①后来李嘉言在《文学评论》1961年第2期发表《试谈萧统的文学批评》一文,在朱氏观点的基础上进一步提出:"事出于沉思,义归乎翰藻"二句为一义,即引事证义,义在事中,用事必出于深思熟虑。这是关于"事""义"二句最有代表性的解说。后来许多学者的观点都是对此说的修正与补充。如齐益寿先生说:"'事出于沉思'之'事',乃是指'纪别异同'之'事';'义归乎翰藻'之'义',乃是指'褒贬是非'之'义'。"故这两句是说:史书序述,是要透过史家的史观、史识、史德"沉思"出来,所以是"事出于沉思"。而史书中的赞、论,含有褒贬是非之"义",这褒贬是非之"义"要以精练华美的辞藻

---

① 朱自清《〈文选序〉"事出于沉思,义归乎翰藻"说》,《大家国学·朱自清卷》,天津人民出版社,2008年,第321页。

表达出来，所以是"义归乎翰藻"。

只有殷孟伦先生在《文史哲》1963年第1期发表《如何理解〈文选〉编选的标准》一文，提出了自己的解说，认为"'事'指写作的活动和写成的文章而言"，"'义'指文章所表达的思想内容而言"。他说，二句可直译为："写作的活动和写成的文章是从精心结构产生出来的；同时文章的思想内容终归要通过确切如实的语言加工来体现的。"后来杨明先生亦表示了对这种说法的支持，但杨先生同时认为"义"也应该是指写作的活动而言，与文章所表达的思想内容无关。他在《〈文选序〉"事出于沉思，义归乎翰藻"解》一文中指出："我十分赞同殷孟伦先生对'事'的解释，又认为'义'在这儿也是指写作活动、写作行为而言。'归'乃'归属'之意。'翰藻'当然是指藻采，即经过加工的美丽的语言；而联系上下文，也可说是特指'篇翰''篇什'，即运用藻采的单篇文章。'归乎翰藻'不是说'通过藻采予以表现'，而是说'归属于讲究藻采的单篇文章一类'。因此，'若其赞论之综缉辞采，……故与夫篇什，杂而集之'这几句话，可以译为：'至于赞论序述，乃是组织、运用辞采文华的作品，其写作之出于精心结撰，与写作篇翰属于同类，因此与那些单篇文章编集在一起（指编入《文选》）。'昭明认为，史书的写作不甚讲究文辞之美，与'篇翰'不同，而其中的赞论序述则与'篇翰'同类，故'与夫篇什，杂而集之'。"[①]

以上诸位先生都对"事""义"二字的含意作了解释。但说法不一：以朱自清为代表，主张"事"是文章中所包含的古事成辞、日常事理，是典故、比喻，"义"是引事所证的内容。殷孟伦则主张"事"是指写作的活动、写作行为，"义"是文章的思想内容。杨明先生同意殷先生对"事"的解说，同时认为"义"也是指写作

[①] 杨明《〈文选序〉"事出于沉思，义归乎翰藻"解》，中国《文选》学研究会编《〈文选〉学新论》，中州古籍出版社，1997年。

的活动,"事""义"二字在此没有区别。而将"归"理解为"归属",将"翰藻"理解为"篇什",又是杨先生与众不同的地方。总之,由于目前学界对萧统"事出"二句的理解仍然存在分歧,而且意见很不一致,所以有必要重新进行分析认识。

我认为,虽然诸家之言各有见地,研究方法亦值得借鉴,但是,要正确解读萧统《文选序》中的这两句话,还是不能脱离具体的语言环境。至于有学者统计先秦到魏晋,甚至直到唐代以后的文献中关于"事""义"二字的用例作为根据,这当然是一种可资参考的材料,但是也只能是在具体语言环境中才适用,不可一概而论。我们只有在充分理解《文选序》中"事出于沉思,义归乎翰藻"二句出现的具体语言环境的基础上,再参照相关的旁证,才能得出比较有说服力的解说。故于此发表自己的意见,以期引起更加广泛的关注。

我们先将"事出于沉思,义归乎翰藻"还原到具体的上下文中。在其上文已言史书是通过记事、系年来褒贬是非、纪别异同的,与自己所选的文章(篇翰)不同,言下之意,就是史书不予选录。于是接下来用"若其"二字使语气一转:"若其赞论之综缉辞采,序述之错比文华,事出于沉思,义归乎翰藻,故与夫篇什,杂而集之"。意思是说至于史书中的"赞论""序述",则是通过认真组织语言词汇写成的,在写作形式上具有文采绚烂的特点,其文采绚烂的具体表现就是"事出于沉思,义归乎翰藻"。所以,认为它们与其他所选的文章性质一致,才将它们收录、编辑在一起。

显然,"事出于沉思,义归乎翰藻"二句就是在具体解说史书的赞论、序述是如何"综缉辞采"与"错比文华"的。"综缉"与"错比"都是指语言词汇的组织形式,而"辞采"与"文华"则是指辞藻与文采。因此,这个"事"就是指古人古事,而"义"则是指引用古事所论证的内容,亦即文章所要表达的思想。而"沉思"

可以解释为深沉的思索、构思。强调思索、构思要深沉，就是因为其主要源泉是作家的知识积累，故这里用"出于"也是非常恰当的；"翰藻"可以解释为文笔、文辞，强调的是语言要华美，这是因为其主要源泉是作家的天赋才情，所以这里用"归乎"亦是恰当的。要借用积累于胸的丰富的历史知识即古人古事，来阐发所要表达的思想，这自然还需要作家具有天赋的才情、绚烂的文笔。

首先，理解这两句话，最直接的根据就是《文选》所选的史书中的赞论、序述作品本身。由于"事出于沉思，义归乎翰藻"二句针对史书中的赞论、序述而发，自是萧统对所选之赞论、序述的艺术特点的概括，因此，对于"事""义"二句的解释也必须结合赞论、序述的特点而来。

《文选》卷四十九、卷五十所选的即是史书中的史论和史述赞类作品。通读这类作品可知，它们的主要内容都是结合史传中所记历史人物的事迹而进行的综合论述，补充阐发自己对历史事件、历史人物的看法与态度，并从中反映出作者的历史观、是非观等。所以这些作品都具有引用史实、引古证今与借古讽今的特点。如班固《汉书·公孙弘传赞》云：

赞曰：公孙弘、卜式、倪宽，皆以鸿渐之翼，困于燕雀，远迹羊豕之间，非遇其时，焉能致此位乎？是时汉兴六十馀载，海内乂安，府库充实，而四夷未宾，制度多阙。上方欲用文武，求之如弗及，始以蒲轮迎枚生，见主父而叹息。群士慕响，异人并出，卜式拔于刍牧，弘羊擢于贾竖，卫青奋于奴仆，日䃅出于降虏，斯亦曩时版筑饭牛之朋已。汉之得人，于兹为盛，儒雅则公孙弘、董仲舒、倪宽，笃行则石建、石庆，质直则汲黯、卜式，推贤则韩安国、郑当时，定令则赵禹、张汤，文章则司马迁、相如，滑稽则东方朔、枚皋，应对则严助、朱买臣，历数则唐都、落下闳，协律则李延年，运筹则桑弘羊，奉使则张骞、苏武，将帅则卫青、霍去病，受遗则霍光、金日磾，其馀不可胜纪。是以兴造功业，制度遗文，后世莫及。

孝宣承统，纂修洪业，亦讲论六艺，招选茂异，而萧望之、梁丘贺、夏侯胜、韦玄成、严彭祖、尹更始以儒术进，刘向、王褒以文章显，将相则张安世、赵充国、魏相、邴吉、于定国、杜延年，治民则黄霸、王成、龚遂、郑弘、召信臣、韩延寿、尹翁归、赵广汉、严延年、张敞之属，皆有功迹见述于后世。参其名臣，亦其次也。

这篇文章是班固在记述了公孙弘、卜式、倪宽的生平事迹以后，在后面加上的。并称之为"赞"。

《说文·贝部》："赞，见也。"徐锴系传："进见以贝为礼也。""赞"字从"贝"，见人必须带"贝"是"赞"的本义。强调的不是"进见"这个动作，而是进见时候必须附带着"贝"作为见面礼。"贝"是"见"的附加物，带有辅助、补充的意味。因此，由"赞"的本义又引申出赞助、辅佐、帮助等意义。

作为文体的"赞"，从它出现的位置、内容来看，也是由"赞"的"辅助"义引申出来的，即是对于正文的补充说明。萧统在《文选序》中还说："美终则诔发，图像则赞兴。"这说的是出现在图像上的"赞"，显然是对图像的解释说明。史传中的"赞"，就是对史传内容的补充说明。至于后来"赞"有了赞美的意义，则又是在"赞"这种文体的意义上引申出来的。因为"赞"的文章多为美化之词，使人常常将它和称颂、赞美联系在一起，也就逐渐滋生出这个含义了。

班固所写的这篇赞文，正是在正文记述了公孙弘、卜式、倪宽的生平事迹以后，借机抒发的感慨。其中所表达的主要观点就是认为汉武帝、汉宣帝两代皇帝善于选拔人才，才得以使如公孙弘、卜式、倪宽等虽有"鸿渐之翼"却"困于燕雀，远迹羊豕之间"的优秀人才被重用起来。表面上是说公孙弘、卜式、倪宽等人各有才能，其实是在赞美汉武帝、汉宣帝的雄才伟业。

全文不足 500 字，其中所列历史人物事迹就有 64 处，而这些人物事迹的出现，都是为表达肯定、赞颂帝王的雄才伟业服务的。同时，作者将这些历史人物的才能、贡献一一列出，并加以肯定，反映出鲜明的主观态度，但我们读起来却不感觉单调、累赘。这大概就是作者"沉思"的结果。另一方面，全文用骈俪的形式写成，四六之句、比喻之词贯穿其间，至使文辞绮丽，给人艺术的美感。虽与史传中的直接褒贬是非、纪别异同的记述方式迥然有别，但作者之情亦于此可观，这就是所谓的"义归乎翰藻"。这篇作品经过作者"沉思"之事，与作者的"翰藻"之才结合而生出的"义"，也许就是通过对汉武帝、汉宣帝善于用人的歌功颂德，表达出自己的政治理想，希望世代帝王都能够有这样的政治眼光。再比如干宝《晋纪·论晋武帝革命》云：

  史臣曰：帝王之兴，必俟天命，苟有代谢，非人事也。文质异时，兴建不同，故古之有天下者，柏皇栗陆以前，为而不有，应而不求，执大象也。鸿黄世及，以一民也。尧舜内禅，体文德也。汉魏外禅，顺大名也。汤武革命，应天人也。高光争伐，定功业也。各因其运而天下随时，随时之义大矣哉！古者敬其事则命以始，今帝王受命而用其终，岂人事乎？其天意乎？

干宝此文，通过追溯历代帝王建立功业的史实，阐发帝王之兴，必须是"各因其运而天下随时"的，从而表达了他对于晋武帝革命的看法，即认为他的做法不是顺天应人之举。全文不到 150 个字，但所列历代人物与事件（包括传说中的人物）就有柏皇、栗

《文选序》"事出于沉思,义归乎翰藻"新解

陆、黄帝、尧、舜、汉、魏、汤、武、高、光十一事,如果不是作者对古代历史文化知识十分熟悉,是难以在这么短的篇幅内用这么多的古人古事来阐发道理的。这就是作者的"沉思"之功。而在如此短小的篇幅中引用了这么多的事例,竟然还能做到词采华丽,含义深刻,使人读来即可对作者之义晓然于胸。如果没有杰出的语言驾驭能力,自然也是难以达到如此简洁顺畅又感人至深的效果的。这应是得力于作者的"翰藻"之能。

《文选》中所选的其他几篇史论、史述赞等也都明显具有上述特征,即使如沈约《宋书·谢灵运传论》这样论证历代文章创作得失的文章,也同样具备这样的特点,所以这些选篇正可看作是萧统"事出于沉思,义归乎翰藻"二语的注脚。这些是我们理解这两句话所应依据的最直接证据。

其次,刘勰《文心雕龙》关于"事""义"关系的论述对我们理解萧统《文选序》这两句话也有启发。关于《文选》与《文心雕龙》的关系问题,许多学者都有过论述。一般认为刘勰曾任萧统东宫通事舍人,深受爱接,因此,作为理论家的刘勰对选文家萧统在学术观点上有影响是完全可能的。如近代国学大师黄侃先生在《文选平点》中说:"读《文选》者,必须于《文心雕龙》所说能信受奉行,持观此书,乃有真解。若以后世时文家法律论之,无以异于算《春秋》历用杜预长编,行乡饮仪于晋朝学校,必不合矣。开宗明义,吾党省焉。"①而后来的许多学者多从《文选》与《文心雕龙》在文体分类与所选作家、作品的相互比较入手,论证二书在这些方面具有相同之处。即如王立群先生所言:"《文选》与《文心雕龙》二者在分体、选人、选篇上确存在着较多的一致;但是,这种一致,既有一方(如《文选》)受一方(《文心雕龙》)影响的一

---

① 黄侃《文选平点》,上海古籍出版社,1985年,页1。

面，亦有二者同受第三方（如时代共论）影响的一面。二者的关系只存在或然性，而不具备必然性。"[1]虽不能肯定《文选》必受《文心雕龙》的影响，但是二者存在许多的一致性是不争的事实。我们发现，二者在"事""义"关系的认识上也同样存在着相似性。

刘勰在《文心雕龙》中多次提到"事""义"的概念，特别是在《事类》篇中，对于"事""义"的关系更做了明确的阐发，认为写文章有时候要援引古人的有关事件来印证、阐发自己所要表达的基本思想。即所谓"据事以类义，援古以证今者也"。这是刘勰关于"事""义"关系的最明确表达。他说"事"与"义"的关系与辞和理的关系相同，都属于"援古以证今"之列。但是，事专指古人所做之事，辞则专指古人留下的相关言论。刘勰认为，用古人所做之事来印证文章所表达的思想，与用古人所遗之言来阐发道理，都是"援古以证今"，其中"事"与"义"的关系，也就是"略举人事，以征义者也"。

基于这样的理解，《事类》篇在下文中又说：

> 文章由学，能在天资。才自内发，学以外成，有学饱而才馁，有才富而学贫。学贫者迍邅于事义，才馁者劬劳于辞情，此内外之殊分也。

是说如果要写好文章，既要有天赋的才气，也要有后天学习的积累。因为人的天赋是与生俱来的，而学问则是通过后天学习获得的。因此，有的人学问深厚但是才气不足，有的人很有天赋但是学问不深。写文章的时候，学问不深的人就往往在据事以类义方面表现得滞涩难通，而天赋不足的人则在遣词达意方面显得艰难疲惫。这是由人的天赋好坏与学力深浅不同决定的。刘勰在这里将引用古

---

[1] 王立群《现代〈文选〉学史》，中国社会科学出版社，2003年，页154。

人之事看作是写文章的必备要素而特别加以强调,并把据事以类义的能力如何作为判断作者学问深浅的标准,反映出他对引用古事进行写作的特殊重视。

正因为"援古以证今""略举人事以征义"对于写作文章来说如此重要,所以《文心雕龙》在论文的时候就多处将事、义对举。

《宗经》篇提出宗经之文有六个特点,云:"文能宗经,体有六义:一则情深而不诡,二则风清而不杂,三则事信而不诞,四则义贞而不回,五则体约而不芜,六则文丽而不淫。"

据陆侃如、牟世金《文心雕龙译注》译文:如果能够学习圣人经典来写文章,这种文章就能基本上具备六种特点:第一是感情深挚而不欺诈,第二是教训纯正而不杂乱,第三是所写事物真实而不虚妄,第四是意义正确而不歪曲,第五是风格简练而不繁杂,第六是文辞华丽而不过分。①我认为所谓的"事信而不诞",解释为"所写事物真实而不虚妄"固然不错,但是这个"事物"也仍然可以看作是指所引证的古人古事而言。

《宗经》篇提出的六个特点是对宗经之文所应达到的具体标准的直接概括,是在对儒家的几部经典:《易》《书》《诗》《礼》《春秋》进行具体分析以后得出来的结论。认为《易》是探讨自然界奥秘的,《书》是记录古人言论的,《诗》是抒发感情的,《礼》是规定行动规范的,《春秋》是辨明道理的。尽管各有不同的特点,文辞与内容也都不相同,但是都能做到"辞约而旨丰,事近而喻远",即文辞简练而含义丰富,事例浅近而思想深刻。所以,也就不难理解为什么宗经之文会有"事信而不诞"的特点了。

同样,《铭箴》篇云:"王济《国子》,文多而事寡;潘尼《乘舆》,义正而体芜。"西晋时期的王济有《国子箴》,潘尼有《乘舆

---

① 陆侃如、牟世金《文心雕龙译注》,齐鲁书社,1995年,页116。

箴》。刘勰认为王济的文章文辞华丽但实事却很少,而潘尼的文章虽意义纯正但篇幅体式却很繁杂,所以都不是好作品。

在《丽辞》篇中,刘勰再次阐发了关于事、义关系的认识,云:"故丽辞之体,凡有四对:言对为易,事对为难;反对为优,正对为劣。言对者,双比空辞者也;事对者,并举人验者也;反对者,理殊趣合者也;正对者,事异义同者也。长卿《上林赋》云:'修容乎礼园,翱翔乎书圃。'此言对之类也。宋玉《神女赋》云:'毛嫱鄣袂,不足程式;西施掩面,比之无色。'此事对之类也。仲宣《登楼》云:'钟仪幽而楚奏,庄舄显而越吟。'此反对之类也。孟阳《七哀》云:'汉祖想枌榆,光武思白水。'此正对之类也。凡偶辞胸臆,言对所以为易也;征人之学,事对所以为难也;幽显同志,反对所以为优也;并贵共心,正对所以为劣也。又言对事对,各有反正,指类而求,万条自昭然矣。"

丽辞就是我们通常所说的对偶。刘勰说对偶的形式基本上有四种情况:一是言对,二是事对,三是反对,四是正对。反对是好对而正对是劣对。言对就是文辞上的两两比对,事对就是并举前人的故事双双成对,反对是情理虽殊而旨趣相同的对偶。刘勰分别举出司马相如《上林赋》、宋玉《神女赋》、王粲《登楼赋》、张载《七哀》中的句子作为言对、事对、反对和正对的例子加以说明,认为文辞的对偶是出于作者自己的内心,所以比较容易,而征引前人故事之对则是靠学问而得,所以事对就很困难。王粲用被幽和官显两种相反的情况来阐述同样的道理,所以反对是很好的;而张载是用两个尊贵帝王的思乡事件来表达同样的感情,所以正对是比较差的。无论言对、事对,都各有反对、正对两种,因此,依类推究,各种对偶的形式就都很清楚了。

刘勰在这里具体分析了对偶句式中的"事""义"关系,也再次阐明了文章写作中引证古人之事阐发思想的重要性。

《知音》篇是阐述如何进行文学批评的，刘勰提出，要考查作品的思想感情就要首先确立六种观察角度："将阅文情，先标六观：一观位体，二观置辞，三观通变，四观奇正，五观事义，六观宫商。斯术既行，则优劣见矣。"

这六种观察角度包括：一位体，即如何确定体裁；二置辞，即组织词句；三通变，即有什么样的继承与创新；四奇正，即作品中表现出来的奇特之处与平常之处；五事义，即引事证义的结合情况；六宫商，即声律的和谐。这一段从文学批评的角度说明引事以证义也是判断文章好坏的重要标准。

刘勰是将"援古以证今""略举人事以征义"作为文章写作的重要因素来看待的。因此，无论是阐述文章写作原则还是强调文学批评标准，都应该将事、义关系作为一个主要方面提出来。

刘勰论为文如此重视事、义关系，这显然与时代风尚有关。刘勰所生活的南北朝时期正是骈体文极为兴盛的时期。这一时期的文，除一部分论议奏疏之外，几乎都是语句偶俪、声调铿锵的骈文。对偶是汉语文学特有的修辞方法。东汉以来，文章开始骈偶化，"往往以单行之语，运排偶之词，而奇偶相生，致文体迥殊于西汉。建安之世，七子继兴，偶有撰著，悉以排偶易单行，即非有韵之文，亦用偶文之体"（刘师培《论文杂记》）。骈偶文体，经过西晋至南朝，特别是齐永明以后，已完全定型成熟。其中标志成熟的一个重要特征就是用事用典更加繁复。锺嵘在《诗品序》中评论当时文坛上用事用典的风气说到任昉、王融时云："词不贵奇，竞须新事，尔来作者，浸以成俗。遂乃句无虚语，语无虚字。"《南齐书·文学传论》也说当时的文学作品是"缉事比类，非对不发"，"全借古语，用申今情"。这种风气，在骈文中尤甚于诗歌，用事的形式也更为多样。许多作家用事工巧灵活，远远超过了前代的作家。当时文坛盛行写作骈文、重视用事用典的风气显然对刘勰很有影响，《文心雕龙》全书不仅全部用骈文写成，而且引事证义之例比比皆是。即便是上文所列阐述"事""义"关系的诸条文句本身也都是引事证义的最好范例。

再看萧统的"事出于沉思，义归乎翰藻"二句，其实也就是对刘勰所谓"援古以证今""略举人事以征义"理论的具体应用。刘勰说："文章由学，能在天资。才自内发，学以外成，有学饱而才馁，有才富而学贫。学贫者迍邅于事义，才馁者劬劳于辞情。"（刘勰《文心雕龙·事类》）而萧统说所选史书的赞论、序述，"事出于沉思"，正显示了作者的"学饱"；"义归乎翰藻"，又显示了作者的"才富"。也就是说，赞论、序述的作者既不"迍邅于事义"，也不"劬劳于辞情"，而是学识渊博、文采丰厚。

综上所述，"事出于沉思，义归乎翰藻"二句可解释为：凭借渊博的历史知识，并用优美的语言文字来表达深刻的思想。它们是专对《文选》中所选的史书中的赞论、序述而发，并不是萧统《文选》选文的惟一标准。但是，从中也确实反映出萧统的文学价值取向：

第一，他推崇、喜欢善于用事而又文采美丽的文章。王运熙先生在《复旦学报》1988年第6期发表《〈文选〉选录作品的范围和标准》一文说："萧统选文的艺术标准，重在骈文家的语言辞藻之美"，认为萧统选文以富有文采辞藻的篇章为主，《文选序》充分体现了南朝骈文家的艺术标准，即认为作品的艺术性主要体现在辞藻、对偶、音韵、用典等语言之美方面。这种观点是正确的。从选录史书的赞论、序述而言，其所以入选，就是由于艺术形式上讲究用事、用典，而且文辞偶俪。

第二，萧统在强调作品艺术性的同时，对作品的思想内容也同样看重。用事而沉思、翰藻，终归是为表达"义"服务的，因而思想内容是处于核心地位的。从这一点而言，笔者认为王运熙先生所言"《文选》中所反映出来的文学思想的缺点,就在于他偏重艺术形式,不重视思想内容,对'文'的本身未能有全面的认识"的说法也是可以商榷的。①

(原载《江苏大学学报》2010 年第 6 期)

---

① 王运熙、顾易生主编《中国文学批评史》上册,上海古籍出版社,2002 年,页 137。

文体功能：刘勰辨体的重要一面

◎ 赵俊玲

刘勰注重辨体，辨体批评是《文心雕龙》文体论最重要的组成部分。刘勰辨体，不仅在《明诗》至《书记》二十篇中，按照"原始以表末，释名以章义，选文以定篇，敷理以举统"的方法，①将三十馀种文体从命名、发展源流，到代表作家作品，至体制规范进行了一一细致梳理，还多将性质相近的两种文体放在一篇中进行论述，既指出其同，又细辨其异。其辨析从文体的风格、体式、功能、题材等各个方面展开，组成了内容丰富全面的严密体系。刘勰的辨体理论，继承前人，显然又远远超越了前人，正如有学者指出的那样："自汉魏以来，文体辨析到刘勰这里才真正地系统化、理论化，从而更具有指导意义。"②

目前，在学界对《文心雕龙》文体论日益重视的情况下，刘勰的辨体批评也日渐受到人们关注。学者多研究刘勰的辨体方法、辨体

---

① 刘勰《文心雕龙》，上海古籍出版社，1989年，页1924。
② 傅刚《〈昭明文选〉研究》，中国社会科学出版社，2000年，页92。

理论体系，及其从风格、体式、题材等方面对文体的辨析。[1]但作为刘勰辨体重要角度的文体功能，却很少被注意。究其原因，刘勰从风格、体式、题材等角度的辨体，不仅集中在自《明诗》至《书记》的二十篇文体论中，更在《体性》《风骨》《通变》《定势》《情采》《熔裁》《附会》《总术》《知音》《序志》等篇目中有颇多表现，这些篇目一向最受研究者重视。而从文体功能角度的辨体，一般只能伴随具体文体的考察而进行，即基本只见于《文心雕龙》文体论部分。但刘勰颇重对诸种文体，尤其是实用文体的文体功能进行考察，这是他辨体的重要角度。忽略这一角度，就不能全面认识刘勰的辨体观和文体论，刘勰文体论的某些重要理论价值也不能被深入发掘。

刘勰从文体功能角度的辨体，主要体现在他对功能相近的文体，既看到了它们的交叉互渗，又往往刻意规范它们的功用，以对之进行相对明晰的区分；还体现在他关注承担原生文体部分功能的新文体，辨析描述其衍生、发展过程。

一 刘勰对因功能相近而造成的文体交叉互渗的认识

魏晋南北朝时期，自曹丕《典论·论文》分四科八体论述文体始，我国的文学批评著述论述文体，愈分愈细的同时，往往将性质、功能相近的文体相并论述。《典论·论文》将所论八体分成奏议、书论、铭诔、诗赋四科，已然如此。西晋陆机创作《文赋》，将文体进一步细分为十种，其文体之排列，诗、赋相临，碑、诔相

---

[1] 如傅刚《论汉魏六朝文体辨析观念的产生与发展》(《文学遗产》1996 年第 6 期)、任竞泽《刘勰〈文心雕龙〉的辨体理论体系——兼论其辨体观的开创意义和深远影响》(《学术论坛》2015 年第 6 期)、张利群《刘勰"辨体"的文体论意蕴及批评学意义》(《广西师范学院学报》2007 年第 2 期)、邓新跃《〈文心雕龙〉与魏晋南北朝诗学辨体理论的发展》(《西安电子科技大学学报》2009 年第 2 期)等。

并，铭、箴对列，奏、说并排，反映的也是作者对文体性质与功能的认识。《文章缘起》是南北朝时期富有代表性的一部文体论著作，任昉将时存文体分为八十四种，这种细致的划分颇为学界诟病，且既列表又列上表，既列离骚又列反骚，既列谢恩又列上章，[①]颇受非议，但可窥见的是，任昉对文体细密的划分，很多时候依据的也正是文体功能。萧统《文选》共分三十九种文体，这三十九体的排列顺序，傅刚先生有言："就散文部分看，《文选》显然是从朝廷文书开始，反映了上对下的关系，如诏、册、令、教；其后是下对上，如策文、表、上书、启、弹事、笺、奏记；再以后是反映一般关系的文体，如书、序、论、赞等；最后是与亡人有关的文体，如诔、哀、碑、吊、祭等。"[②]与文体的功能密切相关。《文心雕龙》的文体论产生于这样的文体批评背景下，也表现出了一些共同的特征。而且，刘勰开始明确讨论功能相近的文体之间的关系。

《文心雕龙》共五十篇，其中《明诗》至《书记》二十篇详论了三十馀种文体，除少量篇目如《明诗》《乐府》《诠赋》《史传》《诸子》等，是一篇论述一种文体外，其馀都是一篇论述两种文体，而两种文体列为一篇的主要依据，就是它们文体功能的相近。如《颂赞》篇论颂、赞二体，颂"美盛德而述形容"，[③]主于颂扬，赞"本其为义，事生奖叹"，[④]二体的主要功能是相近的，刘勰的看法是，赞"大抵所归，其颂家之细条"。[⑤]又如《铭箴》篇论铭、箴二体，刘勰认为"箴颂于官，铭题于器，名目虽异，而警戒实

[①] 《文心雕龙·章表》言："汉定礼仪，则有四品：一曰章，二曰奏，三曰表，四曰议。章以谢恩，奏以按劾，表以陈请，议以执异。"（《文心雕龙》，页826）谢恩是章的主要功能，后来章表混用，章的功用范围有所扩大。
[②] 傅刚《〈昭明文选〉研究》，页215。
[③] 《文心雕龙》，页313。
[④] 《文心雕龙》，页348。
[⑤] 《文心雕龙》，页348—349。

同",①这相近的功用也决定了它们体制上的一些共同追求:"其取事也必核以辨,其摘文也必简而深。"②再如《诔碑》篇论诔、碑二体,两体都是针对亡人的,"夫碑实铭器,铭实碑文,因器立名,事先于诔。是以勒石赞勋者,入铭之域,树碑述亡者,同诔之区焉",③具有共同的纪念亡者的功能特征。又如《檄移》篇论檄、移二体,刘勰虽指出檄多用于军事征讨,移多用于官场声讨劝谕,但实则"檄移为用,事兼文武,其在金革,则逆党用檄,顺命资移,所以洗濯民心,坚同符契,意用小异,而体义大同,与檄参伍,故不重论也",④因同为晓谕声讨之用,实早已互渗参伍。最典型的是《章表》篇,章、表虽属二体,在此篇开头,刘勰也试图从功能方面对二体进行区分:"秦初定制,改书曰奏。汉定礼仪,则有四品:一曰章,二曰奏,三曰表,四曰议。章以谢恩,奏以按劾,表以陈请,议以执异。"⑤但在实际的创作中,谢恩的表有,陈请的章也可见,历代章表作者一直未严二体之界域,所以《章表》篇论此二体,终不得不并行而述:"原夫章表之为用也,所以对扬王庭,昭明心曲。既其身文,且亦国华。"⑥只能大体言二者都是用于向皇帝进言的文体而已。

　　针对诸多文体因功能相近,而造成交叉互渗的事实,刘勰在《文心雕龙》中还专门提出"参体"一词:"详观论体,条流多品:陈政,则与议、说合契;释经,则与传、注参体;辨史,则与赞、评齐行;诠文,则与叙、引共纪。"⑦实际认为议、说、传、注、

----

① 《文心雕龙》,页420。
② 《文心雕龙》,页420。
③ 《文心雕龙》,页457。
④ 《文心雕龙》,页789。
⑤ 《文心雕龙》,页826。
⑥ 《文心雕龙》,页843。
⑦ 《文心雕龙》,页669。

赞、评、叙、引八体虽然名称各异，但都是用来说明道理的，在这一前提下，它们都与"论"参体，即与论在文体功能上表现出一致性，从而互相影响、互相配合、互相参照。当然，从文体表现形式来说，论体文与传、注自然有很大的不同，如周振甫先生就言："像'传者转师，注者主解，赞者明意'，'序者次事，引者胤辞'，都不算论说，像注《尧典》、解《尚书》只是注解而不是辩论，不必归入论说。"①认为传和注不同于论说文，也不应归为论体。这种说法自然是有道理的。但王梦鸥先生有言："今按其所谓与论文名异实同的八种文章，依他的意见是：有关政治的论文如'议''说'，有关经书的论文如'传''注'，有关史事的论文如'赞''评'，有关题旨的论文如'序''引'；而'议'是提出适宜的见解，'说'是提出使人悦服的意见；'传'是转授先师宝贵的经验，'注'是确定文字真正的涵义。至于'赞'则以补充史文之未备，'评'乃以裁量公正的事理。'序'以条理叙事，'引'以贯串题旨。名称虽有八种，但揆其功用，都正是论之所以为'论'的要点。"②周振甫之否定刘勰的参体之说与王梦鸥之肯定，显然角度并不相同。刘勰从文体功能角度着眼，将形式差别较大的文体联系起来，看出它们存在的相互关系和影响，学术视野非常开阔。

可见，文体功能的相近，导致了一些文体的交叉互渗，刘勰是承认这一现象的。但同时，他更重视辨体，试图通过刻意规范文体功能来辨析相近的文体。

二　通过刻意规范文体功能来辨体

当文体分类越来越细密之时，不同文体出现交叉和互渗成为必

---

① 周振甫《文心雕龙今译》，中华书局，1986年，页166。
② 王梦鸥《文心雕龙快读》，海南出版社、三环出版社，2005年，页91。

然的现象，文学批评家出于辨体的需要，就会如上述把功能相近的文体放在一起论述。然而，功能上的交叉和互渗已然成为事实，如何将文体明晰地区分开来，其实也成为批评家们的难题。刘勰为了清晰辨体，在论述功能相近的文体时，表现出了一种倾向，即往往只重点论述和突出文体的主要功能，及由此功能而来的文体风格和体制特征，而不及其他。这是一种刻意规范文体功能的行为，目的在辨体。下以具体例子见之。

如《檄移》篇论"檄"，主要强调了它是用于军事征伐的一种文体。认为檄文的源头是誓文，即出征讨伐前训诫己方军队的文辞。被称为"檄之本源"[1]的是周穆王西征前祭公谋父的一番"威让之令"[2]，这是见于记载的第一篇用于责让敌方军队的文辞。"选文以定篇"部分所论四篇文章，皆系讨伐敌方军队的公文。在刘勰看来，檄文既然是用于军事讨伐，则应有"事昭而理辨，气盛而辞断"的风格特征。[3]论"檄"体之末，刘勰仅以一言提到"檄"的另一种功用——征召："又州郡征吏，亦称为檄，固明举之义也。"[4]观《檄移》篇全文，可以清楚看到，刘勰对檄文的功用有一个非常明确的认识，即此体主要用于军事讨伐，用于征召则已是其非常次要的功能。然而，实则"檄"体还有晓慰功能，此点历代学者多有论及。《文选》五臣之李周翰注《谕巴蜀檄》有言："檄，皎也。喻彼使皎然知我情也。"[5]而《一切经音义》言："檄书者，所以罪责当伐者也。又陈彼之恶，说此之德，晓慰百姓之书也。"[6]则兼及了檄书之征伐、晓慰两种功用。晓慰类檄文确实存在，即如

---

[1] 《文心雕龙》，页762。
[2] 《文心雕龙》，页762。
[3] 《文心雕龙》，页783。
[4] 《文心雕龙》，页783。
[5] 李善等《六臣注文选》，浙江古籍出版社，1999年，页801。
[6] 范文澜《文心雕龙注》引，人民文学出版社，1958年，页388。

《文选》就选了司马相如《谕巴蜀檄》这样的名篇。然刘勰何以弃而不论呢？刘勰刻意规范檄体的功用，把它相对单一地定位于军事征伐，无疑突出了它与"移"的区别。因晓谕百姓之檄，确与"移风易俗，令往而民随者也"①的移文界线模糊，颇难区分。

又如"箴"体，徐师曾《文体明辨序说》称："古有《夏》《商》二箴，见于《尚书大传》解及《吕氏春秋》；然馀句虽存，而全文已缺。独周太史辛甲命百官箴王阙，而虞人一篇，备载于《左传》，于是扬雄仿而为之。其后作者相继，而亦用以自箴。故其品有二：一曰官箴，二曰私箴。大抵皆用韵语，而反复古今兴衰理乱之变，以垂警戒，使读者惕然有不自宁之心，乃称作者。"②按施用对象的不同，将箴分为官箴、私箴两种。在刘勰之前，被后人称为"私箴"的这一类箴文已经有不少创作，今天流传的有如扬雄《酒箴》、张纮《瑰材枕箴》、应贞《杖箴》、挚虞《新婚箴》、李充《学箴》、苏彦《语箴》等。而且《铭箴》中还提到一篇——王朗《杂箴》，只不过刘勰对此私箴颇致否定之意："至于王朗《杂箴》，乃置巾履，得其戒慎，而失其所施。观其约文举要，宪章戒铭，而水火井灶，繁辞不已，志有偏也。"③被刘勰认同的又是怎样的箴文呢？《铭箴》篇提到的是：《虞箴》，扬雄、崔骃、胡广《百官箴》，潘勖《符节箴》，温峤《侍臣箴》，王济《国子箴》，潘尼《乘舆箴》等。其中最受称扬的是产生于周代的《虞箴》，赞其"体义备矣"；④其次则扬、崔、胡之《百官箴》，称"信所谓追清风于前古，攀辛甲于后代者也"。⑤刘勰所认可的箴文，皆是沿"官箴王阙"传

---

① 《文心雕龙》，页 785。
② 徐师曾《文体明辨序说》，人民文学出版社，1962 年，页 140—141。
③ 《文心雕龙》，页 417—419。
④ 《文心雕龙》，页 409。
⑤ 《文心雕龙》，页 414。

统而作的官箴,①他认为如王朗《杂箴》之类私箴已走入歧途。相较于官箴,以人们日常修养等为箴诫对象的私箴,确实更易与另一种文体——座右铭相混,后者亦为箴诫个人而生。

再如《哀吊》篇论"哀辞"一体,称:"以辞遣哀,盖下流之悼,故不在黄发,必施夭昏。"②"暨汉武封禅,而霍嬗暴亡,帝伤而作诗,亦哀辞之类也。"③刘勰认为哀辞是用于童殇夭折及不幸暴亡者的一种文体。以这样的认识为背景,他指出最优秀的哀辞是西晋潘岳的《金鹿哀辞》《泽兰哀辞》,二篇皆为年幼夭亡者而作。然而,这只是哀辞发展的部分事实。实际上,此体经历了一个不断变化的过程,变化之一即施用对象的不断扩展。如三国吴张昭《陶谦哀辞》中的陶谦六十三岁而亡,寿终正寝而同样以哀辞致悼。潘岳《阳城刘氏妹哀辞》所哀悼的妹妹已然适人,并非童幼。尤其值得注意的是,魏晋时期哀辞开始用于悼念亡妻,如《文选》所选《哀永逝文》就是潘岳为亡妻杨氏而作。孙楚《胡母夫人哀辞》悼念对象为嫁其不久即去世的夫人。在哀辞发展的最初阶段,仅用于童觞夭折与不幸暴亡者,使它与其他哀祭类文体如诔文、祭文等都有明确的区别。但哀辞的施用对象不断扩展,当扩至亡妻、寿终正寝者时,它与诔文、祭文等的界限便不那么明确了。

继如《哀吊》篇论吊文,"选文以定篇"部分述自西汉贾谊《吊屈原文》至西晋陆机《吊魏武帝文》十篇吊文,所吊对象是"或骄贵以殒身,或狷忿以乖道,或有志而无时,或行美而兼累"者,④与作者所处时代皆相距较远,生平行事又都颇能激起后人的感慨,作者实借凭吊古人来抒写自己的志趣怀抱,凭吊只是媒介,

---

① 杨伯峻《春秋左传注》,中华书局,1990年,页938。
② 《文心雕龙》,页464—465。
③ 《文心雕龙》,页467。
④ 《文心雕龙》,页478。

抒怀才是目的。这类吊文可称为吊古抒怀类吊文,与向同时人致吊的吊丧类吊文有很大不同,后者主要表达的是作者的哀悼之情。吊丧类吊文虽然后天发育不足,但也绝不是没有,即如《哀吊》篇所论及的时期内,汉代光武帝就有《临吊侯霸诏》,西晋陆机有《吊少明》,陆云有《吊陈永长书》《吊陈伯华书》,束皙有《吊萧孟恩文》《吊卫巨山文》等。很明显,吊文实可分为两类,且两类吊文创作旨趣及文体功用颇为不同。这一点,古代文论家也已指出,王之绩《铁立文起》有言:"王懋公曰:吊有二,并时而吊者不待言。有相去千百年而相吊,如柳宗元之于苌弘、贾谊之于屈原、陆机之于曹瞒是也。"①然而,《哀吊》篇何以不论吊丧类吊文呢?《哀吊》论吊文止于西晋,这一时期内,吊古抒怀类吊文是吊文的主流。首先从创作数量上看,据严可均《全上古三代秦汉三国六朝文》,汉魏今存吊文共十三篇,除光武帝《临吊侯霸诏》为吊同时人,阮籍《吊某公文》残佚,所吊对象不详外,其他十一篇皆为吊古抒怀之作;两晋今存吊文十二篇,其中吊古类八篇,吊丧类吊文四篇。②其次从质量上来看,吊古抒怀类吊文的作者多名家,吊丧类吊文总体创作质量难以与之相捋。而且,相对于吊丧类吊文,吊古抒怀类吊文表现出突出的个性特征,那就是它把重点放在了作者的"自喻"上,而不是对死者的哀悼上。吊丧类吊文哀悼死者、安慰生者的功能,在诔、哀、祭文等体那里都能找到。

终如"祭文",《祝盟》篇将祭祝告飨之辞分为两大类:"班固之《祀涿山》,祈祷之诚敬也;潘岳之《祭庾妇》,祭奠之恭哀也:举汇而求,昭然可鉴矣。"③一为以祭奠山川为代表的祷鬼神之作,一为祭亲友之作。刘勰论"祭文",即仅指向祭亲友文。祭亲友文

---

① 王之绩《铁立文起》,复旦大学出版社,2007年,页3691—3692。
② 另此期还有陆机《吊少明》一篇,乃吊亡友之作,惜今只知篇名,内容亡佚。
③ 《文心雕龙》,页376。

为祭文的主流。即如现存最早的祭文——曹操《祀故太尉桥玄文》，就为祭亡友而作。至西晋王沈《祭先考东郡君文》、潘岳《为诸妇祭庾新妇文》《为杨长文作弟仲武哀祝文》、殷阐《祭王东亭文》等出，则这种文体已得到广泛应用，皆为祭奠悼念亲友而发。西晋而后，晋宋之际陶渊明有《祭从弟敬远文》《祭程氏妹文》，南朝有颜延之《祖祭弟文》、王僧达《祭颜光禄文》、谢朓《为诸娣祭阮夫人文》、孔稚珪《祭外兄张长史文》、刘令娴《祭夫徐悱文》、沈景《祭梁吴郡袁府君文》等，可谓代有佳作。然而，祭文却并非仅有祭亲友一支。《文选》设有"祭文"一体，选文三篇，分别是谢惠连的《祭古冢文》、颜延之的《祭屈原文》、王僧达的《祭颜光禄文》，都是刘宋时期作品，按内容可概分为两类：王文用以祭亲友，谢文和颜文用以祭古人。与祭亲友文不同，祭古人文的兴起应该要晚一些，今存多见东晋作品，如王珣《祭徐聘士文》、殷允《祭徐孺子文》、周祗《祭梁鸿文》、孙楚《祭介子推文》、庾亮《释奠祭孔子文》。至南朝，谢惠连有《为学生祭周居士文》，颜延之有《祭屈原文》《为张湘州祭虞帝文》，卞伯玉有《祭孙叔敖文》，萧绎有《释奠祭孔子文》《又祭颜子文》等。《祝盟》篇只论祭亲友文，祭古人文缺失，这应与《文心雕龙》一般不论西晋以后作家的惯例有关。但同时也应看到，祭古人文作为祭文的一支，与吊文一体的相混之势已成。如祭古人文的代表作品颜延之《祭屈原文》，为《文选》所录，而《文选》所列"吊文"一体，录有贾谊的《吊屈原文》。颜延之《祭屈原文》和贾谊《吊屈原文》皆作于作者被贬，途经汨罗之际，哀悼屈原都寄寓着作者对自身命运的叹息与思考，皆露出愤愤不平之气。因此，有学者言"吊文与祭文的界限是比较模糊的"，[①]具体到祭古人的祭文，更是难与吊文一体区分。

---

① 王人恩《古代祭文精华》，甘肃教育出版社，2009年，页22。

总而言之，刘勰往往强调文体的主要功用，以求更好地区分功能相近的文体。这样做，确实更大程度达到了辨体的目的。但同时，我们也应看到，《文心雕龙》辨体理论的缺陷也由之产生：一则，作为一部通论性著作，《文心雕龙》有对文体认识不够客观全面之嫌；再则，刘勰一方面承认文体交叉互渗的事实，另一方面又总是试图从主要功能出发辨别文体，似有自我矛盾之处。当然，所有这些都是由文体发展的丰富、复杂性造成的。更重要的是，刘勰从文体功能角度入手辨析文体，对诸多文体的挖掘更深入系统，颇能抓住各种文体，尤其是实用文体的实质，取得了不小的辨体成就。因为，通过《文心雕龙》，我们确实对所论文体有了更深入的认识，对相近文体也能够更明晰地辨别。

三　辨析由文体功能的分化而衍生的新文体

新文体的不断产生，是文体愈分愈细的重要原因。促成新文体生成的因素有很多，如礼制、政治、社会生活等的实际需要，不断创新的体式等。而由文体功能的分化而衍生，也是新文体产生的重要途径。刘勰论及多种由此类方式产生的新文体，他对这些新文体进行了辨析，描述其衍生、发展过程，并专门提出了"别体"的概念。

《议对》篇有云："又对策者，应诏而陈政也；射策者，探事而献说也。言中理准，譬射侯中的，二名虽殊，即议之别体也。古之造士，选事考言。汉文中年，始举贤良，晁错对策，蔚为举首。及孝武益明，旁求俊义，对策者以第一登庸，射策者以甲科入仕：斯固选贤要术也。"[1]称选拔官吏考试中用于回答皇帝问题的对策和射

---

[1] 《文心雕龙》，页902。

策是"议"的"别体",它们产生很早,在汉武帝时皆已被应用,二者的区别在于,前者直接针对皇帝的提问作答,后者则在多策中抽选一策作答。《议对》篇论"议"体云:"周爰咨谋,是谓为议。议之言宜,审事宜也",①"夫动先拟议,明用稽疑,所以敬慎群务,弛张治术"。②"议"体用于议论政事。对策和射策也用于议论政事,只不过皆被专门用于考试这一场合。这样看来,对策和射策其实是从"议"体衍生而出,用于专门场合的两种文体,使用范围非常具体,分担了"议"体的部分功能。则"别体"一词,指那些由功用较广的文体衍生而来、担任原生文体部分功能的文体。

像这样承担原生文体部分功能的衍生"别体",在《文心雕龙》中还有一些,如"弹事""启""封事""便宜""奏记""笺",等等。

"弹事"一体,《奏启》篇言:"若乃按劾之奏,所以明宪清国。……后之弹事,迭相斟酌,惟新日用,而旧准弗差。"③"弹事"就是专用于弹劾的奏文,它从奏文分化而出,承担了弹劾这一专项功能。《奏启》篇论"奏"体云:"陈政事,献典仪,上急变,劾愆谬,总谓之奏。"④刘勰概括了奏文四方面的功用。自汉魏六朝流传下来的奏文,确能与刘勰所言印证。有学者即据《文心雕龙》将汉魏六朝奏文按这四种内容进行分类统计,并得出结论:"两汉、三国、两晋、宋、齐、北魏、北齐七朝的奏文用于'劾愆谬'者都居第二位,次于'陈政事'。而梁、陈的'劾愆谬'奏文数量则超过或等于'陈政事',居第一位。由此可见,'劾愆谬'作为奏文四种功能之一特点突出。故刘勰《文心雕龙·奏启》总论奏文之后,又

---

① 《文心雕龙》,页882。
② 《文心雕龙》,页897。
③ 《文心雕龙》,页863—868。
④ 《文心雕龙》,页852。

将'按劾之奏'专门提取出来，予以重点介绍。李曰刚《文心雕龙斠诠》也曾指出，奏可以分为两类，一是'陈事之奏'，一是'按劾之奏'。正因为按劾功能之于奏文的重要性和突显性，使得其具备了独立成体的条件。"[1]"弹事"作为"奏"的衍生文体，在西晋以后独立。

"启"亦产生于上奏类公文不断细化的过程中。《奏启》论"启"体云："启者，开也。高宗云：'启乃心，沃朕心。'取其义也。孝景讳启，故两汉无称。至魏国笺记，始云启闻。奏事之末，或云谨启。自晋来盛启，用兼表奏。陈政言事，既奏之异条；让爵谢恩，亦表之别干。"[2]认为"启"从表、奏中分离而出，承担了表、奏的部分功能。就现存启文来看，一般所言事务都不关国体之大，也就是说，"启"的衍生，乃是出于言细小公务的需要。孙梅《四六丛话》论"启"言："若乃敬谨之忱，视表为不足。"[3]因不关国体之大，其面目也就没有表体庄重严肃。相应地，如刘勰所言："必敛饬入规，促其音节，辨要轻清，文而不侈，亦启之大略也。"[4]其篇幅也往往短小。将言细小公务这一职能从表、奏中剥离出来，代表着上奏类公文的进一步细化。启体较表、奏稍显随意，数语道尽，创作及使用起来就更方便、自由一些。这一特性，是对一直以来面目庄重严肃的上奏类公文的稍稍解缚。但其文体功能还是相对欠明确的，故衍生、形成独特文体特征的时间就比较漫长。

显见，奏文不断衍生出新的类别。在汉前，奏文的主要行文对象是君主，随着封建国家的强大，等级制度的渐趋森严，一些针对封建皇帝以外人物的上奏公文产生，如"公府奏记，而郡将奉

---

[1] 黄燕平《南朝公牍文研究》，浙江大学博士论文，2011年，页110。
[2] 《文心雕龙》，页873。
[3] 孙梅《四六丛话》，王水照编《历代文话》，复旦大学出版社，2007年，页4524。
[4] 《文心雕龙》，页873。

文体功能：刘勰辨体的重要一面

笺",①上书三公之府用奏记，上书郡府用奏笺。又有一些上奏类公文则为满足不同场合的需要而衍生，如《奏启》篇还言及"封事"，上章封以皂囊以求机密；又言及"便宜"之体，乃为上"便于公，宜于民"之事。②上奏类公文不断立体，细密繁生，如刘永济《十四朝文学要略》所言："文无类也，体增则类成。体无限也，时久而限广。类可旁通，故转注而转新；体由孳乳，故迭传而迭远。"③

徐师曾《文体明辨序说》有言："文愈盛，故类愈增；类愈增，故体愈众；体愈众，故辨当愈严。"④随着时代向前发展，各种文体参与创作的人越来越多，产生作品也越来越多，文体功能也会随之拓展；或一些文体在产生之初，文体功能就非常宽泛。这些促使承担原生文体部分功能的新文体不断衍生，继之也使文体辨析的难度加大。《文心雕龙》创"别体"一词，论述了因文体功能的分化而衍生的新文体，这是刘勰辨体的一个重要方面。但同时需明了的是，这样的辨体方式，会从理论上引导文体愈分愈细的倾向。

总而言之，《文心雕龙》的辨体批评已经理论化、系统化，而利用文体功能来辨析文体，是刘勰辨体理论的重要角度和方面。他通过刻意规范文体功用，来辨析性质相近的文体；通过辨析由文体功能的分化而衍生的新文体，来描述文体的发生、发展。这样的辨体方式，一方面使人们能够迅速地认识各种文体发展的主要线索，及与其他文体的区别；另一方面也能反映一些内涵、外延宽泛，或功能复杂的文体不断衍生分化的事实。但同时，也应看到，刘勰不免对某些文体描述不够客观、全面，又不免分体过细。依据文体功

---

① 《文心雕龙》，页936。
② 萧子显《南齐书》，中华书局，1972年，页808。
③ 刘永济《十四朝文学要略》，中华书局，2007年，页4。
④ 徐师曾《文体明辨序说》，页78。

能来辨体，和依据风格、体式、题材等来辨体，在刘勰的辨体理论体系中同等重要，应予以足够重视，才能全面认识他的辨体观。但也应注意对刘勰从文体功能角度进行的辨体，辨证地看待，客观地评价。

（原载《河南师范大学学报》2017年第6期）

中古诗歌叙事的逻辑维度：
"叙事"义涵、时空秩序、经史精神

◎ 李 翰

中国历史上的"中古"，其界限是比较宽泛的，大致从秦、汉到宋、元，或长或短，颇有分歧，但魏晋南北朝属于中古，当无疑义。[①]魏晋被认为是"文学自觉的时代"，即从这一阶段起，文学走向自觉和独立。这起码可以从两个层面来理解，一是文学创作由集体时代转向个体时代，作家主体意识的觉醒；二是在理论与实践上，对文学体性认识的深化，如文章辨体意识的增强，对诗歌体制、形式的探索，新体诗的产生与完型，等等。作家主体意识的觉醒，表现在诗歌的言志、抒情成分大增；诗歌体制的演变，总的趋势是篇幅不断压缩，最终出现新体诗。二者在客观上都不利于叙事

---

① "中古"是一个动态的概念，如晋唐时期，多称三代为上古，战国至秦汉为中古。现代史学意义上的中古，源自西方史学对"中古"或"中世纪"的认识，并将其安排在一个从"中古"走向"近代"的历史演进框架中。参谢伟杰《何谓"中古"？——"中古"一词及其指涉时段在中国史学中的模塑》，载《中国中古史集刊》第二辑，商务印书馆，2016年。刘师培《中国中古文学史》，王瑶《中古文学史论》，所论"中古"即魏晋南北朝一段，本文同此。

的发展，中古诗歌给人的印象也的确是叙事、抒情此消彼长，叙事传统呈现出衰微的迹象。

然而，这只是表面现象。在中国古典诗学的叙事概念中，"事"的范畴较为宽泛，几乎涵盖了社会生活的全部，而"叙"既是撰述行为，也是文体，包含丰富的文化内涵。在中国古典诗论的"叙事"语境中，中古诗歌的叙事，是客观的普遍性存在。就诗歌史的实践来看，文人作为创作主体，经、史求真征实的传统渗透在写作中，从诗歌的组成要素到精神旨趣，表现出真实性与实在性的倾向。同时，民间文学好奇尚异的趣味，影响到文人创作，也进一步丰富了诗歌叙事传统的内容。从上述三个逻辑维度作历史的考察，有助于发现中古诗歌叙事之特点，认识其在中国诗歌叙事传统中所居之位置。

一　中古"事"的义涵与"叙"的表现方式

叙事广泛存在于诗歌之中，不独叙事诗，抒情诗也有叙事问题，这与中国文学语境中的"叙事"概念的特殊性有关。在中国诗文创作与理论中，"叙事"有其民族特色，与西方叙事学所谓之"叙事"有很大区别。谭帆《"叙事"语义源流考》对"叙事"一词的渊源及义涵演变作了较详细的探索，认为其语最初出自《周礼》"掌四时祭祀之序事与其礼"，经过史学与文学的语义流变，构成完整的语义内涵。其内涵之丰富，绝非单一"讲故事"可以涵盖。就"事"而言，包括"事物""事件""事情""事由""事类""故事"等多种内涵；而"叙"也包含"记录""叙述""解释"等多重理解。[①]

[①] 谭帆《"叙事"语义源流考——兼论中国古代小说的叙事传统》，载《文学遗产》，2018年，页83—96。

上述"叙事"的丰富义涵,在魏晋时期皆有体现。除了谭文所列,还有"事理""事义""事感"等等义涵。①"事"在上述合成词中,不是都处于中心,但依然非常关键,因为离开了"事","理""义""感"等也就无从谈起。无论"事"是否居于中心,既为诗文所必备,就得考虑如何呈示。"叙"即为"事"的呈示方式之一。②"序""叙"相通,《周礼》中每每混用,如《周礼·地官·乡师》:"凡邦事,令作秩叙。""序"即作"叙",郑玄注:"叙,犹次也。"③此为"叙"之本义,非指用语言来讲述,而是指人们对事物的时空思维与现实措置。谭文考证"叙"的讲述之义,较早见于《国语·晋语三》"纪言以叙之,述意以导之","叙"同"述"。然"述"由"循"引申而来,在先秦表示"讲述"之意,有其特殊内涵,即孔子所谓"述而不作"——客观陈述之义。这样一种"叙述",正契合史学的"直书"与"实录",作者只是叙述者,无其他社会身份与个人介入的再创作,故真德秀说"叙事起于古史官",史官的叙事就是"述"。

真实与实在是"事"的基本属性,不管这一真实与实在,是客观实存的真实,还是虚拟真实,至少在文本中,"事"是真实的,这也再次显示了事与史的密切关联。从文学史整体而言,中古诗歌叙事意识处于一个逐渐明晰与自觉的阶段。这始于对"事"的类

---

① 事理,如班彪《王命论》"夫以匹妇之明,犹能推事理之致";《诗品》评任昉诗云"善铨事理,拓体渊雅";《文心雕龙·议对》"烦而不愿者,事理明也",等等。事义,如嵇康《怀香赋序》"四叟归汉,故因事义赋之";《诗品序》"词既失高,宜加事义";《梁书·文学传下·刘杳》"辞采妍富,事义毕举,句韵之间,光影相照",等等。事感,如沈约《禔雅》"道不虚致,事由感通";范晔《乐游应诏诗》"探己谢丹黻,感事怀长林";萧瑱《估客乐》"感忆追往事,意满辞不叙,感忆而追者,皆为"事",亦属"感事"。
② 董乃斌《中国小说的文体独立》(中国社会科学出版社,1994年)将文学与"事"的关系,分为"含事""咏事""叙事""演事"四个阶段。可见,"叙"仅为文学呈示"事"的一种方式。
③ 郑玄注,贾公彦疏《周礼注疏》,中华书局,1980年,页713。

分，见于诗文题材意识的自觉；而叙的自觉，则见于对"体"的类分，具体表现于文体自觉。以《文选》赋、诗为例，赋分为15类，其中郊祀、耕藉、畋猎、纪行、游览明显是以事件来划分，其他如京都、宫殿、鸟兽、江海等，各处包含事以及名物、场景，且事也非一时一端一件，以处所或名物词涵盖。诗分23类，述德、公讌、祖饯、游仙、游览、行旅等，也是以"事"分，而赠答、乐府等，则涵盖多种内容，是以诗歌的体类来划分的。《文选》诗赋有多种分类的标准和意识，以"事"来类分，即其分类标准之一。值得注意的是，《文选》中有"行旅"类，而无"山水"，实际上以前者涵盖了后者。行旅是具体的行为、活动，突出人的活动，山水则仅为名词，这也能看出选家对事的重视。从诗赋文体内的分类来看，"事"也是以类群的方式集合出现的，各类事，囊括了时人生活、活动的方方面面。锺嵘《诗品序》"嘉会寄诗以亲，离群托诗以怨……"云云，亦可用以补正诗与时人生活及人生经历、际遇的密切关系，诗中之事，因其生动与切实，而呈现出真实与实在的史性特征。

"叙"的觉醒显示在文体特性的自觉中，也显示在与"事"的组合关系中。文体不同，写作方式不一样，所谓"奏议宜雅，书论宜理，铭诔尚实，诗赋欲丽"（曹丕《典论·论文》），既概括了文体的风格与特征，也留下相关文体如何达成"雅""理""实""丽"的思考。在《文选》中，以选文予以垂范，而在《文心雕龙》中，则就其叙作，分别作细致的揭示与辨析。不仅文体有其特性，同一文体的不同题材，也应具有特定的写作规范。比如《文选》中的"赠答""祖饯""公讌"等，都是人际交往中之活动，然其又有分别，这从内容上即可清晰区分，而叙事也因之有所不同。再如"咏史"，内容与历史相关，然又有传体与论体，则是叙的方式与形态有两类。如果说曹丕的"四科八体"是从文体着眼，在风格论中含有对叙作的思考，那么，刘勰"叙情怨，则郁伊而易感；述离居，则怆怏而难怀"(《文心雕龙·辨骚》)云云,则是从题材方面,既论风格,又论及达成此一风格的叙述要点。不同题材,有不同叙述特色,在魏晋六朝人那里,确已具备明确的自觉意识。

题材、文体与叙述的自觉,是对应统一的,"事"的义涵的丰富性与其表现的多样性,形成题材的多样性,从而决定了"叙"的义涵、方式与形态的多样性。刘勰谓《楚辞》叙、述的"郁伊易感""怆怏难怀",为之增加了主观能动性,实即述而有作。我们知道,孔子强调的是"述而不作",当他这样说的时候,一是表示对经典的尊重,二是自谦。其实,孔子的"述",不但含有"作",而且是极具开创性的"作"。当"事"取"事物""事件""事由""事类"等含义,偏重于"事"自然存在、已然发生的历史性与客观性,此时,"叙"作为讲述行为,较多倾向于客观陈述。当"事"取"事理""事义""事感"等含义,偏重于"事"与人的互动,此时,"叙"不仅只是客观的讲述,还带有表达与演绎,则含有创作之义。实际上,在魏晋南北朝,"述(叙)作"常见合成一词,义涵相互靠拢,差不多构成同义复词。如《后汉书·班彪传》"彪既才高而好述作,遂专心史籍之间",是"作"偏"述"义;任昉《〈王文宪集〉序》"公自幼及长,述作不倦",则是"述"偏"作"义。当"述""作"合成为"述作",复词的义涵便成为单词的义涵。

中古之"叙",义兼"述作",故能为文、史、哲所通用,其实际应用,一在文体,一在笔法,然两者在原理与思维上,又融通无间。就文体来说,序(叙)之为体,在中古应用范围极广,有诗文、著作之序,有酬赠、燕集之序,有生平、游历之序……不一而足。[1]视内

---

[1] 中古诗文、著作序,如《诗品序》《文心雕龙·序志》《翰林集序》等,燕集序如《金谷园序》《兰亭集序》等,有些情况下,作品序与作者生平自序相融合,如萧纲《幽絷题壁自序》,萧子显《自序》,江淹《自序传》,刘峻《自序》,王筠《自序》等。酬赠类序,在中古前期的魏晋南北朝较少见,入唐以后始大量出现。

容之需要，说理议论、描写抒情、记人记事，等等，也无施不可。无论何类序，总不免交代缘起、经过，事即便不居核心，但绝不可少。是以《文心雕龙·论说》谓"序者，次事"，将事依次交代清楚，是其基本功能。故"叙"（序、述）与"事"成为当然之搭配。[①]

与"事"不同，除了文体之"叙"，是静态存在的客观物，多数情况下，"叙"是一种行为，义涵反映于实际操作与现实功能之中。那么，"叙事"之"叙"，有哪些具有含括性、代表性或普适性的要素、特征与功能呢？

叙述在其早期即由"序"所界定的秩序规范，确定了两大基本要素——空间与时间。《周礼》"掌四时祭祀之序事"，"序事"是按序排列之事，必然含涉时间与空间。孔颖达疏《尚书序》，引《毛诗》"序者，绪也"，云"绪述其事，使理相胤续，若茧之抽绪"，按，绪、序、叙互通，"绪述"当同"叙述"，则"使理相胤续，若茧之抽绪"的"绪述其事"，便是叙事。[②]前引刘勰云"序者，次事"，亦为此义。叙事要将自然发生的事，依次分布到时空序列中，通过梳理、排比，使之脉络明晰，从而呈现义涵。现代叙事文学讲究的两大基本要素，时间、地点，亦即时间和空间。可见，时、空是叙事通贯古今的恒定要素。鉴于时空要素对叙事的关键性，有学者指出，在中国古代的叙事概念中，序（叙）是空间时间化形式，事是时间空间化形式。[③]不妨说，中国古典诗学中的叙事，"事"是人们生活中所经历所见闻的质实之事，叙事便是将其状态或过程在一定的时空坐标中呈现出来，叙事就是人类在时空中的活动与存在

[①] 詹锳《文心雕龙义证》，上海古籍出版社，1989年，页673。
[②] 孔颖达《尚书正义》，中华书局，1980年，页113。
[③] 殷学明《序事与叙事——中西不同的话语修辞方式》，载《文艺评论》，2012年，页4—9。

状态的再现，它是动态的行为，也是文学体式与质性中不可或缺的因素。所以，叙事对于诗歌来说，是普遍性的存在。

二 文本时空组构的客观性与叙事的普遍性

所谓空间的时间化，也就是使空间的层次、脉络先后呈现，这是叙的作用；时间的空间化，则指"事"是以时段为存在方式，即其为占用一定时间的空间序列。如果"事"为"事物""事件""事由""事类"等实在物质，叙事旨在明了其性状、过程、关联等，将时间过程中的事定型为确定的物质性存在，使时间的空间化形式得以完成；如果"事"为"事理""事义""事感"等偏重非物质形态的精神领域，叙事旨在通过对事的描述，明了其之所以如此的逻辑脉络、因果链条，叙事的同时，也是在描述抽象的思维过程，叙事即是将精神运动轨迹及其最终成果定型，同样是以空间形态固定时间流中的所有存在。

这样一种时、空的秩序，在思维路径与写作套式上有突出体现。检索古人文章，会发现对于特定主题，都免不了历史梳理与谱系追踪。一般先论天地自然之道，再征引人文史迹之例，由旁系古贤到近系先辈，最后才叙及本题。《文选》中的书表，如李斯《上书秦始皇》、邹阳《上书吴王》、孔融《荐祢衡表》、曹植《求自试表》、张悛《为吴令谢询求为诸孙置守冢人表》、桓温《荐谯元彦表》，等等，都是以"臣闻"引入古事或经典论述，由古而今，由远及近。这一套式显示古人对自身在历史中所处的空间、位置，有着极为明晰的意识，以此为基础建立思想和行为逻辑。《文心雕龙》前几篇的"文之枢纽"，以《原道》《征圣》《宗经》为序，从天道而人道，再到文道，也是对文的谱系追踪。具体篇目如《原道》，从日月山川到人文制作，人文中，又是从圣贤经典到平凡文章，同样体现着时空的秩序性。再如陆机《文赋》论文思之起:"伫中区以玄览,颐情志于典坟。遵四时以叹逝,瞻万物而思纷。……咏世德之骏烈,诵先人之清芬。游文章之林府,嘉丽藻之彬彬。"从玄览中区到游心典坟,从先人文籍再到作者制作,也是由自然而人文、由先贤及自身的次序。"伫中区以玄览",仿佛是精确的经纬坐标,万物纷纭,围绕着依次分布,前后主次,历历分明。陈世骧先生从抒情传统的角度解释陆机文论的秩序感,对《文赋》中"选义按部,考辞就班"最为关注,认为这是源于内心世界的一种"秩序"的追求,源于所处世界一切崩坏和混乱所激发的热忱。① 然而,陆机的内心世界是如何建立的? 没有历史的脉络与自然的参照,他的热忱依然是一团乱麻。显然,陆机是通过时空秩序,找到思维与写作的秩序,从外而内,再由内符外,而非陈氏所云以内心世界为源。

上引诸例足以说明这是古人普遍的思维定势,非独陆机为然。傅修延先生很早就观察到这种现象:"不管是在哪种文体中,中国人下笔时总会不自觉地按'自从盘古开天地,三皇五帝到如今'的格局行事,历代(包括当今)重要的政治文告也常常从前人的贡献起笔……"他还引当代学者的论述:"中国人做学问的方式是靠历史叙事,先列举三代故事、先秦典籍、二十四史一路下来,然后续上你的当代叙事一小段,这样你才能得到自己内心承认的合法性,也只有这样才能够建立起大家公认的正统性权威。"② 从文化角度所观察到的历史感,其实就是从叙事角度观察到的时空感。这一文化心理与写作传统,正是典型的叙事思维。

在时、空坐标中的写作及其成品,是质实的叙事行为与叙事文

---

① 陈国球《"抒情传统论"以前——陈世骧与中国现代文学及政治》,载《现代中文学刊》,2009年,页64—74。
② 傅修延《中国叙事学》,北京大学出版社,2015年,页71。

本，叙事文本具备如下基本特性：其一，是性状。包含量的描述、质的判定、形态的确认、功能的落实。中古文体意识的强化，同一文体中，题材类型的分辨，就是性状的明确。其二，是系统。即特定时空中的事，因其因果与逻辑，成为现象的一环，其意义要在现象系统中去认识。而这一系统，又是不断扩大、由无数层级组成的，近似于无穷。时间中的历史感，与空间中天地人的有序分层又相互交通，就显示了叙事的系统性思维。其三，是主体性及能动性。事是人的行为与活动，单纯的自然物或自然运动，一般不能说是"事"。只是，当人们去描述、记录该自然物或自然运动之时，将人类或记录者的观察与体验附着其上，因人的介入，自然物及其运动具有某种拟人性，则可以使之成为叙事。以往将抒情、叙事分别贴上主观、客观的标签，失诸简单了。且不说"叙"是极富主体性的行为，便是"事"，也是人类认识中的"事"。中古山水、行旅、节候等题材的诗文，不少便因"事"与作者发生联系，才从自然山水变为人文山水。无论文本中的"叙事"隐显与否，其必含"事"与"叙事"，则是毋庸置疑的。

由上可知，在中古文学中，"叙事"之范畴极为宽泛。这是因为"叙""事"各具丰富的内涵，并未因合成一词而损减各具的灵活性与丰富性。"叙"既是名词，也是动词，既是文体，也是方法；"事"之能指丰富，又可与其他词相组合，如"事感""事情""事义""事境"，等等，使其内涵得到确定的延伸。

三　诗的真实性与中古诗歌叙事传统的实存性

中古诗歌叙事传统，是涵盖全体诗歌、真实存在的传统，根本原因是诗的真实性，叙事的自觉，也是建立在诗的真实之上。对于诗来说，真实性、现实性与史性，三位每集于一体。三代以迄先秦,在历代文化与政治的架构与运行中,诗史皆为一家,俱备世用,参与政教。《国语·周语上》:"故天子听政,使公卿至于列士献诗,瞽献曲,史献书,师箴,瞍赋,矇诵,百工谏,庶人传语,近臣尽规,亲戚补察,瞽史教诲,耆艾修之,而后王斟酌焉。"①这里除了"书""谏",各色人等所献,皆类似于诗。尤其值得注意的是瞽史,二者分属两类,又很接近,所以分开来说"瞽献曲,史献书",合起来又说"瞽史教诲"。顾颉刚认为"史与瞽之所为辄被人视同一体",皆因"瞽史"其术相通。②《诗大序》"国史明乎得失",孔颖达集众说云"国史采众诗时,明其好恶,令瞽矇歌之",史选诗而瞽矇歌诵,瞽史联系密切。瞽歌诗以教诲,盖因瞽之职隶乐官,掌"讽诵诗,世奠系,鼓琴瑟"(《周礼·春官》),故瞽和史的关系,也就是诗和史的关系。瞽史一体,也便是诗史一体。不仅诗史一体,诗与政也是一体。所以才有孔子所说的"诵《诗》三百,授之以政,不达;使于四方,不能专对,虽多,奚以为"(《论语·子路》)。史与政的关联,在于提供知识、经验与教训,史是过去的真相和真实,而诗则是当时的真相和真实——当然,对于后世,则构成了史,故诗是史与现存真相和真实的统一。孔子论诗还有"兴观群怨"说,四者皆关乎真实,而以"观"最富现实性。《左传》襄公二十九年季札观乐有"治世之音安以乐,其政和"等论评,《礼记·乐记》也重复类似观点,这些皆佐证了先秦采诗观风、赋诗言志的文化制度,而这一制度的目的是国家政治治理。《诗》能有此功用,即在于其对社会现实的反映,故"《诗》可以观"被普遍认为是现实主义的文学传统。诗所呈示的"观"的材料,是当时的现实叙事,对于当局来说,则是政治叙事,对于后人来说,便是历史叙事。这种叙事,建立在社会现实之中,可以是具体的事,或特定时间、空间集群式的事,也可以是

---

① 徐元诰《国语集解》,中华书局,2002年,页11—12。
② 顾颉刚《史林杂识初编》,中华书局,1963年,页223—225。

较抽象的事,即社会的现实风貌。

诗的真实性,还在于其针对性、指代性的具体与真实——不管其文本是否为叙事。"有为而作",是诗自先秦以来建立的文体尊严。这既可以是后代白居易所谓的"为君、为臣、为民、为物、为事而作"(《新乐府序》),也是"诗言志"对情感、心志诚恳与真实的要求。这实际上就是抒情诗的叙事问题,即抒情诗因其生活、情感、际遇的真实、深刻,内涵充实,对特定时代起到真切的映照与观照,同样可以具备诗史的认识价值。扬雄有"诗人之赋丽以则,词人之赋丽以淫"(《法言·吾子》)之论,为了提高赋的地位,将其说成是"古诗之流",均可见诗在古人心目中的位置与分量。诗不可苟作,它是一个庄严的文本,也是一个可信的文本,这成为其与叙事传统紧密关联的文化基因。因为这种真实性,诗的创作状态和情景、作者、写作的指向,都是可考的,都是可以明确落实的。即便抒情诗,也以具备史的属性为上乘。

诗的真实性以及人们对诗的观念,促成了诗歌叙事意识的觉醒。一是记事规讽,继承《诗经》、乐府的写作传统。像蔡琰的《悲愤诗》,曹操的《苦寒行》,王粲的《七哀诗》,陈琳的《饮马长城窟行》,王粲、阮瑀咏三良的《咏史诗》以及曹植的《三良诗》,等等,皆属此类。二是在"诗言志"传统下,为自我作传,或书写个人经历、遭际,或书写情怀、心志。从文本属性来看,书写情怀、心志之作,可能会含有叙事因素,即通过某件事、某段经历来书写情志,但总体而言非叙事文本。然其具备叙事性,与叙事意识的觉醒密切相关,即在于其真实性,如曹操所谓"御军三十余年……登高必赋,及造新诗,被之管弦,皆成乐章"。[①]曹操的诗多是"歌以咏志"的,然而每首诗也都是因"幸甚至哉",背景清晰,

---

① 陈寿《三国志》,中华书局,1964年,页54。

时地可考，虽未必皆为叙事，却自具史性，从中可得到其时军国大事的某些珍贵细节与生动场景。曹操的"登高必赋"，反映他记录自己经历、生活乃至情志的自觉性，诗对于他，仿佛是个人的生活日志。再如陆机的《赴洛道中作》二首，内容上也偏向抒情言志，多感慨之辞。不过，记录与交代的事实也极清楚，时间、节令、沿途风物，皆为实录，个人心态，也是真实流露。又如潘岳《悼亡诗》，左思《娇女诗》等晋诗名篇，以叙事、写人为基础，然后生发情感，叙事与抒情融为一炉。而就叙写个人生活、亲人音容等方面来看，诗歌的生动与逼真，再现旧日情境，具备复活再生的一种艺术魅力。其真实性与史性一致，而其生动性与逼真性，则又多有超越。这是高超的叙事艺术达到的效果，表明源自史学叙事的文学叙事，具备自己独特的优长之处。

综上所论，诗的真实性，涵盖各类诗体与诗歌的写作，即无论其文本形态如何，抒情、议论、描写还是叙事，它在某种程度上都具备叙事的功能与效用。当然，这是在中国文化语境中而言的叙事，由史学传统而来的真与经学传统而来的善，规定了诗的真实性，只有这种真实性，才可承载讽喻教化的功能。

四　俗文化的影响与叙事传统的丰富性

中古诗文的创作主体为受到经、史文化训练的文人，但社会和历史的丰富性，又表现在各个层级的自由流动，魏晋以来社会思想文化的多元，又极大地促进了这种阶层流动。在经史传统的背景之外，三教九流，民间通俗文化，等等，都会对文人创作产生影响。与"子不语怪、力、乱、神"相对，逐奇好异的蹈虚之风，在中古文人圈中颇有市场，这个意义上的"叙事"，就比较接近于讲故事的那种"叙事"了。

其实,《诗经》和乐府就颇多此类作品。像《诗·大雅》里的《生民》《公刘》诸篇,汉乐府里的《远夷乐德歌》等,神话与传说的痕迹非常浓厚,汉乐府民歌中的故事诗也极多,这些其实都是经史传统之外的更为广泛的民间文化传统。只是大多被儒家进行重新包装和解释,通过比兴寄托的修辞转化,再度纳入礼乐教化的经史传统之中。诗人又多是被经史传统所涵育,再加上对诗的敬畏,故在多数情况下,诗人们始终是在经史传统中创作,不经的素材,背后却是严肃的寓托。不过,由民间传统而来的另一种诗歌旨趣,毕竟也是真实的存在,对诗人的吸引力依然不容低估。一旦社会环境与风气有所改变,就会苏醒、滋生。汉末经学衰微,思想得到一定程度的解放,文人好奇逐异,嬉谑游乐之风,就得以蔓延。史著中对建安文士这方面的记载就非常多。如曹操好音乐倡优,"与人谈论,戏弄言诵,尽无所隐",曹丕携群臣学驴鸣追悼王粲等,都为人们所熟知。[①]其实,曹植在这方面,也不逊父兄。《三国志》裴注引《魏略》,记叙曹植见邯郸淳一事,极为生动:"科头拍袒,胡舞五椎锻,跳丸击剑,诵俳优小说数千言……与淳评说混元造化之端,品物区别之意……"[②]邯郸淳有《笑林》,是魏晋笑话文集,二人之交谈,所涉固多诙谐。"七子"中,像孔融为文,就多"杂以嘲戏",其《离合作郡姓名诗》,所谓"离合"是一种拆字、合字的游戏体诗作,诗以咏古代名士为内容,而离合成"鲁国孔融文举"六字。再如应璩的《百一诗》,固然有诗教的刺的精神,然其文本之诙谐、浅俚,则颇富民间文学的色彩。显然,音乐、俳优、戏弄,流行于文人的日常生活中,民间文学的冲击,已在悄悄改变部分文士对诗的态度,即诗也就是可以用来游戏、娱乐、消遣,可以讲述故事,可以记叙无关宏旨的个人私性生活。因此,像《陌上

---

① 陈寿《三国志》,页 54。
② 陈寿《三国志》,页 603。

桑》《孔雀东南飞》这类故事诗出现在汉末，也是自然而然的事，这类诗虽说是民间的累积创作，实际上都有文人的加工与雕琢，是民间与文人创作相结合的典范。

这对于诗歌叙事传统的演化，有着重要的意义。即在经史的教化叙事之外，还有其他各个层面的叙事，或叙传说故事，或叙个人生活，叙事行为也无明显的功利性，这使得叙事有走向纯粹的可能。从真实性的角度来看，如果说经史传统中的真实性，由诗而知人论世，是一种历史的真实；那么这类受民间传统影响的真实，则仅仅是一种文本的真实，甚至这种文本的真实，正是要说明事实的虚拟，而使得叙事真正变成讲故事。举一个简单的例子。乐府民歌里有一种互文排比的表达，如《孔雀东南飞》"十三能织素，十四学裁衣，十五弹箜篌，十六诵诗书"，《木兰诗》"东市买骏马，西市买鞍鞯，南市买辔头，北市买长鞭"，诗中依次推衍的时间轴线与空间序次，在文本中表现出极强的写实性，理应对文本所叙述的人事起到进一步的确定和证实。然而，稍有阅读经验的人都明了，这里的"十三能织素"，并不能确定织素的年龄就是十三，也不能确定十三岁就一定是织素；"东市买骏马"，并不能确定东市买的就一定是骏马，买骏马就一定是在东市……它是一种互文修辞，以具体的不确定性来证实总体的确定性，即刘兰芝在成长过程中学到很多女子的技能和美德，木兰从军前积极准备、添置戎装。其实，历史叙事中也不完全排斥虚拟，为了揭示特定事件的意义，为了表彰或挞伐某个历史人物，在细节、场景、人物言行举止等方面，都有"遥体人情，悬想时势"的加工，[①]以追求更高意义上的一种历史真实，也可以说是以具体的不确定性来证实总体的确定性，与诗文虚拟其理一也。虚拟叙事的"遥体""悬想"，虽由叙述

[①] 钱锺书《管锥编》第一册，中华书局，1979年，页166。

者掌控，但一样要尊重文本自身的叙述逻辑，最终指向的是一种艺术的真实。

不过，纯粹叙事的可能性，在整个中古时期，都只是一种未曾实现的可能。经史传统对文人创作一直起着支配作用，诗中以及诗后的人与世界，其所呈现出的真实性，更多的，依然是在社会历史意义上而言的真实。如陶渊明曾公开说"著文自娱"，他闲暇时"泛览《周王传》，流观《山海图》"（《读山海经·其一》），将《山海经》中的神奇传说，引入诗歌，再度敷衍、编排。表面上看，陶公的诗歌观念及其创作实践，似乎构成与经史实录相对应的虚构叙事，然而，那"刑天舞干戚"，"精卫填沧海"，在陶公眼里，显然又不只是奇异的故事，而是有深刻的寓涵。因此，就文化传统而言，其实还是没有脱离经史传统的窠臼，其诗后的情事、怀抱、所指，依然是可考的，是具有现实性的一种历史真实。魏晋文人，对于俳优小说、混元造化等奇闻异说兴趣浓厚，也将这类素材引入诗歌，比如洛神、西王母、女娲等神话人物及相关故事情节，都曾进入魏晋诗人的写作视野，或被作为写作的资源。前述孔融、应璩等，也都颇有游戏之作，然而，均未形成规模与风气，更未冲击经史文化的大传统。在传统的诗教环境中成长起来的诗人，即便采用那些"怪、力、乱、神"的素材，或者虚构草木虫鱼的寓言，其意都非在传奇志异。如曹植的《野田黄雀行》《鰕䱇篇》，虚拟故事与寓言，文本中的故事与情节基本都是虚构的，然而，这类诗反映政治环境、社会现实、个人处境与心境，皆达到更为深刻的真实，针对性、指代性皆可谓历历分明。再如魏晋的游仙诗，神话传说色彩浓厚，更为玄虚，似乎具备纯粹虚拟叙事诗的特点。然而，在中古时代，很多人的神仙信仰，诚恳而认真，并不以之为虚妄。那么，其所叙列仙，就具史性与写实性，此其一；其二，游仙诗与寓言诗一样，都可以成为一种寄托。锺嵘不就说郭璞的《游仙诗》是"坎

· 267 ·

禀咏怀,非列仙之趣"么①?当非现实的虚诞神奇,被用来寄托怀抱、影写世态,叙事就变成一种比喻和象征的修辞,自然而然地,再度皈依于礼乐教化的阐释体系。

因此,就总体而言,建立在经的伦理现实与史的客观实在基础上的真实性,是中古诗歌叙事传统的重要特点,无论"事"本身的"虚""实",叙事大都是严肃庄重的行为,与诗人自身、其所生活的时代、环境密切相关,写实(客观真实与心灵真实)是根本,象征、指代不过是达到写实的一种手段。从这个意义上来说,叙事传统与经史传统具有一致性。不过,抽离历史语境,从纯文本的角度来看,魏晋时期诗歌的虚拟叙事,在写作素材的拓展、艺术想象的演进等方面,都取得较突出的成就,促进了叙事艺术的发展。其中,那些脱离经史传统,而专注于所叙之事的生活性、趣味性、娱乐性,将其从比兴寄托的模式中解放出来,表现出较纯粹的叙事特性,正是魏晋文学走向独立的结果与表现,尤其值得重视。

结　语

文人作为创作主体,使得中古诗歌叙事总体上受经、史精神所支配,以征实的史性与真实疾虚的经学价值观,在文本属性上内在地包含着叙事传统质实的精神。民间通俗文化的影响作为补充,扩大了诗歌的题材与表现范围,补充丰富了诗歌的叙事内容。在写作上,依托于经、史所建构的伦理秩序,支配着中古诗歌对时空关系的处理,使其在叙事中表现出诸多有意义的特点。中古诗歌叙事的文本形态,足以为诗歌叙事传统提供具有典范意义的艺术经验与产

---

① 曹旭《诗品集注》(增订本),上海古籍出版社,2011年,页319。

品。故在这一时段，中国诗歌叙事传统非但没有衰微，反而是正在为具有民族特色的诗歌叙事的成长，探索可行的途径，积累宝贵的经验。

（原载《苏州大学学报》2019 年第 6 期）

论盛唐文人的贬谪心态

◎ 蔡阿聪

宽泛地讲,贬谪是对官吏罪失的一种惩罚。《说文》:"贬,损也。""谪,罚也。"在古代社会,大凡政有乖柱、怀奸挟情、贪黩乱法、心怀不轨而又不够五刑之量刑标准者,皆在贬谪之列。[1]但由于中国古代缺乏民主和法制保障的君主专制制度,贬谪往往变成了对贤能忠直者的迫害。所以贬谪可分两种,一是罪有应得者,一是无辜蒙冤者。

沈约把贬谪概括为"减秩居官""贬职左迁"(《立左降诏》)。然而事实上,被贬谪者还不止于降职减秩而已。对迁谪者精神伤害最深、志意摧折最大的,是他们往往被投往蛮荒远恶之地,而这是中原文明程度较高地区的一般民众所不愿往者,所以也才具有了降职减秩之外的惩罚意义。此外,在法令中,也多有对左降官带有歧视性的条文。就如唐代而言,据武则天长寿三年(694)五月三日

---

[1] 尚永亮著《贬谪文化与贬谪文学——以中唐元和五大诗人之贬及其创作为中心》,兰州大学出版社,2004年,页1。

敕文,"贬降官并令于朝堂谢,仍容三日装束。"①玄宗开元十年(722)六月十二日敕文:"自今而后,准格及敕,应合决杖人,若有便流移左贬之色,决讫,许一月内将息,然后发遣,其缘恶逆指斥乘舆者,临时发遣。"②又据天宝五载七月六日敕,"应流贬之人,皆负谴罪,如闻在路多作逗留,郡县阿容许其停滞。自今以后,左降官量情状稍重者,日驰十驿以上赴任,流人押领,纲典画时,递相分付,如更因循,所由官当别有处分。"③据尚永亮考证,唐代"凡三十里一驿"④,而正常的行进速度是"乘传者日四驿,乘驿者六驿",⑤"日驰十驿以上",则每天至少须行三百里,较一般速度高出一倍。尚永亮说:"这对挟有行装、书籍甚至带着家口的贬官来说,无疑是极严酷的迫害和摧残。所以史家在述此此诏令后说:'是后流贬者多不全矣。'"⑥张说于开元三年(715)四月自相州刺史再贬岳州刺史,当"递书"到相州时,张说"承恩惶怖,狼狈上道"。⑦张九龄被贬荆州的情形是"闻命皇怖,魂胆飞越,即日戒路,星夜驰奔"。⑧张说是开元功勋,张九龄是开元之治的成就者之一,他们的贬职仍为藩维之任,其情形尚且如此,遑论其馀!另外,贬官的行动自由也受到一定的限制,不得擅自离开贬谪之地,有时生命还受到威胁,从而使他们的人格遭羞辱,精神受压迫,遭摒弃、被剥夺的感觉难以抚平。因此,贬谪不仅是职位的降低,俸禄的减少,更是理想的失落、精神的伤害、人格尊严的丧失。这对

---

① 王溥撰《唐会要》,中华书局,1955年,页734。
② 王溥撰《唐会要》,中华书局,1955年,页734—735。
③ 王溥撰《唐会要》中华书局,1955年,页735。
④ 李林甫撰,陈仲夫点校《唐六典》,中华书局,1992年,页163。
⑤ 欧阳修、宋祁撰《新唐书》,中华书局,1975年,页1196。
⑥ 尚永亮著《贬谪文化与贬谪文学——以中唐元和五大诗人之贬及其创作为中心》,兰州大学出版社,2004年,页91。
⑦ 董浩等编《全唐文》,山西教育出版社,2002年,页1314。
⑧ 董浩等编《全唐文》,山西教育出版社,2002年,页1738。

有着"士可杀不可辱"传统的士人而言，特别是对于那些"信而见疑，忠而被谤"者，乃是最为痛苦凄怆之处，也是最为无奈之处。他们不是刑徒，却往往与刑徒遭受一样的人格侮辱，因此经常与减死一等的流放之罪并称，称为"流贬"。

但左降官即贬官虽是有罪之身，依旧是朝廷的官员，是前往异地之官，可享受公家的驿传马匹之便。在贬谪地则不少人身任不同级别的地方官吏如刺史、司马、参军、县丞、县尉之类，仍掌握着一定的权力。他们同其他官员一样，须接受一年一度的政绩考核。唐统治者贬谪他们的目的之一便是"历艰难而思咎"，因此有左降官到贬地后，即恪尽职守，积极参与地方事务的管理，为当地经济文化的发展及社会安定作出了贡献。[1]

中国历史上的贬谪大潮，往往发生在两种情况之下：一是在暴政时期；一是在政治较为开明及政治由开明走向昏暗的转折时期。第一种情况比较好理解。至于第二种情况，是指在君主专制制度下，任何政治上的宽松，思想上的自由，都是有限度的，在这一切的背后，都时刻潜藏着一把专制的利剑；而相对宽松的政治环境和思想的自由，反而更容易导致人们掉以轻心，越过那一道专制的界限，从而给自己带来厄运。这对以理想化和情绪化为突出特点的古代作家而言，则往往成为他们仕途上的一个陷阱。就唐代而言，初唐的武周时期属于第一种情况，盛唐和中唐的贞元末至元和时期，则属第二种情况。

开元中前期，励精图治的唐玄宗以唐太宗为榜样，注重纳谏，广开言路，选贤任能，革除弊政，关心民瘼，政治上较为开明，思想上兼容并包，使立国百年的唐朝成为经济富庶，社会安定，国力强盛，文化繁荣的巍巍大国，从而给盛唐文人强烈的入世精神和功

---

[1] 古永继《唐代岭南地区的贬流之人》，《学术研究》，1998 年第 8 期，页 57—60。

名思想，自信自负甚至自傲的主体意识，豪纵自由、挥洒脱略的士风，热情浪漫的理想主义，提供了肥沃的现实土壤。然而也正因为如此，盛唐文人们在仕途上也历尽坎坷和磨难。原因就在于个性的自由和高扬与君主专制制度本质上的矛盾不可调和。本来，这一矛盾在其他的朝代也同样存在，只是盛唐的社会现实激起了文人们太多的理想和希望，而制度深层次中又是根深蒂固的专制体制，这一极大的落差使文人们政治理想的破灭和在仕途上的坎坷磨难，反而更容易成为一种普遍性的社会现象。从史料可以见出，唐代是贬谪的一个高峰期，著名的文人大都受到过贬谪。就盛唐而言，著名的诗人，如张说、张九龄、王维、王翰、储光羲、崔国辅、王昌龄、高适、李白、杜甫、刘长卿、郑虔、李嘉祐等，几乎无一例外，都受到了贬谪（岑参则以虢州长史为"谪宦"，晚年更是被罢职，客死他乡）。初、中、晚唐著名的诗人，也大都如此，而以武周时期和中唐的贞元末至元和时期最为酷烈。盛唐文人的不同之处在于，高扬的个性和浪漫的理想与现实之间巨大的落差和矛盾使他们的贬谪心态表现得更为激烈和外露，而盛世的繁荣又使他们的贬谪生活与其他时代相比，显得更为丰富多彩。

至于有代表性的文人的沦谪心态，本人已有专文论述。此外，盛唐还有其他诗人及其作品涉及沦谪心态。他们作品不多且又分散，有的缺少生平资料，基本上为研究者所忽略。本文便是把这些诗人及其作品勾稽集合起来，加以探讨。需要说明的是，所概括出来的沦谪心态的各个方面，并非所涉及之诗人所皆具备者，而是他们集体所呈现出来的。但令人惊异的是，在这些由分散而集合起来的作品中，却能够较为完整地体现出整个盛唐时代文人贬谪心态的各个特点。关于盛唐时间的跨度，本人采用罗宗强、郝世峰《隋唐五代文学史》中的观点，即从景云元年（710）至宝应元年（762），前后五十三年，主要是玄宗、肃宗两朝。

一

愁怨悲苦,泪满衣襟,自是迁谪者最易有也最为直接的情感反应,盛唐文人也不例外:

> 谪远自安命,三年已忘归。同声愿执手,驿骑到门扉。云是帝乡去,军书谒紫微。曾为金马客,向日泪沾衣。
> ——綦毋潜《送平判官入秦》(一作卢象诗)

> 南过三湘去,巴人此路偏。谪居秋瘴里,归处夕阳边。直道天何在,愁容镜亦怜。裁书欲谁诉,无泪可潸然。
> ——刘长卿《赴南巴书情寄故人》

> 宋玉怨三秋,张衡复四愁。思乡雁北至,欲别水东流。倚树看黄叶,逢人诉白头。佳期不可失(一作"见"),落日自登楼。
> ——李嘉祐《暮秋迁客增思寄京华》

据诗意,《送平判官入秦》,当为卢象所作。綦毋潜并无贬谪的经历。诗写已安于贬谪之命,断念于上京,但知己欲向帝乡面谒皇上,而引起他在朝为官的记忆,从而触动迁谪的隐痛,以至泪满衣襟。刘长卿至德三载即乾元元年(758)摄海盐令,"观察使吴仲孺诬奏,非罪系姑苏狱"(《唐才子传》),后遇赦放归。同列赴阙讼冤,复得籍,议贬潘州南巴尉。南巴,唐属岭南道潘州,其地在今广东茂名电白东。据高仲武《中兴间气集》卷下评语,有云:"长卿有吏干,刚而犯上,两遭迁谪。"这是第一次贬谪。[①]诗人因直道而被贬往遐荒远恶之地,心目所及,无不令其愁苦憔悴,其情无人可诉,眼中无泪可流。李嘉祐的《暮秋迁客增思寄京华》作于至

---

① 傅璇琮著《唐代诗人丛考》,中华书局,2003年,页250—281。

德、乾元间谪居鄱阳时。宋玉三秋之悲,张衡《四愁》之哀,加上黄叶、白头、思乡、伤别,还有无望的企盼,无不使迁贬之人陷入了无处不在的愁怨之中。李嘉祐还有一首《夜闻江南人家赛神因题即事》诗,与《暮秋迁客增思寄京华》作于同时。诗本写设祭酬神、歌舞欢宴的场面,而逐客的身份却使诗人敏感地联想起千载以上曾为祭神作辞的屈原,屈原的悲剧命运不禁使他感同身受,以致悲不自胜,欢乐热闹的场面顿成迁客伤心自哀之地,所谓不堪哀乐,此之谓也。

另一方面,从罪贬遇赦后的欣喜若狂,也可知谴谪者悲愁危苦之心态。如储光羲的《晚霁中园喜赦作》:

　　五月黄梅时,阴气蔽远迹。浓云连晦朔,菰菜生邻里。落日烧霞明,农夫知雨止。几悲衽席湿,长叹垣墙毁。曈朗天宇开,家族跃以喜。涣汗发大号,坤元更资始。散衣出中园,小径尚滑履。池光摇万象,倏忽灭复起。嘉树如我心,欣欣岂云已。

诗从阴气连晦朔写到"曈朗天宇开",诗人的心态也从谴谪的低沉阴郁向忽遇赦免的欣跃不已转变;狂喜使诗人情难自禁,以至不顾"小径尚滑履"而"散衣出中园",而初晴的池中万象明灭可爱,嘉树亦如其心欣欣然而不已。显然,诗人遇赦时心态欣喜之程度,正足以见出其谴谪中心态抑郁之程度。

因自觉冤屈而痛苦和不平,是沦谪者最常有的生命悲剧性的体验:

　　直道时莫亲,起羞见谗口。舆人是非怪,西子言有咎。诬善不足悲,失听一何丑。大来敢遐望,小往且虚受。中夜图圂深,初秋缧绁久。疏萤出暗草,朔风鸣衰柳。河汉低在户,螮蝀垂向牖。雁声远天末,凉气生霁后。负户愁读书,剑光忿冲

· 275 ·

斗。哀哀害神理，恻恻伤慈母。妻子垂涕泣，家僮日奔走。书词苦人吏，馈食劳交友。寒服犹未成，繁霜渐将厚。吉凶问詹尹，倚伏信北叟。鬼哭知己冤，鸟言诚所诱。诸公深惠爱，朝夕相左右。束湿虽欲操，钩金庶无负。伤罗念摇翮，跼足思骧首。瑾瑜颇匿瑕，邦国方含垢。眘言出深阱，永日常携手。

——储光羲《狱中贻姚张薛李郑柳诸公》

刈芦旷野中，沙土飞黄云。天晦无精光，茫茫悲远君。楚山隔湘水，湖畔落日曛。春雁又北飞，音书固难闻。谪居未为叹，谗枉何由分。午日逐蛟龙，宜为吊冤文。翻覆古共然，名宦安足云。贫士任枯槁，捕鱼清江濆。有时荷锄犁，旷野自耕耘。不然春山隐，溪涧花氤氲。山鹿自有场，贤达亦顾群。二贤归去来，世上徒纷纷。

——常建《鄂渚招王昌龄张偾》

安史之乱起，储光羲陷身贼中，被迫接受伪职。后逃赴行在。乱后被定罪下狱，贬窜南方，不久遇赦，死于贬所。《狱中贻姚张薛李郑柳诸公》为至德二载（757）储光羲陷贼脱身入秦后被系狱中所作。诗写被诬入狱之冤苦，感神泣鬼；但诗人也知道自己并非完全无辜，"瑾瑜颇匿瑕，邦国方含垢"，希望能得到宽宥。"哀哀害神理，恻恻伤慈母。妻子垂涕泣，家僮日奔走"，以对家人仓惶凄怆之状的描写，更见诗人冤沉可悯。其《上长史王公责躬》意思也大体一样。储光羲曾有辞官归乡，又隐居终南山的经历。故其《舟中别武金坛》云："日予轻皎洁，坦率宾混元。"此诗当作于贬窜南方之时。诗在高歌豪迈之气与华美清景的抒写之后，忽从惨别之情转至心中的冤屈，并云"纸笔亦何为，写我心中冤"，显示其郁勃难耐之不平，与其当初归服自然之道形成鲜明的对照，从而映衬出所含之冤已超出其修养所能忍耐者。据《唐才子传》，常建"寓鄂渚，招王昌龄、张偾同隐"。《鄂渚招王昌龄张偾》乃常建招王昌龄、张偾同隐之作，时王昌龄贬于龙标，张偾亦遭迁谪。诗人云："谪居未为叹，谗枉何由分。"其悲叹主要乃在于王、张之受谗枉，并以屈原蒙冤喻之。故诗人以宦海翻覆、名宦不足恃之理晓谕之，而归之于隐逸之道。"谗枉何由分"乃诗中之关捩。

与冤屈之痛相关，沦谪者面对自己的遭遇，有时会对命运产生迷惘，在对天道人事的怀疑中，寄寓自己的愤慨。如：

> 虎啸山城晚，猿鸣江树秋。红林架落照，青峡送归流。归流赴淮海，征帆下扬州。族父江阳令，盛业继前修。文掩崔亭伯，德齐陈太丘。时哉惜未与，千载且为俦。忆昔山阳会，长怀东上游。称觞阮林下，赋雪谢庭幽。道浓礼自略，气舒文转遒。高情薄云汉，酣态坐芳洲。接席复连轸，出入陪华辀。独善与兼济，语默奉良筹。岁月欢无已，风雨暗飕飕。掌宪时持节，为邦邈海头。子人惠虽树，苍生望且留。微躬趋直道，神甸悉清猷。仙台适西步，蛮徼忽南浮。宇内皆安乐，天涯独远投。忠信徒坚仗，神明岂默酬？观生海漫漫，稽命天悠悠。云昏巴子峡，月远吴王楼。怀昔明不寐，悲令岁属周。喟无排云翮，暂得抒离忧。空洒沾红泪，万里逐行舟。
> ——卢僎《稍秋晓坐阁遇舟东下扬州即事寄上族父江阳令》

> 倾盖洛之滨，依然心事亲。龙门何以峻，曾是好词人。珥笔朝文陛，含章讽紫宸。帝城多壮观，被服长如春。天子俭为德，而能清约身。公卿尽虚位，天下自趣尘。如君物望美，令德声何已。高帝黜儒生，文皇谪才子。朝廷非不盛，谴谪良难恃。路出大江阴，川行碧峰里。斯言徒自玷，白玉岂为滓。希声尽众人，深识唯知己。知己怨生离，悠悠天一涯。寸心因梦断，孤愤为年移。花满芙蓉阙，春深朝夕池。空令千万里，长望白云垂。
> ——储光羲《贻袁三拾遗谪作》

《稍秋晓坐阁遇舟东下扬州即事寄上族父江阳令》乃卢僎作于其"迁播落黔巴"（见卢僎《十月梅花书赠》）之时。诗人在迁谪之悲中，流露出一种委屈与茫然之感。诗先叙其族父江阳令"盛业继前修""高情薄云汉"而"时哉惜未与"之遭遇，作为自己遭遇坎坷之映衬；中以昔日"山阳会""东上游"之高情远致写其与族父相得之乐；后写己之直道清猷而遭"蛮徼忽南浮"之茫然，在"宇内皆安乐，天涯独远投"的悲伤之馀，对天道神明产生了怀疑："忠信徒坚仗，神明岂默酬?"希望得排云之翮，暂抒难遣之离忧。卢僎另有《初出京邑有怀旧林》作于同时。诗写自己不知为何触犯"世网"，以致一朝"天涯谪南蛮"，故不禁为那些遭遇困塞而能守正的先贤们悲慨不已，感同身受。《贻袁三拾遗谪作》乃储光羲送袁瓘迁谪之作。袁瓘，宋州（今河南商丘）人，行三。玄宗开元十四年（726）官左拾遗。约十六年（728）贬洪州赣县尉。诗称其物望之美、德声之高，又事盛朝明君，然而却遭沦贬；不平愤懑之馀，茫然之感见于言外。

同时，投荒异域，穷山恶水，也是沦谪者精神上一种难以逃避的痛苦：

窜谪边穷海，川原近恶谿。有时闻虎啸，无夜不猿啼。地暖花长发，岩高日易低。故乡可忆处，遥指斗牛西。

——张子容《贬乐城尉日作》

拙宦从江左，投荒更海边。山将孤屿近，水共恶谿连。地湿梅多雨，潭蒸竹起烟。未应悲晚发，炎瘴苦华年。

——张子容《永嘉作》

张子容开元年间贬乐城尉。乐城即今浙江乐清县。穷海投荒、地湿潭蒸、炎瘴恶谿、虎啸猿啼，使沦谪者在精神的痛苦之外，更在自然环境上，令其触目成愁。虽然，在适应了环境和贬谪的身份之后，诗人也会换上另一种心情和眼光，发现其中之美，并赏适陶醉于其间，以慰失意之心。如张子容作于同时的《泛永嘉江日暮回舟》和《自乐城赴永嘉枉路泛白湖寄松阳李少府》，便是如此。

尽管经历各种艰难苦恨和愁怨悲凉，但恋阙之心与恋栈之心，永远是沦谪者解不开又难以舍去的情结：

> 三五月华流炯光，可怜怀归郢路长。逾江越汉津无梁，遥遥永夜思茫茫。昭君失宠辞上宫，蛾眉婵娟卧毡穹。胡人琵琶弹北风，汉家音信绝南鸿。昭君此时怨画工，可怜明月光朣胧。节既秋兮天向寒，沅有芷兮湘有澜，沅湘纠合淼漫漫。洛阳才子忆长安，可怜明月复团团。逐臣恋主心愈恪，弃妻思君情不薄。已悲芳岁徒沦落，复恐红颜坐销铄。可怜明月方照灼，向影倾身比葵藿。
> ——李如璧《明月》

> 南登秦岭头，回望始堪愁。汉阙青门远，高山蓝水流。三湘迁客去，九陌故人游。从此辞乡泪，双垂不复收。
> ——李嘉祐《登秦岭》

在《明月》中，诗人以昭君思汉、逐臣恋主相对举，写出"已悲芳岁徒沦落，复恐红颜坐销铄"的逐臣弃妻之心和"可怜明月方照灼，向影倾身比葵藿"的至死不移的思君恋阙之情感。《登秦岭》为李嘉祐至德中贬鄱阳令时所作。在"双垂不复收"的沦谪涕泪中，诗人除了辞乡离别之情外，最为重要的便是"汉阙青门远"的恋阙之情了。又如他在《送评事十九叔入秦》中云："北阙见端冕，南台当绣衣。唯余播迁客，只伴鹧鸪飞。"意思一样。这里，恋阙之心与恋栈之心自不可分。

此外，对家园的眷恋，对沦谪遐方亲友的怀念，在诗人们的心中，既令其感到温馨又增其感伤和惆怅。如张子容的《送孟八浩然归襄阳二首》其一云："东越相逢地，西亭送别津。风潮看解缆，云海去愁人。乡在桃林岸，山连枫树春。因怀故园意，归与孟家邻。"贬谪中的诗人把对故园的深情融入离别之情中，使对故园的温馨之感和深深的惆怅互为表里。张子容早年与孟浩然同隐襄阳，二人相邻而居，有通家之好。又如他的《贬乐城尉日作》，以对窜谪之地穷山恶水的描绘，寄寓自己对故乡深深的忆念，"故乡可忆处，遥指斗牛西"，读之令人怅然。韦应物的《对韩少尹所赠砚有怀》，则通过对沦谪遐远的故人所赠之砚的珍爱和玩赏，表达其离思缱绻之情："故人谪遐远，留砚宠斯文。白水浮香墨，清池满夏云。念离心已永，感物思徒纷。未有桂阳使，裁书一报君。"互相之间浓厚的情意无疑温暖和安慰了诗人和迁客之心。

总之：愁怨危苦，冤屈不平；困厄中对命运产生迷惘，对天道产生怀疑怀疑；对窜谪遐荒、穷山恶水的不适和抑郁；解不开的恋阙与恋栈情结；寓深情温馨于感伤惆怅之中的对家园的眷恋和对沦谪遐方亲友的怀念，成为这些盛唐文人沦谪心态的一极。

二

然而，沦谪中的盛世文人们，还存在着与如许的愁怨凄怆、愤懑不平相反的生活和心态的另一极。

盛唐文人大都有山水之好，在沦谪之中，自然山水更是他们生活中不可或缺的一部分。除了借自然山水消释他们仕途的失意之情外，他们在自然山水的雅赏或恣情之中，还表现出盛世文人的雅赏之趣，充分地流露出闲暇超逸和轻扬愉悦的心态：

优闲表政清,林薄赏秋成。江上悬晓月,往来亏复盈。天云抗真意,郡阁晦高名。坐啸应无欲,宁辜济物情?

　　　　　　　　——崔颢《和张荆州九龄晨出郡舍林下》
　　　无云天欲暮,轻鹢大江清。归路烟中远,回舟月上行。傍潭窥竹暗,出屿见沙明。更值微风起,乘流丝管声。

　　　　　　　　——张子容《泛永嘉江日暮回舟》
　　　西行碍浅石,北转入谿桥。树色烟轻重,湖光风动摇。百花乱飞雪,万岭叠青霄。猿挂临潭筱,鸥迎出浦桡。惟应赏心客,兹路不言遥。

　　　　　　——张子容《自乐城赴永嘉枉路泛白湖寄松阳李少府》

张九龄的《晨出郡舍林下》作于开元二十五年(737)至二十七年(739)任荆州长史之时。诗云:"晨兴步北林,萧散一开襟。复见林上月,娟娟犹未沉。片云自孤远,丛筱亦清深。无事由来贵,方知物外心。"张九龄在贬谪期间,虽有哀伤不平之心,但也在自然山水的游赏之中,表现出闲暇超逸的心态。《晨出郡舍林下》便是这方面的代表作。诗写清新之景与闲暇之心的互相映衬,使"物外心"之淡远变得饶有韵致。崔颢开元二十六年(738)前后任荆州司马,曾与张九龄唱和。《和张荆州九龄晨出郡舍林下》便是此类作品。诗中无涉张九龄的迁谪之意,而从张诗伸引,把"优闲"与"政清","坐啸"与"无欲"融为一体,以"物外心"成"济物情",从而赋予张诗中清新之景和闲暇之心以更丰富的现实内容。因此,崔诗中的清新之景,如林薄、江上晓月等,也比张作中多了些许"物情"之色调。《泛永嘉江日暮回舟》和《自乐城赴永嘉枉路泛白湖寄松阳李少府》乃张子容贬乐城尉时所作。其于《贬乐城尉日作》和《永嘉作》中,因自然环境的恶劣而触目成愁,苦度年华。可在这两首诗中,诗人的心态判若两人。轻竹淡影,轻烟淡月,而一叶轻舟之中,更有轻风丝管之音,

・281・

诗人心态的轻扬愉悦，自不待言。在《自乐城赴永嘉枉路泛白湖寄松阳李少府》中，诗人"枉路"而泛白湖（即今乐城以北的白溪），冲淡幽雅之景，翛翛自得之意，使贬谪中的诗人自称为"赏心客"，不觉枉路之遥。可见，盛世文人们的雅赏之趣，不因仕途的沦谪而有所改变。

此外，诗人们还塑造了沦谪者潇洒飘逸的形象：

<blockquote>
名公作逐臣，驱马拂行尘。旧国问郧子，劳歌过郢人。一川花送客，二月柳宜春。奉料竹林兴，宽怀此别晨。

——綦毋潜《送郑务拜伯父》

柱史回清宪，谪居临汉川。迟君千里驾，方外赏云泉。路断因春水，山深隔暝烟。湘江见游女，寄摘一枝莲。

——储光羲《送人寻裴斐》
</blockquote>

綦毋潜《送郑务拜伯父》写作为逐臣的名公洒脱飘逸的神采，而以山水清景作为映衬，则更显出其令人钦慕之魅力。储光羲的《送人寻裴斐》写被贬的裴斐"方外赏云泉""湘江见游女"的雅赏风致，诗以回避御史台，降临汉川来形容裴斐的贬谪，形象也极为超逸。传统中的沦谪者，大都以其落魄潦倒、憔悴惨凄的形象为人所熟知，可在盛唐文人中，却把沦谪者的形象塑造得如此潇洒飘逸，魅力四射，这不仅相比于唐代的其他时期，即使对于整个中国古代而言，也是极为罕见的。

不仅如此，湖光月色，花亭绮罗，翠筵歌舞，诗酒乐妓，留连玩赏，这一盛世的享乐心态，对于盛唐文人而言，并未因沦谪而有所改变：

<blockquote>
红荷碧筱夜相鲜，皂盖兰桡浮翠筵。舟中对舞邯郸曲，月下双弹卢女弦。

——储光羲《同武平一员外游湖五首时武贬金坛令》其一
</blockquote>

青林碧屿暗相期，缓桿挥桡欲赋诗。借问高歌凡几转？河低月落五更时。

——储光羲《同武平一员外游湖五首时武贬金坛令》其二

朝来仙阁听弦歌，暝入花亭见绮罗。池边命酒怜风月，浦口回船惜芰荷。

——储光羲《同武平一员外游湖五首时武贬金坛令》其三

朦胧竹影蔽岩扉，淡荡荷风飘舞衣。舟寻绿水宵将半，月隐青林人未归。

——储光羲《同武平一员外游湖五首时武贬金坛令》其四

花潭竹屿傍幽蹊，画楫浮空入夜溪。芰荷覆水船难进，歌舞留人月易低。

——储光羲《同武平一员外游湖五首时武贬金坛令》其五

武平一，武则天同族，颍川郡王武德载之子。博学，通《春秋》。因戚属外家，中宗复辟，恩洽泽濡。其上言中宗云："臣一宗，阶三等，家数侯，朱轮华毂，过许、史、梁、邓远甚。……昔永淳之后，王室多难，先圣从权，故臣家以宗子窃禄疏封。今上圣复辟，宜退守园庐，乃再假光宠，爵封如初，高班厚位，遂超涯极。"（《新唐书·武平一传》）其上言本意乃欲中宗对戚属外家"思抑损之宜、长远之策，推远时权，以全亲亲"，然从中亦可见其所受恩宠之深隆，生活之奢华。玄宗立，武平一被贬为苏州参军，徙金坛令。《新唐书》本传云："平一见宠中宗，时虽宴豫，尝因诗颂规诫，然不能卓然自引去，故被谪。既谪而名不衰。"在储光羲所描绘的情境中，可谓浮华满眼，声色盈耳，朱轮华毂、钟鸣鼎食之家豪侈享乐的生活，并未因贬谪而有丝毫改变，反而因山水之美，更添几分令人心醉情迷之韵致。又如崔国辅之贬。天宝十载（751）崔国辅为礼部员外郎，加集贤直学士。十一载，权臣王鉷因与杨国忠矛盾，国忠因其家人犯法，乃诬以谋逆，赐自尽，其二子流岭南,寻又杀之。①《新唐书·王鉷传》谓"诸子悉诛,家属徙远方",可见诛连颇众,情势凶险。崔国辅因坐王鉷近亲,贬竟陵郡(今湖北沔阳)司马。其《襄阳曲二首》当作于贬谪期间。其一云:"蕙草娇红萼,晴光舞碧鸡。城中美年少,相见白铜鞮。"其二云:"少年襄阳地,来往襄阳城。城中轻薄子,知妾解秦筝。"行乐之地,春光烂漫,青春相狎之乐,于此为甚!又如张子容《除夜乐城逢孟浩然》:"远客襄阳郡,来过海岸家。樽开柏叶酒,灯发九枝花。妙曲逢卢女,高才得孟嘉。东山行乐意,非是竞繁华。"一为迁谪之人,一为屡次求仕失败者,本来除夕之夜,喜庆节日,亦属常情,只是张、孟皆是易为身世感慨之人,当此同为天涯沦落之时,却也只是一味纯然地玩乐欢娱,同时亦未见其以此为人生解脱之意,如中晚唐文人以纵情享乐为人生失意之解脱一般。这是纯然的一种盛世的享乐心态,是世俗中感性欲望的满足与文人风流雅赏的一种结合。

沦谪中对世外自由超逸境界的想象与向往,也是困踬中的文人们的一种自我解脱和自我享受的方式,因此,我们也可以从中感受到世俗享乐和欢娱的成分:

灵异寻沧海,笙歌访翠微。江鸥迎共狎,云鹤待将飞。琪树尝仙果,琼楼试羽衣。遥知神女问,独怪阮郎归。

——张子容《送苏倩游天台》

仙冠轻举竟何之,薜荔缘阶竹映祠。甲子不知风驭日,朝昏唯见雨来时。霓旌翠盖终难遇,流水青山空所思。逐客自怜双鬓改,焚香多负白云期。

——张子容《题游仙阁白公庙》

《送苏倩游天台》作于张子容贬乐城尉期间。诗人借送苏倩游天台,

---

① 司马光编著《资治通鉴》,中华书局,1956年,页250—281。

在想象中神游了仙道灵异之境界。此一境界,既不飘渺,也不虚静,而是充满了繁华与欢乐、自由与爱情,是一种把尘世之繁华欢爱与神仙之飘逸永恒融合在一起的境界。李嘉祐至德中由监察御史(或殿中侍御史)贬鄱阳令,其《题游仙阁白公庙》写对仙冠轻举、霓旌翠盖游仙境界的向往,诗以"薜荔缘阶竹映祠""流水青山"之景象使向往之情思因具体可感而显得更为深切悠长,逐客的身份则成为对这一理想境界之迫切向往的现实缘由。

虽然沦谪天涯是人生的一大不幸,贬谪者们没有不想早日结束这种生活,离开伤心之地,但在盛唐文人中,也有对贬谪之地、沦谪生活充满了眷恋和深情者。如:

为郎复典郡,锦帐映朱轮。露冕随龙节,停桡得水人。早霜芦叶变,寒雨石榴新。莫怪谙风土,三年作逐臣。

——李嘉祐《送卢员外往饶州》

四年谪宦滞江城,未厌门前鄱水清。谁言宰邑化黎庶,欲别云山如弟兄。双鸥为底无心狎,白发从他绕鬓生。惆怅闲眠临极浦,夕阳秋草不胜情。

——李嘉祐《承恩量移宰江邑临鄱江怅然之作》

两年谪宦在江西,举目云山要自迷。今日始知风土异,浔阳南去鹧鸪啼。

——李嘉祐《题前溪馆》

诗当作于乾元(758—760)中李嘉祐贬谪鄱阳令及量移离开之时。诗人在其他的作品中,虽然对鄱阳的贬谪生涯充满了惆怅和感伤,但在这里,却充满着回味和留恋。春秋季节清晰的景色,门前清粼粼的鄱水,如兄如弟的云山,任他双鸥远去,白发鬓生,独自闲眠于遥远的水边,那斜阳秋草的感动,自是令人情难自已!当天涯沦谪者一朝离去,那熟悉中的一切,仿佛如故土家园一般,令人倍感亲切，倍感眷恋！贬谪的生涯，又何尝没有一份人生的感动和留连呢？

　　同时，对沦谪者才华德行的期许和称赞，也使得贬谪者的心态中充满了信心、乐观和希望，充满了积极进取的时代色彩。开元十五年，张九龄赴洪州刺史任经当涂界，以诗《当涂界寄裴宣州》寄裴耀卿。裴以《敬酬张九龄当涂界留赠之作》和之。诗中云："茂先实王佐，仲举信时英。气睹冲天发，人将下榻迎。"裴以王佐之才张华和以天下为己任的东汉名士陈蕃来形容因受张说牵累而被玄宗疏远的张九龄，可见其期许之高；又以德行著称、公府屡辟不起的名士徐稚和上彻于天的宝剑之精气点明洪州，对张九龄的形象加以烘托。裴又在《酬张九龄使风见示（时为宣州刺史）》中云："宣室才华子，金闺讽议臣。承明有三入，去去速归轮。"以贾谊、东方朔、主父偃等期许张九龄，并谓张九龄很快将升迁，回朝任职。王湾在《晚春诣苏州敬赠武员外》中云："苏台忆季常，飞棹历江乡。持此功曹掾，初离华省郎。贵门生礼乐，明代秉文章。嘉郡位先进，鸿儒名重扬。爰从姻娅贬，岂失忠信防。万里行骥足，十年暌凤翔。回迁翊元圣，入拜伫惟良。别业对南浦，群书满北堂。意深投辖盛，才重接筵光。"则以崇拜者的心理，对被贬多年，不得其用的武平一的德行才具，极尽赞美之辞。

　　可见，在盛唐文人的沦谪心态中，虽然有愁怨悲苦，愤懑不平，但盛世的心态，以其强有力的时代性，在沦谪者坎坷失意的日子里，仍然得到充分的体现。盛世的沦谪者们在自然山水的雅赏或恣情之中，心态闲暇超逸、轻扬愉悦。他们塑造了沦谪者潇洒飘逸的形象，赋予他们别具魅力的神采；他们诗酒唱和，乐妓歌舞，浮华豪奢，留连玩赏，不改往日的气派；他们也想象和向往世外自由飘逸的境界，并把世俗的享乐和欢娱移置其中，以此作为困踬中高扬个性和自我超脱的方式;他们期许和称赞沦谪者的才华德行,并对沦谪者的未来寄托着美好的愿望;他们甚至对沦谪天涯的伤心之地也充满着一份人生的深情和眷恋!

(原载《山西大学学报》哲学社会科学版2007年第1期)

岑参在唐"非边塞"诗人析论

◎ 陈晓红

关于岑参研究的论著中有这样的说法:"盛唐时代以边塞诗而著称的岑参……"研究者或者读者往往以为岑参在当时——盛唐时代是"以边塞诗而著称",据笔者考察岑参在唐代不是一个"边塞"诗人。

一

早在唐代,与岑参同时代的杜甫诗云:"高岑殊缓步,沈鲍得同行。"(《寄彭州高三十五使君适虢州岑二十七长史参三十韵》)[1],说高岑才学堪比沈约、鲍照。又杜甫《寄岑嘉州》:"谢朓每篇堪讽咏"[2],把岑参比拟为清新、秀丽的谢朓。杜确《岑嘉州诗集序》也说岑参:"时议拟公于吴均、何逊,亦可谓精当

---

[1] 仇兆鳌《杜诗详注》,中华书局,1979年,页638。
[2] 同上书,页452。

矣。"①"颇能以雅参丽，彬彬然，粲粲然，近建安之遗范矣。""南阳岑公，声称尤著。"②指出岑参曾向六朝诗人吴均、何逊学习过，其诗风接近建安文风，在诸多学习者中名声最盛，这些诗文都旨在说明岑参汲取并融合了魏晋六朝以来诗歌的成就。杜甫又在《渼陂行》里写道："岑参兄弟皆好奇，携我远来游渼陂"；在《奉答岑参补阙见赠》又说："故人得佳句，独赠白头翁"；《九日寄岑参》："出门复入门，两脚但如旧。所向泥活活，思君令人瘦。……岑生多新诗，性亦嗜醇酎"。说明岑参是一位好"奇"作家，"多新诗"、"佳句"。看来杜甫对岑参评价颇高，二人交谊深厚，故而后来"杜甫等尝荐其识度清远，议论雅正，佳名早立，时辈所仰，可以备献替之官"。③王昌龄在《留别岑参兄弟》中说："岑家双琼树，腾光难为俦"，④显然是在赞叹岑氏兄弟。比岑参年辈较晚的盛唐诗人戎昱有《赠岑郎中》诗云："童年未解读书时，诵得郎中数首诗。四海烟尘犹隔阔，十年魂梦每相随。""天下无人鉴诗句，不寻诗伯更寻谁？"⑤戎昱幼年即能背诵岑诗，可证杜确所说岑参诗歌"人人传写""莫不讽诵吟习"所说都是实际情况。戎昱对岑参颇为称赏，十多年都魂梦相随，认为只有岑参可与之共鉴诗句。以上这些是唐人对岑参及其诗的"共时"评论，未曾言及岑参的边塞诗。

杜确《岑嘉州诗集序》又说岑参："属辞尚清，用意尚切，其有所得，多入佳境，每一篇绝笔，则人人传写，虽闾里士庶，戎夷蛮貊，莫不讽诵吟习焉。"⑥这里所说的"属辞""用意"，即岑诗的语言艺术和思想内容，在当时人看来取得了一定的成就，为广大群

---

① 陈铁民、侯忠义《岑参集校注》，上海古籍出版社，2004年，页462。
② 同上，页463。
③ 辛文房撰、徐明霞校点《唐才子传》，辽宁教育出版社，1998年，页28。
④ 李云逸《王昌龄诗注》，上海古籍出版社，1984年，页52。
⑤ 臧维熙《戎昱诗注》，上海古籍出版社，1982年，页10。
⑥ 陈铁民、侯忠义《岑参集校注》，页463。

众所接受和称赞。杜确又云:"时议拟公于吴均、何逊,亦可谓精当矣。"①可见岑参在唐最被认可的诗歌是"拟公于吴均、何逊"的诗篇,不是"边塞"诗。进一步说,岑参在唐人心目中不是一个"边塞"诗人,但这并不表明他被唐人完全忽视,或许杜确对岑诗的评价有所拔高,但至少可以说,在唐代岑参是一个有一定名气的诗人。

关于岑参的生平,确切可依的史料不多,新旧《唐书》俱无传。《旧唐书》有《文苑传》,《新唐书》有《文艺传》,其中有唐代不少诗人的传,即如刘希夷这样的小诗人,也有很短的小传。后世多以高岑并称,新旧《唐书》都有高适的传,但高适的传不在《文苑传》《文艺传》中,而是列传在其他的贤达之人中。新旧《唐书》对高适的诗才描述大同小异,皆言适"以气质自高",每一篇诗作被人们所传诵。或说中国古代的史书主要记载帝王将相等闻达之人,岑参也是"三代相门"之后,也做过一些小官,若其当时诗名如杜确所说"每一篇绝笔,则人人传写",则岑参应该被编史者所注意,缘何新旧《唐书》俱无传?《旧唐书》为后晋所编,去唐不远却没有岑参的文字记载,北宋的《新唐书》也没有岑参的传,刘希夷等几个小诗人都有传,为何新旧《唐书》对岑参其人只字不提?

翻检现在可见的唐代文献,关于岑参生平事迹、诗歌创作情况的第一手资料非常少见,现有研究主要直接依据流传下来的岑参本人的诗文,以及岑集中杜确的《岑嘉州诗集序》。而杜确其人新旧《唐书》无传,除了他为岑集写序自称"京兆"以外,其他不详。另外就是间接依据新旧《唐书》中的岑参曾祖岑文本的传及附的伯祖岑长倩、堂伯父岑羲的传,即所谓"岑家三相"的传,与一些现

---

① 陈铁民、侯忠义《岑参集校注》,页463。

存唐代的其他文献资料，上下推导来理顺岑参的生平和创作。

我们知道中晚唐也出了不少大大小小的诗文之士，有的在自己的诗文中对前代的诗人有所评判，如韩愈《荐士》云："国朝盛文章，子昂始高蹈。勃兴得李杜，万类困陵暴。"韩愈对初唐的陈子昂、盛唐的李杜高度评价。中唐的元稹、白居易语涉评论的诗文也未见提及高岑，晚唐的司空图在《与王驾论诗书》中总结唐诗的发展概貌，对唐代诸多诗人进行褒贬评判，也未提我们现在认为是唐代边塞诗代表的高岑。又《旧唐书·文苑传》《新唐书·文艺传》都有一两段总结唐代文学总体发展的文字，提到不少唐代的文士，特别是《新唐书·文艺传》，但没有提到高岑的任何情况。若岑参在唐有所谓的"边塞"诗人的身份，缘何流传下来的中晚唐文献中没有提及？而且对于岑参及其诗的评价也就是上边指出的这些，非常之少。

盛唐所谓的山水田园诗派以王维和孟浩然为代表，王孟之间关系密切，至今犹传"不才名主弃"及"孟亭"之故事。①而且王维与储光羲、常建、裴迪等不少当时的名士相互唱和论诗，吟咏自然，形成所谓的盛唐山水田园诗派。据现存文献可知高岑二人曾一起活动过，有几位共同的朋友，但两人一起相处的机会不多，有文献可据的，只有同游慈恩寺一事，高适有《同诸公登慈恩寺塔》诗，岑参有《与高适薛据同登慈恩寺塔》诗，除此之外未见其他文献记载高岑二人的交往。②王孟为代表的山水田园诗派不论是王孟两位主将，还是其他相从者，他们之间唱和往来频繁；而高岑为主将的边塞诗派，高岑二人来往很少，其他边塞诗人显然是后世读者包括研究者将其"合并同类项"，当时他们自己并没有因兴趣相投而有意识地相互唱和往来形成流派。我们现在写中国文学史自然少

---

① 辛文房撰、徐明霞校点《唐才子传》，页22。
② 廖立《岑参事迹著作考·岑参交游考》，中州古籍出版社，1997年，页70。

不了要写以高岑为代表的边塞诗派,实际上,所谓的边塞诗派是我们近现代以来的学者为高岑二人的定位,高岑等人当时并没有自觉形成所谓的"边塞诗派",可以说他们并没有认为自己是所谓的"边塞"诗人而自觉地进行"边塞"诗的创作。当时有不少人写过边塞诗,如李白、杜甫、王维皆有边塞之作,高岑二人与其他诗人一样,当时也只是自觉进行诗歌创作。后世的唐诗研究者和读者在众多的唐诗中发现高岑的边塞诗与其他诸家不同,这才有了所谓的"边塞"诗人高岑的说法。

我们再看看留存至今的"唐人选唐诗"如何看待岑参的。

岑参去世后三十年,其子岑佐公收集岑参遗留的诗文,请京兆杜确编成《岑嘉州诗集》八卷并作了序,这是最早的岑参的诗集。岑参留存的全部诗作约为400首,边塞诗作约为70多首。[①]

这里以《唐人选唐诗(十种)》[②]和《翰林学士集》,共十一种保存至今的"唐人选唐诗"为例来考察选录岑诗的情况,如下:没有选岑参诗歌的诗集有《翰林学士集》《搜玉小集》《国秀集》《唐写本唐人选唐诗》《箧中集》《御览诗》《中兴间气集》《极玄集》;选了的有《河岳英灵集》《又玄集》《才调集》。十一部诗集只有三部选岑诗,其中选到其边塞诗的只有《才调集》一部诗集,选了岑参的4首诗,其中的《苜蓿峰寄家人》《玉关寄长安主簿》《逢入京使》3首为"边塞"诗。如果说盛唐选诗集《河岳英灵集》未选岑参边塞诗,可能是殷璠僻处家乡丹阳所见有限,[③]那么其他八部唐诗选本不选岑诗,只有一部选录岑之边塞诗就不是偶然的了,而且我们今天认为是岑参边塞诗代表作如《白雪歌》等一首未见选录,可见唐人对岑参的认识与我们今天对他的定位大不同。

---

① 参见陈铁民、侯忠义《岑参集校注》。
② 元结、殷璠等选《唐人选唐诗(十种)》,中华书局,1958年。
③ 王运熙、杨明《隋唐五代文学批评史》,上海古籍出版社,1994年,页248。

综上所述,"就唐论唐",这些文献资料不能证明岑参在"盛唐时代以边塞诗而著称"。

二

宋元以来,涉及探讨岑参"边塞"诗的有南宋陆游的《夜读岑嘉州诗集》:"公诗信伟豪,笔力追李杜。常想从军时,气无玉关路。至今蠹简传,多昔横槊赋。……零落财百篇,崔嵬多杰句。工夫刮造化,音节配韶頀。……群胡自鱼肉,明主方北顾。诵公天山篇,流涕思一遇。"①陆游所谓的"天山篇",指的是岑参在安西、北庭所作的边塞题材之作。陆游可能是最早高度重视岑参及其诗的大诗人,他是一个特别认真研读岑诗的著名"读者",他把岑参和李杜相提并论,更多的是从国家民族的角度看待岑诗。陆游对岑诗的重视推动了对岑参及其"边塞"诗的关注,对准确定位岑参在中国文学史上的地位功不可没。

宋许顗在《彦周诗话》中云:"岑参诗意自成一家,盖尝从封长清军,其记西域逸事甚多。如《优钵罗花歌》《热海行》,古今传记所不载者也。"②许顗注意到岑参西域之行的重要意义,也提到岑参的"边塞"诗《优钵罗花歌》《热海行》,认为岑诗在内容上有所突破,"诗意自成一家",与以往不同,但是语焉不详,没有明确说这两首诗是边塞诗,没有进一步论述。

宋严羽《沧浪诗话·诗体》:"岑嘉州体"③。又《诗评》云:"高岑之诗悲壮,读之使人感慨。"④严羽虽评论岑诗自成一体,但

---

① 陆游《陆放翁全集·剑南诗稿》,中国书店,1986 年,页 62 页。
② 陈伯海主编《唐诗汇评》(上册),浙江教育出版社,1995 年,页 798。
③ 郭绍虞《沧浪诗话校释》,人民文学出版社,1983 年,页 58。
④ 同上书,页 181。

只是宏观概论，与其他宋人的诗话类似，多依个人的兴趣宽泛地讨论岑诗。

到了元代，辛文房在《唐才子传》中云："（岑参）累佐戎幕，往来鞍马烽烟间十馀载，极征行离别之情。城障塞堡，无不经行，博鉴经史，尤工缀文，属词尚清，用心良苦。"①又说："诗调尤高，唐兴罕见此作。放情山水，故常怀逸念，奇造幽致，所得往往超拔孤秀，度越常情。与高适风骨颇同，读之令人慷慨怀感。每篇绝笔，人辄传咏。"②虽然这里把岑参和高适相联系，也不是说他们的"边塞"诗，而是推崇二人的诗歌都有"风骨"，"读之令人慷慨怀感"，又回到了严羽评论的老路。辛文房虽然注意到岑参赴边这一经历与岑诗风格之间的重要关系，却没有明确指出岑参以创作"边塞"诗而闻名，"边塞"诗于岑参的重要意义，其评论融合了殷璠和杜确之论，继承多而发展少。

明代的诗话论及岑诗的地方很多，这些评语从各个角度分析岑诗，点出了岑诗"以风骨为主""尚巧主景""清新奇逸"等风格特点，皆是抓住了岑诗特点的精辟之论。此外，如王世贞《艺苑卮言》、许学夷的《诗源辩体》等也有所论及，可见明人对岑诗的重视。

评点岑诗最早出现"边塞"二字的是明钟惺、谭元春的《唐诗归》。钟云："汉魏人边塞语（"四蹄"句下）。"③这里钟惺评点岑参的边塞诗《初过陇山途中呈宇文判官》中的"马走碎石中，四蹄皆血流"直到诗末，钟惺认为这些诗句与汉魏人的边塞诗相类。明边贡以岑参和李白、杜甫比高，他说："称其近于李、杜，斯可谓知音者矣。夫俊也，逸也，是太白之长也，若其奇焉而又悲且壮焉，

---

① 辛文房撰、徐明霞校点《唐才子传》，页28。
② 同上注。
③ 陈伯海主编《唐诗汇评》（上册），页790。

非子美孰其当之！……夫俊也、逸也、悲也、壮也五者，李杜弗能兼也，而岑诗近焉。（《岑嘉州诗集》济南刻本《刻岑诗成题其后》）"①

　　边贡和陆游一样很重视岑参，他极力鼓吹岑参，说岑诗有李白诗的"俊逸"，又有杜甫诗的"悲壮"和"雄奇"，李杜不能兼有的这些优长，而"岑诗近焉"，吹捧太过了。美汉学家宇文所安说："岑参的诗在宋代未得到广泛的探讨，对其作品的新兴趣似乎产生于明代的新拟古派及其对盛唐诗的独尊。在为《岑嘉州集》所作的序文中，拟古主义者边贡走得极远，甚至说岑参超过了李白和杜甫，……明代以后，岑参的声誉稳步上升，他的'边塞'诗逐渐被用来界定他的作品。"②此一议论比较中肯，边贡是明代"前七子"之一，主张"诗必盛唐"，自然是推崇岑参这位盛唐诗人的，所以他在明代新刊岑参诗集的序中鼓吹岑参。

　　然而，边贡一人毕竟不能"抬高"和确立岑参这个个性独特的"边塞"诗人的地位。边贡虽鼓吹岑参不遗馀力，却没有提到岑参的"边塞"诗，更谈不上为岑参"边塞"诗人身份进行定位和确立。时间推进到明代，通过历代的读者及其研究者对岑诗的揣摩和体会，在文学史上，对岑诗的认识由量的积累已经发展到要求达到质的突破，边贡这样"站"出来，为岑参"摇旗呐喊"客观上倒是引起了人们对岑参及其诗作的注意。明代的复古思潮形成唐诗出版热，明代岑诗版本数量最多，由此可见一斑。

　　岑参"边塞"诗人地位确立质的突破最终是由清人来完成的。清人继承了前人的诗学观，对岑诗的认识推进了大大的一步，他们对岑参的定位已经与我们今天对岑参的认识接近，这样就使岑参作

---

① 边贡《华泉集》卷十四，《四库全书·集部》1264 册。
② （美）宇文所安著，贾晋华译《盛唐诗》，生活·读书·新知三联书店，2004 年，页 195—196。

为一个"边塞"诗人的面貌逐渐清晰起来。

清沈德潜的《唐诗别裁集》分体编选唐诗,评岑参五言古诗云:

> 参诗能作奇语,尤长于边塞。①

卷五选七言古诗,在岑诗《走马川行奉送封大夫出师西征》又有如下的评语:

> 封常清也。参尝从常清屯兵轮台,故多边塞之作。②

又,卷十九选岑参七言绝句,总评岑诗如下:

> 嘉州边塞诗尤为独步。③

清翁方纲也说:

> 嘉州之奇峭,入唐以来所未有。又加以边塞之作,奇气益出。风会所感,豪杰挺生,遂不得不变出杜公矣。(《石洲诗话》)④

又清施补华《岘佣说诗》:

> 岑嘉州七古,劲骨奇翼,如霜天一鹗,故施之边塞最宜。⑤

沈德潜、翁方纲和施补华都论及岑诗之"奇",并且特别强调了其"边塞"诗作,在众多的诗话中是少见的。其中,沈德潜的评论最值得注意,他不但继承了传统诗论,言岑诗之"奇",而且首

---

① 沈德潜选编,李克和等校点《唐诗别裁集》,岳麓书社,1998年,页27。
② 同上注。
③ 同上书,页445。
④ 赵执信,翁方纲著,陈尔冬校点《谈龙录 石洲诗话》,人民文学出版社,1981年,页31。
⑤ 王夫之等撰《清诗话》(下册),上海古籍出版社,1978年,页984。

次明确讲岑参擅长写边塞题材的诗。他认为岑参边塞诗数量多——"多边塞之作";岑参边塞诗与众不同,质量高——"尤为独步"。岑诗之所以有这样的成就,乃在于岑参对边塞生活有切身体验,岑参曾经和唐大将封常清一起"屯兵轮台",所以边塞诗数量多,质量也高。沈德潜的《唐诗别裁集》选岑诗58首,其中有岑之代表作《白雪歌》等边塞诗17首,他主张"备一代之诗,取其宏博",重点选录王维、李白、杜甫、岑参、韩愈等大家名家的诗,可见沈德潜是把岑参和李杜这样的大家相提并论的,对岑参的"边塞"诗也是肯定的。之后翁方纲的《石洲诗话》认为岑之边塞诗也有着岑诗一以贯之的"好奇"特点,而且更加突出——"奇气益出",受边塞环境的影响,指出岑诗不得不"变出杜公",言下之意,即指岑参的边塞诗才使岑参"豪杰挺生",与杜甫这样的大诗人相区别。到了更后的施补华这里,又进了一步,他继承了前二人的观点,指出岑之七言古体诗"劲骨奇异",最适合写边塞诗。岑参边塞诗之代表作多为七古歌行体,施补华所论甚是。

  清代是中国诗话发展繁荣的黄金时代,时代发展到清代,对唐诗的研究已经比较深入,对岑诗的研究也相应有了新的进展,沈德潜辈披沙拣金,注意到岑诗的精华是"边塞"题材的诗作,即是明证。沈德潜论诗讲"格调"说,提倡学习唐音,选诗的宗旨要有助于"诗教","去郑存雅",要归于"雅正"。他的老师叶燮《原诗·内篇》也有论及岑诗的文字,涉及的也多是岑诗对传统诗风的继承与发展。德潜论诗虽不免受正统观念和封建臣子身份的束缚,但论诗也还客观公允,能超越前人,有真知灼见。沈德潜对岑参边塞诗的肯定和突出,对推进岑参边塞诗的研究以及岑参在中国文学史上的地位的确立大有贡献。然而,他也没有明确把岑参定位为"边塞"诗人,也就是说,对岑参在文学史上的地位和贡献,沈、翁和施三人其实是不甚明了的,也是不明确的。

民国以后，出现了几种文学史，也都不太重视岑参。直至"五四"以后十多年，文学史家对岑参才逐渐关注起来。如1930年赵景深《中国文学小史》第十七章为：边塞诗人岑参。1931年陆侃如、冯沅君的《中国诗史》卷二篇三第四节是：岑参及其派。此后，"边塞派"的名字在文学史中就多次出现了，自然，岑参"边塞"诗人的地位就更加确定了。

三

我们知道所谓的"边塞"诗人是后世对岑参在文学史上的定位，似乎岑参在唐代诗名并不是杜确所说的那样"闻名"，这或许和岑参所写的边塞诗题材内容有关。岑参也曾创作过类似王孟、李杜的诗作，然而这些"雷同"的"习作"不能超越他人确立他自己在诗坛的地位。他写的边塞绝域的军马生活对于喜欢李白、王维之清雅诗风的盛唐人来说或许比较隔膜，中晚唐以后整个时代的诗学审美风尚发生了转变，中唐流行浅俗的元白诗以及奇崛险怪的韩孟诗，晚唐至唐末社会动乱，隐逸出世的诗风成为主流，晚唐司空图的诗论推崇的是王、韦一派冲和淡远的山水田园诗，相对而言，整个唐代诗坛没有岑参恰切的位置。

杜甫的"诗圣"地位固然不是唐代确立的，但新旧《唐书》都有他篇幅不短的传记，中唐元稹的《唐故工部员外郎杜君墓系铭并序》就已对杜甫高度评价，《旧唐书·文苑传·杜甫传》大段引用了元稹的评论，而中唐的韩愈写诗直言："李杜文章在，光焰万丈长。"在岑参之后，唐诗人不可胜数，少见评论岑参其人其诗者，仅有戎昱写过一首《赠岑郎中》。

所以，岑参在唐代的闻名是因为他个人的"识度清远，议论雅正"，最主要的例证就是他所作的那些清雅好"奇"，"迥拔孤秀，出于常情"的诗歌,而这些诗歌的风格正是当时诗坛的主流。可见,与后世把他定位为"边塞"诗人不同。可以说,岑参最初的出名,不是因为"边塞"诗的创作,也就是说终唐之世岑参并未以"边塞"诗闻名,是可以确定的。

高岑并举始自杜甫的"高岑殊缓步",南宋严羽论诗也云:"高岑之诗悲壮,读之使人感慨。"严羽第一次把岑参与高适的诗相提并论,但仅强调二人诗作的"悲壮"的一面。高岑的边塞诗在风格上确有豪迈雄壮的共同特征,将两人相提并论是有道理的。然而,两人的诗歌又存在着明显的差别。高之边塞诗更多的继承了传统的诗风,有着宏大的主题和深沉的寓意;而岑之边塞诗大多被认为重在技巧和意象。杜甫将高岑并举,或许是出于偶然,他也曾将岑参拟作其他诗人,如"谢朓每篇堪讽咏"(《寄岑嘉州》)。严羽将二人相提并论是出于风格论,与我们今天以题材对其二人进行定位显然是不一样的。

如前所述,宋代以来评论岑诗的很多,提到岑参边塞之行和边塞诗的也有,但是,他们对岑参的定位是不确定的,只有少数切中了岑诗最独特的地方。南宋陆游喜欢岑参和岑诗,用所谓的"天山篇"泛指岑参从戎西域的"边塞"诗,大约是缘于政治原因,他对岑参在文学史上的地位也不甚明了,但是,陆游作为一个大诗人对岑参的激赏自然会引起人们对岑参及其诗作的关注。明代《唐诗归》评点岑诗首次出现"边塞"二字,这说明钟惺对岑诗的认识比前人有了变化,但点到即止令人遗憾。明代的边贡虽然极力抬高岑诗,却只是泛泛而论。宋许顗《彦周诗话》、清沈德潜的《唐诗别裁集》、翁方纲的《石洲诗话》和施补华的《岘佣说诗》等等,这些诗话和选诗集或提到岑参的西域之行,或评点岑参的边塞诗作,随着时代的发展,对岑诗的认识越来越到位,如清代的诗话就对岑诗的论述多一些,也深入一些。

可以说，对岑参诗歌的接受程度是在时代的推进中深化的，对岑参"边塞"诗人的身份的认可，也是经过了漫长的认识过程，最终才在中国文学史上确立的。岑参"边塞"诗人的地位是在文学史的进程中逐渐形成的，没有确定的时间，非一时一地，也就是说不是在特定的时空中实现的，而是在时间的推进中最终确立的。这正如陶渊明、杜甫，生前声名不显，身后名垂千古，对诗人文学地位和文学贡献的认识也是需要时间的。今天看来，宋代开始围绕诗歌进行的种种研究与探讨的诗话及诗文促进了唐诗的传播和接受，使岑参由在文学史上的被忽视到逐渐被重视，最终确立了岑参在中国文学史上"边塞"诗人的地位，从这一角度来看，历代的读者（包括研究者）有着巨大贡献，是他们逐渐发现了"边塞"诗人岑参。

（原载《兰州学刊》2008年第7期）

浅论宋诗话中的"俗"
——兼探宋人突出白居易诗歌"俗"的原因

◎ 黄爱平

"忌俗"是宋代诗学非常突出的一个观点，以至于成为宋代文化的一个特征。《诗人玉屑》载陈师道学诗于崔德符，尝问作诗之要，崔曰："凡作诗工拙所未论，大要忌俗而已。"[1]宋代最具有理论体系性的《沧浪诗话》说得更具体："学诗先除五俗：一曰俗体，二曰俗意，三曰俗句，四曰俗字，五曰俗韵。"[2]那么何谓"俗体""俗意""俗句""俗字""俗韵"？严羽没有任何阐述。笔者认为严羽说的"五俗"大致可以分为两个层面，一个是诗歌语言，一个是诗歌内容，当然这是非常粗略的分法，因为"句""字"可以很明确地划归于诗歌语言层面，而"韵"，从押韵角度，它属于诗歌语言声律层面，从"韵味"这个角度，它则应划归于诗歌内容、意韵层面。另外，诗歌语言与内容也不是界限森严，而是相互作用的，这里只是为了讨论方便进行的划分。下文就从诗歌语言、诗歌内质

---

[1] 魏庆之著、王仲闻点校《诗人玉屑》，中华书局，2007年，页155。
[2] 严羽著、郭绍虞校释《沧浪诗话校释》，人民文学出版社，1983年，页108。

层面来讨论"俗"的内涵,以及"以俗为雅"的方法。其次,宋人认为唐代诗人中白居易是"俗"的典型代表,因此我们理清"俗"的内涵,可以对宋人的"白俗"观有更深入的认识,本文也将简单讨论"白俗"与宋人"忌俗"诗学观的关系,以便更细致地展示宋代诗学的特点。

一　诗歌语言

何种语言是"俗"?宋诗话没有界定,我们也无法给出确切的定义,因为任何定义都有可能被遗漏或者是越界的概念所推翻,只能在概念、范畴的对比中来窥探"俗"的面目。

俗与平易　语言平易指语言的通俗易懂、平白浅切,这种语言通常指日常生活语言,如口语、俗语等。平易的语言本身无所谓俗与不俗,但是运用在诗歌中,则容易致俗。因为诗歌需要凝练、浓缩的语言,口语太过直白、没有回味。如《六一诗话》所论:"圣俞尝云:诗句义理虽通,语涉浅俗而可笑者,亦其病也。如有《赠渔父》一联云:'眼前不见市朝事,耳畔惟闻风水声。'说者云:'患肝肾风。'又有《咏诗者》云:'尽日觅不得,有时还自来。'本谓诗之好句难得耳,而说者云:'此是人家失却猫儿诗。'人皆以为笑也。"[1]这两联如果联系诗题来读,还算是达意的,但是被人如此嘲笑,就是语言太生活化,不能负载更多的意味。《咏诗者》写诗之好句难得,当仔细去追寻时不见得能得到,但是有时候又突然闪现在脑海,其实就是创作的灵感,而刘勰这样写:"枢机方通,则物无隐貌;关键将塞,则神有遁心。"刘勰的语言是典型的书面语,给读者造成审美的距离,并运用比喻、拟人手法,将灵感到来和飞

---

[1]　欧阳修《六一诗话》,何文焕辑《历代诗话》本,中华书局,1982年,页268。

逝的状态写得十分传神，不会让人以为是"失却猫儿诗"。再如"包贺多为鄙俗之句，至于'枯竹笋抽青橛子，石榴树挂小瓶儿'。又云：'雾是山巾子，船为水鞔鞋。'又云：'棹摇船掠鬓，风动水搥胸。'虽好事者托以成之，亦空穴来风之意。"①这是将口语入诗而成鄙俗的例子。所举三联比喻粗俗简陋，喻体不仅没有传达所写对象的美，反而俗化了对象，没有诗意、没有任何美感。又《诗说隽永》云："晁氏尝于中壶缄线纩夹中得吴越人写本杜诗……其一云：'漫道春来好，狂风大放颠。飞花随水去，翻却钓鱼船。'"苕溪渔隐曰："此诗浅近，决非少陵语。庸俗所乱，不足凭也。"②胡仔认为这首诗非少陵所作，关键在于它太浅近，用语太随意，如打油诗，趁韵而已。风大船翻，本是很险恶的场面，诗歌却将风形容为"放颠"，似乎给人开玩笑；既然风狂，则一切都是迅猛的，不可能看清轻盈的飞花，"随水去"则太迟缓，如此许多都不合情理，确实是"庸俗所乱"。其实口语并不是不能入诗，关键是所用之语能否传达诗意、情感；如果不能，则不仅为浅俗之言，更是无益之语。

俗与声律 太平常的用语会俗，那么字斟句酌，格律精工是不是一定不俗？"近时论诗者，皆谓偶对不切，则失之粗；太切，则失之俗。"③《藏海诗话》亦云："七言律诗极难做，盖易得俗，是以山谷别为一体。"④七言律诗，在近体诗中，格律最严，所以最难做。吴可认为格律严也容易得俗，大概是形式的束缚太多，一般人难以舒展手脚，只顾及格律，造成内容、诗意的平庸。或者"既拘以四声，又限以音韵，故大率以偶俪声病为工，文气安得不卑弱

---

① 阮阅编著、周本淳校点《诗话总龟》前集，人民文学出版社，2005年，页402。
② 胡仔撰、廖德明校点《苕溪渔隐丛话》后集，人民文学出版社，1984年，页53。
③ 葛立方《韵语阳秋》，何文焕辑《历代诗话》本，中华书局，1982年，页486。
④ 吴可《藏海诗话》，丁福保辑《历代诗话续编》本，中华书局，1997年，页335。

乎？"①文气卑弱，诗歌不俗也难。因此山谷、江西诗派为避俗而故意求新、求不工。当然这也是一偏之见。"老杜《江陵诗》云：'地利西通蜀，天文北照秦。'《秦州诗》云：'水落鱼龙夜，山空鸟鼠秋。''丛篁低地碧，高柳半天青。'《竖子至》云：'楂梨且缀碧，梅杏半传黄。'如此之类，可谓对偶太切矣，又何俗乎？"②所举杜诗这几联不仅平仄相对，对仗也很精严：方位词对方位词，名词对名词，名词中专有名词对专有名词，动词对动词，形容词对形容词等等。但是在精严的格律束缚中能摹写出对象的形神。所以声律精工并不必然得俗，关键在于掌握分寸，也在于诗人驱驾文字、传达诗意的能力。

俗与高古 宋诗话论书法常将这两者对举。如"周越为尚书郎，在天圣景祐间以书得名，轻俗不近古，无足取也。"③书法中的轻俗指什么？韩愈为了赞美石鼓之篆，说"羲之俗书趁姿媚"。王羲之的书与石鼓文比起来就俗了。那么，古是高古、古拙、古朴，是与现实有时间距离的美；羲之的"俗"在于他的"飘若浮云，矫若游龙"，是流畅、飞动、飘逸，而不是朴拙、古雅。据此，诗句中运用经典语言则高古不俗。《洪驹父诗话》谓："世以兄弟为友于，子姓为贻厥，歇后语也。杜子美诗云'山鸟山花皆友于'，子美未能免俗，何耶？""予以为不然。按《南史》刘湛'友于素笃'，《北史》李谧'事兄尽友于之诚'。故陶渊明诗云：'一欣侍温颜，再喜见友于。'子美盖有所本耳。子美《上太常张卿》诗亦云：'友于皆挺拔。'"④洪驹父认为杜甫用"友于"是世俗语，吴开则寻经探典，为杜甫用词寻找到经史渊源，除了证明老杜用语"无一字无

---

① 何汶撰，常振国等点校《竹庄诗话》，中华书局，1984年，页83。
② 《韵语阳秋》，页486—487。
③ 魏泰《临汉隐居诗话》，何文焕辑《历代诗话》本，中华书局，1982年，页327。
④ 吴开《优古堂诗话》，丁福保辑《历代诗话续编》本，中华书局，1997年，页231。

来处",还表明老杜的古雅。

俗与新奇 《说文》曰:"俗,习也。""习者,数飞也。引伸之凡相效谓之习。"竞相模仿、仿效乃为习,而习以成俗。所以"俗"字本身并非贬义,本指鸟儿不断练习飞翔之义,引伸一下为模仿、效仿的意思,模仿多了,就成了"习""俗",所以,"习""俗"从对一种动作的不断模仿,渐变为"风俗""习俗"的名词性词语,也具有了习以为常、普通、平常的含义。而诗歌过于普通是不行的,宋诗话从超越普通这个层面来讲求"新奇"。"前辈花诗多用美女比状,如云:'若教解语应倾国,任是无情也动人。'俗哉!山谷《荼蘼诗》曰:'露湿何郎试汤饼,日烘荀令炷炉香。'乃是以丈夫比之,若出类。而吾叔彭渊材作《海棠诗》又不然,曰:'雨过温泉浴妃子,露浓汤饼试何郎。'尤工也。"[1]作者认为用美女比花,用得太多太滥,所以为"俗",用丈夫比花则新鲜醒目。不论作者所引诗是否出众,他的意思乃是诗歌创作要有新意。所以避俗,乃为避熟。《复斋漫录》云:"韩子苍言作语不可太熟,亦须令生。近人论文,一味忌语生,往往不佳。东坡作《聚远楼诗》,本合用青江绿水对野草闲花,以此太熟,故易以云山烟水,此深知诗病者。予然后知陈无己所谓'宁拙毋巧,宁朴毋华,宁粗毋弱,宁僻毋俗'之语为可信。"[2]胡仔认同作语不可太熟的看法,也反对一味求生,但是如果求生得妙则可,从这个角度,胡仔赞同"宁僻毋俗"的看法,追求诗歌古拙朴茂、生新出奇之美。"孟郊诗'楚山相蔽亏,日月无全辉。万株古柳根,擎此磷磷溪。大行横偃脊,百里芳崔嵬'等句,皆造语工新,无一点俗韵。"[3]孟郊此诗取境阔大,造语峻古、工新,所以不俗。但一味求新,过于尖巧,也会流

[1] 《诗话总龟》前集,页234。
[2] 《苕溪渔隐丛话》后集,页203。
[3] 《韵语阳秋》,页487—488。

于俗。"《诗评》云:明远诗,其源出于张协。善制形状写物之辞,得景阳之俶诡,含茂先之靡漫。骨节强于谢琨,驱迈迈于颜延。总四家而擅美,跨两代而孤出。嗟其才秀人微,故取湮于当世。然贵尚巧似,不避危仄,颇伤清雅之语。故言崄俗者,多以附益云。"①引用钟嵘对鲍照的评价,表明太巧,太险之语,有伤清雅,易坠入险俗。所以避俗求新,不可过分、失度,与诗歌意境、情意融合,才是求新圭臬。

二　诗歌内质

这里的内质是与语言相对的概念,不限于诗歌描写对象,还包括诗歌所营造的情韵、意境等内容。

俗与内容　诗歌描写对象的俗与否关系诗风的雅俗。"凡作文,其间叙俗事多,则难下语。"②诗人遇到"俗事"难下语,主要的困难是不知如何"以俗为雅",担心写出来也染上俗气。《钟山语录》云:"王荆公次第四家诗,以子美为第一,欧阳永叔次之,韩退之又次之,乃以太白为下俗。人多疑之,公曰:'白诗近俗,人易悦故也。白识见污下,十首九说妇人与酒,然其才豪俊,亦可取也。'"③李白乃诗仙,王荆公却认为他俗,理由是李白总是写妇人与酒,这些内容在荆公看来是难登大雅之堂的,太俗,所以认为白诗最下。不论其说是否公道,但是说明诗歌内容与俗有关系。《复斋漫录》云:"无咎评本朝乐章,不见诸集,今录于此,云:'世言柳耆卿曲俗,非也,如《八声甘州》云:渐霜风凄惨,关河冷落,残照当楼。此唐人语,不减高处矣。……张子野与柳耆卿齐名,而

---

① 《竹庄诗话》,页52。
② 《藏海诗话》,页329。
③ 蔡振孙著、常振国等点校《诗林广记》,中华书局,1982年,页55。

时以子野不及耆卿,然子野韵高,是耆卿所乏处。'"①虽是评词,也代表宋人审美观点。从柳永词作来看,多写市井生活,歌儿舞女,语言有涉风情,这是他得"俗"的重要原因。而晁无咎列举柳词不俗之例,也正是这首词没有写歌儿舞女,而写秋深雨后一派凄清而遒劲之景,所以被认为具有唐诗气象,景象高华,一点都不俗。《诗人玉屑》云:"《文选》注云:游仙之制,文多自叙,志狭中区,而辞无俗累。"②郭璞的游仙诗,因所写对象的超尘脱俗,自然辞无俗累。因此诗话认为作品之雅俗,与所写内容有一定关系。

俗与韵味 诗歌无韵易俗。李方叔曰:"文章之无韵,譬之壮夫,其躯干枵然,骨强气盛,而神色昏瞢,言动凡浊,则庸俗鄙人而已。"③韵乃诗歌悠长之味、无尽之意,"如朱弦之有遗音,太羹之有遗味者。"④如"荆公暮年作小诗,雅丽精绝,脱去流俗;每讽味之,便觉沉潜生牙颊间。苕溪渔隐曰:荆公小诗如:'南浦随花去,回舟路已迷。暗香无觅处,日落画桥西。''染云为柳叶,剪水作梨花。不是春风巧,何缘见岁华。''檐日阴阴转,床风细细吹。'……观此数诗,真可使人一唱而三叹也。(山谷)"⑤所列荆公诗如歌如画,情味悠长,"雅丽精绝",自然不俗。对于不同文体,避俗也有学习对象,如"古乐府当学王建,如《凉州行》《刺促词》《古钗行》《精卫词》《老妇叹镜》《短歌行》《渡辽水》等篇,反复致意,有古作者之风,一失于俗则俚矣。"⑥王建古乐府有一唱三叹之妙,正得古乐府之旨,所以不俗。然"韵度欲其飘逸,其失也轻",即用语轻浮、轻飘显得不够含蓄厚重是俗。或者太过用力

---

① 《苕溪渔隐丛话》后集,页253。
② 《诗人玉屑》,页400。
③ 王正德《馀师录》,《丛书集成初编》本,中华书局,1985年,页55—56。
④ 《馀师录》,页55。
⑤ 《诗人玉屑》,页535。
⑥ 范晞文《对床夜语》,丁福保辑《历代诗话续编》本,中华书局,1997年,页422。

显得直露也很容易俗。"诗人造语用字，有着意道处，往往颇露风骨。如滕元发《月波楼诗》'野色更无山隔断，天光直与水相连'是也。只一'直'字，便是着力道处，不惟语稍峥嵘，兼亦近俗。何不云'野色更无山隔断，天光自与水相连'，为微有蕴藉。"①"天光直与水相连"与"天光自与水相连"，一字之差，"直"字主观性太强，闲淡自得之趣就没有了，所以出语太生硬，表意太拙直，没有含蓄之味。《沧浪诗话》评唐代诗人："冷朝阳在大历才子中为最下。马戴在晚唐诸人之上。……薛逢最浅俗。"②综观薛逢诗，也是太直白，没有让人回味馀地，所以为俗。

俗与格调 格调是难以说清的概念，宋诗话中大致是指作品所体现出的一种精神境界，超尘拔俗之气。"唐末五代文章衰尽。诗有贯休，书有亚栖，村俗之气大率相似。如苏子美家收藏张长史书云：'隔帘歌已俊，对面貌弥精。'既凡恶，而字画真亚栖之流。"③僧诗须无酸馅气，贵在气韵清高、超尘拔俗，而贯休等人诗艳羡红尘，饥眼馋涎，穷酸寒蹇，所以村俗。郑谷《雪诗》"江上晚来堪画处，渔人披得一蓑归"，被人鄙为"气象浅俗"，东坡甚至谓此"小学中教童蒙诗"，虽然贬之太甚，但是此诗与柳宗元《江雪》比较，则见其气格平缓，不如柳诗峻洁、渔翁形象铮然而立。

俗与风骨 风骨本是书画中的评论术语，宋诗话没有直接用风骨来评论诗歌，但是他们在引用前人诗评，或者论书画时渗透出注重风骨的审美意识，以及对风骨与俗的关系的关注。鲁直云："《乐毅论》旧石刻轶其半者，字瘦劲无俗气，后有人复刻此断石文，摹传失真多矣。"④书法瘦劲则不俗，瘦则有骨，劲则有力，故不俗。

---

① 周紫芝《竹坡诗话》，何文焕辑《历代诗话》本，中华书局，1982年，页348。
② 《沧浪诗话校释》，页161。
③ 《诗话总龟》前集，页75。
④ 《苕溪渔隐丛话》后集，页201。

宋李西台书，东坡谓俗，胡仔驳之："余于西台书不多见，独见其永州澹山岩诗，清劲简远，不减晋唐间人书。……山谷云：'李西台出群拔萃，肥不剩肉，如世间美女，丰肌而神气清秀者。'"①李书有"清劲简远"一类，也有"丰肌而神气清秀者"，所以东坡之论不确。"清劲"乃是骨，"神气清秀"乃有"风"。从文学角度而言，"骨就运用文辞而言，要求用词造句端正精当，使作品显得精干挺拔"，"风并不是指情志本身，而是指情志表达得明朗、生动"，总之，"风骨是指普遍的、一般的文章作风"。②有这种作风，必然不俗。《诗人玉屑》引用锺嵘之论："公干诗，其源出于古诗，仗气爱奇，动多振绝；贞骨陵霜，高风跨俗。但气过其文，然陈思已往，稍称独步。"③公干之诗，高风跨俗，乃在于有风骨。

以上从诗歌语言和内质两方面对宋诗话中的"俗"进行了内涵层次的分析，尽管没有给出一个确切的定义，但是我们可以从以上各个层次来理解宋人论"俗"角度和大体意指，即"俗"在语言上指一种平易的、平常的、不够凝练的、于诗意传达不够新鲜、精警的表达方式，在诗歌内质上则表现为没有韵味、不含蓄，气格不高，风骨不振等等的风貌。但是"俗"与平易、格律、新奇以及诗歌内容等没有截然界限，关键在于作者如何把握。下面我们讨论宋诗话中"以俗为雅"的方法。

三　以俗为雅

"以俗为雅"是宋代人才有的观念，最早由梅圣俞提出，"闽士

---

① 《苕溪渔隐丛话》后集，页239。
② "风""骨""风骨"的内涵，参见杨明师《〈风骨〉——论优良文风：鲜明有力，准确精健》，据《文心雕龙精读》本，复旦大学出版社，2007年，页124、122。
③ 《诗人玉屑》，页394。

有好诗者,不用陈语常谈。写投梅圣俞,答书曰:'子诗诚工,但未能以故为新,以俗为雅尔。'"①此后被苏黄发扬。东坡《评柳子厚诗》说:"诗须要有为而后作,当以故为新,以俗为雅,好奇而新,乃诗之病。"黄庭坚与杨明叔论诗说:"因明叔有意于斯文,试举一纲而张万目,盖以俗为雅,以故为新,百战百胜。"至此,以俗为雅成为作文之纲目。此论为宋人多方引用,成为宋代最有代表性的美学原则,也是创作原则或方法。宋人公认的以俗为雅高手是万能的诗人杜甫。前面说过,用俗语、写俗事很容易落俗,但是若经高手点化,便会精彩数倍。比如"数物以个,谓食为吃,甚近鄙俗,独杜屡用。'峡口惊猿闻一个','两个黄鹂鸣翠柳','却绕井栏添个个',《送李校书》云:'临歧意颇切,对酒不能吃。'……盖篇中大概奇特可以映带者也。"②老杜用鄙俗之语,却能化腐朽为神奇,乃在于他"篇中奇特",能相互映带。如"两个黄鹂鸣翠柳,一行白鹭上青天。窗含西岭千秋雪,门泊东吴万里船。"前两句对仗,不仅数字对、颜色对,还有量词对,非常工整;两句四种颜色,穿插相间,轻盈秀丽,美丽如画;后两句取景视野似乎很小,但所见景物时空阔远,气象内敛而沉着,景象清峻,令人遥想无边,与前两句清新雅丽之景相互映衬,整首诗秀丽清峻,早让人忘了"个"原来是俗语,却以为它本身无限诗意。再者,"个"如果换成"只",反而使诗意显得轻浅,画面中黄鹂不够醒目;在韵律上,"个"也比"只"更果断、爽利。所以,用俗语并不必然会"俗",老杜能驱遣俗字俗语而不觉其俗,表意上反而能以一当百,其本领在于他内外双修。

内在修养 诗者,写人之情性也。若作者自身品位不高、境界狭小,难免坠俗。宋人推崇的另一位大诗人陶潜,就是胸中自有冲

---

① 陈师道《后山诗话》,何文焕辑《历代诗话》本,中华书局,1982年,页314。
② 黄彻《䂬溪诗话》,丁福保辑《历代诗话续编》本,中华书局,1997年,页379。

淡闲逸之气，和光同尘，所以境界自高，宋人称其《形》《影》《神》三篇"皆寓意高远，盖第一达摩也"①。盖渊明了悟事理，一死生，齐万物，所以见性成佛，文字自然入神。那么心性如何涵养，朱熹谈到诗歌发展至宋，细碎卑冗，无馀味时说，要使那些卑陋之诗不接于耳目，不入于胸次，"要使方寸之中，无一字世俗言语意思，则其诗不期于高远，而自高远矣"。②另外，学习前辈，不仅是学习诗法，更是要荡涤心胸，澡雪精神。宋人意识到，杜子美之诗，看似用粗俗语，其实"粗俗语在诗句中最难，非粗俗，乃高古之极也"，"近世苏黄亦喜用俗语，然时用之亦颇安排勉强，不能如子美胸襟流出也。"③子美之妙在于从胸中流出，自然情真，至于高古，至于大雅。

　　人的精神境界如何提升？除了孔子所说的"慎独"，"吾日三省吾身"的内在修为，苏轼的"宁可食无肉，不可居无竹。无肉令人瘦，无竹令人俗"的环境熏陶以及"悭而不吝""淡而有味"的生活方式，宋人还非常注重学习。比起"吾善养吾浩然之气"的说法，学习具有可操作性，不像气质、性情，"虽在父兄，不能以移子弟"。学习主要是漱六艺之芳润，破万卷之好书。山谷云："东坡道人在黄州，作《卜算子》云：'缺月挂疏桐，漏断人初静。……拣尽寒枝不肯栖，寂寞沙洲冷。'语意高妙，似非吃烟火食人语，非胸中有数万卷书，笔下无一点尘俗气，孰能至此？"④因此，诗歌之不俗，贵在胸中有书卷气，如此才能高妙、清洁、超逸。"读书破万卷，下笔如有神"，学问积累多了，任何语言信手拈来，可以出奇变换。"有用法家吏文语为诗句者，所谓以俗为雅。坡云：'避

---

① 《诗话总龟》后集，人民文学出版社，2005年，页283。
② 《诗人玉屑》，页6。
③ 张戒《岁寒堂诗话》，丁福保辑《历代诗话续编》本，中华书局，1997年，页450—451。
④ 《苕溪渔隐丛话》前集，页268。

谤诗寻医,畏病酒入务。'如前卷僧显万'探支''阑入',亦此类也。'①以文为诗非诗歌本色,深为严羽诟病,但是运用得好,也会变俗为雅,这就是积学的力量。

外在工夫 主要指诗歌创作过程中的具体方法、技巧。《馀师录》对此有详细介绍:"俗语,文章所忌,要在斫句清新,令高妙出群,须众中拈出时,使人人读之,特然奇绝者,方见工夫也。又不可使言语有尘埃气,唯轻快玲珑,使文采如月之光华。尝见先生长者,欲为文时,先取古人者再三读之,直须境熟,然后沉思格体,看其当如何措置,却将欲作之文,暗里铺摹经画了,方敢下笔。踏古人踪迹,以取句法。既做成,连日改之,十分改就,见得别无瑕疵,再将古人者又读数过,看与所作合与不合,若不相悬远,不致乖背,方写净本,出示他人。贵合众论,非独耐看,兼少问难耳。人之为文,切忌尘坌,须是一言一句,动众骇俗,使人知其妙意新语,中心降叹,不厌讽咊,方成文字也。"②如何使文字去俗,作者归纳为三步骤:熟读古人作品,学其体格布局、句法措词;比合古人,反复修改;出示他人,以待评论。除了多读书、勤练习,宋人还认为应关心生活。"王介甫只知巧语之为诗,而不知拙语亦诗也。山谷只知奇语之为诗,而不知常语亦诗也。欧阳公诗专以快意为主,苏端明诗专以刻意为工,李义山诗只知有金玉龙凤,杜牧之诗只知有绮罗脂粉,李长吉诗只知有花草蜂蝶,而不知世间一切皆诗也。惟杜子美则不然,在山林则山林,在廊庙则廊庙,遇巧则巧,遇拙则拙,遇奇则奇,遇俗则俗,或放或收,或新或旧,一切物,一切事,一切意,无非诗者。故曰'吟多意有馀',又曰'诗尽人间兴',诚哉

---

① 杨万里《诚斋诗话》,丁福保辑《历代诗话续编》本,中华书局,1997年,页148。
② 《馀师录》,页56—57。

是言。"①诗歌内容本无限制，世间万事万物均可入诗，所以诗人除了诗艺的训练，关键是要深入生活、体验生活，才能触目即诗，光景常新，自然离俗。

在具体诗歌创作上，关键是要传达一种精神或气象，而不是仅仅局限于眼前景、事、物、情。《庚溪诗话》鄙薄乐天、杜牧的咏鹤诗，关键在于他们只歌咏其羽毛、飞鸣之态，不能传达鹤之高逸。"至于鲍明远《鹤赋》云'钟浮旷之藻思，抱清迥之明心'，杜子美云'老鹤万里心'，李太白《画鹤赞》云'长唳风宵，寂立霜晓'，刘禹锡云'徐引竹间步，远含云外情'，此乃奇语也。"②这些咏鹤诗好，就在于将鹤的神采传达出来。因此，为文之前，首先要立意，因为声律再和谐、物象再精微，"苟无意与格以主之，才虽华藻，辞虽雄赡，皆无取也。要在意圆格高，纤浓俱备；句老而字不俗，理深而意不杂，才纵而气不怒，言简而事不晦。如此之作，方入风骚。"③

因此，"以俗为雅"，首先是诗人自身的雅化，要不断学习经典，来提升自己的精神、品格，陶冶自己的情操、趣味，开阔自己的胸襟、气度。其次，深入体验生活，勤于练笔，勤于修改。内外双修，则以俗为雅，即俗即雅。

馀　论

白居易不仅会写"俗"的诗，也会写韵味悠长的作品，这是宋

---

① 《岁寒堂诗话》，页 464。
② 陈岩肖《庚溪诗话》，丁福保辑《历代诗话续编》本，中华书局，1997 年，页 184。
③ 《诗人玉屑》，页 135—136。

人发现的。①但是在唐代诗人中,特别是我们现在认可的唐代大诗人中,宋人对白居易用"俗"评价的频率是最高的,这与白诗的特点有关,也与宋人自身的审美倾向、时代文化要求有关。

通过上文讨论,我们知道宋代在诗歌领域使用"俗"这个概念,并不完全是贬义。它指一首诗语言平易、通俗、平常,通常是中性词,用这个"俗"来评价乐天诗,同样不是贬义,只是指出乐天诗歌语言大众化的特点,也可能指白诗写"俗事"、记"民风民俗"的特点。②当宋人在这个层面提倡"超俗",是宋人求新求奇的时代追求,即追求语言的创新、立意的翻新等等,白诗的"俗"此刻只是一种象征的批评靶子,而不是说白诗这个层面的"俗"都是不好的,因为宋人太希望走出唐代诗歌成就的阴影而自成一格。但是,当"俗"用在内质层面,指一首诗歌无韵、无格、无风骨时,"俗"是含有贬义的。因此我们对白诗"俗"的特点应具体认识,不能一口咬定"俗"就是否定性的批评。

其次,"以俗为雅"这个词本身并没有表明对"俗"有多大的厌恶,而是包含对"俗"的提升、拯救态度,否则,宋人应该提倡"去俗为雅"。宋代的这种美学观表面似乎是"忌俗",实际上是"化俗",要雅俗共赏③,这正好与宋代整个精神文化风气有共同之处,即宋型文化的世俗性,主要是宋朝士人的世俗性。④生活本身是世俗的,唐代诗人用飞扬的激情、青春的浪漫来超越,让读者似乎忘记了唐代诗人的日常生活,就是杜甫描写生活的苦难和沉重,

---

① 宋人认为白居易诗不仅有平易通俗一类,还有讲求格律、意态雍容、含蓄有味等的作品,见拙著《宋诗话与唐诗学》第三章第一节,社会科学文献出版社,2020年。
② 对白诗"俗"的具体分析,参见陈允锋《白居易尚俗诗学观新探》(《宁夏社会科学》,2002年第6期,页114—118)及拙著《宋诗话与唐诗学》第三章第一节。
③ 因"化俗"表现出雅俗共赏的追求,参考了朱自清《论雅俗共赏》一文,见同名集,三联书店出版社,1998年版,页1—9。
④ 关于宋代士大夫生活的世俗性,参见李泽厚《美的历程》第八章《韵外之旨》的相关论述,安徽文艺出版社,1994年,页142—158。

那也是一种"圣者"的苦难和沉重。宋代诗歌却大量运用俗字、俗语、俗话甚至俗意，也有大量描写俗世日常生活的，表明宋人对生活之俗的一种认同和包容。但宋人追求超越，这种超越是"即俗即雅"的超越，即生活在俗世，以俗眼观之，无真不俗；以法眼观之，无俗不真。因此，宋代人的超越体现为一种自身精神境界的拔俗与清高。表现在诗歌上，就是"以俗为雅"，即在平凡俗事俗物中表现出高洁的精神，或者用高洁脱俗的精神化解生活的俗。这样我们就能理解宋人为何那么关注白居易的处事态度、生活方式，那么推崇陶潜的冲淡、杜甫的博大。这也使我们理解，为何在精神层面，"俗"确实含有一层贬义。因为没有精神境界的超拔，拘于对生活本身的叙述，无法提升诗歌的境界，就是"俗"。在这个层面上，宋人反感白诗说得太尽、说得太白、说得太切，不够超越，贬之为"俗"。

总之，宋人所说的"白俗"，是宋人追求诗歌创新的折射，也是宋人在俗世生活中追求精神超越的一个参比，因此"白俗"在不同的层面得到不同的价值判断。

宋末元初诗学批评中"本色"内涵的多维考察

◎ 刘 飞

"本色"一词最早出现于何时,还有待考察。六朝时期,刘勰对此有所运用。如《文心雕龙·通变》云:"夫青生于蓝,绛生于蒨,虽逾本色,不能复化。"在唐代,对该词的运用已较为频繁。如《唐律疏议》《通典》《唐六典》《旧唐书》及佛学著述《大毗庐遮那成佛经疏》等,但鲜有涉及文学批评者。直到宋代,"本色"一语才被广泛运用于文学批评。郭绍虞先生认为:"本色之说,始见于陈师道《后山诗话》。"[1]本色作为文学批评的专门术语而被使用,陈师道盖为始作俑者。[2]《后山诗话》云:"退之以文为诗,子瞻以诗为词,如教坊雷大使之舞,虽极天下之工,要非本色。今代

---

[1] 郭绍虞《沧浪诗话校释》,人民文学出版社,1961年,页111。
[2] 按:黄庭坚《姨母李夫人墨竹二首》其一:"深闺净几试笔墨,白头腕中百斛力。荣荣枯枯皆本色,悬之高堂风动壁。"(《山谷集》卷五,《四库全书》本)诗中虽用"本色"一语评价李夫人画作中物色表现的逼真自然,但综观黄庭坚诗论,"本色"并没有成为他进行艺术评价的专门术语。

词手唯秦七、黄九尔,唐诸人不迨也。"①宋末元初,"本色"往往成为诗论家如严羽、刘克庄、方回等人的常用之术语。关于本色之含义,郭绍虞先生曾有论及:"本色,指本然之色,当行,犹言内行。故陶明濬《诗说杂记》卷七谓:'本色者,所以保全天趣者也。故夷光之姿必不肯污以脂粉;蓝田之玉,又何须饰以丹漆,此本色之所以可贵也。当行者,谓凡作一诗,所用之典,所使之字,无不恰如其分。未有支离灭裂,操末续颠,而可以为诗者也。'"②郭先生此论断是就严羽《沧浪诗话·诗法》中"须是本色,须是当行"这句话所作的解说。如进一步考察,对宋代诗学批评中"本色"一语之含义,则又可以细分为如下几方面:其一,就艺术审美来看,意在强调诗歌风格的自然得体,不露雕琢之迹。其二,以创作主体而论,指诗歌创作中当以才而不以学,肯定才气对于诗歌创作的意义。其三,从对诗歌的本质来看,本色也反映出诗论家对诗歌吟咏情性之本质的重视。另外,本色也关乎诗论家对诗歌之文统的认识。

在宋代尤其是宋末元初有关诗论家的论述中,本色一语往往因使用的语境不同而显得内涵各异。另外,有关论家并没有直接使用

---

① 按:《后山诗话》是否真出于陈师道之手,南宋以来如胡仔、陆游、方回等多有怀疑。《四库全书总目》之《后山诗话》提要引陆游看法并进而考证云:"陆游《老学庵笔记》深疑后山《丛谈》及此书,且谓《丛谈》或其少作,此书则必非师道所撰。今考其中于苏轼、黄庭坚、秦观俱有不满之词,殊不类师道语。且谓苏轼词如教坊雷大使舞,极天下之工而终非本色。案:蔡絛《铁围山丛谈》称雷万庆宣和中以善舞,隶教坊。轼卒于建中靖国元年六月,师道亦卒于是年十一月,安能预知宣和中有雷大使借为譬况,其出于依托,不问可知矣。"郭绍虞《宋诗话考》对此有着详细的考证。并认为:"陈师道有诗话之作,盖无可疑。""陈师道确有诗话,但未成书,其为人亦不免有自负气习,故易为人所依托。意者原稿未及刊行,他人得之复加增益,遂致事实抵牾,启人疑窦。"(郭绍虞《宋诗话考》第 17 页,中华书局 1979 年)另:郭绍虞先生对《后山诗话》的价值,亦评价甚高,认为"其言诗不偏于论事,而论辞又不限于摘句,则又为《沧浪诗话》《对床夜语》诸书所自出,使诗话之作由说部而进入理论批评,则其关系至巨,正不必以依托病之矣。"郭绍虞《宋诗话考》,中华书局,1979 年,页 20。
② 郭绍虞《沧浪诗话校释》,人民文学出版社,1961 年,页 111—112。

本色一语，但所言说的诗学观念往往也与上述几方面的内涵有着不同程度的关联。因此，本文拟结合有关论述，从上述几个方面分别做出考察。

一　本色即本然

此又可分别从文体和语言两方面来看。从文体上来说，是指所作诗歌最能符合其作为该文体的风格特点。前引陈师道《后山诗话》以本色为标准评韩愈之诗和苏轼之词，即是立足于这种意义上的评价。关于诗歌体貌之本色的批评，韩愈是受到议论较多的诗人之一。在对韩愈诗歌的品评上，陈师道的看法对后代较有影响。除上述所引外，又如，《后山诗话》："学诗当以子美为师，有规矩，故可学。退之于诗，本无解处，以才高而好尔。"又，陈师道于《后山诗话》中引黄庭坚语云："黄鲁直云：'杜之诗法，韩之文法也。诗文各有体，韩以文为诗，杜以诗为文，故不工尔。'"上引两文出处虽是引用黄庭坚语，亦可作为陈师道本人的看法。宋末元初，有关对韩愈的品评多承袭陈师道的看法，或指出其诗歌之另类风格。如：严羽《沧浪诗话·诗评》："五言绝句，众唐人是一样，少陵是一样，韩退之是一样，王荆公是一样，本朝诸公是一样。"按：清代叶燮《原诗》云："唐诗为八代以来一大变，韩愈为唐诗之一大变。"指出韩愈在诗歌创作上能突破固有窠臼，务去陈言，力求创新。而以文为诗，正是其典型的创作风格。严羽评价韩愈五言绝句有别于众唐人而能别开生面者，也多因为韩愈以文为诗之故。刘克庄《后村诗话》卷二："坡诗略如昌黎，有汗漫者，有典严者，有丽缛者，有简淡者，翕张开阖，千变万态，盖自以其气魄力量为之，然非本色也。它人无许大气魄力量恐不可学。"此处的本色之评，也是指出了苏轼以文为诗的诗歌创作特点。

· 318 ·

又严羽《沧浪诗话·诗评》："孟郊之诗，憔悴枯槁，其气局促不伸，退之许之如此，何邪？诗道本正大，孟郊自为之艰阻耳。"按：韩愈《送孟东野序》评孟郊诗云："孟郊东野，始以其诗鸣，其高出魏晋，不懈而及于古，其它浸淫乎汉氏矣。"韩愈在该文中主要表达了作家创作多因不平而鸣的观点，并认为孟郊即是其中的一位典型。其实，韩愈对孟郊如此欣赏，也是因为二人在诗歌创作的艺术趣味上有一定的相通之处。另，严羽《沧浪诗话·诗评》云："韩退之《琴操》极高古，正是本色，非唐贤所及。"按：严羽此评，盖来自北宋唐庚，唐庚《文录》："《琴操》非古诗，非骚词，惟韩退之为得体。退之《琴操》，柳子厚不能作，子厚《皇雅》，退之亦不能作。"①严羽之重本色，还体现于其《评点李太白诗集》，如卷六评《僧伽歌》"戒得长天秋月明，心如世上青莲色"云："本色语，清超之极。"卷十七评《同族侄评事黯游昌禅师山池二首》"花将色不染，水与心俱闲"云："不本色不佳，太本色亦厌，如此乃免二病。"

那么，宋人所谓诗歌这一文体的本色特征应该是怎样呢？此以严羽为例略作考察，严羽《沧浪诗话·诗辨》云："大抵禅道惟在妙悟，诗道亦在妙悟。孟襄阳学力下韩退之远甚，而其诗独出退之之上者，一味妙悟而已，惟悟乃为当行，乃为本色。"严羽在此处以"悟"来解说诗歌之本色。妙悟，为修禅之方法，严羽在此以禅喻诗，认为诗歌创作亦须通过妙悟为之。作为诗道的悟，就是要达到所谓"羚羊挂角，无迹可求，故其妙处透彻玲珑，不可凑泊，如空中之音、相中之色、水中之月、镜中之象，言有尽而意无穷"的艺术效果。这种效果可用"兴趣"来做出概括。严羽所谓的兴趣，

---

① 陶宗仪《说郛》卷七十九上，《四库全书》本。按：唐庚、严羽所论，后人亦有反拨者。毛先舒《诗辨坻》卷三："昌黎《琴操》，以文为诗，非绝旨。昔人尝赏之过当，未为知音。"（郭绍虞《清诗话续编》，人民文学出版社，1983年，页49）

如顾易生等《宋金元文学批评史》中所说,是"指诗的兴象与情致结合所产生的情趣和韵味",①"实际就是力图表现诗歌的抒情特征及其艺术感染力量"。②妙悟和兴趣,二者之间具有一致性。妙悟为诗歌创作之手段,而兴趣则为是凭藉这种手段所达到的审美效果。以妙悟和兴趣为标准论诗,严羽最推崇唐诗,尤其是盛唐诗作。《沧浪诗话·诗辨》云:"悟有浅深,有分限。有透彻之悟,有但得一知半解之悟。汉魏尚矣,不假悟也。谢灵运至盛唐诸公,透彻之悟也。""诗者,吟咏情性也。盛唐诸人,惟在兴趣。"严羽的妙悟和兴趣,可以说正是对诗歌本色特征的认识。在严羽看来,本色的诗作,最起码应该包含有情感、形象和韵味等重要元素。而严羽之所以如此强调,自然也带有反拨当时江西诗派所造成的诗坛之弊的意图。顾易生等认为严羽的兴趣理论,"实际上无非力图描述出诗歌中的形象应该空灵蕴藉,深婉不迫,令人神往,不要太落实。这种艺术要求,对于宋诗中某些过于散文化的偏弊,如抽象说理、一泻无馀、堆砌典故、补缀奇字等埋没情性、损害形象与意境之美等,不失为有益的针砭"。③

在文体特征上,严羽、刘克庄等强调诗歌的本色,意在维护诗歌的体制特征。刘勰《文心雕龙·通变》云:"夫设文之体有常,变文之数无方,何以明其然耶?凡诗、赋、书、记,名理相因,此有常之体也。文辞气力,通变则久,此无方之数也。"作为一种文体,它所具有的基本的体制风貌应有一定的稳定性,这是文章在历代能得以继承发展的一个前提,而作为该文体的具体写作方法,则可以做到创新求变。作为诗学批评,对一首诗是否本色的评判应是批评展开的基本立足点。在严羽等人看来,作为诗歌的"有常之

---

① 顾易生、蒋凡、刘明今《宋金元文学批评史》,上海古籍出版社,1996年,页385。
② 同上书,页389。
③ 同上书,页386。

体",当要包括情感、形象和韵味等基本的因素,这也是诗歌的本色因素。以此而论,宋代的诗歌创作在对诗歌的本色要求上恰恰表现出一定程度的偏离。宋末元初的诗学批评中对本色的强调,也正反映出有关论家对诗歌文统的维护与回归意识。汪涌豪教授认为,宋人对本色的重视,反映了在宋代在诸体文章创作和理论大大丰富情况下批评家的尊体呼声。尊体,就是要求恪守文体固有规范的制约。宋人运用本色这一范畴,就是要表达对尊体之人及其作品的推崇。①在此需要提出的是,作为江西诗派骨干的陈师道,在宋代竟能最早地以本色论诗,既是出于对江西诗法之弊的批评,同时,也反映出他对诗歌本色特征的思考。其本色之论对后代诗学批评如关于辨体理论等产生一定程度的影响。

从语言上来看,即要求诗歌的语言自然清新,不露雕琢痕迹。例如刘克庄对梅尧臣诗歌的评点:

> 本朝诗惟宛陵为开山祖师,宛陵出,然后桑濮之哇淫稍熄,风雅之气脉复续,其功不在欧、尹下。世之学梅诗者,率以为淡。集中如"莳上春田阔,芦中走吏参","海货通闽市,渔歌入县楼","白水照茅屋。清风生稻花","霜落熊升树,林空鹿饮溪","河汉微分练,星辰淡布萤","每令夫结友,不为子求官","山形无地接,寺界与波分","山风来虎啸,江雨过龙腥"之类,殊不草草。盖逐字逐句铢铢而较者,决不足为大家数,而前辈号大家数者,亦未尝不留意于句律也。(刘克庄《后村诗话》卷二)

梅尧臣曾云:"作诗无古今,唯造平淡难。"②他自己也正是这

---
① 参见汪涌豪《中国文学批评范畴及体系》,复旦大学出版社,2007年,页281—282。
② 梅尧臣《读邵不疑学士诗卷杜挺之忽来因出示之且伏高致辄书一时之语以奉呈》,《宛陵集》卷四十六,《四库全书》本。

种诗歌审美境界的实践者，刘克庄以梅尧臣为典范，道出了诗歌创作时在艺术技巧运用上的辩证法。此也正是康德所谓："在一个美的艺术作品上我们必须意识到，它是艺术而不是自然；但在它的形式中的合目的性却必须看起来像是摆脱了有意规则的一切强制，以至于它好像只是自然的一个产物。"①显然，在自然清新和刻意雕琢之间，诗论家无疑多倾向前者。而本色往往也被用来形容或强调诗歌风格之自然的专用术语。重视诗歌的本色语言，宋末元初，包恢、刘克庄、方回等对此皆有所论及。例如：包恢《书侯体仁存拙稿后》云："文字觑天巧，未闻取于拙。"②刘克庄《晚意》云："末年慕川寒山子，不是行家本色诗。"③方回《瀛奎律髓》卷十一评赵昌父《顷与公择读东坡雪后北台二诗叹其韵险而无窘步尝约追和以见诗之难穷去冬适无雪正月二十日大雪因用前韵呈公择》云："昌父当行本色诗人，押此诗亦且如此，殆不当和而和也，存此以见'花''义''盐''尖'之难和。荆公、澹庵、章泉俱难之，况他人乎？"又《瀛奎律髓》四十七评崔涂《长安逢江南僧》云："本色当行诗。"

由于受江西诗派的影响，宋代诗歌创作以学问为诗的风气倾向突出，故宋代诗论自然要涉及诗法方面的探讨。也有学者认为，宋人之尚法与宋代理学及宋人之尚意相关。如萧华荣教授就指出："宋人好言'文以理为主'，又好言'文以意为主'，二者大致一样，'意'便是意中之理。由于尚意，宋人作诗往往'先立意''先命题'。为了表达题意，便必然讲求'血脉''势向''曲折''布置''立格''炼句''炼句'等方法，这类论述在宋诗话、诗论中比比皆是。"④宋人诗法之探讨，语言的运用自然是其重要的内容。南宋

---

① 康德著，邓晓芒译《判断力批判》，人民出版社，2002年，页149。
② 包恢《敝帚稿略》卷五，《四库全书》本。
③ 刘克庄《后村先生大全集》卷四十七，《四部丛刊》本。
④ 萧华荣《中国古典诗学理论史》，华东师范大学出版社，2005年，页153。

后期，诗学批评在语言上亦有所反思，因此，涉及自然与法度之辨。朱熹论文，既重视自然，又强调要学习古人之法度，就表现出在对自然与法度二者关系的初步思考。严羽《沧浪诗话·诗法》云："须是本色，须是当行。"更是对二者之间关系的认识表达了自己的精到之见。严羽此处所谓的本色，即是指诗歌的自然天成。当行，是指诗法的运用。如果一首诗做到了艺术技巧的精到和艺术审美的自然天成，那么，就无疑是优秀的创作。

二　本色与才气

此是关于诗歌创作中对主体要求的问题。作诗当以才还是以学，此问题多为宋末元初的诗论家所重视。故而有所谓才学之辨。如费衮云：

> 作诗当以学，不当以才。诗非文比，若不曾学，则终不近诗。古人或以文名一世，而诗不工者，皆以才为诗故也。退之一出"馀事作诗人"之语，后人至谓其诗为押韵之文。后山谓曾子固不能诗，秦少游诗如词者，亦皆以其才为之也。故虽有华言巧语，要非本色。大凡作诗以才而不以学者，正如扬雄求合六经，费尽工夫，造尽言语毕竟不似。（费衮《梁溪漫志》卷七，四库全书本）

费衮，字补之，江苏无锡人。费衮此论，此实为江西诗派以学问为诗张目。又其《梁溪漫志》卷七《诗作豪语》："诗作豪语，当视其所养，非执笔经营者可能。"李昴英《题郑宅仁诗稿》云："诗词虽寄兴写物，必有学为之骨，有识为之眼，庶几鸣当世、落后世。不然，是土其形、绘其容，望之宛然若人也，置雨中败矣。"[①]亦肯定

[①] 李昴英《文溪集》卷五，《四库全书》本。

学的重要性。而严羽则表达了与费衮、李昂英等针锋相对的看法，其《沧浪诗话·诗辨》所谓"惟悟乃为当行，乃为本色"之论似更看重诗作创作中才气因素。如果以学问为诗，则会失去诗歌的本色。《沧浪诗话·诗辨》云："夫诗有别材，非关书也。诗有别趣，非关理也。然非多读书，多穷理，则不能极其至。"严羽虽然不否定诗歌创作中的学问功夫，但显然，他把作者的才气放在了更主要地位。而才气又与妙悟相关联。作者有才气，才能妙悟为诗。而凭妙悟创作的诗歌，才是所谓的当行本色。以此为标准，严羽对宋代诗歌提出批评："近代诸公乃作奇特解会，遂以文字为诗，以才学为诗，以议论为诗，夫岂不工，终非古人之诗也。盖于一唱三叹之音有所歉焉。"（《沧浪诗话·诗辨》）在对唐诗的评价中，严羽也是以此为标准，对孟浩然、李白、杜甫等人给予高评："孟襄阳学力下韩退之远甚，而其诗独出退之之上者，一味妙悟而已。"（《沧浪诗话·诗辨》）"诗之极致有一，曰：入神。诗而入神。至矣，尽矣，蔑以加矣。惟李、杜得之，他人得之盖寡也。"（《沧浪诗话·诗辨》）"观太白诗者，要识真太白处，太白天才豪逸，语多率然而成者。学者于每篇中，要识其安身立命处可也。"（《沧浪诗话·诗评》）严羽专做李白诗评，显然，也正是出于对李白的天才诗作的爱好。例如：评《春日游罗敷潭》"云从石上起，客到花间迷"云："自然如此，拈出却生动。"评《僧伽歌》"戒得长天秋月明，心如世上青莲色"云："本色语，清超之极。"

李杜优劣的讨论是宋代诗学批评中一个重要话题，二人孰高孰低，关乎批评家诗学思想的建构。北宋时期，尽管有欧阳修对李白诗歌给予了称赏，但总体来说，对李白的重视与评价比之杜甫较低。如王安石编李白、杜甫、韩愈、欧阳修四人诗为《四家诗选》，在四人的排序上以李白为最后。之所以如此，与王安石论文重道的文学观念有关，认为李白才高识卑，多言妇人与酒。甚至认为，李白诗风飘逸,但缺少变化。王安石之论显然是拘于一偏之见。又罗大经《鹤林玉露》卷六:"李太白当王室多难,海宇横溃之日,作为歌诗,不过豪侠使气,狂醉于花月之间耳。"责难之意溢于言表。尽管诸多抑李扬杜之评各有不同的诗学立场,但批评家并不否认李白诗歌创作中的才气因素以及其诗歌的本色特征。南宋后期,一些诗论家对李杜的评价较为客观辩证,如严羽《沧浪诗话·诗评》:"李杜二公,正不当优劣。太白有一二妙处,子美不能道。子美有一二妙处,太白不能作。"即使是作为江西诗派的后期代表,奉杜甫为江西诗派之祖的方回,也并没有表现出抑李扬杜的态度。方回《瀛奎律髓》共选录杜诗五言一百五四首,七言六十七首,并在《瀛奎律髓》等著述的有关品评中对杜诗技法进行了一番总结。而相对来说,《瀛奎律髓》选录李白诗歌共有五言十首,七言二首,数量则远低于杜甫。但尽管如此,方回对李白诗歌却多有高评,而且,其点评往往以杜诗相参照,如评李白《瀛奎律髓》卷二十四评李白《送友人入蜀》:"太白此诗,虽陈、杜、沈、宋不能加。"卷四十二评李白《赠升州王使君忠臣》:"盛唐人诗,气魄广大。晚唐人诗,工夫纤细。善学者能两用之,一出一入,则不可及矣。此诗比老杜律虽宽,而意不迫。"方回之肯定李白,多侧重于欣赏李白的诗才和其诗作的自然天成。方回此评,亦与其诗学思想相一致。方回《诗思十首》其四云:"满眼诗无数,斯须忽失之。精深元要熟,玄妙不因思。默契如神助,冥搜有鬼知。平生天相我,得句匪人为。"[①]方回一向被认为江西诗派后期的一支中坚,但综观其诗论,并不囿于江西宗旨,反而在一定程度上表现出对江西诗法的反拨。故方回推崇李白之诗才,也一定程度上折射出建构其诗学思想的用意。

就宋代诗人的评价上,也有一例值得关注。刘克庄《后村诗

[①] 方回《桐江续集》卷二十八,《四库全书》本。

话》云:"放翁学力也,似杜甫;诚斋天分也,似李白。"按:此为刘克庄对陆游、杨万里的诗歌创作特点作比较评价。就杨万里来说,刘克庄着重指出了其诗歌中的天分因素。而凭借天分创作,诗作多具有自然天成的风格。在这方面,李白的诗歌创作无疑是其中的典型,同样,杨万里的诗歌创作也有此特点。如姜夔《送朝天集归杨诚斋》评杨万里:"箭在的中非尔及,风行水面偶成文。先生只可三千首,回施江东日暮云。"诗中"风行水面"之谓,即是指杨万里诗歌的自然天成。而之所以如此,显与作者所具"箭在的中"的才气密切相关。而被刘克庄视为以学力为诗的陆游,其诗论中实际上却表现出对才、气的看重。陆游论诗,涉及才、气、学等创作因素关系的思考。其《方德亨诗集序》云:"诗岂易言哉,才得之天,而气者我之所自养,有才矣。气不足以御之,淫于富贵,移于贫贱,得不偿失。"①又其《颐庵居士集序》云:"文章之妙,在有自得处。而诗其尤者也。舍此一法,虽穷工极思,直可欺不知者。有识者一观,百败并出矣。"②陆游所谓的"自得",当指诗歌审美效果的自然之妙,而此境界的获得,在他看来,显然是离不开作者的才气因素。

三 本色与情性

宋末元初,在诗歌本质的认识上,如严羽、刘克庄、戴表元等皆有重性情之论,此以刘克庄的诗学观点为例略作考察。刘克庄曾批评了宋代两种诗歌倾向,《后村诗话》卷二云:"元祐后,诗人迭起,一种则波澜富而句律疏,一种则锻炼精而性情远,要之不出苏黄二体而已。"波澜富而句律疏,是指苏轼等受韩愈影响以文为诗

---

① 陆游《渭南文集》卷十四,《四库全书》本。
② 刘应时《颐庵居士集》陆游原序,《四库全书》本。

此种诗作,虽显才学与创新,但在刘克庄看来,不是本色之诗。此点前面已有所分析。锻炼精而性情远,则是针对黄庭坚开创的江西诗派抛却性情,为艺术而艺术的做法提出批评。诗歌的本质是表达情性,缺乏性情之作更不能视作本色之诗。又刘克庄《竹溪诗序》云:

> 唐文人皆能诗,柳尤高,韩尚非本色。迨本朝则文人多,诗人少。三百年间,虽人各有集,集各有诗,诗各自为体,或尚理致,或负材力,或逞辨博,少者千篇,多者万首,要皆经义策论之有韵者尔,非诗也。(刘克庄《后村集》卷二十三,四库全书本)

按:刘克庄此论涉及两方面内容:其一,评韩愈诗,失却本色。韩愈诗歌创作以文为诗,在当时已是较为普遍的认识,刘克庄此论,当是承续陈师道所谓韩愈"以文为诗"的看法。其二,评宋诗之特征,或说理,或以学问为诗,或以诗为政事言说之手段,然皆失却诗歌之诗性特征。

在关于诗歌的本色与性情方面,刘克庄关于风人之诗的论断亦可作为佐证。

> 余尝谓以情性礼仪为本,以鸟兽草木为料,风人之诗也。以书为本,以事为料,文人之诗也。世有幽人羁士,饥饿而鸣,语出妙一世。亦有硕师鸿儒,宗主斯文,而与诗无分者。信此事之不可勉强欤。……夫自《国风》《骚》《选》《玉台》、胡部,至于唐宋,其变多矣,然变者诗之体制也;历千年万世而不变者,人之情性也。(刘克庄《后村先生大全集》卷一〇六《何谦诗》,四部丛刊本)

> 余窃惑焉。惑古诗出于情性,发必善;今诗出于记闻,博而已。(刘克庄《后村先生大全集》卷九十六《韩隐君诗》,四部丛刊本)

以本色而论，显然，刘克庄在一些著述中不断地把风人之诗与其他诗风相比较并肯定风人之诗，其中一个主要目的就是要强调诗歌要抒情言志。另外，结合其关于诗歌价值的有关论述来看，刘克庄所谓的情性，当有更为宽广的内涵，而不是仅仅局限于一己之私情。因此，从这个意义上说，刘克庄所论不仅意在匡正江西诗派，对四灵、晚唐诗风的小境界、小结裹的创作也同样表达了批评意见。如顾易生等《宋金元文学批评史》所论："（刘克庄）极力提倡合乎'本色'的'风人之诗'，也即诗人之诗，它以抒情言志为本……诗之'本色'，特征在于通过艺术来抒情言志，形象地描绘社会人生。'本色'之鲜明，应更有利于世态人生的描绘。所以，他从诗的本色出发，深入一层地揭示诗非小技，应有益世教。"[1]

刘克庄还就诗歌的性情和艺术形式二者孰轻孰重的问题上表达了自己的看法，《后村诗话》卷四云：

> 前人谓杜诗冠古今，而无韵者不可读，又谓太白律诗殊少。此论施之小家数可也。……韩退之尝云："气，水也；言，浮物也。水大则物之浮者小大毕浮。气之与言犹是也。气盛则言之短长与声之高下者皆宜。"此论最亲切，李、杜是甚气魄，岂但工于有韵者及古体乎。

文中以韩愈的气盛言宜之论，来反拨有关对李杜诗评的偏颇。韩愈所谓的气，是指作者的精神个性因素，刘克庄认为，不论文章的短长与声韵如何，都应该对"气"婉转附之。也就是说，诗歌中作者的精神个性体现得如何才是最为重要的方面，如此，才是本色之作。在这方面，李杜堪为典范。另如其《自警》诗云："笔枯砚

---

[1] 顾易生、蒋凡、刘明今《宋金元文学批评史》，上海古籍出版社，1996年，页343—346。

燥自伤悲，文体全关气盛衰。倚马纵难挥万字，骑驴尚足课千诗。"①亦可视作其对精神情性的看重。

综上所述，宋末元初的诗论家从不同角度以本色论诗，当有着如下几方面的意义：一、从文统上来看，强调诗歌吟咏情性的本质特征，一定程度上显示出回归唐诗的倾向。二、从价值功能看，刘克庄等人看重风人之诗，认为诗非小技，反映出有关论家在当时社会转型时期对诗歌价值的重视与思考。三、从艺术技巧上看，反对过于雕琢及以文为诗，强调自然，既反拨当时宋诗中为艺术而艺术及以文为诗等不良倾向，同时，也反映出严羽、方回等有关论家对诗歌艺术至境的追求。四、从创作主体来看，批评家因重视本色进而重视作家的才气，诗歌创作当以才而不以学，这既能引发诗坛对诗歌这一文体特征的审视，同时又对创作主体提出了更高的要求。要而言之，宋末元初诗学批评中以本色论诗，是在宋代诗歌实践愈显丰富与多样化的基础上，在宋末元初这一独特的时代背景之下，诗论家们对诗歌特征所作出的重新认识和诗学审美建构的思考。

（原载《中州学刊》2013年第6辑）

---

① 刘克庄《后村先生大全集》卷四，《四部丛刊》本。

方回的"吴体"诗论及其诗学批评意义

◎ 王奎光

一 问题的提出

诗有"吴体"之名，始于杜甫《愁》诗自注"强戏为'吴体'"；诗有"吴体"之争，则源于方回的"吴体"诗论。方回于《瀛奎律髓》中正式提出"吴体"概念，因此而被后人解读成混淆于拗体，于是议论蜂起。方回"吴体"说，无疑是杜诗研究中的重要成果，又是方回诗学的重要组成部分，同时又是引发后人争鸣的根源所在，因此，对方回的"吴体"诗学进行专题研究，对于研究杜甫诗歌、研究方回诗学，以及从一个侧面研究唐宋诗学之间的渊源流变，将具有一定的积极意义。然学界于杜甫"吴体"研究较多，而于方回"吴体"研究却重视不足。因此，笔者本文即着重探讨方回的"吴体"诗论，以求教于方家。

二 宋代杜甫"吴体"的研究概况

方回《瀛奎律髓》中之诗学，可视为是对宋代诗学的一种总结与提升，其"吴体"诗论也当是如此。因此，我们在正式探讨方回"吴体"诗学之前，对宋人对老杜"吴体"的研究概况做简要的考察，将不无裨益。宋人于"吴体"的探讨，有鲍照"吴体"、苏舜钦"吴体"以及杜甫"吴体"之分①，其中又以老杜"吴体"最受重视。这当然与老杜在宋代备受尊崇不无关系，但也是格律诗创作发展的必然结果。律体定型以后，创作日久，则格律熟俗、软媚，难有新意，于是自然有突破声律的内在要求，而拗峭的声律，却能自成品格，以其高古而又劲健的特点而颇能新人耳目。此即为老杜创制的拗律被宋人看重并广泛学习之根本原因。宋人于诗又特重自立、创新，所以老杜所开创的拗律便大行其道，影响深远。宋人于老杜"吴体"类拗律的认识也经历了一个从注意到推崇的过程。就诗话而言，如北宋蔡居厚曾论及道："文章变态，固亡穷尽；然高下工拙，亦各系其人才。子美以'盘涡鹭浴底心·性，独树花发自分·明'为吴体，以'家家养乌鬼，顿顿食黄鱼'为俳谐体，以'江上谁家桃树枝，春寒细雨出疏篱'为新句，虽若为戏，然不害其格力。"②（按：所举"吴体"诗即老杜《愁》诗。另：着重号为笔者所加，全文同）蔡氏注意到了老杜多种新型诗体的创作，并予以一定的认可，但对这些诗体却未予特殊重视。

胡仔则特别看重老杜"破弃声律"的特殊拗律：

> 古诗不拘声律，自唐至今诗人皆然，初不待破弃声律。诗

---

① 论鲍照"吴体"，参见王观国《学林》卷八；论苏舜钦"吴体"，参见刘克庄《后村诗话》卷二。
② 胡仔《苕溪渔隐丛话》前集卷一四引，人民文学出版社，1962年，页93。

破弃声律，老杜自有此体，如《绝句漫兴》《黄河》《江畔独步寻花》《夔州歌》《春水生》，皆不拘声律，浑然成章，新奇可爱，故鲁直效之作《病起荆州江亭即事》《谒李材叟兄弟》《谢答闻善绝句》之类是也。老杜七言如《题省中院壁》《望岳》《江雨有怀郑典设》《昼梦》《愁（强戏为吴体）》《十二月一日三首》。鲁直七言如《寄上叔父夷仲》《次韵李任道晚饮锁江亭》《兼简履中南玉》《寥致平送绿荔枝》《赠郑郊》之类是也。……老杜自我作古，其诗体不一，在人所喜取而用之。①

对这类拗律，胡仔强调的是"破弃声律""不拘声律"的声律特点，看重的是"浑然成章，新奇可爱"的积极效果。胡仔指出杜甫此类拗律对黄庭坚的创作影响甚大。又胡氏列举出老杜特殊七言拗律有八首之多，其中六首被后来的方回选录为"吴体"。胡仔又从另一角度提出律诗"变体"说：

律诗之作，用字平侧，世固有定体，众共守之。然不若时用变体，如兵出奇，变化无穷，以惊世骇目。……凡此皆律诗之变体，学者不可不知。②

胡仔如此看重律诗"变体"，正是看到了其特殊的艺术表现效果。从"变化无穷""惊世骇目"的用词看，胡氏所论"变体"绝对不是指一般的拗律，结合前文所引胡氏所论"不拘声律"的拗律看，所谓律诗"变体"，应用以指称老杜的"吴体"类诗歌最为恰切。胡仔如此推崇律诗"变体"，当是与其诗尊老杜不无关系③。又胡仔诗学与同乡晚辈方回有较大的渊源关系，故方回后来提出"吴

---

① 《苕溪渔隐丛话》前集卷四十七，页 319—320。
② 《苕溪渔隐丛话》前集卷七，页 42—43。
③ 胡氏此书的宗旨即是："独宗少陵"、"师少陵而友江西"。（参见《苕溪溪渔丛话》前集卷四十九，页 332。）

体"诗说当是受到胡氏的影响①。胡氏上述特殊拗律理论可视为方回提出"吴体"说的理论渊源。

于杜诗笺注方面考察,黄庭坚注杜诗"野艇恰受两三人"条曰:"改作航,殊无理,此特吴体,不必尽律。"②(按:"野艇恰受两三人"出自杜诗《南邻》)这是山谷于《愁》诗之外明确认可的一首"吴体"诗,其确认的标准是"不必尽律"。南宋赵次公注杜诗,极为时人及后人推重。其注《释闷》曰:"诗六韵。谓之古诗而中四韵尽对,谓之近体而字眼不顺、句之平仄不拘,盖所谓吴体者乎?"③又注《寄岑嘉州》曰:"诗乃吴体,故不拘诗眼。"④其他明确认可的"吴体"诗还有《江雨有怀郑典设》《昼梦》《晓发公安数月憩自此县》⑤。赵氏共指出老杜"吴体"诗5首,(按:未包括《愁》诗,当是老杜已有自注)其辨识"吴体"的标准也是在声律上:"不拘字眼""平仄不拘"。连字眼的声律都可不拘,可见"吴体""破弃声律"程度之大。值得注意的是,赵次公大概是第一个以"吴体"来从整体上命名老杜大拗律诗的宋人。另,赵氏所确认的老杜"吴体"诗,也基本被方回认可。

综合而论,在两宋,人们已逐渐认识到老杜特殊拗律的积极作用,最终是以老杜只用一次的"吴体"一词,来概括这类特殊拗律。虽然他们所确认的"吴体"诗歌数目有多少之别,但皆从声律上去辨析则是一致的。

---

① 胡氏《苕溪渔隐丛话》曾为方回幼时诗学启蒙读物,后方回对此书也一直评价很高。分别参见方回《先君事状》、《〈渔隐丛话〉考》、《〈古今类总诗话〉考》、《〈诗话总龟〉考》、《〈诗海遗珠〉考》、《〈诗人玉屑〉考》等。(参见《全元文》第七册,江苏古籍出版社,1999年,页391,页268—271,页274。)
② 《山谷集·山谷别集》卷四,影印文渊阁四库全书本。
③ 林继中《杜诗赵次公先后解辑校》,上海古籍出版社,1994年,页603。原标点疑有误,今改。
④ 林继中《杜诗赵次公先后解辑校》,页740。
⑤ 林继中《杜诗赵次公先后解辑校》,见页881,页895,页1356。

三 方回的"吴体"概念

方回"吴体"概念的正式提出,是在《瀛奎律髓》卷二十五的"'拗字类'序"中:

> 拗字诗在老杜集七言律诗中,谓之"吴体",老杜七言律一百五十九首,而此体凡十九出。不止句中拗一字,往往神出鬼没。虽拗字甚多,而骨骼愈峻峭。今"江湖"学诗者,喜许浑诗"水声东去市朝变,山势北来宫殿高"、"湘潭云尽暮山出,巴蜀雪消春水来",以为丁卯句法。殊不知始于老杜,如"负盐出井此溪女,打鼓发船何郡郎"、"宠光蕙叶与多碧,点注桃花舒小红"之类是也。如赵嘏"残星几点雁横塞,长笛一声人倚楼",亦是也。唐诗多此类,独老杜"吴体"之所谓拗,则才小者不能为之矣。五言律亦有拗者,止为语句要浑成,气势要顿挫,则换易一二字平仄,无害也,但不如七言"吴体"全拗尔。①

此序言简意赅,是方回"吴体"诗论的纲要。现结合方回《瀛奎律髓》中的"吴体"批语,对方回的"吴体"概念作出简要的分析说明。"拗字诗在老杜集七言律诗中,谓之'吴体',老杜七言律一百五十九首,而此体凡十九出。"这句话指明:(1)"吴体"是根据老杜的七言"拗字诗"命名的,与别人的七言拗律无关;(2)"吴体"是七言拗律,与五言拗律毫无瓜葛;(3)"吴体"的范围有19首,而不是等同于老杜所有的拗律。前两点方回语意甚明,最后一点则要略作说明。据当代学者分析,老杜的拗律少则有15

---

① 李庆甲集评、校点《瀛奎律髓汇评》,上海古籍出版社,2005年,页1107。本文所引方回《瀛奎律髓》资料,皆出自此版本,兹后不再赘言。

首，多则有 90 首①，然依据方回"'拗字类'序"所言，唐人中流行的许浑类拗律出自老杜拗律之一体，而老杜"吴体"又与许浑等迥然不同，因此，方回所论老杜"吴体"绝不等同于老杜七言拗律自明，故老杜七言拗律绝对多于 19 首。方回所论表明，"吴体"概念的外延是杜甫的七言拗律。后人往往评方回"吴体"论混淆拗体，当是只看到方回的这点说明，而没有注意下面所论的方回的进一步界定。

那么，方回"吴体"概念的内涵又是什么呢？换言之，"吴体"与一般七言拗律相区别的根本是什么？方回认为是"全拗"。"全拗"又有两点内容：拗字多与位置多变。这两点都是针对常规拗律而言。常规拗律正如同纪昀在《瀛奎律髓刊误》中所归纳的那样，有"单拗"与"双拗"之分，其拗字如方回所说"换易一二字平仄"，且拗字位置基本固定②。而结合方回"吴体"诗的批语看，老杜"吴体"拗句的拗字多，拗句的位置灵活多变。也正因如此，方回的"吴体"才有全篇"吴体"与部分"吴体"之分。如论"拗字类"的"吴体"就都是"八句俱拗"(老杜《题省中院壁》方回批语)，而其他类的则或四句、或两句不等，但至少有两句的大拗律句③。也由此可见，方回论老杜"吴体""凡十九出"，数量多于胡仔与赵次公的认定，正是因为其认定的标准较为宽松。

"吴体"拗句的位置多变容易理解，而"吴体"的"拗字甚多"又如何具体理解呢？既然不是指"换易一二字平仄"的拗句，那又

---

① 刘明华《完善与破弃——对杜甫"拗体"的思考》，《杜甫研究学刊》，1997 年第 2 期。
② 参见《瀛奎律髓刊误》卷二十五纪昀对拗字五律的相关诗评。《丛书集成续编》影印忏花庵丛书本。
③ 参见《瀛奎律髓》卷十六范成大《重午》、卷十六梅尧臣《依韵和李舍人旅中寒食感事》、卷十九曾几《家酿红酒美甚戏作》等诗方回评语。

是指什么样的特殊拗句呢？这是解读方回"吴体"的关键，但方回在"'拗字类'序"中对此却未置一词。然而，我们却在《瀛奎律髓》卷十六梅尧臣《依韵和李舍人旅中寒食感事》诗方回批语中窥得"玄机"："此乃吴体，第一句六字仄声，第二句五字平声，愈觉其健。"句式全平或全仄，这是古诗常用句式。由此我们推断，方回"吴体""全拗"的根本，是指参用古句句式。古句与律句相较，则自然是拗字甚多；古句参用的愈多，则拗字自然愈多；古句多而又位置不一，则必然又生拗对、拗粘。这应是方回"吴体""全拗"的真正意思。也正因如此，"吴体"似乎就更远离律体而接近古体，这也是学界争论"吴体"是律体还是古体的主要原因。

然方回对"吴体""全拗"声律的具体分析毕竟只有一例，我们的推断能否成立呢？这就需要我们参考古今著名学者对老杜"吴体"类律诗声律的经典分析。清代许印芳在《律髓辑要》中的老杜《题省中院壁》批语中，分析老杜《十二月一日三首》诗曰："第二首'寒轻世上'云云，前三联皆平起，通首做拗体，而首句参用平调，六句及尾句参用古调，与前二诗不同。第一首'今朝腊月'云云，四联皆平起，重沓甚矣，而句法参用平调、拗调、古调，便不嫌重沓。"[①]又在黄庭坚《题落星寺》批语中分析老杜《愁》诗道："前三联皆对偶，首句、四句、六句是古调，次句、三句、五句是拗调，每联中古调、拗调参用，上下联不粘，是为拗调变格。尾联上句仍用拗调，下句以平调作收，变而不失其所，此'吴体'所以为律诗，不能混入'古诗'也。少陵集中，此体最多，不知者或误为古诗。"又接着分析黄庭坚《二月丁卯喜雨吴体为北门留守文潞公作》诗曰："前半散行用拗调，第三句却不拗，后半用平调，第六句却拗'春'字。通首上下相粘，全是律体，不用古调。与杜诗

---

① 李庆甲集评、校点《瀛奎律髓汇评》引，页1115。按：本文所引古人《瀛奎律髓》批语，如无特殊说明，均出自《瀛奎律髓汇评》本所引，兹后不再赘言。

参用古调迥然不同，而题目名标'吴体'。即此观之，可见'吴体'即是拗体，亦不必尽如杜诗之奇古。"①许氏分析表明，老杜"吴体"类律诗是"古调、拗调参用，上下联不粘"，是一种"拗调变格"；老杜"吴体"区别于山谷"吴体"的根本是"参用古调"。由此，我们就可以理解胡仔与方回在列举山谷"吴体"作品时均不选标有"吴体"的《二月丁卯喜雨吴体为北门留守文潞公作》诗，是因为山谷式"吴体"是只用拗调而未如老杜式"吴体"的参用古调。

  王力先生也根据采用古句数量的多少，将老杜这类大拗七律分为"全篇古体""大部分古体""半古半律"三种类型，其中采用古句最少的至少是两句。王先生所用的诗例又以杜诗为首且杜诗又最多，共计十四首，其中八首曾被方回选定为"吴体"，这八首中又有六首被王力先生选入"全篇古体"类型②。又启功先生在分析"拗句与拗调"时说："拗句的情况与古调句可以说没什么两样，都是不合律诗的句子。只是拗句是处在律诗篇章环境中的，古调句是处在古诗环境中的罢了。"又分析老杜《题省中院壁》云："这首每句都拗，前四句关系不合，前两联中上下句关系亦不合。"③可见，启功先生也是从采用古句的角度来分析的。

  前辈学者对老杜"吴体"类律诗的声律分析，是比较接近于方回所界定的老杜"吴体"的声律原则的。因此，我们基本可以确认，方回"吴体"的声律特质是"全拗"，而"全拗"的内容又具体包括参用古句与因此而生成的拗对与拗粘，其中参用古句是根本，因为有古句才有拗对，因有拗联才又有拗粘。但也有学者认为

---

① 《瀛奎律髓汇评》引，页1119—1120。
② 王力《汉语诗律学》，上海教育出版社，1979年，页456—462。按：王力先生在分析参用古句、拗句的同时，又标出拗对、拗粘，更为具体可感。
③ 《诗文声律论稿》，中华书局，2000年，参见页37，页42。

"吴体"声律特质不能仅以古调论析。如郭绍虞先生的"古体＋民歌"说、[①]施蛰存先生的"吴音"说，[②]以及管遗瑞先生的"吴音＋律体"说等等。[③]但我们认为这些观点大都是探讨"吴体"大拗声律的来源，有其可取之处，但对于方回所论的"吴体"声律特点则并不适合。因为方回的"吴体"诗论从未有涉及民歌、方言以及语言通俗之类的内容，方回所关注的是"吴体"的声律特点以及审美效果。方回甚至在选录老杜《愁》诗时，竟有意无意间删去老杜自注"强戏为吴体"之语，以见其"吴体"概念的严肃与雅正。综上分析，我们认为方回的"吴体"主要是指参用古句的七律拗体。

方回在《瀛奎律髓》中依据"全拗"标准共选录老杜"吴体"诗12首，另提及3首。这些"吴体"诗主要集中在卷二十五"拗字类"中，具体是《题省中院壁》《愁》《昼梦》《暮归》《早秋苦热堆案相仍》，另此卷又提及《郑附马宴洞中》《九日至后崔氏草堂》《晓发公安》3首。其他"吴体"诗则散布在卷十二、卷十三、卷十六、卷二十三以及卷三十二中。在所有的"吴体"诗人中，老杜的"吴体"诗选录得最多，可见方回推崇老杜之旨。相比较于宋代的胡仔与赵次公，无论在选诗上还是在理论上，方回都要更为成熟一些。也正因如此，我们认为方回的"吴体"诗论是对宋人老杜"吴体"诗论的继承、总结与发展。

四　方回的"吴体"诗观

方回在《瀛奎律髓》中不仅提出"吴体"概念，还简要论及他

[①] 《论吴体》，《照隅室古典文学论文集》（下编），上海古籍出版社，1983年。
[②] 《杜甫：吴体七言律诗两首》，《唐诗百话》，华东师范大学出版社，1996年。
[③] 《"吴体"与"拗体"》，《杜甫研究学刊》，1992年第3期。

的"吴体"诗观。兹略述如下：

其一，"吴体"在声律上具有"骨骼峻峭"的审美特点。方回"'拗字类'序"论"吴体"道："虽拗字甚多，而骨骼愈峻峭。"卷十三批梅尧臣《依韵和李舍人旅中寒食感事》云："第一句六字仄声，第二句五字平声，愈觉其健。"又卷二十五批老杜《题省中院壁》曰："此篇八句俱拗，而律吕铿锵。"这"骨骼峻峭""律吕铿锵"与"健"，都是指"吴体"声律峭拔精警、硬朗劲健，这是"吴体"声律在审美上呈现出来的突出特点。

方回欣赏"吴体"声律的硬朗，与其诗学观点密切相关。方回一向非常看重声律，将其比作骨骼，如其《汪斗山识梅吟稿序》云"律为骨，意为脉，字为眼，此诗家大概也"。①可见，声律如同人的骨骼，要硬朗才行，否则诗的躯干就立不起来。声律与立意、字眼一样，同是诗歌创作的基本要素。

其二，"吴体"破弃了律诗的外在声律，但是却又合乎律诗以"文从字顺"为标志的内在声律。《瀛奎律髓》卷二十五方回评老杜《题省中院壁》云："此篇八句俱拗，而律吕铿锵。试以微吟，或以长歌，其实文从字顺也。"可见，"文从字顺"是律诗的根本声律。卷二十五黄庭坚《次韵杨明叔》方回批语说"不专为拗字而止"，正是表明声律变革是表情达意上的需要。其实，对于"吴体"类律诗的这一特殊声律特点，宋人也早有认识。如前文所论蔡居厚论老杜"吴体"类新诗体是"不害其格力"，这"格"就有声律体式的意思，也就是说"吴体"类律诗，没有从根本上打破律诗的声律。前文所引胡仔论"破弃声律"的格律诗时，就指出其"不拘声律"却又"浑然成章"的特点。元末周弼《三体唐诗》五律"一意"格也云："确守格律，揣摩声病，诗家之常。若时出度外，纵横放肆，

---

① 《全元文》第七册，江苏古籍出版社，1998年，页92。

外如不整，中实应节，则又非造次所能也。"①"外如不整，中实应节"，也即是大拗类律诗的内在声律特点。后来明代的王世贞也谈论说："子美晚年诗，信口冲出，啼笑雅俗，皆中音律，更不宜以清空流丽风韵姿态求之。"②今人余冠英、王水照先生评杜甫的拗体诗歌说："他的有些七律参用古诗的音调和句法，间有标明为'吴体'的，都是所谓拗体。这些拗体并非率意为之，而是为了追求别一种声律，有心创造出来的。读者对于杜诗声律的'细'处，也可以从他的拗体去体会。"③可见，古今学者对"吴体"类律诗的内在声律特点是有共识的，方回所论确实揭示出了"吴体"的声律特点。"吴体"内外声律的矛盾统一，是源于表现情志的需要。如明王嗣奭注析老杜《愁》诗云："愁起于心，真有一段郁戾不平之气，而因以拗语发之，公之拗体大都如此。"④可见，"吴体"在外在声律上的顿挫，正是表达激越不平情感的需要。将诗体与抒情有机地结合在一起，这正是老杜"吴体"的高妙之处。

其三，声律如此复杂的"吴体"诗，必然在审美风格上独具特色。如方回《瀛奎律髓》卷十四评王质《东流道中》为"遒美"，卷十七评赵蕃《晚晴》为"聱牙细润"，卷二十评曾几《瓶中梅》为"神清萧散"，卷二十五评张耒《寒食》《晓意》二诗为"皆顿挫有味，穷而不怨"等等。总之，因声律生新而顿挫劲健，又因文从字顺而细润雅致，虽略有侧重，但又互相渗透，从而呈现出特殊的韵味来。而这正是方回诗学追求的目标之一。

其四，"吴体"难度极大，只有才大者才可为之。"吴体"既要"破弃声律"，又要"文从字顺"，其创作难度必然不小。方回于

---

① 周弼选、释圆至注《笺注唐贤绝句三体诗法》卷十八，海南出版社影印，2000年，页31。
② 仇兆鳌《杜社详注·附编》"诸家社论"引，中华书局，1979年，页2325—2326。
③ 《唐诗发展的几个问题》，《文学评论》1978年第1期。
④ 《杜臆》卷七，中华书局，1983年，页245。

《瀛奎律髓》"'拗字类'序"中特别点出："老杜'吴体'之所谓拗，则才小者不能为之矣。"又卷十三评老杜"吴体"诗《七月一日题终明府水楼》（宓子弹琴宰邑日）云，"惟山谷能学而肖之，馀人似难及也"。又卷二十三评杜甫《狂夫》云："然格高律熟，意奇句妥，若造化生成为此等诗者，非真积力久不能到也。学诗者以此为准，为'吴体'拗字变格，亦不可不知。"就方回所言，"吴体"创作就是江西诗派中也只有山谷学得最好，其他人则逊色不少，由此可见其难度。在刀尖上跳舞，才更有刺激性，也才更具艺术性，高妙的艺术总是超出俗流的。方回所论"吴体"，正是体现出"取法乎上"与"知难而进"的进取精神，并由此体现出对老杜及江西诗派的敬重。又方回指出"吴体"创作只有学识深厚、才力大者才可为之，旨在为江西末流指明出路。

其五，"吴体"诗体并不局限于律诗。《瀛奎律髓》卷二十五方回评曾几"吴体"《张子公召饮灵感院》云："此体不独用之八句律，用为绝句尤佳。"胡仔讨论特殊拗律诗也指出有绝句、律诗两种诗体，但并未分高下，方回这里却认为"吴体"声律适宜于绝句更甚于律诗，这似乎是有所发展。但方回所论未免有所夸张，因其《瀛奎律髓·序》明言"文之精者为诗，诗之精者为律。"方回的重点是律诗，而从"骨骼峻峭"的表现效果看，恐怕也只有字多篇大的七律才更适合体现。①

五　方回"吴体"论的诗学批评意义

方回的《瀛奎律髓》，其诗法建构常与诗学批评结合在一起，

---

① 张秋娥《方回〈瀛奎律髓〉中"吴体"之所指分析》认为："方回的'吴体'之所指：用拗联或全拗的七言诗，包括用拗联或全拗的七言律诗和七言绝句。"可参看。《殷都学刊》2007 年 01 期。

这在"吴体""变体"等特殊诗法上，体现得最为典型。诗体变革，是诗歌自身发展的必然要求，所以往往带有对旧诗体批评救弊的意味。如明王世懋评论老杜拗律道"子美七言律之有拗体，其犹变风、变雅乎？"①宋刘克庄评价杜牧与许浑律诗云："杜牧、许浑同时，然各为体。牧于唐律中，常寓拗峭以矫时弊。浑则不然，如'荆树有花兄弟乐，橘树无实子孙忙'之类，律切丽密或过牧，而抑扬顿挫不及也。"②再如霍松林先生评析黄庭坚拗体说："在格调上力避圆熟，追求峭拔脱俗的独特风格。"③方回在元初大力提倡"吴体"，也是基于对现实诗坛的不满与批评，其批评的对象除江西末流外，更主要的是尊崇晚唐许浑七律的江湖诗派。

　　江西诗派定名于北宋后期吕本中撰写的《江西诗社宗派图》，吕氏奉黄庭坚为盟主，列陈师道等二十五人为诗派成员。④但就在吕本中刻画"江西宗派"之时，江西诗弊已经彰显，最大问题是江西诗社中人大都宗黄而不知杜，而宗黄又不知变通。所以，吕本中与稍后的陆游等人均对此有所认识与批评。至南宋后期，江西诗派已成强弩之末，江西末流诗弊横生，所以当四灵、江湖诗派先后以晚唐相号召时，晚宋诗风为之一变，"晚唐体"遂盛行天下。但"晚唐体"诗人因其学力上的先天不足，结果导致作品格卑力弱、律熟味浅。所以，正像李庆甲先生所指出的那样："重振'江西'旗鼓，纠正其缺失，维护、发扬其创作主张和审美准则，以改革'四灵'、'江湖派'所造成的颓俗卑弱的诗风，是方回编选《瀛奎律髓》的根本宗旨。"⑤而"吴体"诗法，就是方回实现这一诗学目的

---

① 《艺圃撷馀》，《历代诗话》本，中华书局，1981年，页776。
② 《后村诗话》前集卷一，中华书局，1983年，页17。
③ 《简论近体诗格律的正与变》，《文学遗产》2003年第1期。
④ 详情可参考莫砺锋先生《江西诗派研究》附录三《吕本中〈江西诗社宗派图〉考辨》，齐鲁书社，1986年。
⑤ 李庆甲《瀛奎律髓汇评・前言》。

最为重要的技术手段之一。

方回"吴体"对江西诗派的批评，主要体现在以"吴体"诗法为技术纽带，建构以老杜为祖的新的江西诗派诗统，以重新确立江西诗派的权威与正统地位；其次则表现在确立老杜"吴体"为新的创作范式与审美规范，从而开拓学诗的渠道，以提升江西诗人的创作品格，并借此批评与匡救江西末流只认黄而不知杜的诗学弊端。

方回的"吴体"诗学批评，是通过"吴体"诗选与"吴体"诗评来体现的。从选诗看，《瀛奎律髓》收录诗人"吴体"作品最多的依次是：杜甫12首（另提及3首）、黄庭坚5首（另提及1首）、曾几5首、张耒2首、赵蕃2首，此外梅尧臣、谢逸、谢薖、王质、范成大、吕本中、汪藻、胡铨各一首。此外提到的还有尤袤与杨万里等人。从诗选看，老杜、黄庭坚、曾几的"吴体"诗数量排在前三甲，而这三人在方回的江西诗派新诗统中，或是诗祖，或是宗将。剩馀诗人中吕本中、曾几、二谢、汪藻、赵蕃等六人皆为江西诗派中人，其馀也大都与江西诗派有着间接的渊源，由此可见，方回选录"吴体"的诗学倾向是很明显的，即老杜首创的"吴体"诗法，在江西诗派中一灯相传。其尊崇江西诗派之心非常明显。

从诗评看，方回的这一用心更为显著。《瀛奎律髓》卷二十五方回评吕本中《张祎秀才乞诗》云："自山谷续老杜之脉，凡江西派皆得为此奇调。汪彦章与吕居仁同辈行，茶山差后，皆得传授。茶山之嗣有陆放翁，同时尤、杨、范皆能之。乃后始盛行晚唐，而高致绝焉。"卷二十五评杜甫《题省中院壁》则表达更为直接："……此等句法惟老杜多，亦惟山谷、后山多，而简斋亦然。乃知江西诗派非江西，实皆学老杜耳"。其它如卷十二评老杜《七月一日题终明府水楼》曰："惟山谷能学而肖之，馀人似难及也。"卷十九评曾几《家酿红酒美甚戏作》："此诗三四不甚入律……前此未有，当时时玩味之，乃老杜'吴体'，山谷诗法也。"又卷二十五评曾几《张子公召饮灵感院》道："茶山曾公学山谷诗，有'案上黄诗屡绝编'之句。此其生逼山谷，然亦所谓老杜'吴体'也。"同卷评曾几《南山除夜》："合入'时序'诗中，以其为拗字'吴体'，近追山谷，上拟老杜，故列诸此。"同卷评谢薖《饮酒示坐客》云："此学山谷，亦老杜'吴体'。"等等。总之，"吴体"滥觞于老杜，山谷学习老杜，而后人又通过学习山谷进而学习老杜，这样，以"吴体"为纽带，以山谷为枢纽，环环相扣，就将江西诗学的宗祖从宋代的山谷远溯到唐代的杜甫。方回所以如此，与卷二六建构"变体"诗法一样，皆是以格法为技术手段，重新建构以老杜为祖的新的江西诗派诗统，以此提升江西诗派的地位与威望。

此外，由于"吴体"是一种"奇调"与"高致"，才大者才能为之，所以方回推崇"吴体"，就是为江西诗派末流指出一条"取法乎上"的道路。方回通过老杜"吴体"，为江西诗派指出"向上一路"，就是要由山谷上溯到老杜，以杜甫"吴体"诗等为活水，来洗涤江西诗派这半亩方塘积存近二百年来的污垢，以使其能长久地健康发展。又方回通过对老杜"吴体"的引进，让江西诗派末流去学习一种新的诗学规范与审美趣味，从而提升他们创作的品格，使作品能够格高调古、生新硬朗，以便与当时仍在风行的晚唐体相抗衡。

方回推崇"吴体"，更主要的是为了批判当时盛行的江湖诗派。方回对宋末江湖诗派非常不满，一再加以严厉批判。方回对江湖诗派的批判策略，是集矢于晚唐的许浑，因为在方回看来江湖诗派是诗宗许浑的。方回在《滕元秀诗集序》道："近世为诗者，七言律宗许浑，五言律宗姚合，自谓足以符水心、'四灵'之好，而饾饤粉绘，率皆死语、哑语。试令作七言大篇，如苏、黄、李、杜，五言短篇，如韦、陶、三谢、嵇、阮、建安七子，则皆缩手不能。又且借是以为游走乞索之具，而诗道丧矣。"①又《恢大山西山小稿序》云："炎祚将讫，天丧斯文，嘉定中忽有祖许浑、姚合为派者，五、七言古体并不能为，不读书亦作诗，曰学'四灵'，江湖晚生皆是也。呜呼，痛哉！"②《瀛奎律髓》卷十四许浑《晓发鄞江北渡寄崔韩二先辈》批语也云："其诗出于元、白之后，体格太卑，对偶太切。陈后山《次韵东坡》有云：'后世无高学，举俗爱许浑。'以此之故，予心甚不喜丁卯诗。……七言如'一声山鸟曙云外，万野水萤秋草中''星河半落岩前寺，云雾初开岭上关'殆不成诗，而近世晚进，争由此入，所以卑之又卑也。"在方回看来，许浑七律已是体格太卑，而江湖诗派又学之，则自然是"卑之又卑"了。又方回《瀛奎律髓》卷二十五"'拗字类'序"中已指出"丁卯句法"本是源自老杜，而许氏拗律与老杜拗律却有天壤之别，郭绍虞先生曾对此做过比较说："丁卯句法"是"只重平起中一句的第五字，偶不合律必须对句相救。这种句法在律诗中，不但不起破坏作用，起得反是辅助作用"；老杜、许浑拗律之根本差别在于"杜有不受律格束缚的气魄，而许则是在律格范围内的一些创造。所以，杜的七律会完成拗体，而许的七律则始终局限于律体范围内的一些新格"。③无疑，老杜"吴体"就是不受格律束缚的一种特殊拗体，是一种创造，而江湖诗派则学许不学杜，重流而不溯源，其成就也就可想而知了。

可见，方回通过高扬老杜"吴体"大旗，既提升了江西诗派的地位，又巧妙地打击了江湖诗派，可谓一箭双雕。方回"吴体"之诗学批评意义也由此彰显。

---

① 《全元文》第七册，页75。
② 《全元文》第七册，页136。
③ 《关于七言律诗的音节问题兼论杜律的拗体》，《照隅室古典文学论文集》（下编），页494、页505。

六　关于方回"吴体"的批评与辨析

对方回"吴体"诗学不满的主要是清代的冯舒、冯班兄弟,以及纪昀等。此外,现当代也有不少批评者。综合而论,方回"吴体"遭受责难,其"错误"主要集中在三个方面:"吴体"与"拗律"相混淆;"吴体"不是律诗;江西诗派学杜"吴体"并不合适。以下试作简要综述并加以相应的简单辨析。

其一,"吴体"是否与"拗体"相混淆?解决这一问题的关键,是弄清老杜"吴体"是否有声律特质。关于"吴体"的声律问题,前文已有专论,兹不赘言。这里考察学者们对"吴体"声律特质的认识。纪昀在《瀛奎律髓刊误》中承认"吴体"与拗体有别,认为"'吴体'亦有声调"(卷十六赵蕃《上巳》批语)。其总结出的"吴体"声律有二:一是"其诀在每对句第五字以平声救转"(卷二十五老杜《题省中院壁》批语);一是"全不入律,与前首用拗法者不同"(卷二十五老杜《愁》等四诗批语。按"前首"指《题省中院壁》)。前者以一般拗法形式比附,后者虽理解正确,却不能深入,总之,皆有隔靴搔痒之嫌,其结果正如他自己批评方回的那样是"似是而未了了"(卷十六梅尧臣《依韵和李舍人旅中寒食感事》批语)。

当代学者鲍恒先生曾发表《历史误读与范式确立——杜甫"吴体"新论》一文,首先"论证"老杜"吴体"特质不在声律形式,而在源于"吴均体"的风格特色,然后进一步推演方回"吴体"论道:"方回把吴体'拗'的特征作了极度的放大,使人产生'拗'是吴体最鲜明与惟一标志的错觉,这也是他在所编选之《瀛奎律髓》一书中将'拗体'单列为一类的原因之所在,'吴体'也就因此而被误读为拗体。""方回的误读,首先在于他混淆了'吴体'与拗体的界限。"①鲍先生这一论断的前提是认为"历代学者虽于'吴体'之声律特征用力甚多，但均无结果"，而这一前提显然是对"吴体"声律表达方式的理解出现了偏差。由于"吴体"是特殊的拗体，声律变化极大，故其不能总结出像常规拗律那样的简单具体的声律形式，它只可能是一个概括性的基本原则。这是解读方回"吴体"的钥匙，舍此就不能得其门而入，只能在"吴体"门外打转。而许印芳、王力、启功等古今著名学者对"吴体"类律诗"全拗"声律的分析证明，老杜"吴体"声律与拗体声律迥然不同，其内容就是参用古调或古句的句式，那么，这些研究成果算不算是"结果"呢？所以，鲍先生所言"吴体"没有声律形式的论断，是有问题的。方回强调"吴体"拗的特征，是基于"吴体"之拗迥异于一般拗法的事实，而不是一种极度"放大"与有意"误读"。而鲍先生对方回"吴体"的"误读"的认识倒有可能是一种无意间的"误读"。

其二，"吴体"是古诗还是律诗？对这一问题的争论是比较激烈的。"吴体"似乎是介于古律之间的诗体，所以很难加以归属。如王力先生将这种"古风式的律诗"放进"古体诗"部分去讨论，显然是倾向于其为古诗②。韩成武先生评杜甫《愁》诗也说："正如杜甫在《愁》诗题中所注'强戏为吴体'，说明他有意使用吴地民歌的拗句，虽借用七律的句数和对仗的形式，却并非是在写七言律诗。……全诗中唯有第八句是律句，馀皆为拗句，且无补救，近体诗的声律已然失尽，故不能归入律诗之列，作者标明使用'吴体'，这已然将其排出律诗之外了。"③

但支持"吴体"为律诗的似乎占据多数。宋代胡仔、赵次公等

---

① 《文学评论丛刊》第 6 卷第 1 期，南京大学出版社，2003 年。
② 参见《汉语诗律学》第三十二节。
③ 《试论七律的定型与成熟》，《河北大学学报（哲社版）》1997 年第 1 期。

大都把"吴体"类诗歌看作是律诗。方回是把"吴体"看作律诗的,并对山谷的"吴体"诗被选入古诗愤愤不平。冯舒、纪昀等虽然对方回的"吴体"论颇为不满,但却坚守"吴体"是律诗的观点。如冯舒评方回《瀛奎律髓》"'拗字类'序"道:"拗字不妨为律诗,以其原论声病也。虚谷不知源流,遂立此一类,其为全不知诗信矣。"①许印芳则坚决支持方回,他分析《愁》诗说:"变而不失其所,此'吴体'所以为律诗,不能混入'古诗'也。"②郭绍虞先生认为"拗体可该吴体,吴体不可该拗体";③"拗体只能打破声律上的问题,如'调'、如'叶'、如'谐',但决不能破除律体的基本条件,如'整''俪''韵''度',所以拗体仍不妨其为律体"④。此外,金启华、兰香梅等先生也有类似观点。⑤

就衡量律诗之所以为律诗的标准看,声律合乎要求无疑是极为重要的条件,但又不是唯一的条件。基于方回"吴体"虽打破律诗外在的声律形式,却又完全合乎律诗内在的声律形式的特点,笔者认为,将"吴体"划为律诗,似乎要更为合理一些。

其三,江西诗派专学老杜"吴体"是否合适?七言拗体本为老杜律诗一体,即非杜律主体,也非唐律正体,江西诗派大多无老杜才情而专学此种诗体,便是剑走偏锋,虽也能取得一些成就,但毕竟缺乏大气。前人对此也早已有所批评。如王世贞认为老杜拗律:"作七言拗体者,必以意兴发端、精神傅合、浑融疏秀不见穿凿之迹,顿挫抑扬,自出宫商之表可耳。虽老杜以歌行入律,亦是变

---

① 《瀛奎律髓汇评》引,页1107。
② 《瀛奎律髓汇评》引,页1120。
③ 《论吴体》,见《照隅室古典文学论集》(下编),页455。
④ 《关于七言律诗的音节问题兼论杜律的拗体》,见《照隅室古典文学论集》(下编),页518。
⑤ 参见金启华《论杜甫的拗体七律》(《杜甫研究学刊》1998年第1期)、兰香梅《杜甫"大拗律诗的声律分析——兼谈杜甫拗律的归属》(《杜甫研究学刊》2004年第3期)等。

风，不宜多作，作则伤境。"①胡震亨云："凡七言律作拗峭语者，皆有所不足也。杜牧之非拗峭不足振其骨，刘蕴灵非拗峭不足宕其致。材愈降，愈借以盖其短。岂惟二子，即少陵之拗体，亦盛唐之变风、大家之降格，而非其正也。"②冯班对方回《"拗字类"序》下批语道："拗字诗，老杜偶为之耳。黄、陈偏学此等处，而遂谓之格高，冤哉！"③纪昀在《瀛奎律髓刊误》卷二十五中的批评则最为严厉。如杜甫《题省中院壁》批语云："以此种句法学老杜，杜果以此种为宗旨乎？"吕居仁《张祎秀才乞诗》批语云："此体（笔者按：指吴体）杜亦偶为之，不专以此为高致，此论太僻。"又批老杜《早秋苦热堆案相仍》诗云："杜诗亦有工拙，须有别裁，不至效其所短。此等依草附木之说，最误后人。此杜极粗鄙之作。以此求杜公，杜公远矣。"等等。不仅指出吴体非杜律正体，甚至认为"吴体"粗鄙不堪，不值得效法。

诚然，前贤对方回"吴体"论的批评不无道理。方回于《瀛奎律髓》中专取老杜"吴体"诗法作为重点学习的方向，这确实是取径太窄。问题是我们要了解方回何以要如此做。我们知道，宋人极富自立精神，欲于唐诗之后另开一新世界，虽知其难却又竭力为之。张高评先生说得好："技巧之讲究、诗法之提示、破体之开创、新变之追求，乃是宋诗有别于唐诗、宋调有别于唐音的关键所在。"④可见宋诗主要是在诗法技巧上下功夫。这些内容恰恰是杜甫首先开拓，而唐人并未来得及跟进的，宋人一眼看准而着力开拓发展，从而形成宋诗气候。"吴体"便是一个典型。方回在前人学杜的基础上，专门拈出"吴体"来说话，正是对宋诗立场的坚守，是

---

① 胡震亨《唐音癸签》卷三引，上海古籍出版社，1981年，页22。
② 胡震亨《唐音癸签》卷八，页77。
③ 《瀛奎律髓汇评》引，页1107—1108。
④ 《宋诗特色研究·自序》，长春出版社，2002年。

对宋诗独立精神的一种肯定。

更为重要的是，方回的"吴体"说还承载了诗学批评的任务。《瀛奎律髓》卷一〇方回评老杜《春日江村》云："老杜诗所以妙者，全在阖辟顿挫耳，平易之中有艰苦。若但学其平易，而不从艰苦求之，则轻率下笔，不过如元、白之宽耳。学者当思之。"方回慧眼独到，精辟地指出杜诗的平易是以艰苦为基础的，学杜诗不首先从艰苦入手，而只是执着于表面的平易，那么结果必然是流于元稹、白居易式的肤浅。最能体现杜诗"阖辟顿挫"处的，无疑是以老杜发韧的"吴体""变体"等诗法为典型。而宋元之际的诗学，无论是江西末流，还是江湖诗派，或粗疏，或肤浅，皆应从学习老杜诗歌入手来进行自我救赎。所以，方回于《瀛奎律髓》中隆重推出老杜"吴体""变体"类诗歌范式，对于匡救宋元之际诗坛盛行的浅俗弊病，未必不是一副有效的良药。所以，我们在分析方回的诗学观点时，一定要注意到它们的现实诗学批评意义，只有这样，我们才有可能对其进行全面、客观的认识与评价。

七　馀　论

客观而论，方回将老杜"吴体"诗法，视为江西诗学中一灯相传的家法，确有借重老杜以尊崇江西诗派，并借此来贬抑江湖诗派之目的，其中不乏门户之见。但我们绝不能因而轻视、甚至抹杀方回"吴体"诗论的诗学价值。如方回对"吴体"声律体式及其审美价值的精辟分析、对唐宋诗歌史上"吴体"类律诗创作现象的初步总结、通过"吴体"概念的界定与"吴体"诗的批评对当时的诗学弊端进行反思、批评与救赎等等，对于后人理解杜诗、认识唐宋律诗的演变、了解唐宋诗学在宋元之际的对立与融合等，无疑提供了极其宝贵的参考资料。至于方回的"吴体"观由于个性鲜明而引发后人的论争,则更说明方回诗学的复杂性与个中魅力——古今中外真正有价值的诗学往往如此,更需要也更值得我们去认真研究。

(原载《文学遗产》2008年第4期)

方回对唐宋诗人的诗歌评论
——以杜甫、白居易、苏轼为中心

◎ 孙凯昕

方回(1227—1307),字万里,号虚谷,晚号紫阳居士,徽州歙县人。宋理宗景定三年(1262)登第,官至严州知州。入元后,任建德路总管。著有《桐江集》八卷、《桐江续集》三十六卷,并编有《瀛奎律髓》,选取了三百八十五位唐宋诗人的律诗,按作品题材分为四十九类,每类按时代先后为次编为一卷,共四十九卷。另编选了《文选颜鲍谢诗评》四卷,此乃从《昭明文选》中选取了颜延之、鲍照、谢灵运、谢惠连和谢朓的部分诗作,并加以评点。方回乃宋末元初的诗人及诗论家,为学崇奉朱熹,论诗专主江西,主张瘦硬枯劲的诗风,对偶俪妩媚的诗作极为厌弃。

一 对杜甫诗歌的评论

方回《瀛奎律髓》收录了杜甫的诗共221首,在全书中所占的篇数最多。杜甫(712—770),字子美,中唐诗人。其诗歌题材广泛，内容丰富。方回云："老杜诗所以妙者，全在阖辟顿挫耳，平易之中有艰苦。若但学其平易而不从艰苦求之，则轻率下笔，不过如元、白之宽耳。学者当思之。"①"老杜之细润工密，不可不参，无徒曰喝咄以为豪也。"②可见方回对杜甫诗的推崇，并把他置于"一祖三宗"之中"祖"的地位。方回认为杜诗是唐诗之冠，然亦是集杜审言、陈子昂、宋之问、沈佺期等众美之大成。在评刘元辉《观渊明工部诗因叹诸家之诗有可憾者二首》中，方回说："唐诗固是杜陵第一，然陈子昂、宋之问，初为律诗，杜之所宗；李太白、元次山，杜之所畏；韩柳又岂全不足数乎……至开元而有李杜，然杜陵不敢忽王、杨、卢、骆、李邕、苏源明、孟浩然、王维、岑参、高适，或敬畏之，或友爱之，未始自高。盖学问必取诸人以为善，杜陵集众美而大成，谓有一杜陵而天下皆无人可乎？"③又在评宋之问《早发始兴江口至卢氏村作》云："山谷教人作诗必学老杜，今所选亦以老杜为主，不知老杜亦何所自乎？盖出于其祖审言，同时诸友陈子昂、宋之问、沈佺期也。……然则学古诗必本苏武、李陵，学律诗必本子昂、审言辈，不可诬也。此四人者，老杜之诗所自出也。"④

（一）赞赏杜诗瘦硬枯劲的风格

方回于《题郭熙雪晴松石平远图为张季野作是日同读杜诗》反映了他眼中杜诗所表现的诗歌风格："书贵瘦硬少陵语，岂止评书端为诗。五百年间会此意，画师汾阳老阿熙，嵬诗琐画世一轨，肉腴骨弱精神痴。……郭生此画出自古心胸，亦如工部百世诗中龙。

---

① 方回选评、李庆甲集评校点《瀛奎律髓汇评》卷十，杜甫《春日江村》评，页322。
② 方回选评、李庆甲集评校点《瀛奎律髓汇评》卷四十七，僧善权《寄致虚兄》评，页1730。
③ 《桐江集》卷五《刘元辉诗评》。
④ 方回选评、李庆甲集评校点《瀛奎律髓汇评》卷四，宋之问《早发始兴江口至虚氏村作》评，页150。

清癯劲峭谢妩媚，略无一点沾春风，市门丹青纷俗工，为人涂抹杏花红。老夫神交此石与此松，留眼雪天送飞鸿。"①这里说明了，"肉腴骨弱精神痴"是方回所厌弃的，他欣赏的是"清癯劲峭谢妩媚，略无一点沾春风"，就是杜甫"瘦硬枯劲"的风格。

然而杜甫在不同的时期，其诗作风格亦有所转变。如方回评杜甫《陪郑广文游何将军山林》说："天宝未乱之前，老杜在长安，犹是中年，其诗大概富丽，至晚年则尤高古奇瘦也。"②就是说，杜甫中年时，诗作比较富丽，到了晚年，才变为瘦硬枯劲。

关于杜甫不同时期的创作风格，方回于《程斗山吟稿序》表达了他的意见："山谷论老杜诗，必断自夔州以后。试取其庚子至乙巳六年之诗观之，秦、陇、剑门行旅跋涉，浣花草堂居处啸咏，所以然之故，如绣如画。又取其丙午至辛亥六年诗观之，则绣与画之迹俱泯。赤甲、白醝之间，以至巴峡、洞庭、湘潭，莫不顿挫悲壮，剥浮落华。今之诗人未尝深考及此。善为诗者，由至工而入于不工，工则麤，不工则细，工则生，不工则熟。读程君以南南仲《斗山吟稿》，笔力劲健，无近人绮靡风；尝有'欲居东西瀼'之句，殆精于老杜诗者。然年甫五十，则是已能为成都之子美矣。由是而为夔州之子美，尚何难哉。至元甲申日在斗十一度，同郡回序。"③这里叙述了杜诗风格经历的不同阶段：中年时"如绣如画"，晚年则"绣与画之迹俱泯"，诗格"顿挫悲壮，剥浮落华"。对于杜甫此两期的诗风，方回是比较推崇晚年时期的，他认为杜甫中年"工且丽"的诗"未足为雄"，而欣赏晚年"不丽不工，瘦硬枯劲，一斡万钧"诗歌。方回《读张功父南湖集并序》云："老杜七言律

---

① 《桐江续集》卷十二《题郭熙雪晴松石平远图为张季野作是日同读杜诗》。
② 方回评选、李庆甲集评校点《瀛奎律髓汇评》卷十一，杜甫《陪郑广文游何将军山林》评，页393。
③ 《桐江集》卷一《程斗山吟稿序》。

· 354 ·

方回对唐宋诗人的诗歌评论

诗：'鱼吹细浪摇歌扇，燕蹴飞花落舞筵'，'自去自来堂上燕，相亲相近水中鸥'，'林花着雨胭脂湿，水荇牵风翠带长'，'风含翠篠娟娟静，雨裛红蕖冉冉香'，学者能学此句，未足为雄。《扑枣》诗云'不为困穷宁有此，只缘恐惧转须亲'，《忆梅》诗云'幸不折来伤岁暮，若为看去乱乡愁'，《春菜》诗云'巫峡寒江那对眼，杜陵野老不胜悲'，《送僧》诗云'念我能书数字至，将诗不必万人传'，此等诗不丽不工，瘦硬枯劲，一斡万钧。"①所以，杜诗的瘦硬枯劲、不丽不工的风格，最为方回所欣赏。

（二）分析杜诗融情入景的手法

在方回看来，杜甫诗作情景交融，情感与言语的融合，使人难以区别两者之异。

关于情景交融的例子，如《江亭》："坦腹江亭暖，长吟野望时。水流心不竞，云在意俱迟。寂寂春将晚，欣欣物自私。故林归未得，排闷强裁诗。"方回评云："老杜诗不可以色相声音求。如所谓'圆荷浮小叶，细麦落轻花'，'市桥官柳细，江路野梅香'，'柱穿蜂溜蜜，栈缺燕添巢'，'细雨鱼儿出，微风燕子斜'，'芹泥香燕嘴，花蕊上蜂须'，他人岂不能之？晚唐诗千锻万炼，此等句极多。但如老杜'水流心不竞，云在意俱迟'，即如'片云天共远，永夜月同孤'，景在情中，情在景中，未易道也。"②中四句情景交融，水流不停滞，心亦从之不竞。闲云自在，意亦与之俱迟。诗人心境与物景没有间断，物各得其所，但自己却是个独自羁旅者。

又如《江汉》："江汉思归客，乾坤一腐儒。片云天共远，永夜月同孤。落日心犹壮，秋风病欲苏。古来存老马，不必取长途。"方回评曰："此诗余幼而学书，有此古印本为式，云杜牧之书也。味之久矣，愈老而愈见其工。中四句用'云天''夜月''落日'

---

① 《桐江续集》卷八《读张功父南湖集并序》。
② 方回选评、李庆甲集评校点《瀛奎律髓汇评》卷二十三，杜甫《江亭》评，页938。

· 355 ·

'秋风',皆景也,以情贯之。"纪昀对方回的意见加以补充,曰:"前四句是思归。'片云'二句紧承思归说出。后四句乃壮心斗发。'落日'二句提笔振起,呼出末二句,语气截然不同。虚谷此评却不差。"[①]此诗是杜甫身滞江汉而有所感。慨叹自己空有千里之志,可惜已近暮年,壮心难酬。中四句,情景融合人化。"云天""夜月""落日""秋风",景也,与"天共远",与"月同孤",心视落日而犹壮,病遇秋风而欲苏,情也。这里是以情对景,与一般景对景,情对情的诗不同。

再如《上巳日徐司录林园宴集》:"鬓毛垂领白,花蕊亚枝红。欹倒衰年废,招寻令节同。薄衣临积水,吹面受和风。有喜留攀桂,无劳问转蓬。"方回评云:"'鬓毛垂领白',言我之形容,情也;'花蕊亚枝红',言彼之物色,景也。既如此开劈,下面似乎难继,却再着一句应上句,形容其老为可怜;又着一句,言不孤物色之意。然后五、六一联,皆是以情穿景,然结句亦不弱也。尚变峙力缴,惟老杜能之,惟黄、陈能之,惟曾茶山、赵章泉能之。"[②]首联以情对景,三、四回应首联,颈联以情穿景,尾联形势又一改,归结到情。

(三)肯定杜诗对诗作的时代背景交待详细

方回对杜诗中所表现出的时代感极其重视,特别对那些表现社会现实、民生疾苦、国家兴亡的诗作,方回都予以高度肯定。如《岁暮》:"岁暮远为客,边隅还用兵。烟尘犯雪岭,鼓角动江城。天地日流血,朝廷谁请缨?济时敢爱死,寂寞壮心惊。"方回评云:"明皇、妃子之酣淫,林甫、国忠之狡贼,养成渔阳之变,史思明

---

① 方回选评、李庆甲集评校点《瀛奎律髓汇评》卷二十九,杜甫《江汉》评,页1259。
② 方回选评、李庆甲集评校点《瀛奎律髓汇评》卷二十六,杜甫《上巳日徐司录林园宴集》评,页1128。

继之，回纥掎之，吐蕃踵之，四方藩镇不臣，盗贼蜂起。老杜卒于大历五年庚戌，自天宝十四年乙未始乱，流离凡十六年。唐中叶衰矣，却只成就得老杜一部诗也。不知终始不乱，老杜得时行道如姚、宋，此一部杜诗，不过如其祖审言能雅歌咏治象耳，不过皆《何将军山林》、《李监宅》等诗耳，宁有如今一部诗乎？然则亦可发一噫也。"方回于评注中记述了当时朝廷的形势："明皇、妃子之酣淫，林甫、国忠之狡贼，养成渔阳之变，史思明继之，回纥掎之，吐蕃踵之，四方藩镇不臣，盗贼蠚起。"①为此诗的背景作了交待。

又如《避贤》："避地岁时晚，窜身筋骨劳。诗书遂墙壁，奴仆且旌旄。行在仅闻信，此生随所遭。神尧旧天下，会见出腥臊。"方回云："天宝十四年乙未冬，安禄山反，老杜年四十四。自是流移转徙，一为拾遗，一为华州功曹，一为剑南参谋。至大历五年庚戌卒，年五十九。凡十六年间，无非盗贼干戈之日。忠臣故宜痛愤，而老杜一饭不忘君，多见于诗。如'诸侯春不贡，使者日相望'，'由来强干地，未有不朝臣'，'领郡辄无色，之官皆有词'，'天地日流血，朝廷谁请缨'，'弟妹悲歌里，朝廷醉眼中'，'空村唯见鸟，落日未逢人'，'汩汩避群盗，悠悠经十年'，'偷生惟一老，伐叛已三朝'，'赤眉犹世乱，青眼只途穷'，'朝野欢娱后，乾坤震荡中'，'路衢唯见哭，城市不闻歌'，'忽闻哀痛诏，又下圣明朝'，'行在诸军阀，来朝大将归'，'夺马悲宫主，登车泣贵嫔'，'穷愁但有骨，群盗尚如毛'，皆哀痛恻怆，令人有无穷之悲。"②天宝十四年，安禄山作反，杜甫时年四十四，在往后的十六年，杜甫一直处于动乱干戈之中，但亦时刻有爱国之情，仍一饭不忘君，直到大历五年庚戌卒，年五十九。可见方回于杜甫诗中交待事件的背

---

① 方回选评、李庆甲集评校点《瀛奎律髓汇评》卷二十九，杜甫《岁暮》评，页 1260。
② 方回选评、李庆甲集评校点《瀛奎律髓汇评》卷三十二，杜甫《避贤》评，页 1348。

景十分详细,而且举了诗人的诗句作例证,使读者对诗人的悲痛之情,有整体的感受。

杜甫的诗作与他自身遭遇有关连的,还有《对雪》:"战哭多新鬼,愁吟独老翁。乱云低薄暮,急雪舞回风。瓢弃樽无绿,炉存火似红。数州消息断,愁坐正书空。"方回云:"他人对雪必豪饮低唱,极其乐。唯老杜不然,每极天下之忧。"查慎行评云:"此老杜陷贼中作,非豪饮低唱时也。观起结自见。"纪昀云:"此亦系于所遇。"何义门云:"此没贼时作。'独老翁',则此外无非小人。盗贼丧乱之后,纵其残虐,所以愁坐书空也。"①此诗中四句言雪景,而首联、尾联,均是对时事的慨叹。无论当时杜甫是否陷于贼中,他都是处于动乱之中,心系国家。所以面对雪景,仍不能舒怀而"豪饮低唱,极其乐"。

又如《暮春题瀼西新赁草堂》:"彩云阴复白,锦树晓来青。身世双蓬鬓,乾坤一草亭。哀歌时自短,醉舞为谁醒。细雨荷锄立,江猿吟翠屏。"方回评云:"老杜伤时乱离,往往如此。其诗开合起伏,不可一律齐也。"②首二句写屋前春景,下六句写草屋情事。想到自己"双蓬鬓",老无所成,而且穷无所归,只得"一草亭"。于细雨之中闻猿,情景甚悲。

又《春望》:"国破山河在,城春草木深。感时花溅泪,恨别鸟惊心。烽火连三月,家书抵万金。白头搔更短,浑欲不胜簪。"方回评云:"此第一等好诗。想天宝、至德以至大历之乱,不忍读也。"查慎行评云:"此亦陷贼中作。"③此亦是写于忧乱伤春之时,上四言春望之景,触物伤怀,下四言春望之情,遭乱思家。烽火连

---

① 方回选评、李庆甲集评校点《瀛奎律髓汇评》卷二十一,杜甫《对雪》评,页857。
② 方回选评、李庆甲集评校点《瀛奎律髓汇评》卷二十三,杜甫《暮春题瀼西新赁草屋》评,页937。
③ 方回选评、李庆甲集评校点《瀛奎律髓汇评》卷三十二,杜甫《春望》评,页1346。

日，家书难抵，因而生"感时"与"恨别"之情，终日为国家而愁苦，使发白更短。

二　对白居易诗歌的评论

方回《瀛奎律髓》收录了白居易诗共 127 首。白居易（772—846），字乐天，自号香山居士，中唐诗人。

（一）肯定白诗意境创新

方回认为白居易在描写景物上富有新意，是因为白居易于诗中运用了新异的题材，是一般诗人很少描绘到的景物，能给人有耳目一新之感，所以深得方回所欣赏。

如《池上》一首，白居易不写荷叶茂盛的景象，却对已经破败了的荷叶作描述："荷破叶犹青。"①而《送杨八给事赴常州》："五十得三品，百千无一人。"②和《解苏州自喜》："身兼妻子都三口，鹤与琴书共一船。"均是连用了几个数字，这于诗歌中较罕见。方回则认为："奇哉异哉！出律破格，本是自然胸怀，无粉饰也。"③

一般诗歌只对诗人的行为作整体交待，所以对诗人活动作细致描写的诗歌，方回亦会感到新异。

如《桥亭卯饮》："就荷叶上包鱼鲊，当石渠中洗酒瓶。"评云："新异。"这是描述用荷叶包鱼鲊来烤的情景，并且说明诗人在石渠中洗酒瓶。诗人把这些看似是生活细节，写得非常仔细，以显出他当时心境的闲适。故方回评之曰："新异。"④

---

① 方回选评、李庆甲集评校点《瀛奎律髓汇评》卷十二，白居易《池上》评，页 428。
② 方回选评、李庆甲集评校点《瀛奎律髓汇评》卷二十四，白居易《送杨八给事赴常州》评，页 1044。
③ 方回选评、李庆甲集评校点《瀛奎律髓汇评》，卷六，白居易《解苏州自喜》评，页 256。
④ 方回选评、李庆甲集评校点《瀛奎律髓汇评》卷十九，白居易《桥亭卯饮》评，页 735。

（二）指出白诗平易，有闲散旷达之味

方回认为白诗之闲散旷达在于心境，这方面与纪昀在意见上有分歧之处。评《仲夏斋居偶题八咏寄微之及崔湖州》："腥血与荤蔬，停来一月馀。肌肤虽瘦损，方寸任清虚。体适通宵坐，头慵隔日梳。眼前无俗物，身外即僧居。水榭风来远，松廊雨过初。搴帘放巢燕，投食施池鱼。久别闲游伴，频劳问疾书。不知胡与越，吏隐兴何如？"方回云："有闲散之味。"纪昀反对方回的说法，谓："闲散当在神思间，使萧然自远之意，于字句之外得之，非多填恬适话头即为闲散也。此如有富贵者不在用金玉锦绣字，有神味者不在用菩提般若等字，有仙意者不在用金丹瑶草等字。此诗尚是字句工夫，不得谓之有闲散之味。"①纪昀认为闲散当在神思之间，而方回则认为"水榭风来远，松廊雨过初。搴帘放巢燕，投食施池鱼。"这些描写眼前美丽的景色，能使人忘却世俗的烦忧，就能体现诗人闲散旷达的心境。

方回认为白居易诗能表现旷达之味的，如《尝酒听歌招客》："一瓮香醪新插篘，双鬟小妓薄能讴。管弦渐好新教得，罗绮虽贫免外求。世上贫忙不觉苦，人间除醉却须愁。不知此事君知否？君若知时从我游。"方回云："旷达之言。"②人不应为世上的絮叨可厌的事而苦，应饮酒、听歌，才能免却愁苦。

又《闲坐》："暖拥红炉火，闲搔白发头。百年慵里过，万事醉中休。有室同摩诘，无儿比邓攸。莫论身在日，身后亦无忧。"方回评："乐天心事旷达，而诗律宽和。虽则云然，着力为诗者

---

① 方回选评、李庆甲集评校点《瀛奎律髓汇评》，卷十一，白居易《仲夏斋居偶题八咏寄微之及崔湖州》评，页397。
② 方回选评、李庆甲集评校点《瀛奎律髓汇评》，卷十九，白居易《尝酒听歌招客》评，页734。

终不能及也。三、四妙。陈后山偶相犯末句，尤妙。"①这里，就表现出与世无争的思想，逃避了现实的束缚，才能达到心境上的旷达。

对于白居易闲适的诗歌，方回并不是完全的赞同，而是有其批判的眼光。如评白居易《不如来饮酒》："莫作商人去，凄惶君未谙。雪霜行塞北，风水宿江南。藏镪百千万，沉舟十二三。不如来饮酒，仰面醉酣酣。""莫事长征去，辛勤难具论。何曾画麟阁，只是老辕门。虮虱衣中物，刀枪面上痕。不如来饮酒，合眼醉昏昏。""莫上青云去，青云足爱憎。自贤夸智能，相纠斗功能。鱼烂缘吞饵，蛾焦为扑灯。不如来饮酒，任性醉腾腾。""莫入红尘去，令人心力劳。相争两蜗角，所得一牛毛。且灭心中火，休磨笑里刀。不如来饮酒，稳卧醉陶陶。"方回曰："不如来饮酒七首，删去三首。深山也、农夫也、学仙也，不可招之使还。商人、征夫、云路、尘劳，此当以酒招耳。"②《不如来饮酒》共七首，方回删去"莫隐深山去，君应到自嫌""莫作农夫去，君应见自愁""莫学长生去，仙方误杀君"三首，这是由于他对"隐士""学仙者"和"农夫"的人品表示肯定。隐士与学仙者，不追求名利，品格清高，而农夫对社会的生产有贡献，是国家存在的基础，他们离开了就不该把他们招回来，所以不录。方回认为"商人""征夫""云路""尘劳"只顾争名夺利予，所以对他们予以否定的态度。

又如《何处难忘酒》，方回评曰："七首内，三首以士人及第、少年春夜、军功建旐而饮，今删之。何则？得志之人能不汩于酒，则人品高矣。所取四首，以逆旅穷交、老境寒病、都门送别、逐臣

---

① 方回选评、李庆甲集评校点《瀛奎律髓汇评》，卷二十三，白居易《闲坐》评，页949。
② 方回选评、李庆甲集评校点《瀛奎律髓汇评》，卷十九，白居易《不如来饮酒》评，页 728。

遇赦而饮。此则不能忘情于酒者，人情之常也。"《何处难忘酒》本七首，这里方回从道德观念上分析，认为"逆旅穷交、老境寒病、都门送别、逐臣遇赦"，这些人因遇到人生的挫折、困苦，所以要借酒消愁。而"士人及第、少年春夜、军功建旄"，这些都是得志之士，不可放纵于酒，亦不应用酒引诱他们。从以上两例可见，方回在选录诗歌时，有其独特的眼光。

三 对苏轼诗歌的评论

苏轼（1037—1101），字子瞻，号东坡居士。北宋中期文学家。《瀛奎律髓》选录苏轼诗共41首，其中五律1首、七律最多共40首。方回评《春雪呈张仲谋》云："坡诗天才高妙，谷诗学力精严；坡律宽而活，谷律刻而切。"①把东坡与山谷并论，认为他们才能相当。

（一）知人论世、结合时代背景阐发诗意

方回评点苏诗的诗歌，喜交待写作背景，并且评语较为详细。如《正月二十日与潘郭二生出郊寻春忽记去年是日同到女王城作诗乃和前韵》："东风未肯入东门，走马还寻旧岁村。人似秋鸿来有信，事如春梦了无痕。江城白酒三杯酽，野老红颜一笑温。已约年年为此会，故人不用赋《招魂》。"方回评云："东坡初贬黄州之年，即'细雨梅花''关山断魂'之时也。次年正月二十往岐亭，见陈慥季常，是以为女王城之诗，又次年正月二十日与潘邠老等寻春，是以有'事如春梦了无痕'之诗。又次年正月三日尚在黄州，复出东门，仍和此韵云：'乱山环合水侵门，身在淮南尽处村。五亩渐成终老计，九重新扫旧巢痕。'谓元丰官制行，罢废祖宗馆职，立

---

① 方回选评、李庆甲集评校点《瀛奎律髓汇评》卷二十一，黄庭坚《春雪呈张仲谋》评，页887。

秘书省，以正字校书郎等为差除资序，而储士之意浅矣。观此等语，岂惟可以考大贤之出处，抑亦可见时事之更张，仁庙之所以遗燕安于后世者，何其盛？熙、丰之政所以大有可恨者，何其顿衰？坡下句云：'岂惟惯见沙鸥喜，已觉来多钓石温。'又可痛。坡翁一谪数年，甘心于渔樵而忘返也。"①这里，方回记录了北宋时期的政治环境，王安石废史馆、照文馆、集贤院，苏轼本属史馆，亦因反对变法而被贬黄州。

又《上元夜过赴儋守召独坐有感》一首："使君置酒莫相违，守舍何妨独掩扉。静看月窗盘蜥蜴，卧闻风幔落蚍蜮。灯花结尽吾犹梦，香篆消时汝欲归。搔首凄凉十年事，传柑归遗满朝衣。"方回于评注中首先交待了诗歌的创作年份："元符元年戊寅作，坡年六十三矣。在儋州亦半年馀，以去年绍圣丁丑六月渡海也。"然后对"搔首凄凉十年事，传柑归遗满朝衣"一句作解释："十年前事，当时元祐二年丁卯，以翰林学士侍宴端门，戊辰知贡举，皆在朝。至五十九岁时，绍圣元年甲戌，自中山谪惠州。乙亥年赋《上元》古诗有云：'前年侍玉辇，端门万枝灯。'即元祐八年癸酉正月也。'去年中山府，老病亦宵兴。'即甲戌正月也。'今年江海上，云房寄山僧。'即乙亥正月也。"最后，方回借此抒发自己的感慨："人生能几何年？如上元一节物耳，出处去来，岁岁不同，当是时又焉知渡海而逢上元耶？坡甲戌之贬，至元符三年庚辰徽庙立，乃得北归。建中靖国元年辛巳卒于常州。学者睹此，则知身如浮云外物，如雌风、如雄风，皆不足计较也。"②交待了诗人所处的时代背景和被贬的遭遇，为诗人的生平作了简述。

---

① 方回选评、李庆甲集评校点《瀛奎律髓汇评》卷十，苏轼《正月二十日与潘郭二生出郊寻春忽记去年是日同到女王城作诗乃和前韵》评，页372。
② 方回选评、李庆甲集评校点《瀛奎律髓汇评》卷十六，苏轼《上元夜过赴儋守召独坐有感》评，页620。

（二）重视苏诗的"变体"与不拘法度

方回论苏诗注重"变体",①即讲求诗作中实字与虚字、情句与景句的相互安排。如《送春》一首："梦里青春可得追，欲将诗句绊馀晖。酒阑病客惟思睡，蜜熟黄蜂亦懒飞。芍药樱桃俱扫地，鬓丝禅榻两忘机。凭君借取法界观，一洗人间万事非。"方回评云："'酒阑病客惟思睡'，我也，情也。'蜜熟黄蜂亦懒飞'，物也，景也。'芍药樱桃俱扫地'，景也。'鬓丝禅榻两忘机'，情也。一轻一重，一来一往。所谓四实四虚，前后虚实，又当何如下手？至此则知系风捕影，未易言矣。坡妙年诗律颇宽，至晚年乃神妙流动。"②方回评诗的第三句为情句，第四句为景句；而第五句是景句，第六句是情句。所以于同一联中，可以不是景对景、情对情，而是景对情，而且情句与景句的先后也没有一定的规律。

（三）注意苏诗的用韵

方回欣赏苏诗的用韵。如《雪后书北台壁》其一："城头初日始翻鸦，陌上晴泥已没车。冻合玉楼寒起粟，光摇银海眩生花。遗蝗入地应千尺，宿麦连云有几家。老病自嗟诗力退，空吟《冰柱》忆刘叉。"其二："黄昏犹作雨纤纤，夜静无风势转严。但觉衾裯如泼水，不知庭院已堆盐。五更晓色侵书幌，半月寒声落画檐。试扫北台看马耳，未随埋没有双尖。"方回云："偶然用韵甚险，而再和尤佳。或谓坡诗律不及古人，然才高气雄，下笔前无古人也。观此雪诗亦冠绝古今矣。虽王荆公亦心服，屡和不已，终不能压倒。"③又如《再用韵》其一："九陌凄风战齿牙，银杯逐马带随车。也知不作坚牢玉，无乃能开顷刻花。对酒强歌愁底事，闭门高卧定

---

① 方回选评、李庆甲集评校点《瀛奎律髓汇评》卷二十六，《变体类》序，页1128。
② 方回选评、李庆甲集评校点《瀛奎律髓汇评》卷二十六，苏轼《送春》评，页1139。
③ 方回选评、李庆甲集评校点《瀛奎律髓汇评》卷二十一，苏轼《雪后书北台壁》评，页879。

谁家。台前日暖君须爱，冰下寒鱼渐可叉。"其二："已分酒杯欺浅懦，敢将诗律斗深严。渔蓑句好真堪画，柳絮才高不道盐。败履尚存东郭指，飞花又舞谪仙檐。书生事业真堪笑，忍冻孤吟笔退尖。"方回评云："'叉''尖'二字，和得全不吃力，非坡公天才，万卷书胸，未易至此。"①方回认为苏轼善押险韵，如："叉""尖"二字难押，苏轼却用得全不费力。

（节选自《方回研究》，香港书作坊出版社，2012年）

---

① 方回选评、李庆甲集评校点《瀛奎律髓汇评》卷二十一，苏轼《再用韵》评，页880。

熔铸旧史　传评互见

——《唐才子传·李白传》之传体批评

◎ 王松涛

　　天才诗人李白，其诗不仅在当时引起了极大的轰动，而且具有持久的生命力和永恒的艺术魅力。历代学者对其生平与创作进行了持续不断的品评、研究。就文体意义上的李白传而言，依时而论，《旧唐书·李白传》《新唐书·李白传》《唐才子传·李白传》，堪为典型。学界相关研究如郁贤皓《〈旧唐书·李白传〉订误》《〈唐才子传·李白传〉校笺》、崔际银《两〈唐书·李白传〉本事考索》对李白籍贯家世以及主要经历等关键问题进行了考订；[1]王运熙《两〈唐书〉对李白的不同评价》一文指出两《唐书》编者对李白评价不高与编者对骈体、古文的态度有关。[2]倪豪士《再说〈旧唐

---

[1] 郁贤皓《〈旧唐书·李白传〉订误》，载《中国李白研究（1992—1993年集）》，安徽文艺出版社，1994年；郁贤浩《〈唐才子传·李白传〉校笺》，见傅璇琮《唐才子传校笺》（本文所引《唐才子传》皆依此本，以下不再出注），中华书局，1987—1995年；崔际银《两〈唐书·李白传〉本事考索》，载《中国李白研究（2009年集）》，黄山书社，2009年。
[2] 王运熙《两〈唐书〉对李白的不同评价》，载《中国李白研究（1991年集）》，江苏古籍出版社，1993年。

书·李白列传〉》一文对《旧唐书·李白传》传文逐句讨论，认为它是一篇用象征手法描述的道教"谪仙"李白的文学传记。[1]杨文雄《李白诗歌接受史》第二章第三节"金元李白效果史研究"曾引用《唐才子传·李白传》及《杜甫传》，并予以概括评价，认为是元人接受李白的总结，尤其是辛文房能够推尊李白的忠孝之心，在李白接受史中有其一定的文化意义。[2]

辛文房"游目简编，宅心史集"，《唐才子传·李白传》于正史之外，为李白立传，这一以诗人为中心的传体批评，具有重要的诗学意义。《唐才子传·李白传》主要史源为两《唐书·李白传》。正史传记都存在一条非常明显的时间线索，按照姓名、籍贯、世系——幼年经历——科举入仕——仕宦生涯——死亡的顺序结构文本，组织素材。《唐才子传·李白传》虽亦按时间顺序记录传主生平事迹，然其文本结构匠心独运，"用成一家之言"。本文在学界已有成果的基础上，结合辛文房《唐才子传》传文及元代诗学发展，对《唐才子传·李白传》的传体诗学批评予以细致分析。

一　别裁正史，兼采子部：托显"天才"形象及其心态变迁

关于李白的姓名、籍贯、世系，两《唐书》云：

> 李白字太白，山东人。（《旧唐书·李白传》）[3]
>
> 李白字太白，兴圣皇帝九世孙。其先隋末以罪徙西域，神龙初，遁还，客巴西。（《新唐书·李白传》）[4]

---

[1] （美）倪豪士《再说〈旧唐书·李白列传〉》，载《文学遗产》，2003年第1期。
[2] 杨文雄《李白诗歌接受史》，五南图书出版公司，2000年，页173。
[3] 《旧唐书》卷一百九十下，中华书局，1975年，页5053。
[4] 《新唐书》卷二百二，中华书局，1975年，页5762。

《新传》记李白家世较详，然未载其籍贯。《唐才子传·李白传》首云："白字太白，山东人。"与《旧传》所载籍贯同。又传末记其世系："或云：'白，凉武昭王暠九世孙也。'"与《新传》同。

关于李白的出生，《新唐书·李白传》载：

> 白之生，母梦长庚星，因以命之。十岁通诗书，既长，隐岷山。州举有道，不应。苏颋为益州长史，见白异之，曰："是子天才英特，少益以学，可比相如。"①

《唐才子传·李白传》载：

> 母梦长庚星而诞，因以命之。十岁通五经，自梦笔头生花，后天才赡逸。

关于太白星下凡的传说，《唐才子传》所载与《新传》同。《新传》所载李白早年隐居岷山、苏颋称赞李白事，辛氏皆不采。"自梦笔头生花，后天才赡逸"两句，唐冯贽《云仙杂记》、五代王仁裕《开元天宝遗事》、宋曾慥《类说》皆有记载，辛氏采之入传。辛文房《唐才子传》对诗人之"才"的不同形态作了区分，如"天才""奇才""清才""俊才""大才""高才""异才"等。在"才"的各类型中，辛文房崇尚"天才"。李白之外，他如评包佶"天才赡逸，气宇清深，神和大雅"；评李贺"天才俊拔，弱冠而有极名"；评张碧"天才卓绝，气韵不凡"；评柳宗元"天才绝伦，文章卓伟"；评温庭筠"天才雄赡，能走笔成万言"。"天才"概念实本于天命观，《诗经·大雅·烝民》云："天生烝民，有物有则，民之秉彝，好是懿德。……仲山甫之德，柔嘉维则。"②依周人观念，天命降于人，人均秉有天命。天所赋予人的才亦是如此，李白所谓

---

① 《新唐书》卷二百二，页5762。
② 《毛诗正义》卷十八，《十三经注疏》本，中华书局，1980年，页563。

"天生我材必有用"。人禀天赋，各有其才。但这些才又是不均等的，特殊的人有特殊的才华，"于乎不显""之德之纯"(《诗经·周颂·维天之命》)，①非他人所能及。此类人受命于天，其德最纯之外，又与神沟通，后世称为"神遇""灵感"。辛文房此处采撷小说家言入传，将星宿托生与"笔头生花"两个"梦"黏合在一起，可说是为诗才超卓的李白寻找神宠的痕迹，其意在凸显李白异乎常人的诗才，与正史记载相比，更能彰示诗人气质。

李白一生，任侠仗义，浮云富贵，轻财好施，表现出一种传统的美德，一种令人向往的理想境界。辛文房沿用《新传》记载，云："喜纵横，击剑为任侠。轻财好施。"其后，则抓住与李白一生最为密切的酒和诗来刻画其形象：在客居任城时是"竹溪六逸"之一，"日沉饮"；由蜀至长安后，一首《蜀道难》博得贺知章的"谪仙"之誉，并"解金龟换酒，终日相乐"，入朝大醉草诏，"使高力士脱靴"；后因激怒杨贵妃，而"益傲放"，为"饮酒八仙人"之一。正如周勋初先生在《诗仙李白之谜》一书中曾指出的："李白所以荣获'谪仙人'的称号，得益于下面三项条件：一是仪容脱俗，二是嗜酒量宏，三是文思出众。"②辛文房一方面对李白予以"天才赡逸"的笼统评价，另一方面，又通过枚举时人推崇的诗篇《蜀道难》《清平调》彰显其诗才。这样，一生不离诗与酒的"诗仙"形象便被刻画得栩栩如生。

李白狂傲不羁的性格是致其被"赐金放还"的一个重要原因，而"赐金放还"、漫游四方，也成为李白人生中的重要经历。《旧传》未载这段经历，《唐才子传》所述本于《新传》，云："恳求还山，赐黄金，诏放归。"与《新传》不同的是，《唐才子传》增加了欲登华山，"乘醉跨驴经县治"的轶事，其文曰：

---

① 《毛诗正义》卷十九，页584。
② 《周勋初文集》，第4册，江苏古籍出版社，2000年，页215。

> 白浮游四方，欲登华山，乘醉跨驴，经县治，宰不知，怒引至庭下曰："汝何人，敢无礼?"白供状不书姓名，曰："曾令龙巾拭吐，御手调羹，贵妃捧砚，力士脱靴。天子门前，尚容走马；花阴县里，不得骑驴。"宰惊愧，拜谢曰："不知翰林至此。"白长笑而去。

《唐才子传校笺》（以下简称《校笺》）指出宋人谢维新《古今合璧事类备要》卷八十一引《摭遗》载有李白戏弄官府之事，云：

> 李白失意游华山，县宰方开门决事，白乘醉跨驴过门。宰怒，不知太白也。引至庭下曰："汝何人？辄敢无礼！"白乞供状，无姓名。曰："曾用龙巾拭吐，御手调羹，力士脱靴，贵妃捧砚，天子殿前尚容走马，华阴县里不得我骑驴！"

骑驴是古代诗人的一种生活方式，同时又蕴含了文人的价值观和生活观。骑驴在观念上与骑马相对，代表了在朝与在野、出与处、仕与隐的区别。[①]"天才"诗人"喜纵横，击剑为任侠"，"骑驴"绝非其本心，实乃不得已，可说是对政治权威的无声抗议。辛文房引"乘醉跨驴"事入传，并置于"赐金放还"之后，展现出诗人闲适潇洒、傲岸清高的品格。

李白因永王李璘谋逆牵连系狱而至长流夜郎，两《唐书》皆有记载。《唐才子传》亦述及此段经历，其文曰：

> 禄山反，明皇在蜀，永王璘节度东南，白时卧庐山，辟为僚佐。璘起兵反，白逃还彭泽。璘败，累系浔阳狱。初，白游并州，见郭子仪，奇之，曾救其死罪；至是，郭子仪请官以赎，诏长流夜郎。

[①] 张伯伟《再论骑驴与骑牛——汉文化圈中文人观念比较一例》，载《清华大学学报》，2007年第1期。

熔铸旧史　传评互见

　　除了勾勒诗人生平事迹的原因外，"长流夜郎"时期的诗篇体现的诗人心态的变化，当也是辛文房引述这段经历的一个重要因素。《李太白全集》卷十一有《流夜郎赠辛判官》，卷十四有《流夜郎永华寺寄浔阳群官》《流夜郎至西塞驿寄裴隐》，卷十五有《窜夜郎于乌江留别宗十六璟》，卷二十四有《流夜郎题葵叶》，卷二十五有《流夜郎闻酺不预》等诗。在这些诗篇中，诗人抑郁怨愤的心境随处可触：本欲从军讨贼、为国平乱，却被加之以"附逆"罪名，遭受长流；满腹才学、一心事君，却时时坎坷，受冷落、遭放逐；流放中，期冀获赦归家，而佳音迟迟不至。虽不乏一以贯之的豪放飘逸，而郁郁难舒的心绪所化成的凄楚沉郁却成为贯穿其间的基调，表现了安史之乱前后李白不同的心境。诚如查屏球所说："前期诗人也不断表现自己的失落感，那多是一种怀才不遇的感恨，是由理想与现实的反差所造成的精神痛苦，同时，又是出于'君子病没世而无名'的心理，这种痛苦渲染得愈强烈愈显其对理想的执着。晚年诗中的沦落感则是现实化的，他痛苦的不仅仅是理想不得实现，而是欲求昔日尊严而不可得。残酷的现实不仅抛弃了他的理想，而且也抛弃了他的人格。"[①]辛氏如此编排，既描述了李白一生相对完整的生活历程，亦与诗人晚年心态与诗风的变化紧密相关，"别具微旨"。[②]

二　涵涉诗象，叙述有致：酒·月·谢朓

　　关于李白晚年事迹的记载，《唐才子传·李白传》云：

[①] 查屏球《裂变时代的颤音：论李白晚年诗风的一些变化》，载《中国李白研究（2000年集）》，安徽文艺出版社，2000年，页71—72。
[②] 王宗炎《三间草堂本序》，周本淳《唐才子传校正》附录，江苏古籍出版社，1987年，页337。

· 371 ·

白晚节好黄老，度牛渚矶，乘酒捉月，沉水中。初，悦谢家青山，今墓在焉。

《校笺》指出，两《唐书》本传并未及"乘酒捉月"事。《新传》唯云："白晚好黄老，度牛渚矶。"①李阳冰《草堂集序》、范传正《唐左拾遗翰林学士李公新墓碑并序》亦不载此事。李白捉月而溺死的传说，首见韩愈《题杜工部坟》："捉月走入千丈波，忠谏便沉汨罗底。固知天意有所存，三贤所归同一水。"②清王琦《李太白年谱》转引《唐摭言》曰："李白着宫锦袍，游采石江中，傲然自得，旁若无人，因醉入水中捉月而死。"③现存《唐摭言》诸本中，未见这一记述。宋代有关李白"捉月传说"的记载甚多，宋人诗歌如梅尧臣《采石月赠郭功甫》诗，笔记如赵令畤《侯鲭录》、洪迈《容斋随笔》等文献多有记载，肯定者有之，质疑者亦有之。④松浦友久先生曾指出："'捉月'传说实际是在经过一段时间对李白'诗与生平'把握达到一定程度的客观化、相对化后才形成的。主要是由于文学史、鉴赏史很容易以'最具特色要素的典型概括'这一形式来表述对某位诗人的认识。"⑤《唐才子传·李白传》之传体批评渊源于史传，是史传体在文学批评中的具体运用。但与史传不同的是，这种批评具有自身的价值尺度和批评特征。传主的身份是诗人，而诗人身份的标志是诗歌，诗人传记必不可少地要结合诗人作

---

① 《新唐书》卷二百二，页5763。
② 蔡梦弼《集注草堂杜工部诗外集》，中华书局，1985年，页21。
③ 王琦注《李太白全集》，中华书局，1977年，页1612。
④ 关于李白的死因，自唐以来便有醉死、病死、溺死三说。"醉死说"出自《旧唐书·李白传》，"病死说"见于李阳冰《草堂集序》，现代学者的研究，如裴斐《李白的传奇与史实》(《文学遗产》1993年第3期)指出"捉月与骑鲸固属'好事者为之'，溺病并葬于采石则不无可能，须分别看待"；安旗在《李太白别传》中支持"溺死说"，驳斥了"醉死说""病死说"；李子龙《李白"采石捉月"考论》(《唐代文学研究》第十二辑)亦赞同安旗先生之说，并对溺亡的具体位置作了考论。
⑤ (日)松浦友久著，刘维治译《关于李白"捉月"传说——兼及临终传说的传记意义》，《北京大学学报》1995年第5期。

品进行书写。朱东润先生曾说:"为一位诗人作传,和为平常人作传不同,必须把诗的成就写出来。任何一位诗人的作品,都有一个来源,中间也必须要产生变化;诗人的传记就必须把作品的渊源变化交代清楚,同时还得指出所以产生这些变化的主要原因是什么,他的作品的评价又是如何?"①酒与月作为李白诗中"最具特色要素",正如现代诗人余光中在《寻李白》中写到"酒入豪肠,七分酿成了月光,馀下的三分啸成剑气,绣口一吐就半个盛唐"。②李白几乎是无诗不酒,有月即诗,而且酒与月往往同时出现,成为李白诗歌中的两大诗象。③辛文房酷好唐诗,重情性、重兴趣,在《唐才子传》的诗人诗歌评述中,时以兴象为标榜,如评张子容"兴趣高远,略去凡近";评张志和"自撰渔歌,便复画之。兴趣高远,人不能及";评陈羽"写难状之景,了了目前;含不尽之意,皎皎言外"。辛文房论诗着重于高远、超然之兴趣,追求"如水中月,如镜中相,言可尽而理无穷"的唐诗艺术风貌。这一思想在《唐才子传·李白传》的传文书写中亦得到了体现,他巧妙地将李白诗中"最具特色要素"引入传文,传文首叙李白得太白之精华,乃太白金星转世,对李白的"生"赋予神奇色彩,而"乘酒捉月"溺死既带有神秘色彩,亦具有诗学意蕴。虽为传说,然始终如一。来自长天,回归水月。酒、月意象,由诗及传,在不同文体中的移位,既伴随辛文房对诗人情感、心境的体会,也是辛氏对太白诗风于深切体悟后的别样传达。

---

① 朱东润《朱东润传记作品全集》卷一《陆游传序》,东方出版中心,1999年,页429。
② 刘登翰、陈圣生选编《余光中诗选》,海峡文艺出版社,1988年,页149。
③ 关于李白诗歌中酒、月意象分析,学界相关研究颇多,如崔际银《两极意象 合塑真身——浅议李白诗中酒·月之功用》(《河北师范大学学报》1993年第4期)、傅绍良《论李白诗中的月亮意象与哲人风范》(《陕西师范大学学报》1996年第3期)、韩烈文《月亮及酒与李白诗歌的民族精神》(《成都大学学报》2008年第2期)、杨义《李白诗的生命体验和文化分析》(《文学遗产》2005年第6期)等。

辛文房所谓"悦谢家青山"云云，《校笺》指出本于范传正《唐左拾遗翰林学士李公新墓碑并序》，《新传》亦有记载，曰："至姑孰，悦谢家青山，欲终焉。及卒，葬东麓。"①南齐诗人谢朓曾筑室于青山，山近姑溪。李白仰慕谢朓，亦喜其曾居之山，并于诗篇中屡屡言及谢朓。王运熙先生曾指出："李白在诗篇中屡屡对谢朓表示出高度的景仰之情，一方面固然是由于谢朓的诗写得好，特别是他的山水写景诗风格清新，语言精炼，给李白以很大的启发。但另一方面，由于李白本人也喜欢游山玩水，他所常到的金陵、宣城两地，又跟谢朓的活动和诗作关系密切，因此李白诗中就更多地提到谢朓。"②盛唐诗人特别重视学习建安风骨。李白所谓"蓬莱文章建安骨，中间小谢又清发"之"建安骨"即指建安风骨。风骨指作品写得"风清骨峻"，即风貌清新爽朗、语言遒劲精炼，形成一种明朗刚健的文风。③"李白在同一诗篇中称道建安诗和谢朓诗，就清新爽朗而言，二者是共通的"。④王弼《周易略例·明象》云："象生于意，故可寻象以观意。"⑤辛文房将"悦谢家青山"与"乘酒捉月"传说进行文本组接，举象悟情，引象入传，触摸诗魂，使得李白诗中的主要诗象得以有机融合。酒、月、谢朓成为辛氏传文体现李白生平及诗风的重要表征。

《唐才子传》在叙述诗人行迹时，在史料的选择、取用方面颇具匠心，四库馆臣谓其"叙述差有条理，文笔亦秀润可观"，⑥汪继培评辛氏传文"叙述简雅，具有体识"。⑦《李白传》关于李白晚年

---

① 《新唐书》卷二百二，页5763。
② 王运熙《李白为什么景仰谢朓》，收入《中国古代文论管窥》，上海古籍出版社，2006年，页201。
③ 王运熙《文心雕龙探索》，上海古籍出版社，2005年，页93。
④ 王运熙《李白推重谢朓诗》，收入《中国古代文论管窥》，页348。
⑤ 楼宇烈《王弼集校释》，中华书局，1980年，页609。
⑥ 《四库全书总目》卷五十八，中华书局，1965年，页523。
⑦ 汪继培《三间草堂本跋》，周本淳《唐才子传校正》附录，页339。

及殁后事相关文献的处理即体现出这一特点。《旧传》仅云："竟以饮酒过度,醉死于宣城。"《新传》记载较详,在"诏长流夜郎"与"葬东麓"叙述后,有文曰:

> 会赦,还寻阳,坐事下狱。时宋若思将吴兵三千赴河南,道寻阳,释囚辟为参谋,未几辞职。李阳冰为当涂令,白依之。代宗立,以左拾遗召,而白已卒,年六十馀。
>
> 元和末,宣歙观察使范传正祭其冢,禁樵采。访后裔,惟二孙女嫁为民妻,进止仍有风范,因泣曰:"先祖志在青山,顷葬东麓,非本意。"传正为改葬,立二碑焉。告二女,将改妻士族,辞以孤穷失身,命也,不愿更嫁。传正嘉叹,复其夫徭役。文宗时,诏以白歌诗、裴旻剑舞、张旭草书为"三绝"。①

关于李白晚年赦返、旋又入狱、辟为参谋、后转依李阳冰,及其殁后范传正"访后裔"、改葬青山诸事,《唐才子传》皆不予采录,确是体现出"简雅"的特点。而传文的穿插、移位亦为有"识",正与《唐才子传》传论结合的批评方式紧密相关。《四库全书总目》云:

> 其见于新、旧《唐书》者仅百人,余皆从传记说部各书采辑。其体例因诗系人,故有唐名人,非卓有诗名者不录。即所载之人亦多详其逸事及著作之传否,而于功业行谊则只撮其梗概。盖以论文为主,不以记事为主也。②

辛文房秉持"因诗系人"的体例原则,传文独具心裁,自谓"用成一家之言"。"以论文为主,不以记事为主",即指出《唐才子

---

① 《新唐书》卷二百二,页5763。
② 《四库全书总目》卷五十八,页523。

传》的编纂在于因人品诗，重点在于标其诗格，而不在考叙行迹。

三 传评互见，品骘典范：李杜并尊与标举盛唐

辛文房以简练的笔墨，勾勒了李白一生的经历，塑造了一个恃才傲物、狂放不羁的诗仙形象。由太白星精到谪仙，以及金龟换酒、大醉草诏、力士脱靴、饮中八仙、乘驴过县、醉中捉月等故事尽现于《唐才子传·李白传》的记述，颇具浪漫传奇色彩。为了凸显"天才"诗人的精神品格，辛文房还在其他诗人的传记中对李白的人品、诗风补充叙述，别有发挥。如《崔颢传》载：

> （崔颢）登黄鹤楼，感慨赋诗。及李白来，曰："眼前有景道不得，崔颢题诗在上头。"无作而去，为哲匠敛手云。

所谓"为哲匠敛手"云云，显出李白谦虚为怀的精神。《杜甫传》则通过李杜合论，对李杜二人及盛唐诗坛状况作总结，有曰：

> 能言者未必能行，能行者未必能言。观李、杜二公，崎岖板荡之际，语语王霸，褒贬得失。忠孝之心，惊动千古；骚雅之妙，双振当时。兼众善于无今，集大成于往作，历世之下，想见风尘。惜乎长辔未骋，奇才并屈，竹帛少色，徒列空言，呜呼哀哉！昔谓杜之典重，李之飘逸，神圣之际，二公造焉。观于海者难为水，游李、杜之门者难为诗，斯言信哉！

辛文房将李白和杜甫并尊，对李、杜二人"忠孝之心，惊动千古"的人品典范，"骚""雅"的诗风，集大成的笔力，"典重""飘逸"的风格，均予以极高的评价，所谓"神圣"，也就是将李、杜之诗视为唐诗的最高典范。辛文房在《唐才子传引》即引述《毛诗序》观点云："夫诗所以动天地，感鬼神，厚人伦，移风俗也。发乎其情，止乎礼义，非苟尚辞而已。"儒家诗教涵摄"风""雅"两

个层面,辛文房亦云:"故古诗之道,各存六义,然终归于正,不离乎雅。"他在具体品评诗人时,也秉持了"风""雅"传统。如评鲍防云:

> 防工于诗,兴思优足,风调严整,凡有感发,以讥切世弊,正国音之宗派也。

评刘叉云:

> 工为歌诗,酷好卢仝、孟郊之体,造语幽寒,议论多出于正。《冰柱》《雪车》二篇,含蓄风刺,出二公之右矣。

又评聂夷中云:

> 性俭,盖奋身草泽,备尝辛楚,卒多伤俗闵时之举,哀稼穑之艰难。适值险阻,进退惟谷,才足而命屯,有志卒爽,含蓄讽刺,亦有谓焉。古乐府尤得体,皆警省之辞,裨补政治,乐而不淫,哀而不伤,正国风之义也。

所谓"含蓄风刺""乐而不淫,哀而不伤"之评,正是儒家温柔敦厚的诗教原则。而"讥切世弊""裨补政治"也是风雅传统的具体体现。

辛文房重视诗人之"才",也相当重视诗人之人品,《曹唐传》云:

> 人云:有德者或无文,有文者或无德;文德兼备,古今所难。《典论》谓:文人相轻,从古而然。各以所长,相轻所短,矛楯之极,则是非锋起,奋始于毫末,祸大于丘山,前后类此多矣。夫以口舌常谈,无益无损,每至丧清德,负良友,承轻薄子之名,乏藏疾匿瑕之量。如此,功业未见其超者矣。君子所慎。

辛文房重视诗人的才、德是否相称，提出品评诗人的重要标准，即"文德兼备"。辛氏恪守儒家诗教，强调"颇干教化"，所谓"观李、杜二公，崎岖板荡之际，语语王霸，褒贬得失，忠孝之心，惊动千古"，强调李、杜"忠心"，李、杜并重，没有抑李扬杜的偏见。较早于辛文房的萧士赟《分类补注李太白诗》中亦有类似评价。如《同王昌龄送族弟襄归桂阳》其一有"余欲罗浮隐，犹怀明主恩。踟躇紫宫恋，孤负沧洲言"句，萧注："细味此诗，非一饭不忘君者乎？议者何厚诬太白之不如杜哉！"[1]又《陪族叔刑部侍郎晔及中书贾舍人至游洞庭五首》其三篇末有"记得长安还欲笑，不知何处是西天"句，萧注："此诗虽游赏之作，然末句隐然有眷顾宗国、系心君主之意。其视前辈所评杜甫之诗一饭不忘君者，夫何慊之有哉！"[2]又《登敬亭北二小山余时客逢崔侍御并登此地》后半云："回鞭指长安，西日落秦关。帝乡三千里，杳在碧云间。"萧注："按白此诗，其亦身在江海，心在魏阙之意乎？食息不忘君，岂特杜甫为然？迄今数百载，未有发明之者，惜哉！"[3]芳村弘道曾指出："萧士赟注释李白的诗，有重新评价李白，与杜甫相抗衡的意图。尤其对《古风》和乐府等李白重要作品，他努力究明寓意，论证李白得到了《诗经》的讽谏之体，并在许多地方说明李白是个忠君爱国、具有深厚的人伦风教的诗人。从儒家传统的文学观出发，杜甫得到人们很高的评价，李白却受到不应有的贬抑。"[4]

除《杜甫传》并尊李、杜外，辛文房于他传中亦多将李、杜并提，如《高适传》云："（适）尝过汴州，与李白、杜甫会。酒酣登吹台，慷慨悲歌，临风怀古，人莫测也。"又《张籍传》评张、王

---

[1] 萧士赟《分类补注李太白诗》卷十七，国家图书馆出版社，2017年，页74。
[2] 萧士赟《分类补注李太白诗》卷二十，页189。
[3] 萧士赟《分类补注李太白诗》卷二十一，页23。
[4] （日）芳村弘道著，詹福瑞译《元版〈分类补注李太白诗〉与萧士赟》，载《河北大学学报》，1993年第2期。

乐府时云:"自李、杜之后,风雅道丧。至元和中,暨元、白歌诗,为海内宗匠,谓之'元和体',病格稍振,无愧洪河砥柱也。"辛文房李、杜并尊的诗学思想,是元代诗学批评家的共通倾向。元人推崇唐诗,其中又以盛唐为代表,盛唐又以李、杜为代表。苏天爵《西林李先生诗集序》云:"夫自汉魏以降,言诗者莫盛于唐,方其盛时,李、杜擅其宗,其它则韦、柳之冲和,元、白之平易,温、李之新,郊、岛之苦,亦各能自名其家,卓然一代文人之制作矣。"①《诗法源流》评述唐诗时最推李、杜,有"法度既立,则熟读《三百篇》,而变化以李、杜,然后旁及诸家,而诗学成矣"之语。②《吟法玄微》评论唐诗比《诗法源流》更为简明:"唐之盛,称李、杜二家。……晚唐则皆纤巧浮薄,而不足观矣。……诗至唐而盛,而莫盛于盛唐。李、杜则又其盛也。"③一再强调诗至唐而盛,唐诗又以盛唐为盛,李、杜则又是盛唐之盛。

就有唐一代各个时期的诗人成就而言,辛文房在具体评价中标举盛唐,其次是大历、元和以下,最次是晚唐。《唐才子传·周繇传》云:

> 尝谓禅家者流,论有大小乘,有邪正法;要能具正法眼,方为第一义,出有无间。若声闻、辟支、四果,已非正也,况又堕野狐外道鬼窟中乎!言诗亦然。宗派或殊,风义必合。品则有神妙,体则有古今,才则有圣凡,时则有取舍。自魏晋以降,递至盛唐,大历、元和以下,逮晚年,考其时变,商其格制,其邪正了然在目,不能隐也。

辛文房在对其他盛唐时期的诗人进行评论时,也都采取了正面

---

① 李修生《全元文》卷一千二百五十二,凤凰出版社,2004年,第40册,页52。
② 张健《元代诗法校考》,北京大学出版社,2001年,页244。
③ 张健《元代诗法校考》,页265—266。

而积极的肯定态度,如论崔颢曰:"少年为诗,意浮艳,多陷轻薄,晚节忽变常体,风骨凛然,一窥塞垣,状极戎旅,奇造往往并驱江、鲍。"论刘眘虚曰:"为诗情幽兴远,思雅词奇,忽有所得,便惊众听。"论储光羲曰:"工诗,格高调逸,趣远情深,削尽常言,挟风雅之道,养浩然之气。览者犹聆《韶》《濩》音,先洗桑濮耳,庶几乎赏音也。"论王昌龄曰:"自元嘉以还,四百年之内,曹、刘、陆、谢,风骨顿尽。逮储光羲、王昌龄,颇从厥迹。两贤气同而体别也,王稍声峻,奇句俊格,惊耳骇目。"论常建曰:"建属思既精,词亦警绝,似初发通庄,却寻野径,百里之外,方归大道。旨远兴僻,能论意表,可谓一唱而三叹矣。"论孟浩然曰:"其诗文采丰茸,经纬绵密,半遵雅调,全削凡近。"由上所举对盛唐诗人的评述,可见辛文房对盛唐诗人备极赞誉。对盛唐诗人的整体成就评价如此之高,体现了辛文房将盛唐诗作为唐诗顶峰的基本判断,在他看来李白又是盛唐诗人中的翘楚,是顶峰上的顶峰。而这一思想又是通过传记形式体现出来,具有独特的批评价值。

综上分析,《唐才子传·李白传》寓文学批评于诗人传记之中,将传记与评论相结合,对诗人的品评往往能紧扣诗人生平事迹与诗歌特色,以简洁秀润之笔书写,要言不繁,深中肯綮;传文通过选择、增删、改易、整合等方式进行书写,其所述虽常取自前人旧评,但与元代诗学语境紧密相关,是辛文房诗学思想的具体体现。

(原载《中国李白研究》2015年集)

试说石涛的"一画之法"与"先天后天之法"

◎ 徐可超

石涛的画作，世人莫不叹服其神妙。至于何以如此神妙之法，石涛也并非秘不示人，自著《画语录》以概说其要领。然而，《画语录》似乎颇涉玄远隐微，令人莫测其奥义，历来对之"真是仁者见仁，智者见智，越说越糊涂"①。既然众说纷纭，而难得糊涂，我就也想以己之浅见，妄置一喙，恐怕也只能再徒增一些糊涂罢了。

一 "庖羲一画"

《画语录》之所以难懂，难就难在其中所谓"一画之法"。明白了何谓"一画"，通篇《画语录》的大义便基本上可以轻轻松松地弄明白了。而要明白何谓"一画之法"，应该先弄明白"一画"的

---

① 吴冠中《我读画语录》，荣宝斋出版社，1996 年，页 2。

出典；不知其典之所由出，实为"越说越糊涂"的原因。我以为，石涛所谓"一画"最有可能不是个共名，而是个专名，即其义绝非"一点一画"的"一画"，却是"庖羲一画"。"庖羲一画"的出典，远可溯源于《易传》：

> 古者包牺氏之王天下也，仰则观象于天，俯则观法于地，观鸟兽之文与地之宜，近取诸身，远取诸物，于是始作八卦，以通神明之德，以类万物之情。（《系辞下》）

包牺（庖羲、伏羲）"始作八卦"，在古时被看成"人文"的开创、肇始，如梁代萧统在《文选序》中所说：

> 冬穴夏巢之时，茹毛饮血之世，世质民淳，斯文未作。逮乎伏羲氏之王天下也，始画八卦，造书契，以代结绳之政，由是文籍生焉。

南宋陆游《读易》诗也戏称："揖逊干戈两不知，巢居穴处各熙熙。无端凿破乾坤秘，祸始羲皇一画时。"而石涛《画语录》开宗明义：

> 太古无法，太朴不散，太朴一散而法立矣。法于何立，立于一画。（《一画》）

这里的"太古无法，太朴不散"，讲的应该是"冬穴夏巢之时，茹毛饮血之世，世质民淳，斯文未作"，那么所谓"一画"，讲的应该就是"羲皇一画"，而所谓"法"，讲的应该就是"八卦"或称"人文"之法，并非"天地"或称"自然"之法。

在清代之前，人们对"天文"与"人文"、自然之法与人文之法还没能区分开来，而总是混淆为一。也就是说，那时人们从"天人合一"的观念出发，认为人文与天地万物之文都是因"道"而块然并生，其法一也。比如，南北朝时宗炳说："今张绡素以远映，则昆阆之形，可围于方寸之内。竖划三寸，当千仞之高；横墨数尺，体百里之迥。是以观图画者，徒患类之不巧，不以制小而累其似，此自然之势。"(《画山水序》）他把画中山水只看成画外山水的具体而微者，作为画外山水的替代品可卧游于其中，典型代表了清代之前的那种观念。到了清代，开始有人对自然与人文稍作区分，如明末清初经学家刁包在《易酌·序》中说：

> "易"何昉乎？自庖羲一画始也……夫画前之易，生天生地生人者也，举天地不能出其范围，而易于是乎见矣。学画前之易，即心见易；学画后之易，即易见心，故曰：易，心画也。由一画而加之，至三百八十有四爻，易变易妙。有权衡，故用酌，或仰酌诸天，或俯酌诸地，或中酌诸人，变化生心，万理具备，聊以待夫神而明之者而未一遇也。

刁包区分开了"画前之易"与"画后之易"，也就区分开了"太极"与"一画"，从而认识到人文除了师法自然而外，作为"心画"，又另自有一套"由一画而加之，至三百八十有四爻，易变易妙"的权衡、规矩、法式。刁包和石涛一样，都是由明入清的遗民，而年长石涛三四十岁，因此石涛提出"一画"之说，很有可能受到刁包《易酌》的启发，而其"夫画者，从于心者也"(《画语录·一画》）之说，也与刁包"易，心画也"之说是相通的。但石涛的观点不单从画理而且从哲理的角度来看，又要比刁包深入精微得多，所以石涛称"一画之法，乃自我立"(《画语录·一画》），这绝非自夸——他在中国画学史上确实具有一种不可否认的开创之功。

二 "一画之法"

这种开创之功，首先在于石涛不但认识到自然与人文、自然之法与人文之法的联系，也注意到它们之间的区别，而特别加以标示和阐发。对于石涛的"一画",有人认为当出于《老子》中的"道生一,一生二,二生三,三生万物"(四十二章),有人认为当来自《易传·系辞上》中的"太极"即"太一"。出于《老子》也好,来自《系辞上》也罢,"一画"都被抽象地解释为天地阴阳混沌未分时的元气——用现代的哲学术语来说,就是宇宙的本体性与规律性。元气化生天地万物,那么画家体认、参悟到元气的化生之理,笔下自然就会化生不已。这种观点的不当之处,就是和石涛之前的古人一样,没有认识到"太一"与"一画"、自然与人文以及它们各自的化生之理是存在着区别的。恰如伏羲以"一画"类"太一",然而这"一画"绝非和"太一"一个模样;乾、坤、巽、震、坎、离、艮、兑八个符号代表天、地、风、雷、水、火、山、泽,然而这八个符号也绝非和天、地、风、雷、水、火、山、泽一个模样;伏羲以八卦的生成变化,象征天地万物的生成变化,然而八卦又自有一种其内在的生成变化之法,绝非天地万物的生成变化之法。换言之,八卦尚有其自身的"义素"——最基本的是阴阳二爻——与"义素"之间搭配组合的规则。为了说得再浅近些,我们拿象棋为喻,象棋象两国交兵,其交战之法通于两国交兵,但"马走日"、"象飞田"等一套规则是其自身内部的,两国交兵肯定不能采取这套规则。同理,任何人文体系都具有其自身内部的因而不同于自然的一些"义素"与"义素"之间由简而繁、搭配组合、生成变化、易变易妙的规则。绘画作为一种人文,传写世间万象,发抒人之情性,但也不能直取世间万象与情性发抒之法,还需遵照和创造绘画本身之法。

从其语源来看,石涛的"一画"既脱胎于"庖羲一画",就不能是指宇宙自然的本体性与规律性,而是指与宇宙的本体性与规律性既有联系又有区别的艺术的本体性与规律性。石涛说:"一画者,众有之本,万象之根,见用于神,藏用于人,而世人不知。……夫画者，从于心者也。山川人物之秀错，鸟兽草木之性情，池榭楼台之矩度，未能深入其理，曲尽其态，终未得一画之洪规也。"（《画语录·一画》）其中的众有万象及其秀错、性情、矩度，都不是画外之物，而是画内之象，在属性上与画外之物全然不同，虽由"仰则观象于天，俯则观法于地"而得，又为人的心灵创生的精神之物。它们所构成的世界，实属于天地之外别开的一方虚构的世界，一方灵奇的世界，一方艺术的世界。不明了这个艺术世界以及其中万有众生的真正属性，也就无法深入其理而曲尽其态，并使之化生不已，创造不息。

画家吴冠中说：

> 石涛这个十七世纪的中国和尚感悟到绘画诞生于个人的感受，必须根据个人独特的感受创造相适应的画法。这法，他名之为"一画之法"，强调个性抒发，珍视自己的须眉。毫不牵强附会，他提出了二十世纪西方表现主义的宣言。我尊奉石涛为中国现代艺术之父，他的艺术创造比赛尚早两个世纪。[①]

把"一画之法"比作"表现主义的宣言"，而把石涛奉为"中国现代艺术之父"，这确实独具慧眼也毫不牵强。但仅是把这一提法的立足点落在"强调个性抒发"上，似乎还不够周全也不够准确，因为"强调个性抒发"无论是在"一画之法"还是在"表现主义"之前，都早已被中外许多艺术家所标持、高扬，所以我想对吴冠中的提法稍作一点补充：

或许可以这样说，石涛"一画之法"所包含的同样道理，在西方要等到二十世纪初结构主义语言学诞生之后才被人注意。在结构主义语言学诞生之前，西方语言学一直认为，语言是对外部世界的

[①] 吴冠中《我读画语录》，页22。

一个模拟、命名的过程，语言中的诸多要素是和外部世界中的事物一一对应的，词语的意义也是由外部世界中的事物所赋予的。因此，语言内部的结构（词语和词语之间的关系）和它所指称的外部世界是一致的。换句话说，语言本身并不具备独自的内部结构。比如"山川""人物""鸟兽""草木""池榭""楼台"这些词语之间的关系，与它们所指的自然界中事物之间的关系是一样的。而结构主义语言学则认为，语言具有其自身的内部结构，也就是语言自成一个体系。在这个体系中，各个语素按照语法组织起来（能指）生成意义（所指）。这个意义不是直接相关于外部世界中的事物，而是直接相关于人的概念、观念世界。结构主义语言学这一观点的提出，不仅改变了语言学的历史进程，也引发了语言之外包括艺术在内的各个文化领域的一场观念的革命。这场革命，促使西方艺术由单纯地崇尚自然——这个"自然"分为外在的和内在的两个方面，人本身的感受、情感是内在的自然，所以"强调个性抒发"也是崇尚自然的一种表征——转变为更加关注艺术自身的本体性与自律性，及其内部形式规律的探索，从而使西方现代艺术的发展获得了新的路径，并呈现出新的风貌。其实，西方"现代主义"艺术观念对于"古典主义"艺术观念的巨大变革，并不在于以"表现"代替了"摹仿"，因为"摹仿"的观念是要求艺术把人所感受、理解的世界表现出来，而"表现"的观念是要求艺术把人对世界的感受、理解摹仿出来，所以从根本上说，"摹仿"与"表现"是一致的。由此来看，"现代主义"艺术观念的真正的革命性，就在于其对艺术之"本体"的发现与自觉。与西方现代艺术观念与实践的这一历史发展状况相比较，尤可看出石涛"一画之法"的开创之功。确实，从石涛开始，中国画的画法、画风、画境得到了一种新的解放，出现了一种新的变化，显示出这个貌似玄远隐微的"一画之法"对于艺术实践所具有的特殊指导意义。

三　"先天后天之法"

"一画之法"的实践意义，首先在于它破除了以往的"法障"，这个"法障"就是把"先天之法"与"后天之法"混而为一，未加区别。石涛称"吾道一以贯之"（《画语录·一画》），其《画语录》也以"一画之法"贯通各章。与他章相比，第一章《一画》还仅可看作对"一画之法"的一篇赞辞，而深入阐发"一画之法"的含藏与妙用，其实是从第二章《了法》才真正开始的。在《了法》中石涛说：

> 规矩者，方圆之极则也；天地者，规矩之运行也。世知有规矩，而不知夫乾旋坤转之义。此天地之缚人于法，人之役法于蒙，虽攘先天后天之法，终不得其理之所存。所以有是法不能了者，反为法障之也。古今法障不了，由一画之理不明。一画明，则障不在目而画可从心。

我以为，要弄懂这段语录的大意，关键就在于分清何谓"先天后天之法"以及认明二法之间的关系。所谓"先天之法"，就是使天地之所以方圆而运行的"规矩"，也就是自然之道。而人禀受于天，应物斯感，抒发情性，在古人看来也莫非自然，同属"先天之法"。这种"先天之法"是在人存在之先就已经存在的，而在"天人揖别"之先不能被人所认识、把握，其原因就在于当时天人合一，同于大化，处于混蒙未开的原始状态，尚未创设自身的"后天之法"。人必须凭借自身创设的"后天之法"——也就是各种人文之道，其始为"庖羲一画"——才能"无端凿破乾坤秘"。人创设了"后天之法"，却不知"后天之法"为何物，而仍旧把它与"先天之法"扰攘不分，甚而把"先天后天之法"统统攘弃，以追崇某种天人合

一、同于大化的所谓"境界",这样也就不能理解、掌握和运用"后天之法",以凿破、窥探并呈现"先天之法"。因此不但要继续为"先天之法"所束缚,而且要再次为"后天之法"所蒙蔽,处于一种不自由的状态,其实也根本不会达到天人合一、同于大化的所谓"境界",这就是石涛所谓的"法障"。

举例来说,唐代画家张璪提出"外师造化,中得心源",这是千古不刊之宏论。其中的"造化""心源"同属于"自然之道""先天之法",都是绘画必须谨遵之法理。然则"天地有大美而不言,四时有明法而不议,万物有成理而不说"(《庄子·知北游》),既如此"造化"又如何可师?而"心猿不定,意马四驰"(汉魏伯阳《参同契》注),既如此"心源"又如何可得?所以说,要真正做到"外师造化,中得心源",还必须另外再具备一套师法与得法,而这套师法与得法就是石涛提出的"一画之法""后天之法"。画家如不明了"一画之法",那么"外师造化"却往往成了造化的徒役,"中得心源"就容易做了心猿的随从。因此,"外师造化,中得心源"这一千古不刊之宏论,便有可能沦为一句束缚人的教条,一个蒙蔽人的法障。前人已知"外师造化,中得心源"一法,却不知如何才能达成此法之法。或者更恰当地说,以往但凡卓越的画家,不能不运用此法;不运用此法,就不能成为卓越的画家。但这种运用还是无意识的、不自觉的,未能明白说出道理,直到石涛才一语道破天机,把"外师造化,中得心源"的艺术观念又提高了一个层次,使无意识成为意识,不自觉成为自觉。这一艺术的自觉,无疑会破除过去艺术领域中形成的种种教条、迷信,从而推动艺术活动的发展进步。

"一画之法",抽象地说是艺术的本体性与规律性,具体地说就是绘画中的"笔墨"。正如石涛所说:"夫画者,形天地万物者也,舍笔墨其何以形之哉!"(《画语录·了法》)古人说话,常用借代,这里是用"笔墨"代指绘画艺术的形式与技法。对于形式与技法，石涛又论道：

    墨受于天，浓淡枯润随之，笔操于人，勾皴烘染随之。（《画语录·了法》）

这里采取了"互文见义"的句法，好比《木兰辞》"东市买骏马，西市买鞍鞯，南市买辔头，北市买长鞭"一句，意思是说在四周各市买了骏马诸物，《了法》该句意思是说：笔墨受于天而操于人。天地万物有阴晴寒暑之风貌，作为"形天地万物者"的绘画，就要以浓淡枯润等形式随之，这是说笔墨受于天；而要以浓淡枯润等形式随阴晴寒暑之风貌，又要以勾皴烘染等技法随之，这是说笔墨操于人。因为绘画的形式、技法是人操以"形天地万物"的唯一途径，所以石涛对之非常重视，《画语录》的许多章节文字也都是在探讨这一"后天之法"如何习练、运用、借鉴、开新、提高与丰富。从其艺术实践来看，"石涛是四僧中画路最宽、风格最广的一位，因而其成就也最大。石涛作山水，通常用吸水性较强的生纸，再用湿笔，有时甚至将纸用水打湿后再画，以此来表现云霭苍茫的意境。他的山石做法，从大斧劈和长披麻演化而成，着笔虽较多，但脉络清晰，来去交待十分明确，笔法刚柔相济"。[①]可见石涛画作之所以神妙，与其笔墨之法的醇熟、变化、创新、丰富有着直接的关系。

  在中国画尤其是文人画的领域里，很有些人出于对庄、禅思想的误解，鄙视笔墨之法，认为这只是"器"而非"道"，空泛地主张"无法之法""妙在笔墨之外"，乃至于未"得鱼"时先已"忘筌"，未"得兔"时先已"忘蹄"，以此远慕"造化之工"。对此，石涛非常深刻地指出："古之人未尝不以法为也，无法则于世无限

[①] 潘公凯等《插图本中国绘画史》，上海古籍出版社，2001年，页418。

焉。"确实，笔墨之法作为"后天之法"，如不运用得法，从心应手，就会限制、束缚人的天性与自由，使之不能巧夺天工。而没有了法，也就没有了这种限制、束缚。比如儿童画画，一派天真，无师无法，无拘无束，自然有一番天趣，而加之以师法约束，这番天趣便失掉了。但是，儿童画虽存天趣，其内涵与表现力毕竟是十分有限的，所以"无法"给人带来的"无限"，辩证地看又是一种"有限"。苏轼有言："论画以形似，见与儿童邻"（《书鄢陵王主簿所画折枝二首》其一），而那种纯任天然、"不以法为"的观点，其实也同样是"见与儿童邻"，是个"法障"，并不是"法"。石涛认为，不能因为笔墨之法具有有限性便弃之不用，而要突破这种有限性，非得在笔墨之法上淬炼研磨、拓展更新不行，只有这样才能由有限而至于无限，从拘执而达到自由，以夺天工之巧。所以他说：

是一画者，非无限而限之也，非有法而限之也。法无障，障无法。法自画生，障自画退。法障不参，而乾旋坤转之义得矣，画道彰矣，一画了矣！（《画语录·了法》）

四 "搜尽奇峰打草稿"

石涛在其《画语录》中着力标持、探究"一画"、"笔墨"即"后天之法"，但这不仅不能表明他否认了"先天之法"的重要，反而可以表明他对"先天之法"的特殊重视，因为在他看来：

夫画，天下变通之大法也，山川形势之精英也，古今造物之陶冶也，阴阳气度之流行也，借笔墨以写天地万物而陶泳乎我也。（《画语录·变化》）

"天地万物而陶泳乎我"，即天人、物我相感相生，这是自然之道、"先天之法"。笔墨无论如何重要，相对于"先天之法"来说，也不过是借以表现、达至目的的"器""具"。所以在石涛看来，唯恃"后天之法"，而荒弃"先天之法"，仍然未得绘画艺术的真味。这个道理在《尊受》章中论说得更为深刻：

  受与识，先受而后识也。识然后受，非受也。古今至明之士，借其识而发其所受，知其受而发其所识。

这里所谓"受"是指人禀受于天的"先天之法"，而"识"是对"先天之法"的进一步认识，以及反映与表现的方法，属于"后天之法"。人必须借"后天之法"才能参悟并呈现"先天之法"，而在参悟并呈现的过程中，又必须确认"先天之法"的第一性与"后天之法"的第二性。非如此，则不能遵循、随顺"先天之法"，以权衡、变化"后天之法"，反而要被"后天之法"所拘限，"不过一事之能，其小识小受也"。因此石涛提出的"尊受"，就是确立"先天之法"的第一性原则，此为"一画之法"中的又一妙义：

  夫受，画者必尊而守之，强而用之，无间于外，无息于内。《易》曰："天行健，君子以自强不息。"此乃所以尊受之也。（《画语录·尊受》）

只有"尊受"，才能促使艺术家在绘画实践中勤力于"外师造化，中得心源"，并不断摸索、探究如何"外师造化，中得心源"的方法，从而使"后天之法"与"先天之法"相合为一，达至化境。

  石涛特长于山水画，所以他从自己山水画创作经验出发现身说法，最能阐明"尊受"与"笔墨"如何统一的要旨。在《山川》章中，他说：

  得乾坤之理者，山川之质也。得笔墨之法者，山川之饰也。知其饰而非理，其理危矣。知其质而非法，其法微矣。是

> 故古人知其微危，必获于一，一有不明则万物障，一无不明则万物齐。画之理，笔之法，不过天地之质与饰也。

"山川"是绘画表现的对象和内容，要画好"山川"，首先必须认识、把握其作为自然物之中所包蕴的"乾坤之理"，即其规律性，然后才能运用"笔墨之法"予以表现。"乾坤之理"与"笔墨之法"的关系是"质"与"饰"的关系，如孔子所说："绘事后素"（《论语·八佾》）——"绘事"（饰）是在"素"（质）之后，所以"质"与"饰"的关系其实是一种先与后的关系。这种先与后的关系并非一种孰重孰轻、非此即彼的关系，而是一种先后相随、缺一不可的关系。只有以"后天之法"随"先天之法"，才能达到心手合一、物我相齐的审美高度。

绘事不是"质"，而是"饰"，是"文"，即一种审美艺术活动。审美与艺术既不是主观的，也不是客观的，而是主观与客观的统一，"一画之法"正包含着这一审美与艺术的基本规律、原则。在画家的审美与艺术活动中，首先离不开对客观自然对象的观照，然而这种观照绝非一种单纯物理性的观照，所以石涛说："且山水之大，广土千里，结云万里，罗峰列嶂，以一管窥之，即飞仙恐不能周旋也。以一画测之，即可参天地之化育也。"（《画语录·山川》）如果把自身与对象分裂开来，对立起来，而从自身的管见来外在地观察对象，对象就不能成为审美与艺术的对象，而画家也就不能发现并把握对象中潜在的审美与艺术因素。因此必须按照"一画"这一审美与艺术的态度和方法，投身于对象当中内在地体验对象，才能发现并把握对象中潜在的审美与艺术因素及其生成变化的规则。

石涛一生山水画创作都可谓在实践着"一画之法"，而又分为"山川脱胎于予"和"予脱胎于山川"先后两个阶段：

> 天有是权，能变山川之精灵；地有是衡，能运山川之气

脉;我有是一画,能贯山川之形神。此予五十年前,未脱胎于山川也,亦非糟粕其山川而使山川自私也。山川使予代山川而言也,山川脱胎于予也。予脱胎于山川也,搜尽奇峰打草稿也。山川与予神遇而迹化也,所以终归之于大涤也。(《画语录·山川》)

画家早年,"未脱胎于山川也",当然处身于山川当中,与山川为一体。这时画家也并不是把山川当作徒具"形"而没有"神"的"糟粕",使山川与自身分离因而在自身之外私藏其形神。因此,画家能够深切体验到山川形神之丰美,而不吐不快,好似"山川使予代山川而言也"。于是画家操笔运墨,山川的形神便由笔墨传写出来,好似"山川脱胎于予也"。经过如此这般审美艺术活动,多年之后"山川与予神遇而迹化",物我的界限便涤除一空。如果说在前一阶段,画家的创作还是"以形写神",那么这一阶段便是"以神驭形",即"搜尽奇峰打草稿也"——以往对于这句名言,人们更多重视其中的"搜尽奇峰"四字,而"打草稿"三字却未获深解,我觉得其实后三字才是该句的关键、精要所在。"打草稿"说明画家"搜尽奇峰"之所得,仅是他定稿之前的素材,画家需要驾驭这些素材以传写山川之形神。画家"搜尽奇峰",却并不按照奇峰本来的样子来描绘,而是按照艺术本身的规律、原则,对之重新组织、安排、结构。这样传写出的形神,就不只是山川的形神,同时也是画家自己的形神。也就是说,画家通过传写山川的形神而传写出自己的形神,好似"予脱胎于山川也"。当"山川脱胎于予"之时,画家与山川主客一体,但对这一关系,画家还不够自觉,所以是"山川使予代山川而言"。到"予脱胎于山川"之时,画家对于自身与山川的统一关系已经完全自觉。这种自觉,使得画家的艺术创作进入了更为自由的状态,也达到了更为高妙的境界。

《画语录》的一些现代标点本,在"山川脱胎于予也"和"予脱胎于山川也"之间用","号标点,而在"予脱胎于山川也"与"搜尽奇峰打草稿也"之间用"。"号点断,使"山川使予代山川而言也,山川脱胎于予也,予脱胎于山川也"为一句,而"搜尽奇峰打草稿也"自成一句。这样标点恐怕不合文法,而影响了句义的明畅,让人难于理解。一句语义不明,也会使得《画语录》许多章节乃至整部都让人难于理解。比如俞剑华先生说过:"古今学术书籍,故意用艰深文字以炫耀博学而实掩盖浅陋的著作,为数甚多。可惜石涛也犯了这个毛病,不是在讲画法,而是在做文章;不是在做文章,而是在耍笔头;不是在耍笔头而是在变戏法。原意本想用这种方法增加著作的价值,但结果却大大减少了著作的价值。有很多人想读'画语录',但都打不破文字这一关,不是半途而废,就是束之高阁。假使石涛能用普俗易懂的文字,深入浅出,说明高深的道理,使人易学易知,我想它在艺术界的地位和影响,一定比现在大得多。"[①]而我觉得,其实《画语录》绝非以艰深文浅陋,却正是用古人通俗易懂的文字深入浅出地说明高深的道理。它之所以让今人难于理解,关键在于今人在对它的标点、注释还远不够精严,存在许多的问题。由此深感在古代画论、画史的研究中,首先必须打破文字这一关。而要打破文字这一关,决不可希求古人用今人易晓的文字来书写,只能通过今人自己的努力,去完成通晓古人文字这项非常枯燥且艰辛的工作。因此文献的整理、校点、训释、考证等基础工作,在古代画论、画史研究中至为重要,缺之不可。如果不做好这项基础工作,就难免要以今人自以为是的某些抽象哲理去强解古人,甚而把自己之不通妄加到古人头上,以之为古人之不通。这样,古人苦心得来的道理,便不能为今人心领神会。而做好做足基础的文献工作,古代画论、画史研究中的许多难点、疑点自然就会迎刃而解。

[①] 俞剑华《石涛画语录研究》,《石涛画语录》,人民美术出版社,1962年,页105。

论纪昀对《文心雕龙》的接受

◎ 徐美秋

纪昀（1724—1805）以学问文章著称于乾嘉时期，在文学批评上也成就斐然，既有理论批评，也有大量的具体评点，可谓深入细致。纪昀评阅《文心雕龙》时正是他诗文评点的高峰期。乾隆三十六年（1771）夏天，纪昀刚从谪戍地乌鲁木齐回到京师待命，闲居多暇，于是校阅点评前人诗文，并整理旧稿，成果丰硕：点勘《唐诗鼓吹笺注》并过录赵执信评语，评阅韩偓《翰林集》和《香奁集》，两次批校《玉台新咏》，校阅《文心雕龙》，整理并完成《纪评苏文忠公诗集》和《瀛奎律髓刊误》。此后一年多，纪昀又三次批校《玉台》，完成《玉台新咏校正》，不久便进入四库全书馆转向考证，直到乾隆六十年，又有试律诗《我法集》的创作与评论。

刘勰《文心雕龙》既是纪昀的评点对象，也常是其批评立论的依据。纪昀对《文心雕龙》的接受，包括了评点阐释和引申应用两个方面，在中国文学批评史上有着重要意义。前者，主要是阐发《文心》救时弊、标自然的主旨，从中提炼普遍的文法、总结常见文病，还有不少批驳、存疑的意见等，对此学界已有较清晰的论述,①本文只就有学者提出的纪评《文心》的"浮躁"心态略作辨析。后者,主要见于其《玉台》批校、《四库全书总目提要》(以下简称《四库提要》)以及《我法集》等,相关研究寥寥无几,目前惟见汪春泓一文曾论及《四库提要》对《文心雕龙》的引用,故本文主要从《玉台新咏校正》和《我法集》中考察、阐述纪昀对《文心雕龙》的接受,进而分析他对《文心雕龙》的创造性阐发。

一 纪昀评点《文心雕龙》的心态辨析

纪昀评阅黄叔琳《文心雕龙辑注》共有评语近三百则,其中理论批评近两百二十则,字词校勘四十六处,此外还有注释考正二十四则。②纪氏对黄注的考正主要集中在前七篇(共二十则),此外仅《诠赋》《史传》《论说》和《声律》各一则,未免给人一种"有始无终"的感觉。有学者由此敏感体察到纪氏当时"心浮气躁"的心

---

① 如汪春泓《关于纪昀的〈文心雕龙〉批评及其文学思想之研究》,《北京大学学报(哲学社会科学版)》,2001 年第 5 期;沙先一《论纪昀的〈文心雕龙〉研究》,《徐州师范大学学报(哲学社会科学版)》,2002 年第 3 期;陶原珂《〈纪晓岚评注文心雕龙〉之文体观》,《中州学刊》,2006 年第 2 期;李婧《论纪昀对〈文心雕龙〉文体论的评点》,《盐城师范学院学报(人文社会科学版)》,2010 年第 3 期;何颖《〈文心雕龙〉纪评中的创作论研究》,内蒙古师范大学硕士论文,2004 年;黄霖《中国古代文学批评史学论略》(代前言),黄霖《文心雕龙汇评》,上海古籍出版社,2005 年。另有台湾学者的成果(感谢肇庆学院张志帆老师提供资料),如温光华《文心雕龙黄注纪评研究》,台湾师范大学硕士论文,1997 年;王怡云《论纪昀评点文心雕龙——以神思、体性、通变篇为例》,《清华中文学报》第 6 期,2011 年;方元珍《纪评〈文心雕龙·诸子〉平议》,《空大人文学报》第 24 期,2015 年;王鹏凯《纪晓岚评注〈文心雕龙〉琐议》,《东海大学图书馆馆刊》第 22 期,2017 年,等等。
② 理论批评据黄霖《文心雕龙汇评》统计,因《汇评》一般不录校注文字,字词校勘和注释考正另据戊午成都励志勉学讲社重校刊本《纪评文心雕龙》统计。

态,并归因于"等待政治命运转机之时"。①这个论断似乎合情合理,然考察纪昀一生的学术偏好和当时的研究重心,我们发现事实并非如此。首先从学术偏好来看,纪氏晚年自叙"昀于文章,喜词赋;于学问,喜汉唐训诂",②又说:"三十以前,讲考证之学,所坐之处,典籍环绕如獭祭。三十以后,以文章与天下相驰骤,抽黄对白,恒彻夜构思。五十以后,领修秘籍,复折而讲考证。"③纪昀一生偏爱诗歌,又擅于训诂考证,早年的《沈氏四声考》《张为主客图》已体现出两者的结合;后来《玉台新咏校正》的校勘考辨部分(即《玉台新咏考异》)则将"考据学"从经史小学扩展到集部上,开拓了"乾嘉朴学"的阵地;再到主持编撰《四库提要》及其后续校正,又浸淫考证二十年。可见,考证校勘虽难免"枯燥乏味",纪昀却乐此不疲。其次从当时的研究重心来看,乾隆三十六年七月到三十八年三月入四库馆之前,纪昀的研究重心是《玉台新咏》;不到两年的时间里,共批校五次,最集中最长的一次是从三十六年十月到次年二月,"丹黄矻矻,盖四阅月,乃粗定",④"矻矻"二字言其勤劳不懈也;而于《文心》却只评了一遍,可能只用了四天。⑤如果说纪评《文心》是因等待政治转机而"心浮气躁"

---

① 汪春泓《关于纪昀的〈文心雕龙〉批评及其文学思想之研究》:"据此也可以体察纪氏当时的学术心态,于全书侧重义理的阐发批评,犹如行草,畅快淋漓,凭借腹笥,尽可下笔千言,倒是医治心理失衡之良药;而斟酌黄氏注释,则如一笔不苟之正书,有点不关性情枯燥乏味,在等待政治命运转机之时,纪氏难免心浮气躁,所以不耐坚持完成。"(《北京大学学报(哲学社会科学版)》,2001年第5期)
② 纪昀《怡轩老人传》,孙致中等校点《纪晓岚文集》第一册,河北教育出版社,1995年,页324。
③ 纪昀《姑妄听之序》,《阅微草堂笔记》,上海古籍出版社,2001年,页313。
④ 纪昀《玉台新咏校正序》,纪昀《玉台新咏校正》(稿本),国家图书馆藏。
⑤ 纪昀朱墨批解《玉台》书末校记:"乾隆辛卯七月二十八日阅毕。晓岚记。""八月初二日又覆阅毕。钞本讹脱甚多,暇当检诸书详校之。晓岚又记。"(王文焘过录本,上海图书馆藏)纪评《文心》书末:"乾隆辛卯八月初六日阅毕。"(道光十三年两广节署刊板黄注纪评《文心雕龙》,转引自孙致中等校点《纪晓岚文集》第三册之《纪晓岚年谱》,页344)

以至于在注释部分"有始无终",那么两个月后当他再入翰林时,完全可以继续校阅,就像他于《瀛奎律髓》十年间评阅六七次,于苏轼诗集五年间批阅五次;①然而纪昀把这份心力用在了《玉台新咏》,而非《文心雕龙》。相较于《律髓》、苏诗和《玉台》三者,《文心》评点显得比较"轻松率意"(因此给人一种"浮躁"的错解),不够"用力"。这一方面固然是因为纪氏因积累深厚、识见高超而能举重若轻,另一方面也与他的学术取向有关。在论文专著《文心雕龙》与艳情诗集《玉台新咏》之间,喜爱诗歌和汉唐训诂的纪昀显然更倾心于后者。因此,纪评《文心》表现出来的"率意"心态,与其说是政治性的,不如说是学术性的、心性的。

相对于纪昀诸多诗歌评点而言,其评《文心》似不够"用力",却具有同样重要的学术价值。当时就有不少内容采用于《四库提要》②,现当代"龙学"专家如黄侃、范文澜、刘永济、周振甫、詹锳等人也很看重纪评,曾大量引证、辨析,推进了《文心》的研究。在《文心》评点史上,纪昀或许不是"用力最勤",但无疑"成就最大"。③

---

① 李光垣《瀛奎律髓刊误跋》:"盖师于是书,自乾隆辛巳至辛卯评阅至六七次。"(李庆甲《瀛奎律髓汇评》附录(一),上海古籍出版社,2005年,页1830)纪昀《纪评苏文忠公诗集序》:"予点论是集始于丙戌之五月……盖至是凡五阅矣。乾隆辛卯八月,晓岚记。"(《纪评苏诗》,粤东省城翰墨园藏板,同治八年刻本,复旦大学图书馆藏)
② 如卷一百九十五刘勰《文心雕龙》和黄叔琳《文心雕龙辑注》两篇提要的主体部分即出自纪评。《集部·楚辞类小序》之辨《楚辞》"《九歌》以下,均袭《骚》名,则非事实矣",亦由《辨骚》篇纪评"《离骚》乃《楚辞》之一篇,统名《楚辞》为《骚》,相沿之误也"扩展而来。卷一百四十八之明代康万民《璇玑图诗读法》提要"刘勰《文心雕龙》称'回文所兴,道原为始',则齐、梁之际,尚未见其图。此图及唐则天皇后序,均莫知所从来。……则唐初实有是图"云云,与纪评《明诗》篇黄注曰"璇玑图至唐始显,武后之序可证,不得执以驳前人",表达了同样的观点和态度。
③ 黄霖《中国古代文学批评史学论略》(代前言):"在《文心雕龙》的评点史上,用力最勤,成就最大的无疑是纪昀。"黄霖《文心雕龙汇评》,前言页35。

二 从《玉台新咏校正》看纪昀对
《文心雕龙》的接受

　　纪昀称赞刘勰"妙解文理",[①]也重视《文心》的文献价值,常应用于诗文等批评研究中,检《四库提要》即可知。如卷一百四十八《扬子云集》提要考辨扬雄的箴文时即引"刘勰《文心雕龙》称'《卿尹》《州牧》二十五篇'"为证。纪评《文心》前后正值他用心于批校《玉台》,对比较早的朱墨批解本与最终的《玉台新咏校正》,引用《文心》从一处增至五处,可见他对《文心》的接受逐渐深入。

　　《四库提要·诗文评类小序》概括《文心》内容曰:"勰究文体之源流,而评其工拙。"纪评《玉台》引用《文心》也相应地用于文献考证和文病指摘。先看文献考证。《玉台》卷一之《古诗八首》不署作者姓名,纪昀于"冉冉孤生竹"诗批"《文心雕龙》曰'孤竹一篇,乃傅毅之词'"(批解本),引刘勰之说作为参考;《玉台新咏考异》进一步说:"昭明选《古诗十九首》,皆不著作者姓名。刘勰《文心雕龙》曰:'古诗佳丽,或称枚叔,其孤竹一篇,则傅毅之词。'钟嵘《诗品》曰:'其外"去者日以疏"四十五首,旧疑是建安中曹、王所制。"客从远方来""橘柚垂花实",亦为惊绝矣。'孝穆取枚叔之说,而此八首不取傅毅、曹、王之说。盖年代绵远,传闻异词,著书者各据所见,故莫能画一。"《古诗十九首》的作者问题在南朝已有多种说法,刘勰《文心雕龙·明诗》以不确定的口吻说是西汉枚乘所作,只能确定"冉冉孤生竹"一首是东汉傅毅的作品。纪昀兼引诸说,虽未能下断论却能用以考辨

[①] 纪评《文心雕龙·史传》篇题,黄霖《文心雕龙汇评》,页58。

后世的失误,①尤看重《文心》之说。当然,纪昀并不盲从古人,他评贾充《与妻李夫人连句三首》:"刘向《列女传》以《式微》之诗为二人合作,颇疑附会。刘勰《文心雕龙》谓'联句共韵,《柏梁》馀制',然今所传《柏梁台诗》云出辛氏《三秦记》,顾亭林之所考证,伪托显然。然则古联句之传于今者,莫古于是三章矣。"②纪昀同意顾炎武《日知录》的考证,认为《柏梁台诗》是伪托之作,因而不赞同《明诗》篇联句诗始于《柏梁台诗》的说法。③再看文病指摘。《玉台》卷二张华《杂诗》之二"游雁比翼翔,归鸿知接翩"二句,批解本纪评仅言"二句复沓,前人已论之",《校正》则详引《丽辞》篇原文:"刘勰《文心雕龙》曰:'张华诗称:"游雁比翼翔,归鸿知接翩。"如斯重出,即对句之骈枝也。'"评论更加具体明确。卷八吴孜《春闺怨》"柳枝皆嬲燕"句,批解本仅云"'嬲'字恶,此种字岂可入诗",《校正》云:"'嬲'字尤恶,不仅彦和所讥'訩呶'字矣,此种字岂可入诗!"纪评对比《练字》篇所举"诡异"之字,突出此字之恶俗,表现了纪昀尚雅的审美品位,严禁后学以此种字入诗。④

---

① 如《总目》卷一百九十三之明代唐汝谔《古诗解》提要说:"其凡例谓五言起于邹、枚。考枚乘之说,见《文心雕龙》及《玉台新咏》。邹不知其所指,亦不知其所本。《汉郊祀歌》注'邹子乐'名,又非五言,所言已为荒诞。又以《十九首》冠于苏、李之前,不知《冉冉孤生竹》一篇,《文心雕龙》称为傅毅作,毅固东汉人。'去者日以疏''客从远方来'二首,锺嵘《诗品》称为旧疑建安中陈、王所制,则时代尤后,乃俱跻之苏、李以前,殊为失考。"(杨明先生补充说明:《汉书·礼乐志》载《郊祀歌》十九首,有几首底下有"邹子乐"三字,纪昀认为此三字是人名,是《郊祀歌》作者。唐汝询说"五言起于邹、枚",却不说"邹"是谁,故纪昀说:若说是邹子乐吧,但所作《郊祀歌》并非五言)
② 纪昀《玉台新咏校正》(稿本)卷十,国家图书馆藏。
③ 杨明先生补充说明:逯钦立《汉诗别录·辨伪》有考证,认为《柏梁台诗》出于西汉《东方朔别传》,驳顾炎武之误,指出顾氏乃误读宋敏求《长安志》。参逯钦立《汉魏六朝文学论集》,陕西人民出版社,1984年,页39—41。
④ 《玉台新咏校正跋》:"余既粗为校正,勒为考异十卷,会汾阳曾子受之,问诗于余,属为评点以便省览,因杂书简端以应之。"纪昀评点诗歌主要是为了给后学指点学诗门径,此意在他《玉台新咏校正跋》和《瀛奎律髓刊误序》等文章里都有明确的表达。

以上四例纪评是针对具体问题而引用《文心》，最后一例是用在《玉台新咏校正跋》中论诗歌批评中的"词障"：

> 矜一韵之奇，争一字之巧，所谓"好色不淫，怨诽不乱"者，弗讲也；所谓"铺陈终始，排比声韵"者，弗讲也；所谓"思表纤旨，文外曲致"者，弗讲也，是之谓词障。三障作而诗教晦矣，是非俗士之蔽，而通人之蔽也。

纪昀论"词障"实际上强调了诗歌鉴赏与批评中不能只讲字词之新巧，更要关注其情感内容是否充实雅正，才力是否宏大，意脉结构是否一气贯通，是否具有"思表纤旨，文外曲致"，即言外之意和悠长韵致。纪昀《唐人试律说序》"神不炼则意言并尽、兴象不远"，①意言并尽，故兴象不远，可知诗中若有"思表纤旨，文外曲致"能带来"兴象深微"的审美效果。《文心雕龙·神思》篇"思表纤旨，文外曲致"八字，本指作者构思中的极微妙而难以言传之处，②纪昀用此八字以表示诗歌作品中最精微最美好的言外之意和韵致，正是纪氏论诗崇尚"兴象"的体现。此跋作于乾隆三十八年正月，而作于三十六年十二月的《瀛奎律髓刊误序》，甚至在更早的批阅过程中，已一再引用《神思》篇此八字来批评方回"标题句眼"而不关注兴象与寄托的评赏方式。③可见《文心雕龙·神思》

---

① 纪昀《唐人试律说序》，孙致中等校点《纪晓岚文集》第一册，页181。
② 杨明《文心雕龙精读》第八讲《神思——论作家的思维活动》解释此八字："又说神思之事太微妙了，有些东西是语言所不能表述的，我也只能说到这儿为止了。"又："刘勰说'言所不追，笔固知止'，'伊挚不能言鼎，轮扁不能语斤'，不是就一般写作而言，而是就自己论神思而言。"（复旦大学出版社，2007年，页107）
③ 纪昀《瀛奎律髓刊误序》："'响字'之说，古人不废；暨乎唐代，锻炼弥工。然其兴象之深微、寄托之高远，则固别有在也。虚谷置其本原而拈其末节，每篇标举一联，每句标举一字，将率天下之人而致力于是，所谓'温柔敦厚之旨'蔑如也，所谓'文外曲致，思表纤旨'亦茫如也。后来纤仄之学，非虚谷阶之厉也耶？"（《纪文达公遗集》文集卷九）按：所引《神思》之语大概误记而颠倒了。又纪评姜光彦《思杜亭》"诗翁至死忧唐室，野客于今吊耒阳"："第四句从背面托出吊古感时，两边俱到。'野客于今'四字有无穷之味，得此句，三句益佳，虚谷不一论及。盖虚谷只爱字句之尖新，其'思表纤旨，文外曲致'，皆所不讲也。"（李庆甲《瀛奎律髓汇评》卷三十五，页1429）

"思表纤旨,文外曲致"已经成为纪昀追求"兴象"诗美思想的理论源泉。

三 从《我法集》看纪昀对《文心雕龙》的接受

《我法集》是纪昀自作自评的试律诗集,作于乾隆六十年,为诸孙示范试律诗难题而创作。该集共收录五言八韵试律诗八十五题九十六首,①诗题大多来自诗文佳句,属于诗文评性质的有十六题;②而梁章钜《试律丛话·诗题汇录》所录清廷各种考试的二百三十六诗题(相同诗题重复计算)中,与诗文评有关的只有十一题(三题重见),③只有"临风舒锦"一题见于《我法集》。通过对比可知,《我法集》也明显体现出纪昀重诗文批评的学术取向,值得重视和研究。

这十六道诗文评题目中,有四题来自刘勰《文心雕龙》,分别是《赋得翠纶桂饵》(得鱼字)、《赋得文笔鸣凤》(得高字)、《赋得鸳集翰林》(得林字)和《赋得雉窜文囿》(得文字),前一题来自《情采》篇,后三题都来自《风骨》篇。相比于来自钟嵘《诗品》的两题、来自陆机《文赋》的一题,首先从诗题来源的选择上可以看出纪昀对《文心雕龙》的看重和接受。这些诗歌虽然是命题限韵

---

① 纪昀《我法集》,河间纪氏阅微草堂藏板,嘉庆元年刻本,上海图书馆藏。笔者按:此本较《纪文达公遗集》中的《我法集》多了一首诗,即《赋得羌无故实》(得诗字)。
② 按顺序分别是《赋得绮丽不足珍》(得珍字)、《赋得翠纶桂饵》(得鱼字)、《赋得意司契而为匠》(得司字)、《赋得羌无故实》(得诗字)、《赋得镜花水月》(得花字)、《赋得春华秋实》(得华字)、《赋得文以载道》(得文字)、《赋得良玉生烟》(得光字)、《赋得四十贤人》(得人字)、《赋得斧藻其言》(得言字)、《赋得光景常新》(得新字)、《赋得天葩吐奇芬》(得葩字)、《赋得文笔鸣凤》(得高字)、《赋得鸳集翰林》(得林字)、《赋得雉窜文囿》(得文字)、《赋得临风舒锦》(得藏字)。
③ 梁章钜著,陈居渊校点《制艺丛话·试律丛话》(合编本),上海书店出版社,2001年,页496—510。

而作的试律诗,但"纪家诗"以意格运题,①往往能就诗题而"批窾导会,务中理解",②结合纪昀自评,仍具有很高的研究价值。试看《赋得鸷集翰林》(得林字):

> 巨手矜风骨,多成亢厉音。正如鹰隼疾,不受网罗寻。
> 寥廓孤盘影,飞腾万里心。宜乘秋翮健,瞥没野云深。
> 乃挟风霜气,偏栖翰墨林。虽云胜凡鸟,终觉异文禽。
> 笔阵纵横扫,诗豪慷慨吟。宁知声中律,鸣凤在桐阴。

《文心·风骨》篇:"若风骨乏采,则鸷集翰林;采乏风骨,则雉窜文囿;唯藻耀而高翔,固文笔之鸣凤也。"纪评:"'风骨乏采'是陪笔,开合以尽意耳。"③他认为刘勰提倡风骨,所批判的重在"采乏风骨"一边,此诗自评亦明确指出"风骨乏采,本是高手",这样解读当然是符合刘勰原意的。因而这首《赋得鸷集翰林》"不甚著贬词"。首二联点题,首联先抉明诗题所蕴含的重视风骨之意。三四联写"鸷"得其精神,用意于《风骨》篇第一段末句以"征鸟之使翼"比喻风骨,也将"鹰隼乏采,翰飞戾天,骨劲而气猛"之意生动地表达出来。五联以"乃挟""偏栖"两词关联,写出"鸷集翰林";六联继续关合《风骨》篇以鸟为喻,与"凡鸟(雉)""文禽(凤)"作比。七联承六联上句写其"胜凡鸟"正在风骨,同时呼应首联;"慷慨吟"既呼应次句"亢厉音",又带出八联,以

---

① 纪昀《题从侄虞惇试帖》诗自注:"试帖多尚典赡,余始变为意格运题,馆阁诸公每呼此体为'纪家诗'。"(《纪文达公遗集》诗集卷十)
② 纪昀《唐人试律说序》:"为试律者,先辨体,题有题意,诗以发之,不但如应制诸诗惟求华美,则饾飣之病可免矣。次贵审题,批窾导会,务中理解,则涂饰之病可免矣。"笔者按:乍读此序,容易将"题有题意"和"次贵审题"联系起来。其实纪昀是说,试律诗写作应根据题目所要表达的内容选用相应的表达方式与语言风格,相对于《文心雕龙·定势》"因情立体"而言,这是"因题立体"。可参见徐美秋《纪昀评点诗歌研究》之《纪昀论试律诗的写作方法》的相关论述(花木兰文化出版社,2013年,页246—249)。
③ 黄霖《文心雕龙汇评》,页101。

"宁知"二字转向"声中律"引出"文笔鸣凤"作结,提出风骨文采应当兼备的更高要求。此诗以"意格运题",能准确地抉发题意,生动地表达作者的观点。

再看《赋得雉䀝文囿》(得文字):

> 刘勰工谈艺,严将甲乙分。雕龙详辨体,雏雉借论文。
> 芳陇宜呼侣,词场竟作群。彩翎矜画本,锦臆逗花纹。
> 古有飞腾入,兹惟绮丽闻。一翔旋踟蹰,五色漫纷纭。
> 脱鞲风生翮,盘空气笮云。饥鹰称独出,转忆鲍参军。

此诗首二联直接说明诗题的来源,所表达对刘勰《文心雕龙》的赞赏和概括,正是纪氏一贯的评价。"一翔"两句即刘勰"翚翟备色,而翾翥百步"之意,而"旋"字、"漫"字传达出更浓的批判意味,由此引出七联倡以风骨。末联构思巧妙,"饥鹰"既是"风骨乏采"之鸷以承上联,又是鲍照诗文的代表意象和风格象征,①引出结句"鲍参军"。自评:"此指齐梁间永明一派,又在'风骨乏采'者下矣,其品与'鸣凤'更隔一层,故反以'鸷集翰林'结。"纪昀此评以"采乏风骨"具体指齐梁永明一派,还认为鲍照是"风骨乏采"的代表作家。《赋得鸷集翰林》自评亦云:"风骨乏采,本是高手,故锺嵘记当时称鲍照为羲皇上人,以其语近质也。然鲍照亦何及哉?特不及枚马班扬耳。"锺嵘虽囿于当时风尚,将鲍照列于中品,但能精确概括其诗歌风格且同情其"才秀人微"的遭遇,而《文心雕龙》因其体例,对刘宋以后的作家都不作具体评论。纪昀在《赋得雉䀝文囿》诗与《赋得鸷集翰林》评里以鲍照为"风骨乏采"之高手,其《玉台新咏》评点亦能于南朝诗歌中发抉"风清骨

---

① 宋人敖陶孙《臞翁诗评》云:"鲍明远如饥鹰独出,奇矫无前。"(见魏庆之《诗人玉屑》卷二)此纪昀诗"饥鹰"一语所本。

峻"的别调,① 可以说也印证了《文心雕龙》的"风骨"论。

再看《赋得文笔鸣凤》（得高字）：

> 妙制储麟阁，雄词耀凤毛。六经资羽翼，千仞看翔翱。
> 舒锦文章丽，凌云气象高。质原殊燕雀，栖肯到蓬蒿。
> 自有辉光焕，非矜骨力豪。雉怜藏麦陇，隼敢下霜皋。
> 紫禁登丹地，琼笺逗彩毫。圣朝多吉士，雅奏满仙曹。

纪昀自评引刘勰原文后,指出:"'藻耀'是采,'高翔'是风骨,不能脱略一边也。此中措语殊费斟酌。"此诗可以说是典型的试律诗,起结庄重华美。值得我们注意的是次联,同样关合"征鸟之使翼",着重写"高翔"之风骨须根源于六经,即"熔铸经典之范,翔集子史之术"之意。纪评《文心·宗经》亦云:"本经术以为文,亦非六代文士所知。"②由此可以看出纪昀对刘勰宗经思想的接受和认同。纪昀品诗论诗推重"风骨",《我法集》连用三诗阐发"风骨"的特征和地位,说明《文心·风骨》篇是其崇尚"风骨"思想的理论基石。

《赋得翠纶桂饵》（得鱼字）纪昀自评:"此刘彦和语,'翠纶桂饵,反以失鱼'喻词胜而意反晦也,题本分明。"其诗首尾曰:"文章词掩意,徒侈腹多书。……岂非矜富者,反以致穷欤？珍重操觚士,无劳獭祭鱼。"将刘勰"采滥辞诡,则心理愈翳""使文不灭质,博不溺心"之意更加明晰地表达出来。以上四诗以《文心》原文为题加以申说,可以看出纪昀与《文心》的深刻"共鸣"。

---

① 如评颜延之《为织女赠牵牛》:"延之诗虽雕缋,而神思自清,风骨自遒,高出诸人之上,故有'颜谢'之称。"（《批解》卷四）评鲍照《代京雒篇》:"前幅设色极浓,而迥异齐梁之绮靡,当由神骨不同。"评吴均《与柳恽相赠答六首》:"六诗皆风骨遒上,古法犹存。"评沈约《登高望春》:"盖休文风骨本高,故圭角时时自露。"又说:"齐梁五言,大抵以涂泽相高；而七言诸作,乃长篇颇见风骨,短咏亦多情韵。"
② 黄霖《文心雕龙汇评》,页18。

纪昀多方赞同刘勰的文学思想，也吸收了《文心》的表达加以变化入诗。《赋得意司契而为匠》首句"文本缘情造"本于《情采》篇"为情而造文"，《赋得文以载道》首联"文原从道出，道乃寓于文"即提炼自《原道》篇"道沿圣以垂文，圣因文以明道"。再如《赋得临风舒锦》五句"意匠标三准"和七联"惟惜矜鞶帨，空令贮缥缃"，用语用意也来自《文心雕龙》及其评论。《镕裁》篇："是以草创鸿笔，先标三准：履端于始，则设情以位体；举正于中，则酌事以取类；归馀于终，则撮辞以举要。"纪评："此一段论镕，犹今人所谓炼意。"①《序志》篇："而去圣久远，文体解散，辞人爱奇，言贵浮诡，饰羽尚画，文绣鞶帨，离本弥甚，将遂讹滥。"纪评："全书针对此数语立言。"②纪昀将自己对《文心雕龙》的解读恰到好处地应用于诗歌中，成为全诗立意的核心。

四 纪昀对《文心雕龙》的创造性阐发

纪昀对《文心雕龙》的接受中颇有创造性的阐发。如前所言《神思》篇"思表纤旨，文外曲致"八字，本就作者构思而言，纪氏却引申为诗歌"兴象"的特质，应用可谓巧妙。同一篇中，纪昀于"是以秉心养术，无务苦虑；含章司契，不必劳情也"一句，也有独到的阐释。这句话是《神思》篇第一段的总结，呼应上文"陶钧文思，贵在虚静"之意，"强调构思时必须保证精神的从容舒畅"，③此亦即《养气》篇的核心思想。纪昀评《养气》"吐纳文艺，务在节宣，清和其心，调畅其气"说："此非惟养气，实亦涵养文机。《神思》篇'虚静'之说，可以参观。彼疲困躁扰之馀，乌有

---

① 黄霖《文心雕龙汇评》，页111。
② 黄霖《文心雕龙汇评》，页163。
③ 王运熙、周锋《文心雕龙译注》，上海古籍出版社，1998年，页244。

清思逸志哉!"①他认为调养精神,达到心境清和、志气顺畅,正是《神思》篇所说"虚静"的状态。纪评《神思》此句说:"意在游心虚静,而腠理自解,兴象自生,所谓自然之文也。而'无务苦虑''不必劳情'等字,反似教人不必冥搜力索。此结字未稳、词不达意之处,读者毋以词害意。"②他认为刘勰本意想说构思应在虚静状态下才能顺利展开,但其遣词用字容易让读者误解为创作构思及其表达不必费心费力。纪评此意即唐代皎然《诗式》之论"取境",③既强调苦思精思(即"冥搜力索"),又要"意静神王"(即"游心虚静")。

纪评"冥搜力索"一语将文艺构思"虚静"说的内涵明确化了。首先,"虚静"不是什么都不想,而是指排除一切杂念,集中精神,向内展开广远的想象,即"冥搜力索",那是一个艰苦的思考过程。所以陆机《文赋》说:"其始也,收视返听,耽思傍讯。精骛八极,心游万仞。"《神思》亦云:"故寂然凝虑,思接千载;悄焉动容,视通万里。"其次,构思最终要落实到语言,用语言将所想的东西表达出来,即《神思》所谓"意授于思,言授于意"。然"意翻空而易奇,言征实而难巧",得心未必能应手。陆机"文不逮意"之患,实乃"东海西海,心理攸同"的普遍现象。④纪昀于此亦有切身体会,他青年时期致力于诗歌创作,"恒彻夜构思",深知其中甘苦。因此他赞赏《神思》篇"虚静"二字

---

① 黄霖《文心雕龙汇评》,页139。
② 黄霖《文心雕龙汇评》,页95。
③ 《诗式》"取境"条:"又云不要苦思,苦思则丧自然之质。此亦不然。夫不入虎穴,焉得虎子?取境之时,须至难至险,始见奇句。成篇之后,观其气貌,有似等闲,不思而得,此高手也。有时意静神王,佳句纵横,若不可遏,宛如神助。不然,盖由先积精思,因神王而得乎?"(黄霖、蒋凡主编,杨明、羊列荣编著《中国历代文论选新编·先秦至唐五代卷》,上海教育出版社,2007年,页329)
④ 杨明《钱锺书论〈文赋〉》,《中国文论中的"体"——古代文学理论研究》(第四十六辑),华东师范大学出版社,2018年,页90—104。

"妙入微茫",①但认为"无务苦虑""不必劳情"的话过头了,认为这样的说法忽视了创作的艰苦性。

纪评认为创作构思当"游心虚静"而"冥搜力索",超出了《神思》篇此句的字面含意,却符合创作的实际情形,也与《文赋》、《文心·神思》篇之全文,与《诗式》"取境"条等论创作构思特征的观点一脉相承。黄侃针对纪评解释此句云:"言诚能秉心养术,则思虑不至有困;诚能含章司契,则情志无用徒劳也。纪氏以为彦和'结字未稳',乃明于解下四字,而未遑细审上四字之过也。"②黄侃及后来周振甫、周锋等人解释和翻译此句都依从字面含意,可以说是明于解一句,而未能通观全文与创作实践。纪昀以其丰富的诗文创作、批评经验,敏锐觉察到《神思》篇此句的漏洞,并加以补充和修正,可见他对《文心雕龙》的创造性阐发。

纪昀在诗歌艺术上提倡"兴象深微""风骨遒劲"的标准,追求兴象、风骨兼备的艺术境界。③在纪昀心目中,《文心雕龙·神思》"思表纤旨,文外曲致"正是"兴象深微"的内涵,来自"游心虚静"而"冥搜力索"的艰苦构思;《风骨》篇则是"风骨遒劲"的理论基石。纪昀对刘勰《文心雕龙》的接受不仅在于评点阐释,更在于引申应用;其应用不仅在于文献考证和文病指摘,更在于思想理论上的深刻共鸣,并加以创造性的阐发。

(原载《中华诗学》2019 年第 3 期)

---

① 黄霖《文心雕龙汇评》,页 94。
② 黄侃《文心雕龙札记》,上海古籍出版社,2000 年,页 94。
③ 邬国平、王镇远《清代文学批评史》,上海古籍出版社,1996 年,页 462—466。

言为心声？言违心声？
——以毕沅的诗歌创作为例

◎ 杨 焄

西汉扬雄在《法言·问神》中说道："言，心声也；书，心画也。声画形，君子小人见矣。"①认为语言文字能够如实地展现立言者的内心世界。及至金元时期，元好问在《论诗绝句三十首》中针对扬雄所言直接发难，强调"心声心画总失真，文章宁复见为人"，②指出语言文字并不能帮助读者了解作者的真实想法。关于诗文作品是否能够准确有效地为读者提供途径以考察作者的内心世界，由此成为传统文学批评中聚讼纷纭的话题。就整体而言，人们似乎更容易接受扬雄的意见，乃至随声附和，渐渐形成"言为心声"的思维定势，并在此基础上形成一系列重要的诠释传统。不少学者注意到这一现象，并对其中包含的种种复杂状况做了较为深入

---

① 扬雄著，汪荣宝义疏《法言义疏》，中华书局，1987年，页160。
② 元好问《论诗绝句三十首》其六，姚奠中主编，李正民增订《元好问全集》，山西古籍出版社，2004年，页269。

细致的分析探究。①但这个议题似乎还有进一步探讨的馀地,因为有一类情况似乎尚未引起讨论者足够的重视,即古代作家对于自己的作品往往会进行不同程度的删改润饰,这种修订工作有时候甚至会在相当长的时间内多次进行,以致最终的定本与之前不同阶段、不同形态的传本之间往往存在着比较明显的歧异。于是一个令人深感棘手的问题便随之而来:如果我们接受"言为心声"的预设,那么要探查作者在创作之际的真实感受,究竟是依据其初稿的内容呢?抑或是最终的定本?倘若不加任何的检视和质疑,便心安理得地接受作者所希望呈现给读者的最终定本,那么那些经过反复修订,有时已经面目全非的内容,与实际发生过的真实状况无疑是有所出入,甚至是相去甚远的。这些作品对于作者而言,究竟算是"言为心声",还是"言违心声",恐怕就需要读者认真推敲、仔细斟酌了。举一个耳熟能详的例子吧,洪迈《容斋续笔》卷八"诗词改字"条记载了这样一则轶闻:"王荆公绝句云:'京口瓜洲一水间,钟山只隔数重山。春风又绿江南岸,明月何时照我还。'吴中士人家藏其草,初云'又到江南岸',圈去'到'字,注曰'不好',改为'过',复圈去而改为'入',旋改为'满',凡如是十许字,始定为'绿'。"②王安石在定稿中所用的"绿"字自然比之前的"到"、"过"、"入"、"满"都要来得精警鲜亮、意味深永,因而在后世颇受赏叹。但钱锺书先生就曾指出"'绿'字这种用法在唐诗中早见而亦屡见",并由此提出质疑:"王安石的反复修改是忘记了唐人的诗句而白费心力呢?还是明知道这些诗句而有心立异呢?他的选定'绿'字是跟唐人暗合呢?是最后想起了唐人诗句而欣然

---

① 参见钱锺书《谈艺录》,中华书局,1984 年,页 161—164;钱锺书《管锥编》,中华书局,1979 年,第四册,页 1387—1392;蒋寅《文如其人——诗歌作者和文本的相关性问题》,载作者《古典诗学的现代诠释》,中华书局,2003 年,页 181—200。
② 洪迈《容斋随笔》,上海古籍出版社,1978 年,页 317。按:标点略有改动。

沿用呢？还是自觉不能出奇制胜，终于向唐人认输呢？"[1]如果再深究下去，不免让读者对诗人笔下的那一片盎然绿意究竟是即目所见的实景还是因循蹈袭的成言产生很大的疑问。当然，由于文献存留不易，唐宋之前作家的创作在整体上还不会面临类似的质疑，但明清以降的情况就大不相同了，不少作家的诗文都存在着各种不同形态的稿本、钞本、批本、校本、刻本，其作品除了被编入本人别集之外，还会附载于他人的别集或是被选入各类性质各异的总集。如果要深入考察作者的内心世界或创作历程，就必须接受这样的诘难，就应该对于诸多不同形态文本之间所呈现出来的复杂情况给予足够的重视。

为了更加全面充分地探讨这个问题，选取合适的对象进行必要的个案研究自然是最佳的途径。本文拟以清代乾嘉时期毕沅的诗歌创作为例，通过对其诗集晚年定本与之前不同形态文本的对照比勘，来考察"言为心声"这个传统观念的适用范围和有效程度，并借此阐明这样的考察对于探究古代作家在创作过程中的复杂心态所具有的借鉴意义。

舒位在《乾嘉诗坛点将录》中曾将毕沅拟为"玉麒麟卢俊义"，[2]虽然只是一时兴到的游戏笔墨，但得以与师长辈的沈德潜（"托塔天王晁盖"）和袁枚（"及时雨宋江"）并列为"诗坛都头领"，形成三足鼎立之势，也足以彰显他在当时诗坛上的显赫地位。[3]其一生诗作曾在晚年予以删订，结集为《灵岩山人诗集》四十卷，现存有嘉庆四年（1799）毕氏经训堂刻本（以下简称"刻本"）。在诗集付梓之前的乾隆五十五年（1790），毕沅曾约请至交

---

[1] 钱锺书《宋诗选注》，人民文学出版社，1989年，页49。
[2] 舒位《乾嘉诗坛点将录》，光绪二十九年叶德辉刊《双梅影闇丛书》本。
[3] 参见杨焄《毕沅与乾嘉诗坛》，载《古代文学理论研究》第三十四辑，华东师范大学出版社，2012年。

好友王文治对稿本加以评阅批点。王氏当年的手批原本已佚,但存世尚有杏雨草堂本和青箱书屋本这两种过录本,其中所录毕沅诗作呈现的应该就是初稿的面貌。[1]毕沅还有不少与亲友、幕宾同题唱和、分韵联句的作品,也会被附载于他人别集(如王复《晚晴轩稿》、孙星衍《澄清堂稿》等)之中。除此之外,毕沅的作品还曾被不少同时人编纂的诗歌总集(如严长明辑《官阁消寒集》、王昶辑《湖海诗传》等)收录。将毕沅最终编定的刻本与上述这些不同性质的文本比照对读,就会发现不少别具意味的特殊现象。

在《灵岩山人诗集》卷首冠有一篇张凤孙的序言,其中提及:"世之论灵岩诗者,鲜不以浣花一瓣香推之,谓有神似而非貌似,允矣。"[2]指出在时人眼中,毕沅的诗歌创作远绍杜甫。就创作态度的严谨审慎而言,毕沅确实体现出与杜甫一脉相承的特点,在其诗中时有如下的创作自述,如《删诗》云:"小坐严删旧日诗,个中得失寸心知。"[3]《环香吟阁遣怀》云:"自改新诗编甲子。"[4]《人日书怀二首》其二云:"去年诗稿手亲删。"[5]可见他对于完成的作品时常会加以润饰删订。这些逐年编订的诗集很早就开始在不少师友之间流传,如袁枚曾提及毕沅"诗编三十二卷,曰《灵岩山人诗集》";[6]另据嘉庆《直隶太仓州志》所载,曾有"《灵岩山人诗》三十六卷,门人嘉兴王复刻于偃师"。[7]但这些早年流传的诗集都已

---

[1] 参见瞿冕良《灵岩山人集外诗——记抄本王文治评〈灵岩山人诗集〉》,载钱仲联主编、苏州大学中文系明清诗文研究室编《明清诗文研究资料集》第一辑,上海古籍出版社,1986年;杨焄《王文治批点本〈灵岩山人诗集〉的文献价值》,载《文献》2012年第4期。
[2] 张凤孙《灵岩山人诗集序》,载毕沅《灵岩山人诗集》卷首,嘉庆四年毕氏经训堂刻本。
[3] 毕沅《删诗》,《灵岩山人诗集》卷二十六。
[4] 毕沅《环香吟阁遣怀》,《灵岩山人诗集》卷二十八。
[5] 毕沅《人日书怀二首》,《灵岩山人诗集》卷四十。
[6] 袁枚《随园诗话》卷十一,人民文学出版社,1982年,页370。
[7] 王昶等纂修《直隶太仓州志》卷二十八《人物》,嘉庆七年刻本。

经没有实物留存下来,究竟与他晚年最终编定的刻本之间存在怎样的差异,详情已无从查考。只有在个别作品中留下些许蛛丝马迹,例如刻本卷二十七有一组《咸阳怀古二首》,其中第一首有一联云:"阅遍兴亡清渭水,故应铅泪滴来成。"其下有毕氏自注:"一作'多少兴亡铅水泪,月明清渭咽无声'。"这组诗也见于杏雨草堂本,且有王文治的批语:"一作似不如本句。"可知毕沅在属稿之时就已经有过两种不同的构思,尽管有朋友提出过修改建议,可是在推敲斟酌之后仍然无法作出取舍,最终不得已只能采取两者并存的方式。可惜类似的例子在四十卷本《灵岩山人诗集》中绝无仅有,因而并不足以让我们更为全面地考察毕沅的实际创作经历。但若参酌上文提及的诸多不同性质的文本,通过相互之间的比勘校读,就可以发现毕沅在晚年编订诗集时,从整体到局部,从形式到内容,都对旧作做了形式各异、程度不一的增删润饰,呈现出毕氏诗歌在创作、修改和流传过程中异常复杂的情况,而在此背后也隐藏着他颇为复杂矛盾的内心世界。

  首先是对诗集整体结构的重大调整。据毕沅自述,乾隆五十八年(1793),即在邀请王文治评阅其诗集稿本的三年之后,他又重新编订自己的作品,[1]"搜箧中剩稿,编成《灵岩山人集》三十九卷,又联句一卷,共四十卷";至乾隆五十九年(1794)时又将新作"续编一集,为《绘声漫稿》";[2]之后续作的诗歌又另编为《海岱骖鸾集》,并与之前的《绘声漫稿》合为一卷,随即取代了原先的"联句一卷",直接承续前三十九卷,成为现在所见到的四十卷本《灵岩山人诗集》。原先计入四十卷之列的"联句一卷"最终遭到舍弃,在编定付梓的刻本中并未保留,其中具体包括哪些内容,

---

[1] 参见毕沅《行年六十有四诗集编成因题长句并柬知音》:"陶铸江山泄秘奇,新编四十九年诗。"《灵岩山人诗集》卷三十九。
[2] 毕沅《再题一首并序》,《灵岩山人诗集》卷三十九。

又究竟为何终遭删汰，都颇费人猜疑。毕沅门客史善长在所编《弇山毕公年谱》中也引录过上引的那番毕氏自述，索性就把"编成《灵岩山人集》三十九卷，又联句一卷，共四十卷"云云径直改为"编《灵岩山人集》四十卷"，①有意识地改动原文，以避免纠缠不清的麻烦。

今人瞿冕良曾据其收藏的杏雨草堂本《灵岩山人诗集》，提到其中所录作品"还有一部分在刻本中是没有的，如其中《商弦写忆集》（据内容，系悼亡杂作）、《乐游联唱集》（均系与友朋即景联句之作），四十卷中既无此二种集名，其细目也基本上均未收载过"，②并将相关作品辑录为毕氏佚诗。瞿先生此说略有失考，因为杏雨草堂本中所录的《乐游联唱集》虽然未列入四十卷刻本之中，但这些作品并非毕氏集外散佚之作。《乐游联唱集》原本是毕沅和其门下诸多幕宾合撰的联句诗集，今存有乾隆四十七年（1782）西安节署单刻本。瞿先生文中所辑诸诗均见于此书。不过从杏雨草堂本的录诗情况倒是可以判定，王文治所看到的毕沅诗集稿本原本是包括《乐游联唱集》一类联句诗的。毕沅在编订诗集时提及的"联句一卷"应当就是指以《乐游联唱集》为主要内容的联句诗而言。他在最终编集时将联句诗剔除在外，最主要的原因恐怕在于联句诗的创作是由两人或多人依次轮流相续，共同合作，最后才连缀成篇的，其性质与独出机杼的个人创作终究判然有别。恰如明人徐师曾所言，联句诗的创作"必其人意气相投，笔力相称，然后能为之，否则狗尾续貂，难乎免于后世之议矣"。③毕沅晚年编订诗集时有过这样一番自述：

---

① 史善长《弇山毕公年谱》"乾隆五十八年"条，同治十一年毕长庆刻本。
② 瞿冕良《灵岩山人集外诗——记抄本王文治评〈灵岩山人诗集〉》，载钱仲联主编、苏州大学中文系明清诗文研究室编《明清诗文研究资料集》第一辑。
③ 徐师曾著，罗根泽校点《文体明辨序说》（与吴讷著《文章辨体序说》合订一册），人民文学出版社，1982年，页111。

虽不能尽合风雅之旨，而刻楮镂冰，此中亦颇费苦心，略开面目。……窃忖过此以往，精力日衰，思致孱弱，恐不能再有进境。且仔肩艰巨，时凛鼎占覆𫗧之戒，不敢复耽吟咏。……至此后或偶有小诗，亦不过如香山归洛以后，触景抒情，托之水流花放，不能再刻意求工。

可见其编订诗集的主要动因在于总结一生"颇费苦心"、"刻意求工"的创作生涯，自然要考虑到联句诗会不会影响其诗集总体水准的问题。当然，从其具体编订的过程来看，他对此还是经历过不少犹豫和反复的。此外，他在编订诗集时采用的是编年的方式，而《乐游联唱集》则是依照体裁分为古体与今体两卷，两者如果要合编在一起，在体例上也不免显得混乱。加之在此之前《乐游联唱集》已有单行本行世，其馀的联句诗作品数量又不多（虽然毕氏联句诗并不仅仅限于《乐游联唱集》，但该集无疑是其中最主要的组成部分），自然就无需再多此一举地将这部分内容重新纳入自己的诗集之中。毕沅最终决定将整整一卷联句诗删除殆尽，其实也属于人之常情，对此应具同情之了解而毋庸求全责备。只是整部诗集的构成部分经过如此大动干戈的调整之后，其最终呈现的"言"已经不能够如实地反映其完整的创作历程，若不是《乐游联唱集》一书尚存，则毕沅当年与诸多幕宾、友朋之间频繁赓续联吟的情形就将在无形之中被他本人有意识地遮蔽而为后人所忽视。

其次是对诗篇的删削或增补。乾隆四十九年（1784），正逢毕沅好友王昶的六十寿辰，毕沅与吴泰来、严长明等人合作完成了一首联句诗用以祝寿。想来王昶本人收到此贺诗后颇为欣喜，因此在其所辑《湖海诗传》中特意收录了这篇《寿王述庵臬使六十联句》，[①]但这首诗却并未收入毕沅最终编定的四十卷刻本之中。王昶

---

① 《寿王述庵臬使六十联句》，载王昶《湖海诗传》卷二十二，嘉庆八年三泖渔庄刻本。

所辑《湖海诗传》"选诗多未据定本,尽诸家删佚,史料价值较高",①仅此一例也可见一斑。这恐怕不是毕沅一时偶然的疏忽,因为同样的情况还有一例。在毕沅门下幕宾王复的《晚晴轩稿》中载有一篇《秋日喜竹屿先生至大梁,弇山夫子招集嵩阳吟馆联句,并寄述庵先生,即用其送行诗韵》,②是毕沅与严长明、方正澍、邵晋涵、洪亮吉、孙星衍等人的联句之作,创作时间约在乾隆五十年至五十三年(1785—1788)毕沅奉命担任河南巡抚期间③。但这篇作品最终也同样被毕沅摈弃在刻本之外。如果探究一下这两篇联句作品遭弃的主要原因,恐怕正如上文所述,是毕沅考虑到联句之作并不足以代表其个人创作的实绩。这两篇联句之作都创作于《乐游联唱集》付梓之后,《乐游联唱集》既已在编订过程中被删汰,更遑论这些后出的零篇。

作家在日常交游中,往往会因应酬交际的需要创作一些作品,及至晚年编定诗文集时,为了去芜存精,一般均会予以删汰。例如杏雨草堂本中有一首《舟过丹徒王梦楼同年因柬一首》:

> 征帆小驻日方晡,为访长安旧酒徒。如此江山天下少,似君词赋世间无。乞将白地明光锦,为写空林独往图。怜我未能云谷住,星轺千里事驰驱。

王文治在评阅之际于此诗下曾有批语称:"颔联愧弗敢当。"对毕沅的过度褒扬颇觉不安。毕沅最终编订诗集时也确实将之剔除,在刊本之中已经看不到此诗了。不过由此也不免令人怀疑他当日对友人的称扬,究竟是情真意切、发自肺腑,还是逢场作戏、言不由衷?

---

① 袁行云《清人诗集叙录》卷三十四《春融堂诗集》,文化艺术出版社,1994 年,页 1179—1180。
② 《秋日喜竹屿先生至大梁,弇山夫子招集嵩阳吟馆联句,并寄述庵先生,即用其送行诗韵》,载王复《晚晴轩稿》卷五,嘉庆刻本。
③ 参见史善长《弇山毕公年谱》"乾隆五十年"至"乾隆五十三年"条。

对于一些联章体组诗，毕沅在编订过程中也会对其中一些篇章进行删削。例如在杏雨草堂本中有一组《和童梧冈无题四首》，刻本卷十五也收录了这组诗，只是原先的第三首已经被删除，而为了避免诗题与正文之间自相矛盾，诗题也被相应地改作《和童梧冈无题三首》。如果不是因为有杏雨草堂本传世，则其删削可谓天衣无缝。不过有时候也会因一时疏忽而留下芟汰未尽的痕迹，例如刻本卷三十九有一组诗《云涛表弟谒予武昌节院，出其世传〈清溪草堂重台桂〉画卷索题，抚今追昔，不胜风木人琴之感。因成绝句五章，聊写先世之情好，伫盼后起之重荣，亦风人长言不足之义，至诗字之工拙，不及再计矣》，诗题中谓"因成绝句五章"，但实际仅存四首作品。幸亏在杏雨草堂本中也收录了这组诗，刻本中所缺漏的一首赫然在目。这显然是毕沅在编订过程中疏于照应，在删削诗篇的同时，未能将诗题一并修改。

钞录在杏雨草堂本和青箱书屋本两书之中而最终被刻本剔除的篇目达到四十五题七十五首，①而这两书所反映的还仅仅是毕沅诗集稿本的部分面貌。考虑到他自己说过"小坐严删旧日诗"②、"去年诗稿手亲删"③，则在整个编订过程中删落的作品总量当不在少数。

除了删汰联章体组诗中的部分诗篇之外，有时候毕沅还会重新增补部分诗篇。例如在严长明辑录的《官阁消寒集》中收录了毕沅与其幕宾的不少唱和之作，④其中有一组《二十四日集纸窗竹屋同赋岁事四律》，共包括"扫室""糊窗""试香""烹茗"四题。所载毕沅参与酬唱的作品仅有"扫室"和"糊窗"两题。而在毕氏诗集

---

① 笔者已经将这部分内容与上述其他毕沅集外诗词辑为一编，附载于拙编《毕沅诗集》，人民文学出版社，2015年。
② 毕沅《删诗》，《灵岩山人诗集》卷二十六。
③ 毕沅《人日书怀二首》，《灵岩山人诗集》卷四十。
④ 严长明辑《官阁消寒集》，宗舜年、宗惟恭辑《咫园丛书》本。

刻本的卷三十二中则四题俱存。①作为毕氏门下的幕僚，严长明显然不会将幕主之作故意刊落，《官阁消寒集》中的录诗情况反映的无疑就是当日众人分题酬唱时的实际状况。在刻本中多出的那两首诗作，显然是毕沅出于求全求备的心理而在事后补写增入的，但这些新增内容却并不能如实反映实际发生过的唱和场景。

其三是对创作形式的改换。早在《乐游联唱集》刊行之际就已经存在这样的情况了，此书中有一首毕沅与吴泰来、严长明、洪亮吉、孙星衍等人合作的《周忽鼎联句》。②在合作者之一孙星衍的《澄清堂稿》里也载有此诗，只是题作《 𠤳鼎歌毕中丞沅席上分赋》，③题下并有小注云：“诗本分赋，《乐游集》刊为联句。”说明当初众人即席创作的时候原本是分韵赋诗而并未采取联句的方式，而后来经过毕沅整理、刊入《乐游联唱集》后才被人为地改换成为联句的形式，但这样一来却使得创作时的实际情况被完全改变了。

类似的情形在毕沅晚年编订诗集的过程中也时有发生。严长明辑录的《官阁消寒集》中收录了毕沅与诸多幕宾的唱和之作，其中除《十二月十九日为东坡先生生辰集同人设祀于终南仙馆赋诗纪事敬题文衡山画像之后》一题为毕沅首倡之外，其馀数首都是严长明首倡，而由包括毕沅在内的其馀诸人继和。例如在严长明《壬寅十一月十七日集中丞静寄园登澄观台望中南积雪分韵同坐》之后附有毕氏之作，题为"同作得山字"；在严长明《新正三日立春集绚云阁效香山体分赋生春诗四首》之后所附毕氏之作，题为"同作"；在严长明《上元日集春祺介雅堂同赋灯词八首》后所附毕氏之作，也同样题为"同作"。而这三首作品后来分别收入毕沅诗集刻本的

---

① 仅"烹茗"一题改作"煮茗"，但意思并无出入。
② 《周忽鼎联句》，载《乐游联唱集》卷上，乾隆四十七年西安节署刻本。
③ 《 𠤳鼎歌毕中丞沅席上分赋》，载孙星衍《澄清堂稿》卷下，嘉庆年间刻《孙渊如先生全集》本。

卷三十一、三十二，诗题却被改作《登澄观台望终南积雪》《新春效长庆体赋生春诗四首》和《上元灯词》。当年众人济济一堂、彼唱此和的痕迹已经被清除殆尽，让人误以为这些作品原本都是诗人独自创作的结果。究其缘由，《官阁消寒集》的题名方式虽然反映了创作时的真实状况，却让毕沅在诸多下属幕僚之间处于附从的地位，而经过修改后的作品虽然掩盖了实情，却能很好地避免尴尬的出现。

其四是对具体内容的删改修订。诗人为了追求文词修饰的完美，往往会对作品进行增损润色。毕沅也不例外，在刻本卷三十九有一组《题云笈山房双修图为梦楼作》，其中第二首云：

并命迦陵并命身，长明镫底证前因。云涛涤荡灵根出，两点金焦两玉人。

作为《云笈山房双修图》中的主人公和画卷的收藏者，高云在其《云笈山房词》中也附载了毕沅的这组诗，只是用语措辞颇有异同，其中第二首作：

两点金焦驻画轮，长明镫底证前因。云涛涤荡灵根出，并蒂花开并蒂人。①

这应该就是毕沅当时题写在画卷上的原作。两相比较就可以发现毕沅诗集刻本中所收的修改稿对原作的首尾部分进行了一番文词的剪切、挪移、拼接和替换。尽管做了不少润饰修订工作，这种类型的改动对于作品基本内容的表达并未造成太大的影响，尚不会对读者理解作品造成影响。但若有意识地篡改属文之初的文字表述，甚至在内容方面造成前后极大的差异，其中的原委就值得深入考察。例如青箱书屋本中有一篇题为"行年六十有四，编诗四十卷，因题长

---

① 高云《云笈山房词》，嘉庆十三年云笈山房刻本。

句,并柬知音"的作品,而至刻本之中,诗题则作"行年六十有四,诗集编成,因题长句,并柬知音","编诗四十卷"被改换成了"诗集编成"。正如前文所述,青箱书屋本呈现的是毕沅诗集稿本的情况,其中所说的"编诗四十卷"原本是包括联句作品在内的,而在最终编定的诗集中,毕沅已经将这部分悉数删去。所以尽管总卷数并无变化,但刻本中第四十卷所收内容其实已经是在约请王文治评阅稿本之后新增的作品。青箱书屋本中的这首诗最终在刻本中被编入卷三十九,如果还是沿用之前的诗题,势必会引发读者的疑惑。这样的修改是根据编订诗集时的实际需要而做出的,探查清楚之后还是比较容易让读者接受。

有些修改背后所潜藏的动机则更为隐秘,例如在吴璥的《黄琢山房集》中附载有毕沅的一组诗《暮春梁瑶峰修撰移居魏染胡衕,相传为吴梅村祭酒旧寓,暇日同吴大鉴南过访,得诗四律奉赠》,其中第三首的结语作:

我是娄东吟社客,苍凉今昔不胜情。①

只是感慨世事沧桑,今非昔比而已。这组诗被毕沅编入刻本卷十三,这两句却作:

我是娄东吟社客,瓣香私淑不胜情。

经过修改之后,毕沅所要表达的就不仅仅是对时光流逝的无限感叹,更流露出对吴伟业这位清初诗文名家的尊崇仰慕乃至步趋效仿之意。如果结合袁枚在《随园诗话》中所云:"吴中诗学,娄东为盛。二百年来,前有凤洲,继有梅村;今继之者,其弇山尚书乎?《过吴祭酒旧邸》诗云:'我是娄东吟社客,瓣香私淑不胜情。'其

---

① 吴璥《黄琢山房集》卷四,嘉庆刻本。

以两公自命可知。然两公仅有文学而无功勋，则尚书过之远矣。"①则在这番文词修改的背后折射出来的无疑是毕沉欲以吴中诗坛盟主自居的微妙心态。这和他最初落笔时的真实心境相较，就显得相距甚远了。

有些修改涉及的内容比较多，粗粗浏览容易被人忽视，但细究起来问题却颇为复杂。例如青箱书屋本中有一首《归次凤阳马上题寄在京诸友》：

行李匆匆出寿州，征程风物值残秋。青山如象迎人面，红叶如花落马头。小别又成千里客，日归重续十年游。数声牧笛烟村晚，新月云端玉一钩。

而在刻本卷二十一中有一首《晓行滁州道中题句寄都中旧友》：

薄薄霜花点弊裘，严城形势控神州。青山似象迎人面，红杏窥墙笑马头。小别又成千里客，日归重续十年游。数声牧笛烟村晓，残月云端玉一钩。

从诗题到开篇都看不出两者的关联，但两者的主体部分却基本相同。显而易见，后者应该是在前者的基础上修改完成的。不过原先的"烟村晚"、"新月"却被改换成了"烟村晓"、"残月"，不禁令读者深感诧异，诗作在修改之后展现还是作者原来亲身经历过的真实场景吗？

还有更令人惊愕莫名的例子，杏雨草堂本中有一首《道中》：

初冬柳已髡，策马向郊原。落日未沉岭，孤村早闭门。年丰酒价贱，市远古风存。安得抛尘世，移家筑短辕。

此诗在刻本中已经荡然无存，不过刻本卷二十一另有一首《句容道

---

① 袁枚《随园诗话》卷十一，页370。

上》与这首《道中》关系颇深：

> 春深花益丽，锦绣满郊原。酒店藏村坞，茶亭傍寺门。民饶米价贱，市远古风存。一抹栖霞色，遥青出短垣。

两篇所押韵部相同，且"市远古风存"一句也相沿未改。毫无疑问，后者就是对于前者的大规模改写，透露出作者对旧作不甚满意。但前一首描写"初冬"的情形，后一首则展现"春深"的景象，到底何者才更切近当时的实际状况，委实让人困惑不解。如果前者反映的才是真实的情景，那么毕氏后来那种近乎颠覆原作的行为到底意图何在？如果后者表现的才是真实的情景，那么原作中种种场景描写是不是就意味着等同于向壁虚构？诗中所精心描绘的"道中"、"道上"和作者实际的道途见闻之间显然存在着无法弥合的落差。

以上从四个方面举例展示毕沅在晚年编定诗集时所作的种种修订，并对其动因略作分析考辨。毕沅之所以要花费心力对旧作进行如此繁复多样的润色删改，自然主要是基于对诗艺的不懈追求，力求使作品更臻于完美。但这些修订也在相当大的程度上遮蔽了他在创作时的真实经历。若非有其他诸多不同形态的文本留存，对于他在创作时的实际状况和真实心态就很难有一个更为真切而准确的认识。

类似的情形在古代作家的创作中应该是相当普遍的现象，尤其是明清以降的作家，其作品留存下大量不同形态的文本，表明作品从创作之初到最终的定型、流传之间并不是沿着简单的单线轨迹来进行，而是会受到种种复杂因素，尤其是作者主观意愿的干扰和影响。就作者本人而言，在那些形式各异、程度不一的增删润饰背后，其实潜藏着诸多隐秘的心声，其间或是为追求完美而苦心琢磨，或是在回顾生平时悔其少作，或是因爱惜羽毛而粉饰遮掩。最终经过作者反复推敲、不断斟酌、犹豫再三之后所呈现给读者的"言",其实并不能代表真实发生过的"心声",有时甚至会在相当大的程度上违背了真实发生过的"心声"。

当然,从作者本人的立场来看,或许绝不承认存在"言违心声"的现象,对作品反复修改、不断润饰只证明自己对于艺术精益求精的无尽探求,而并不意味着要藉此刻意粉饰乃至重塑自己的真实形象。但若转从读者的立场来看,情况就大不相同了。"言为心声"的观念往往会诱导读者将诗文作品视为对作者心态和经历的真实记录和准确描写,并由此产生一系列独特的诠释方式。这些诠释方式直至现在仍然会影响到我们对于古代作家的认识,例如研究者往往习惯通过诗文作品描绘的内容去勾勒作者的创作背景、生平仕宦和交游行踪,乃至探查其内心世界。通过对毕沅诗歌创作这一个案的剖析,对我们深入思考"言为心声"的适用范围和有效程度无疑会带来更多的启示,提醒我们如果因循着以往的思维定势而不去对文本的构成过程进行全面细致的考察,最终得出的结论恐怕距离真实的情形相距甚远。

(原载《华东师范大学学报》2014 年第 5 期)

清嘉庆至光绪时期
沟通骈散的骈文理论

◎ 奚彤云

　　从清朝乾隆时代起，骈文创作日益繁荣，由此激发了批评家的信心，使他们热衷于扭转骈文受古文家轻视的局面。他们提出骈文和古文殊途同源，只有体制上的差异，不应有尊卑之别。批评界这一折衷骈散的倾向，与创作界骈散兼行的状况相呼应，逐渐奠定了骈文与古文同等的地位。同时，许多人也意识到，由于骈文和古文都是文言文，两者之间除了门户之争外，也不乏可以互相借鉴之处，因此，在创作中融通骈散的主张应运而生。这一创作意图本身虽无特别的理论意义，但持此主张的批评家因心中不存骈散相争的芥蒂，便能在比较开阔的视野内看待骈文，所以对其体制特点往往有更深的体会，并以此推进骈文批评的发展。由于具备相同的创作立场，他们的批评观点又能前后相承，且随时代的推移而不断演进。所以，至清末朱一新（1846—1894），终能向世人贡献出一套沟通骈散的较完整的骈文批评理论。它涉及骈文史、骈文特征、骈文创作等方面，对近代孙德谦《六朝丽指》、钱基博《骈文通义》

都有直接的影响。本文在关注朱一新的理论建树之前，先将追溯前人为它所作的铺垫。

一

清人谈沟通骈散，最初是侧重在古文中融合骈文之所长。乾、嘉时期的王芑孙（1755—1817）就是这方面的代表，他早年向方苞弟子钟励暇学过古文，但为文并不拘泥于所谓"义法"，①而喜用魏晋人语，又曾用力于东汉、六朝之文，作有骈文四卷，名《渊雅堂外集》。他在写于嘉庆三年（1798）的《外集》自序中说"古文之术，亦必极其才，而后可以裁以法"，自言学骈文是为了"极其才，尽其境，然后反求诸古圣贤人，而治经术为古文"。②他认为学习骈文可锻炼作者的写作才能，以滋补古文创作。同时，正如吴锡麒所评，他的骈文因"从古人入，故根柢深而无枝勿荣"，③也得益于其习读秦汉古文所积累的深厚底气。不过王芑孙在这篇自序中并未就此展开论述，而是替借鉴骈文的古文创作找到了历史依据：

> 自宋以后，欧、曾、虞、范数公之文，非不古也，以视韩、柳则其气质之厚薄，材境之广狭，区以别矣。盖韩、柳皆尝从事于东京、六朝，而欧、曾以下则有所不暇。故欧、曾以下数公自少至老，其体皆纯，而韩、柳则无所不有。韩有东京、六朝之学，一扫而空之，融其液而遗其滓，遂以夐绝千餘年。柳有其学而不能空，然亦与韩为辅。望溪方氏宗法昌黎，心独不惬于柳，亦由方氏所涉于东京、六朝者浅，故不足以知

---

① 王芑孙《渊雅堂外集·自序》，《渊雅堂外集》卷首，嘉庆九年（1804）刻本。
② 王芑孙《渊雅堂外集·自序》，《渊雅堂外集》卷首。
③ 吴锡麒《渊雅堂外集·序》，《渊雅堂外集》卷首。

之，而非柳之果不足学也。

王芑孙认为韩、柳古文高明之处，便在于汲取了八代骈文之精粹，相形之下，韩文能融而化之，柳文则留有痕迹，宋以后，古文与八代文章日渐疏离而境界益狭，至清代，桐城方苞甚至因觉察柳文有六朝馀习而贬斥不学，[1]更显示了他与八代文章的隔膜。这便揭示出韩、柳古文尚存前代骈文的影响，而宋以后随着古文运动的深入，古文的体制日益成熟，壁垒也更为森严，骈偶便遭到彻底摒弃。此前袁枚也已指出了这一点，他说："韩、柳琢句，时有六朝馀习，皆宋人所不屑为也。惟其不屑为，亦复不能为，而古文之道终焉。"[2]显然他和王芑孙都以为古文体制的纯净反而使其堂庑变小。这实有违历史真相。古文格局趋狭，应是明清以后作家学宗一派造成的，与排斥骈偶没有直接关系，客观地说宋人还是推进了古文的发展，使其创作境界得以开阔。尽管如此，古文创作后人难以逾越前人，的确是明清作家的普遍困惑，所以王芑孙开出了骈散结合的药方，希望以此突破困境。这一做法不管是否能解决问题，对某些寻求出路的古文家却有吸引力，嘉、道以后桐城派中也有人采取了兼收骈散的态度，这便有利于化解骈散之间的纷争，造成宽松的气氛，并相应促进骈文批评的深入发展。

刘开[3]（1784—1824）是最先要求沟通骈散的桐城派文人，他作为姚鼐的受业弟子，被推为桐城"四杰"[4]之一，在创作上却与姚鼐立异，对骈散采取兼收并蓄的态度，表现出古文派内部的改良倾向。其《与阮芸台宫保论文书》云：

---

[1] 参见方苞《书柳文后》，刘季高校点《方苞集》卷五，上海古籍出版社，1983年。
[2] 袁枚《答友人论文第二书》，周本淳标校《小仓山房诗文集·小仓山房文集》卷十九，上海古籍出版社，1988年。
[3] 刘开，字孟塗，著有《刘孟塗集》。
[4] 参姚莹《感怀杂诗·自注》，《后湘二集》卷四，《中复堂全集》，同治六年（1867）刊刻，《近代中国史料丛刊续编》影印本。

> 自屈原、宋玉工于言辞，庄辛之说楚王，李斯之谏逐客，皆祖其瑰丽。及相如、子云为之，则玉色而金声；枚乘、邹阳为之，则情深而文明。由汉以来，莫之或废。韩退之取相如之奇丽，法子云之闳肆，故能推陈出新，征引波澜，锵锽金石以穷极声色。柳子厚亦知此意，善于造练，增益辞采，而但不能割爱。宋贤则洗涤尽矣。夫退之起八代之衰，非尽扫八代而去之也，但取其精而汰其粗，化其腐而出其奇，其实八代之美，退之未尝不备有也！宋诸家叠出，乃举而空之。子瞻又扫之太过，于是文体薄弱，无复沉浸醲郁之美，瑰奇壮伟之观，所以不能追古者，未始不由乎此。①

与王芑孙一样，刘开也标举韩、柳文章，并将是否得八代文章之美，作为衡量古文优劣的重要标准。而事实上，他以辞赋作为八代文章的渊源，并希望在古文中吸取汉赋的写法，这表明他对沟通骈散有独特的思考。

在《与王子卿太守论骈体书》②一文中，刘开又从骈文创作的角度较全面地阐述了骈散沟通的问题。首先他提出，骈散体制各自存在缺陷，故两者必须互补：

> 故骈中无散，则气壅而难疏；散中无骈，则辞孤而易瘠。两者但可相成，不能偏废。

也就是说，文章一味讲求骈俪会变得臃肿而沉滞，一味强调散行则又显单薄枯瘠，只有间用骈散才能相辅相成，两全其美。这本是一个简单的道理，而当骈文、古文严重对立的时候，人为地给骈散造成了隔阂，文章的体制固然纯粹了，但骈散互不相掺的行文拘忌破坏了表达的自然态势，影响了创作效果。所以刘开正式提出这个问

---

① 刘开《孟塗文集》卷四，《刘孟塗集》，道光六年（1826）刻本。
② 刘开《孟塗骈体文》卷二，《刘孟塗集》。

题是有现实意义的。

接着刘开强调骈散并不存在实质的差异，其相互沟通是有可能的：

> 夫骈散之分，非理有参差，实言殊浓淡，或为绘绣之饰，或为布帛之温，究其要归，终无异致……是则文有骈散，如树之有枝干，草之有花萼，初无彼此之别，所可言者，一以理为宗，一以辞为主耳。夫理未尝不籍乎辞，辞亦未尝能外乎理，而偏胜之弊，遂为两歧，始则土石同生，终乃冰炭相格。

他认为骈散的差别主要表现在语言风貌上，骈文重藻饰，散文则相对朴素，这是由于古文以阐发义理为主，骈文以修饰辞藻为尚，而义理、辞藻在创作中不可偏废，所以骈散相合符合文章的根本要求。不过，理属于内容方面，辞属于语言方面，用"以辞为主"和"以理为宗"来概括骈散两种文体的特征，并不周全。

清代后期，桐城派势力衰弱，曾国藩（1811—1872）出而矫之，开创了桐城支脉湘乡派，其文章错综奇偶，与刘开轨辙相似。他在《河南文征序》[①]中，从另一角度论述了骈散结合的理由：

> 若其不俟摹拟，人心各具自然之文，约有二端，曰理，曰情……自群经而外，百家著述，率有偏胜。以理胜者，多阐幽造极之语，而其弊或激宕失中；以情胜者，多悱恻感人之言，而其弊常丰缛而寡实。自东汉至隋，文人秀士，大抵义不孤行，辞多俪语。即议大政，考大礼，亦每缀以排比之句，间以婀娜之声。历唐代而不改，虽韩、李锐志复古，而不能革举世骈体之风。此皆习于情韵之类也。宋兴既久，欧阳、曾、王之徒，崇奉韩公，以为不迁之宗。适会其时，大儒迭起，相与上

---

① 曾国藩《曾文正公文集》卷一，《四部丛刊》本。

探邹鲁，研讨微言，群士慕效，类皆法韩氏之气体，以阐明性道。自元明至圣朝康雍之间，风会略同，非是不足兴于斯文之末，此皆习于义理者类也。

曾国藩指出，古文以理胜，骈文以情胜，而阐述义理、表达情感都是创作的自然趋向，所以应沟通骈散，使作品能反映人心之本然。就创作主张而言，这样的要求当然无可厚非，但以主"情"与主"理"来概括骈文和古文，却并不高明。比如骈文中有嵇康《养生论》这样的主"理"之文，古文中亦有归有光《寒花葬志》这类主"情"之文，因此曾国藩的观点亦不尽如人意。他和刘开其实是按照个人的创作理想来构建沟通骈散的理论，所以对骈散差异的理解并不到位，但将骈散特点相提并论，等于把骈文放在总的文章背景下加以观照，有利于扩展其批评内涵，这种方法本身是值得提倡的。

持此方法的包世臣，对骈散差异的思考就较能切中要害，道光九年（1829）他与人讨论古文创作时云：

> 是故讨论体势，奇偶为先，凝重多出于偶，流美多出于奇。体虽骈，必有奇以振其气；势虽散，必有偶以植其骨。仪厥错综，致为微妙。①

包世臣也和刘开一样认为骈文文气不如古文流畅，但同时他又肯定骈文具有凝重的表达特点，说明其文章气势比古文更为内敛而浑融。这便能撇开以古文为衡量标准的狭隘立场，对骈文的文章风格作出客观的评价。因为古文崇尚雄健的气势，是骈文所不具备的，历来的古文批评家便往往将骈文贬低为"气衰"，而实际上骈文也能展示主体充沛的精神元气，只是呈现方式较为特殊而已，不该径

---

① 见包世臣《文谱》，其题记云："道光己丑（1829）八月，养疴寓园，日与族子孟开论古文节目，因次为篇。"《包世臣全集·艺舟双楫》卷一，黄山书社，1993年。

以"气衰"来形容它。明代批评家已指出这一点,如张溥就强调骈文也能充满"生气",然而他尚未突显骈文的特殊表现样态。包世臣则能认识到骈文表达有古文不能企及的一面,尽管将此特点概括为"凝重"未必贴切,但他对骈散文的气势进行比较,即能深入到艺术特质的层次上追究两者的异同,比刘、曾二人的论述更胜一筹,为后人研究骈文的艺术特点提供了有效的途径。

除了能加深对骈文特征的理解,强调沟通骈散,还能促成对骈散文历史的通盘考虑。这在湘乡派领袖曾国藩的文论中就有体现,其《送周荇农南归序》云:

> 天地之数以奇而生,以偶而成……故曰"一奇一偶者,天地之用也",文字之道,何独不然。六籍尚已,自汉以来为文者莫善于司马迁。迁之文其积句也皆奇,而义必相辅,气不孤伸,彼有偶焉者存焉。其他善者,班固则毗于用偶,韩愈则毗于用奇。蔡邕、范蔚宗以下如潘、陆、沈、任等比者,皆师班氏者也;茅坤所称八家皆师韩氏者也。①

曾国藩认为班固、韩愈之文分别导出偶、奇两派,而司马迁之文为两派的共同源头。他在此想对骈散历史作统一的描述,但为了强调沟通骈散是文章的本性,他以司马迁的史传文字为例,实有牵强之处,因为那本是十分典型的散文,与后世的骈体并无直接的联系。虽然曾国藩的论述不够理想,但他兼顾骈散文的做法却是极有前途的。

可见,从王芑孙提倡沟通骈散,到刘开、包世臣、曾国藩等人以此为基础,进一步分析骈散体制差异、并对骈散文历史作出统一探讨,具此创作主张的批评家已逐渐推进了骈文批评的发展,为清末朱一新的骈文批评理论奠定了基础。

---

① 曾国藩《曾文正公文集》卷一。

二

朱一新（1846—1894）字鼎甫，号蓉生，或云字蓉生，号鼎甫。浙江义乌人，光绪二年（1876）进士，选翰林院庶吉士，十一年（1885），任湖北乡试副考官，转陕西道监察御史。次年因弹劾内侍李莲英，降官而乞归。十三年（1887）张之洞邀请至粤，主讲端溪书院，十五年（1889）转为广雅书院院长。著有《佩弦斋文存》《骈文存》《诗存》等。

广雅书院规定诸生每日记录读书中发现的疑问，而院长必须依次作答。朱一新将自己掌院时的问答之辞，择录为五卷，并稍加补充，成为《无邪堂答问》，[①]论及学术、治术和为学途径等方面。其中卷二有两个问题涉及骈文，一为"《古文辞类纂》流别甚精，其斥萧《选》为破碎，允否？《骈体文钞》谓凡文必偶，欲引学者由骈以复古，有所矫而言否？"反映了提问者对乾隆以来骈散纷争的不解；二为"骈文导源汉魏，固不规规于声律、对偶。百三家时有工拙，惟徐、庾能华而不靡，质而不腐。取法贵上，似当以风骨为主。《骈体正宗》[②]多作棘吻语，文之古与不古，当论气格，虽有拗句，亦行乎不得不行，何诸家有未尽然？即陈检讨浑成富健，尤西堂倾筐倒箧，要非俭腹所能。洪北江气极畅茂，吴圣微稍觉婉弱。而曾选乃首西河，西河正多棘吻，窃昧于从人矣。愿略举学骈文之要。"这是要求了解骈文的文学标准及创作要领。朱一新的回答不仅贯彻了沟通骈散的思想，而且在此原则下对骈文史、骈文创作法、骈文特征等都作了精到的论述，形成了一套完整的批评理论。

[①] 朱一新《无邪堂答问》，广雅书局刊本。
[②] 《骈体正宗》是指曾燠所辑的《国朝骈体正宗》，选录了清初至乾隆时期的四十二位作家的作品，共十二卷。下文的"曾选"即为此书。

他对第一个问题的答辞是这样的：

> 若姚氏斥萧《选》为破碎，是固有之。萧《选》兼综周秦以下之作，体制不同，有雄伟者，有啴缓者，要莫不有浓郁之味。桐城所短，乃正在此，亦不必是丹非素也。古人本不分骈散。东汉以后骈文之体格始成。唐以后古文之名目始立，流别虽殊，波澜莫二。李氏志在复古，斯选绝精，其自制文亦多上法东京，力宗崔、蔡，骈文境界之最高者。（……西京之文莫盛于两司马。史公源出《左》《国》，长卿源出《诗》《骚》，皆以气为之主。气主有毗阳毗阴之分，故其文一纵一敛，一疏一密，一为散体之宗，一为骈体之宗，皆文家之极轨。班、扬多学相如，崔、蔡学班、扬而气已渐薄，遂成骈偶之体矣。）第初学先知骈散之分，乃能知骈散之合。诸生课艺间有不古不今，绝无文律者，未必非学步邯郸，有以误之。若李氏之言，固非矫也。（有阳则有阴，有奇则有偶，此自然之理。古文参以排偶，其气乃厚。马、班、韩、柳皆如此，今人亦莫不然，日由之而不知耳，然非骈四俪六之谓。凡文必偶，意虽是而语稍过。……）

在此，朱一新明确反对姚鼐攻击《文选》之语，并肯定李兆洛所选《骈体文钞》兼收汉魏六朝骈散文的做法。他认为骈体形成于东汉以后，古文之名至唐代才出现，之前的秦汉文章因不分骈散，而未曾偏向一端，所以是后人学习的典范。他还强调了解骈散差别是沟通骈散的前提，所以极力赞成李兆洛的观点，要求习作者先掌握六朝骈文，再学习两汉文章。在自注（即引文打括号的部分）中，朱一新又对西汉文作了具体的分析，指出后世骈、散文都可从中找到源头：司马迁的史传文字气势奔放，行文疏荡，是散体之祖，辞赋家司马相如的文章气势内敛，文辞绵密，是骈体之祖，而他们的文章都是骈散兼行，所以气势浑厚。可见，朱一新是用沟通骈散的创作标准来衡量文章发展史的，在此标准下，初露骈俪端倪的东汉崔骃、蔡邕之文，与偏于一端的唐宋古文或齐梁骈文相比，似更胜一筹，并被视为骈文的典范之作。这种判断带有明显的主观色彩。好在，朱一新知道沟通骈散的基础是了解骈散之分，因此他也很关注骈散文实际的演变状况，能够作出合理而又崭新的论述，这在下一答辞中将有突出的表现。

由于后一问题显出提问者面对多变的骈文形态，无所适从，因此，朱一新通过追溯骈文源流，对各种创作形态都作了恰当的历史定位，其文云：

> 骈文萌芽于周秦，具体于汉魏，沿及初唐，袭其体制，韩、柳复古，斯道浸微，至宋而体格一变矣。天地之道，有奇必有偶，周秦诸子之书，骈散互用，间多协韵，六经亦然。西京扬、马诸作，多用骈偶，皆已开其先声，顾时代递降，体制亦复略殊。同一骈偶也，魏晋与齐梁异，齐梁与初唐异，同一初唐齐梁也，徐、庾与任、沈异，四杰与燕、许异。（六朝文气骫骳，自是衰世之作，但学骈体不能不宗之。汉文为骈俪之祖，崔、蔡诸公体格已成。建安近东汉，西晋近建安。故魏晋自为一类，东晋与刘宋自为一类。永明以后益趋繁缛，至萧梁诸帝王之作，而靡丽极矣。文章关乎运会，东汉清刚简质，适如东京风尚；建安藻绘而雄俊，魏武偏霸，才力自与六代不同；晋宋力弱，特多韵致，亦由清谈之故，其体较疏，犹有东汉遗意；至永明则变而日密。……）徐、庾清新富丽，诚为骈文正轨，然已渐趋便易。厥后变而为四杰，再变而为义山，又变而为宋人，故义山者，宋人之先导也。宋人名骈文曰"四六"，其名亦起于义山，四字、六字相间成文，宋齐以下乃如此，其对偶亦但取意义连贯，并不以骈四俪六、平仄相间为

· 433 ·

工。永明以前本无四声之说，要其节奏自然，初无所为钩棘也。六代初唐语虽襞襀，未有生吞活剥之弊，至宋而此风始盛。（此不可学，宋文佳处不在此。）然宋文之佳者，固自不可磨灭，飞书驰檄，其体最宜。

他称"骈文萌芽于周秦"，将骈偶句视为骈俪体制之前身，是未能分清修辞手段与文章体制的区别；而称"具体于汉魏"，把初具骈俪气息的东汉文作为骈文的标准形态，则是为了贯彻自己融通骈散的创作理想，这两个判断与今人的观点都有出入，但并不影响朱一新骈文史观的总体价值。他能够清醒地把握汉魏六朝骈文的流变，将它细分为四类，即东汉文、建安西晋文、东晋刘宋文和齐梁文，并指出由于时代风尚的变化，各期的文章特征都有不同：东汉文较为刚健质朴；建安西晋之文重藻绘而不失雄俊的气度；晋宋文章疏朗而缺乏力度；齐永明以后则日趋繁丽。虽然他崇尚东汉文，但从学习角度，他还是强调从徐、庾文入是正轨，并肯定其"清新富丽"的文章特色，这和上文所云"初学先知骈散之分，乃能知骈散之合"便相呼应。此外，朱一新反对骈文因拘守骈四俪六和平仄相间等格式特点，而使文辞变得生硬、拗折，导致文章丧失自然和谐的气息，可见他提倡沟通骈散，归根结底是想让骈文冲破格式束缚，不断扩展文章境界，提高表达功能，最终加强骈体的普遍适用性。这可以说是清代中期以后，大多数骈文批评家的共识。值得注意的是，朱一新尽管不满意宋四六的格式限制，但还是肯定了其公牍文价值，说明他有自觉的史家意识，尽量使对象能得到全面的评价。

之后，朱一新又深入分析了骈文的艺术特征和创作要求，他说：

曾选之首西河，盖以时代为次，西河不以骈文名，而颇合六朝矩矱，整散兼行，并非钩棘。惟才力薄弱者，苟欲为此，易至举鼎绝膑，不若效徐、庾、义山一派，可免举止羞涩也。骈文自当以气骨为主，其次则词旨渊雅，又当明于向背、断续之法。向背之理易显，断续之理则微。语语续而不断，虽悦俗目，终非作家。（公牍文字如笺、奏、书、启之类，不得不如此，其体自义山开之。）惟其藕断丝连，乃能回肠荡气。骈文体格已卑，故其理与填词相通，潜气内转，上抗下坠，其中自有音节，多读六朝文，则知之。（四杰用俳调，故与此异，燕、许尚皆如此，至中唐后而始变。）

我们知道，在第二个问题中，提问者认为曾燠《国朝骈体正宗》中的文章多拗折不顺之语，且以首选毛奇龄文尤为明显，这与他心目中以徐、庾体为代表的骈文理想形态颇有差距。朱一新为此指出毛奇龄的文辞并非拗折不顺，而是能兼用骈散，与骈俪体制未趋纯粹的六朝文有相合之处，但才力薄弱的习作者很难直接掌握这种文章，不如从骈俪色彩更为鲜明的徐、庾文入手，加以学习。这再次表现了他从骈文入手逐渐融通骈散的创作要求。之后，朱一新又进一步阐述了骈文的文学标准，不仅主张骈文应有刚健渊雅的风格，而且还揭示出骈文特有的艺术表现形态——"潜气内转"。

三

"潜气内转"的说法本出于繁钦《与魏文帝笺》，繁钦以此描绘一位驾车小童的美妙歌喉，其文云："潜气内转，哀音外激，大不抗越，细不幽散。声悲旧笳，曲美常均。"[1]这是强调歌者能凭内在的功力控制自己的发声，使每个音符都能互相协调，造成动人的整

---

[1] 李善注《文选》卷四十，清胡克家刻本，中华书局影印，1977年。

体效果。据笔者所知，在朱一新之前，谭献①（1832—1901）于《〈续骈体正宗〉叙》②一文中已提及"潜气内转"：

> 夫车子一歌，潜气内转，中旗动操，用志不纷。士有蕉萃（按，即为"憔悴"）失职，婉约言情，单词不足鸣哀，独思岂能无俪？登山临水，秋士将归，群莺杂华，春人望远，发过人之哀乐，妙天下之语言。

他认为骈文和散文相比，节奏啴缓，适合表现哀感动人的情思，和"车子一歌"所形成的效果有异曲同工之处。在此，"潜气内转"虽未直接用来评论骈文，但已间接提示了骈文的艺术特质。谭献曾将此语更明确地用于词学批评，如评辛弃疾《水龙吟·登建康赏心亭》云："裂竹之声，何尝不潜气内转。"③这是指词体有阴柔深缓的气质，即使表达激昂慷慨的情绪，也是内敛而归于含蓄的。朱一新则明确地提出骈文和词体是相通的，以此对"潜气内转"作了新的诠释，使之真正成为骈文批评的重要概念。从上一节论述可知，明清以来，骈文批评家已逐步认识到，骈文文气虽不像古文那样流畅雄肆，但同样以深厚充沛为尚。朱一新对此也深有体会，在《复傅敏生妹婿》中他曾说"夫骈文不运以古文之气，则涂附可憎"。④尤其可贵的是，他还能用"潜气内转"一词，十分贴切地概括出骈文的文气特点。他认为六朝骈文的语句间，表面断而不续，实质上却如藕断丝连，内藏着一股回肠浩荡之气，能够使全文前后呼应，音韵和谐，所以其文气归根结底是深藏不露而又运转自如

---

① 谭献，初名廷献，字仲修，号复堂，同治六年（1867）举人，好为六朝三唐骈俪文，治经以公羊为宗，有《复堂类集》《复堂日记》刻于其所辑《半厂丛书初编》中，另有《复堂文续》，收于《刻鹄斋丛书》中。
② 此文见于《复堂类集·集一·文四》，光绪十一年（1885）已刊行。
③ 谭献评周济《词辨》，《复堂词话》二五则，人民文学出版社，1959年。
④ 朱一新《佩弦斋文存》卷上，《拙庵丛稿》，光绪二十二年（1896）刊本。

的。这正凸显了骈文因以藻饰为尚，又兼顾情理表达而产生的特殊艺术形态。

自此以后，"潜气内转"便成为骈文批评中不可或缺的术语。清末民初的《文选》学家李详（1859—1931）在论骈文时，便经常用及此词，如其《答江都王翰棻论文书》云："六朝俪文，色泽虽殊，其潜气内转，默默相通，与散文无异旨也。"①意思与朱一新无异。而与李详同时的孙德谦则在骈文批评专著《六朝丽指》中对此作了更为深入的阐发，他说：

> 及阅《无邪堂答问》，有论六朝骈文，其言曰："上抗下坠，潜气内转。"（按，朱氏原文为"潜气内转，上抗下坠"）于是六朝真诀，益能领悟矣。盖余初读六朝文，往往见其上下文气似不相接，而又若作转，不解其故。得此说，乃恍然也。试取刘柳之《荐周续之表》为证："虽汾阳之举，辍驾于时艰；明扬之旨，潜感于穷谷矣。"上用"虽"字，而于"明扬"句上并无"而"字为转笔，一若此四语中，下二语仍接上二语而言，不知其气已转也。所谓"上抗下坠，潜气内转"者，即是如此。每以他文类推，无不皆然。②

可见，孙德谦在《无邪堂答问》的基础上，又进一步阐明了骈文"潜气内转"的主要表征：即在两句交接处，虽无任何虚字，读者也能感到其字面下文气的内在转折，对此，书中还举了几个例子加以分析。这样，"潜气内转"作为骈文的艺术特质，得到了具体而细致的说明，从而更易产生影响。

我们应当充分重视"潜气内转"一语的批评价值，它是清代骈文批评经历了三百年之久而结出的一个硕果。为了证明骈文存在的

---

① 李详《李审言文集·学制斋书札》上卷，江苏古籍出版社，1989年。
② 孙德谦《六朝丽指》页8，四益宧1923年刊本。

合理性，清代批评家从自然现象（阴阳奇偶等）、儒家经典、批评传统和文章发展史等各方面寻找根据，但最终必须落实到某种艺术特质，为骈文所独具，而为古文所难以具备，这样才能完成骈文存在之合理性的论证。而寻找此种艺术特质，其实也就是将历史上产生过的骈文与古文相对比，揭示出它在艺术上的独特之处。一般来说，骈文重视藻饰的表层特征是较容易被发现的，而"潜气内转"则是深层特征，它在中国古代骈文批评史经过长期的发展后才获得明确的论述。对于今天的研究者来说，骈散相争的背景已不存在，我们也没有必要对骈、散二体抑此扬彼，但骈文相对于古文具有何种艺术特质，却也是必须了解的。鉴于此，我们便不能不对朱一新作为批评家的敏锐给予高度评价。当然，"潜气内转"一语虽揭示了骈文相对于古文的艺术特质，但毕竟是一个古老的术语，现代的研究者当能在此基础上作出具有现代性的阐发。

总之，朱一新的骈文批评虽然篇幅不长，却内容丰富，议论精湛，对后世的批评家深有启发。除了"潜气内转"之说具有创新意义之外，他的骈文史观也言简意赅，条理明晰，开启了通代骈文史研究的先河，钱基博出版于1934年的《骈文通义》，便是以此为基础来论述骈文流变的。[①]所以从朱一新身上可以看出，沟通骈散的思想已促进了晚清骈文批评的发展。不过，就创作前途而言，提倡沟通骈散未必能拯救文言文的衰落，它表明无论骈文家还是古文家，都已感到底气不足，开始互相求助于对方，而实际上骈文和古文本质是相同的，它们有共同的语言基础，共同的文化基础，"五四"新文化运动后，面临着白话文的冲击，谁也无法挽回文言文创

---

① 参钱基博《骈文通义·流变第三》，大华书局，1934年。

作的颓势。不过白话文的迅速走向成熟,与文言文的影响不无关系,准确揭示骈文的艺术特色、创作成就,也有助于中国文学的持续发展。

(原载《南京师范大学文学院学报》2005 年第 3 期)

科举考试与清代古文选评

◎ 孟 伟

在科举时代，人们普遍认为要想提高八股文的写作水平，古文是必不可少的学习内容。古文选本作为广大士子学习古文的必备之书，成为清代学校教育的基本教材，其编选和评点活动极为兴盛。从清代古文选本的编选及评点情况来看，与科举考试有极为密切的关系。

一 以古文为时文：八股文写作共识与清代古文选本的编选目的

清王朝入关后，沿袭了明代的八股取士制度。学习八股文，参加科举考试，是广大士子生活的核心内容。在科举时代，人们认识到学习古文能够提高八股文的写作水平。明人孙鑛说："二十五岁，始知受欧阳文。二十六而熟读《韩非子》，手节录之，以资举业。"[1]

---

[1] 孙鑛《月峰先生居业次编·与余君房论文书》，《四库禁毁书丛刊》本，北京出版社，1997年，页193。

清初著名时文选家吕留良认为："今为举业者，必有数十百篇精熟文字于胸中，以为底本，但率皆取资时文中，则曷若求之于古文乎？"① 可知在科举时代，学习古文对于一般的士子来讲，其主要目的还是写好时文，以应科举之需。

　　明代不同时期的八股文写作宗尚各异。茅坤、唐顺之、归有光、艾南英等人都兼擅时文和古文，他们要求通过学习古文以提高时文的品格。清王朝建国后，吸取明朝灭亡教训，积极加强思想文化统治，对作为科举考试主要文体的八股文高度重视。"以古文为时文"的观念为清代最高统治者所认可，成为清政府的官方态度。乾隆元年（1736），方苞编辑《钦定四书文》，在《进四书文选表》中，他认为明代八股文"至正、嘉作者，始能以古文为时文，融液经史，使题之义蕴隐显曲畅，为明文之极盛"，②指出"以古文为时文"，将经史融化吸收，才能够使所作八股文文题义蕴显豁畅达，这是提高八股文写作水平的有效途径。认为明清八股文名家能够参考经史子集，以古文写作的规矩准绳作为八股文的写作要求，使八股文达到了较高的水平。乾隆二十四年（1759）奉上谕（皇帝谕旨）："有明决科之文，流派不皆纯正，但如归有光、黄淳耀数人，皆能以古文为时文，至今具可师法。"③乾隆认为归有光等八股文作者"以古文为时文"，在明代是"纯正"一派，可作为师法对象，表达了最高统治者对"以古文为时文"的肯定态度。

　　八股文作为科举文体，关系国运士风，为清王朝所高度重视。清王朝通过官修古文选本的方式，表达其对"以古文为时文"观念的认同，以达到崇尚古文、提高时文品格的目的。康熙二十四年

---

① 吕葆中《晚村先生八家古文精选·序》，《四库禁毁书丛刊》本，北京出版社，1997年，页1308。
② 刘季高校点《方苞集》，上海古籍出版社，1983年，页580。
③ 王炜编校《〈清实录〉科举史料汇编》，武汉大学出版社，2009年，页374。

(1685)敕修《古文渊鉴》,康熙亲自作序,以所选古文为"秉文之玉律,抽牍之金科",①表明其以古文选本为包括八股文在内的文章写作树立"金科玉律"的目的。乾隆三年(1738)敕修《唐宋文醇》,将唐宋八大家和李翱、孙樵的古文汇为一编,以"序而达,达而有物"②的儒家文论思想为最高衡文标准,表达了对唐宋古文的崇尚。《古文渊鉴》《唐宋文醇》作为敕修古文选本,以宣扬儒道为宗旨,且由政府颁布全国,成为科举考试教材,表明了清代最高统治者对古文的崇尚态度。在科举时代,这种崇尚态度,可以理解为康、乾二帝对"以古文为时文"观念的认同,表明了最高统治者对读书人的引领态度。雍正十一年(1733)方苞为国子监学生编选的古文教材——《古文约选》,直接表明了以学习古文提高时文写作水平的态度。《古文约选》专选两汉、唐宋八大家文章,方苞在《凡例》中说:"学者能切究于此,而以求《左》《史》《公》《穀》《语》《策》之义法,则触类而通,用为制举之文,敷陈论、策,绰有馀裕矣。"③认为掌握了古文义法,写作时文便会轻松自如,他编选《古文约选》的一个重要目的,就是要通过学习古文来提高国子监生时文的写作能力。乾隆元年(1736),为规范时文文风,乾隆令方苞纂修《钦定四书文》。在《钦定四书文》凡例中,方苞具体论述了学习古文对时文写作的好处:"欲理之明,必溯源六经,而切究乎宋元诸儒之说;欲辞之当,必贴合题义而取材于三代两汉之书;欲气之昌,必以义理洒濯其心,而沉潜反复于周秦盛汉唐宋大家之古文。兼是三者,然后能清真古雅,而言皆有物。"④认为"理""辞""气"兼备的时文,才能符合"清真古雅"的要求,而

---

① 康熙《御选古文渊鉴》,《四库全书》本,台湾商务印书馆,1983年,页1。
② 乾隆《御选唐宋文醇》,《四库全书》本,台湾商务印书馆,1983年,页99。
③ 方苞《古文约选序例》,刘季高校点《方苞集》,页613。
④ 方苞《钦定四书文》,《四库全书》本,台湾商务印书馆,1983年,页4。

以先秦两汉、唐宋八家古文为学习对象，能够提高时文在"理""辞""气"三个方面的境界，这是方苞"以古文为时文"观念的理论表达。

相对于官修古文选本而言，清代坊刻古文选本数量更多，流通更广。这些古文选本的选家大多是私塾、各级学校或书院教师，他们对"以古文为时文"的观念有明确认识，所编选的古文选本都以通过学习古文提高八股文写作水平为目的。过珙《绍文堂详订古文觉斯定本》前有康熙壬子年（1672）序，说："周秦两汉以迄唐宋元明大家之文，其言之可传而不朽者，亦道所由寓，文章中之百川众壑，殊途同归者也，且周秦两汉以下之文，择焉而精，语焉而详，则四子五经之文益彰。"①认为周秦两汉和唐宋八大家之文不但文辞可传，还寄寓了儒家义理，对其讲求学习，有利于写好时文。谢有煇《古文赏音》前有康熙四十六年（1707）序，谓："塾师之教子弟者，既卒业于四书五经，必继以古文，诚以古文之作者……能阐绎经书之义理，以发明圣贤之指归，不徒取其文辞之炳蔚，足以照耀古今也。"②可知旧时私塾教育于四书五经之后，以古文为必读科目，所看重的是古文对儒家义理、圣贤旨归的阐释有助于理解经书，而这正是写好八股文可供取资之处。李扶九《古文笔法百篇》前有李元度《序》："论时文之极致，又以能得古文之神理、气韵、机局为最上乘。明之震川、荆川、陶庵、昭代之慕庐、百川、望溪皆以古文为时文者。功令以时文取士，士之怀瑾握瑜者，宾宾然争欲自泽于古，有能导之以古文之意境，宜莹然而出其类矣。"③认为"以古文为时文"是明清两代八股文名家的特点，能够

---

① 过珙《绍文堂详订古文觉斯定本》，《四库禁毁书丛刊》本，北京出版社，1997年，页549。
② 谢有煇《古文赏音》卷首，清红杏斋宋思仁重刊本。
③ 李扶九《古文笔法百篇》卷首，清光绪辛巳（1881）黄繡重刊本。

具有古文神理、气韵、机局的时文，乃是最上乘的时文，能够写出具有古文意境的时文，就会在时文作者中出类拔萃。李元度的看法是为清代社会所普遍认可的观念，也说明提高八股文写作水平是清代古文选本编选的主要目的。

"以古文为时文"观念为清代社会所普遍认同，根本原因在于古文写作与时文写作有内在的相通之处。这一点也可以从现代文体学角度进行解释。八股文作为一种文体，可以说是集合了汉语文体的各种特点。古人论八股文说："故制义者，指事类策，谈理似论，取材如赋之博，持律如诗之严。"①当代学者金克木说："八股文体兼骈散，继承了战国策士的言论，汉魏六朝的赋，唐宋的文，而以《四书》为模范。分析八股文体若追溯本源就差不多要涉及全部汉文文体传统。"②古今学者都认为八股文具有汉语文体的各种特点，那么，从学习写作的角度来看，要想写好八股文就必须熟悉各种文体。而兼具文章写作技巧和儒家义理的古文，成为八股文写作的最佳取法对象。从今天眼光来看，科举时代"以古文为时文"的八股文写作共识，使提高八股文写作水平成为古文选本编选的最终目的，促进了古文选评的极大繁荣，形成了全社会对古文的高度重视和广泛学习，这些都可以说是"以古文为时文"观念所产生的积极意义。

二 崇儒重教：清代古文选本编纂宗旨与科举导向的契合

科举考试作为清代政府选拔人才的主要途径，对思想观念与社

---

① 汪国霖《制义丛话序》，载陈水云、陈晓红校注《梁章钜科举文献二种校注》，武汉大学出版社，2009年，页7。
② 金克木《八股新论》，载启功、金克木、张中行等著《说八股》，中华书局，2000年，页75。

会风气也有至关重要的影响。清代统治者通过科举考试以达到尊奉程朱理学思想、规范社会风气的目的。《清会典》序府、州、县学，谓："凡教学必习其礼事，明其经训，示其程式，敦其士习，正其文体。"①康熙四十一年（1702）颁行直省各学的《御敕士子文》称国家建立学校的目的是："期风教修明，贤才蔚起。""穷经考业，毋杂荒诞之谈；取友亲师，悉化骄盈之气。文章归于醇雅，毋事浮华。轨度式于规绳，最防荡轶。"②康熙所作《圣谕》有"隆学校以端士习"条，雍正所作《圣谕广训》说："士品果端，而后发为文章非空虚之论；见之施为非浮薄之行。"③都极力强调学校教育崇儒重道、端正士习的作用。通过八股文选拔人才的科举考试，其最终要达到的目的，就是要使选拔的人才符合儒家伦理道德的要求。崇儒重教是科举考试所要发挥的作用，也是科举的导向所在。清代古文选家普遍强调对程朱理学的崇奉，重视古文选本的教化作用，"崇儒重教"成为清代古文选本的基本编选宗旨。这一宗旨与科举导向有着内在的一致性，是对科举考试的自觉响应。

清代绝大多数古文选本是由教师编选、书坊刻印发售的科举教材，这类古文选本数量多，而且流通广泛，具有很大的社会影响，它们大多对"崇儒重教"思想有明确的表达。《唐宋十大家全集录》是清代极为流行的古文选本，全书五十二卷，刊刻于康熙四十四年（1705）。前有储欣所作总序，叙其编选原因是不满意明代茅坤的《唐宋八大家文钞》，说："尝即其选与其所评论，以窥其所用心，大抵为经义计耳。"不满茅坤所编《唐宋八大家文钞》为时文着想的特点。储欣此选的目的则在于使"承学治古文之士"响应"圣天

---

① 昆冈等续修《清会典》，《万有文库》本，商务印书馆，1937年，页346。
② 王炜编校《〈清实录〉科举史料汇编》，页107。
③ 周振鹤撰集，顾美华点校《〈圣谕广训〉：集解与研究》，上海书店出版社，2006年，页61。

子""崇儒重道,化成天下意",①所谓"崇儒重道,化成天下意",正是清王朝要通过科举考试发挥的教化作用。储欣此选虽然也是科举教材,但其编选宗旨显然是对清王朝科举考试意旨的呼应。后来乾隆在《御选唐宋文醇》序文中,对储欣的这种立场表示赞赏:"本朝储欣谓茅坤之选便于举业,而弊即在是。乃复增损之,附以李习之、孙可之为十大家。欲裨读者兴起于古,毋只为发策决科之用,意良美矣。"②也认为着眼于科举考试,是茅坤《唐宋八大家文钞》的弊端所在,而储欣所选《唐宋十大家全集录》不止是作为科举考试的教材,其编纂宗旨是要让读者接受古代圣贤思想的熏陶。《全集录》的编选宗旨为乾隆所赞赏,表明乾隆也认同古文选本应起到端正士习、发挥教化作用的看法,这与清王朝的科举导向是一致的。冯心友《古文汇编》,卷首有张恕可序,认为此选有"正人心,厚风俗"的作用,编者所作凡例云"是编盖劝善书耳",③认为古文选本能够发挥崇儒重道、教化人心的作用。

清代也有一些古文选本不以提供科举教材为目的,而主要以崇儒重教、发挥政治教化作用为其编选宗旨。吴震方是康熙十八年进士,曾官陕西道监察御史,康熙四十一年(1702)他将朱熹言论所涉及文章汇编为《朱子论定文钞》,实际上是一部古文选本,所作序文说:"我皇上睿学渊深,崇儒重道,右学吁俊,首重理学,两闱以性理试论童子兼小学命题,士风一轨于正。"④康熙崇尚理学、实行科举考试是《朱子论定文钞》的编辑背景,编选者通过辑录朱熹所论文章的方式,以达到尊奉朱熹思想的目的。雍正元年(1723)理学名臣蔡世远评选《古文雅正》十四卷,以"雅正"标

---

① 储欣《唐宋十大家全集录》,《四库全书存目丛书》本,齐鲁书社,1995年,页237。
② 乾隆《御选唐宋文醇》,页100。
③ 冯心友《古文汇编》卷首,清康熙刻本。
④ 吴震方《朱子论定文钞》,《四库存目丛书》本,齐鲁书社,1995年,页4。

题,表明其对儒家正统思想和文风的提倡。卷首有张廷玉序,谓《古文雅正》:"其帙简,其义精,而崇实学以黜浮华,明理义以去放诞,信足以赞襄文治,津梁后学。"①指出《古文雅正》以阐明义理、崇尚政教为编选宗旨。除敕修选本以外,《古文雅正》是为《四库全书》所收录的唯一一部清人所编古文选本,《四库全书总目》说:"世远是集,以理为根柢,而体集语录者不登。以词为羽翼,而语伤浮艳者不录。"②充分表明了清王朝官方对其编选宗旨的认可。这些以政治教化为目的的古文选本,是清王朝崇儒重教思想文化政策的体现,与科举考试教化人心、引导士习的导向是完全一致的。

与科举考试相呼应,清代古文选本普遍以"崇儒重教"为编选宗旨,在选篇原则方面也鲜明地体现了这一宗旨。张廷玉《古文雅正序》谓《雅正》所选都是"醇正典则,悉合六经之旨"的文章,而"俶诡幻怪、风云月露之词不与焉",③是否符合儒家思想和正统文风的要求是《古文雅正》的选篇原则。林云铭《古文析义》凡例表明其选篇原则:"文所以载道也,是编凡忠孝义烈大节及时务经济关系于国家兴亡,或小题中立意正大者,方汇入选,其一切排偶粉饰变乱是非之文及有碍于时忌者,虽工致可观,概不敢录。"④编选者对"方汇入选"和"概不敢录"的解释,表明其以儒家思想道德为衡文标准的选篇原则。

三 以时文评古文:科举考试对清代古文选本评点的影响及其意义

评点是中国传统文学批评的一种方式,由"评语"和"评点符

---

① 蔡世远《古文雅正》,《四库全书》本,台湾商务印书馆,1983年,页3。
② 永瑢等《四库全书总目》,中华书局,1965年,页1732。
③ 蔡世远《古文雅正》,页3。
④ 林云铭《增订古文析义合编》卷首,清经元堂刻本。

号"组成。"评语"有"眉评"、"夹评"和"总评"等方式,评点符号是评点者在文本上随文批抹的各种特定符号。评点可以起到引导读者阅读活动的作用。清代古文选本的评点,从符号使用到评语内容都深受八股文评点的影响。

先来看评点符号的使用。林云铭《古文析义》凡例对评点符号有较为详细的解释:

> 是编凡遇主脑结穴处,旁加重圈◎;埋伏照应窾郤处,旁加黑圈〇;精彩发挥及点衬处,旁加密点……;神理所注,奇正相生,字句工妙,笔墨变化处,旁加密圈〇〇〇〇〇;段落住歇处,下加截断——以便省览。①

林云铭这里对圈点符号的解释深受八股文写作的影响。用"主脑""结穴""埋伏""照应""点衬""神理""奇正"等时文评点的常用词语来解释批点符号,表明其评点眼光显然是受到时文写作的影响。光绪年间,黄黻在《古文笔法百篇》增补凡例中,直接从时文写作的角度来解释批点符号的内涵:"段落承接处,多用虚字提转,间有于股中而始作提转者,亦有于起处转,接处又转,起处提,接处又提,提而又转,转而又提者,甚有于一篇中用一二句转者,一股中用叠字叠句转者,且有于前后数字作眼目线索者,数句作呼应照应者,皆文章筋节处,多用连'、'以识之。"②八股文讲究"提转",黄黻在这里用八股文眼光分析古文,对古文的"提转"之处进行详细分析,并且用连'、'作标记,提示读者要从时文角度来阅读、学习古文。《百篇》增补凡例又说"段落者,文章之起止也,长篇起止,初学者每苦头绪纷繁,因而弃置者有之矣,兹仿时文例,用⌐勾画,庶逐层停顿,脉络易寻。"评点者认识到段落划分

---

① 林云铭《增订古文析义合编》卷首,清经元堂刻本。
② 李扶九原选,黄黻增补《古文笔法百篇》卷首,清光绪辛巳(1881)重刊本。

对于学习古文的重要性，模仿八股文评点用勾画提示文章层次的做法为古文标示段落，这一评点符号的使用明显受到了八股文评点的启发。

受科举考试影响，古文选本评语的一项重要内容是对文章历史背景、思想内容的阐释。对于历史背景的阐发有助于增加读者的历史文化知识，科举考试所考八股文以及策、论等文体都需要应试者有丰富的历史文化知识储备，需要有对历史人物、事件的辨别分析能力。解读文章的历史文化背景，成为古文选本评语的重要内容。明清八股文要求"代圣人立言"，所出题目限于四书五经，其实是一种以儒家思想为主导的议论文。古文选本评语对文章思想性的阐释，也以发挥儒学义理为宗旨，以利于读者更好地把握四书五经的哲理意蕴。所以对文章思想内容的阐释成为古文评语的重要内容，这也是古文选评为科举考试服务的一种表现。举例来说，柳宗元的《封建论》是发表其政治看法的大文章，古文选家也多借机发表对封建制的看法，如沈德潜《唐宋八家文读本》、林纾《古文辞类纂选本》对柳宗元的这篇文章都有长篇大论。这种对于历史背景与思想内容的解说，是古文评语的一项重要内容。

受科举考试影响，从八股文视角总结古文的章法结构、文章技巧，是清代古文选本评语的另一项重要内容。八股文写作讲究起、承、转、合，这些行文方式用于古文评点，评点者力求从起、承、转、合角度揭示古文的文章结构特点。朱宗洛《古文一隅》评语常以八股文之法剖析古文作法，即以所选第一篇文章《左传》中的《吕相绝秦》为例，于行间夹评一再提示文章行文中语意之"转"，"转"（包括"折"）字共出现18次，"起"字出现5次，其他"相应""相合""回应""关照""关锁"等八股文常用批评术语也频繁出现。篇后总评认为此文妙处在于"善用转笔、折笔、顿笔、跌笔、激笔、提笔"，这些也都是八股文写作的常用笔法。从《吕相绝秦》的评点来看，评点者对文章章法技巧的揭示，都是从八股文眼光出发，其所用词语多为评论八股文写作的常用术语。《古文一隅》前有庞大堃序，认为："吕、谢、归诸选仅举作古文之法，此则兼示作时文之法，学者诚能举一反三，可悟古文、时文殊途同归之旨矣。"[1]认为古文和八股文在写作方法上有相通之处。将八股文写作技巧用于古文评点，使读者在学习古文的同时，也可领悟八股文写作的方法，说明古文评点深受八股文影响，古文评点的目的也是为了提高八股文写作水平。

在李扶九原选、黄黻增补的《古文笔法百篇》评语中，编选者明显是从八股文视角对所选古文进行评点的。即以其中首篇文章王禹偁《待漏院记》为例，篇后总评说：

> 以法言，起对、中对乃对偶法，即时文八股之祖也。尤妙在起以"天道""圣人"高陪说，极为大方冠冕。中有侧笔、束笔，对股齐整，句调变换，意思周到，收束完密。以脉络用意言，前以"勤"字引出待漏院，又从"待"字上想出"思"字，从"思"字生出贤、奸两种，末以"慎"字束，意在为相者当勤慎也。……极似一篇近时绝好会元文字。[2]

《待漏院记》以贤、奸两种宰相行事相比较而成文，文章本身具有对偶的特点，所以被选为《百篇》"对偶"笔法的范文。评语指出《待漏院记》所用大段对偶为八股文的始祖，分析文章章法结构的"起对""中对""侧笔""束笔""对股""收束"等词语都是八股文术语，编选者显然是从八股文角度来评点古文的。

反对以八股文之法评点古文是自清初以来就较为流行的观点。但是，从今天的眼光来看，以八股文之法评点古文究竟有没有意义

---

[1] 朱宗洛《古文一隅》卷首，清道光三十年（1850）刻本。
[2] 李扶九《古文笔法百篇》卷首。

呢？这是一个值得思考的问题。古文评点对文章历史背景、思想内容的阐释都是为科举考试服务的，在今天看来，这些内容大多迂腐、陈旧，对于学习古文来讲没有实际意义。而以八股文眼光对古文章法技巧、创作经验的总结，笔者认为不应一笔抹杀。清代古文选家从八股文视角出发评点古文，将八股文评点总结出来的章法技巧、创作经验运用于古文评点，对于读者把握古文章法技巧、文理脉络是有一定意义的，在客观也促进了古文理论的丰富和提高。即以《古文笔法百篇》为例，《百篇》按"笔法"分类选录历代古文，其所标示的二十种笔法，以今天的眼光来看，"对偶""就题字生情""一字立骨""波澜纵横""曲折翻驳""起笔不平""小中见大""无中生有""借影""写照""进步""虚托""巧避"等都是具有高度概括性的写作方法。李扶九凡例说："大抵其笔法于时文可通者方录，若于时文不甚合者，虽奇不录也。"八股文写作注重对"法"的总结与运用，章学诚就有"时文法密"的说法。①李扶九《古文笔法百篇》一改以作家或文体为主的编排方式，而是以"笔法"分类选录文章，这种对"笔法"的重视，明显受到八股文评点的启发。他所标示的这些古文"笔法"，概括性强，有一定的实用价值，对于学习古文写作是有指导意义的。

在古文选本的评语中，评点者也特别注重对"笔法"的揭示，往往以"笔法"为中心分析古文的章法结构、文理脉络。如朱宗洛《古文一隅》对柳宗元《钴鉧潭西小丘记》的评语：

> 凡前后呼应之笔，皆文章血脉贯通处。然要周匝，又要流动；要自然，又要变化，此文后一段可法。有两篇联络法，如此起处是也；有取势归源法，如此文先言及石之奇，而以"笼

---

① 章学诚《论课蒙学文法》，仓修良《文史通义新编新注》，浙江古籍出版社，2005年，页411。

而有之"句勒住是也；有有意无意默默生根法，如此文中下一"怜"字，为末段伏感慨之根，下一"喜"字，为结处"贺"字作张本也。①

《钴鉧潭西小丘记》是柳宗元山水散文名篇，这则评语在当代也经常被引用，其对文章写作技巧有较为详细的总结，对于阅读文章不无启发意义。但一般读者都忽略了朱宗洛是以八股文之法进行古文评点的事实。"前后呼应""血脉贯通""周匝""流动""起处""勒住""结处"等都是八股文评点的常用术语，对文章章法、脉络的分析也都是出自八股文视角，"取势归源""有意无意默默生根"等也是八股文写作方法。以时文之法评点古文，能够抓住要点，理出层次，并能提炼各种写作方法，体现了评点者对文章的深刻理解，对于读者学习古文颇有益处。

历来评论古文者，往往喜欢使用"自然""浑厚""高古"等一些程式化的名词，缺乏对古文写作理论的具体总结。清代古文选家将时文评点方法运用到古文评点之中，对于古文的章法结构、文理脉络有较为透辟的分析，并且概括、提炼出很多具体的写作技巧和方法，这对于学习古文写作来讲是有启示意义的。所以以时文之法评点古文，并非一无是处，如果能够把握二者相通之处，对于探索古文写作的一般规律、丰富中国传统文章学理论都是有一定积极意义的，对于当代文章学理论建设也不无启发意义。

（原载《广西社会科学》2016年第2期）

---

① 朱宗洛《古文一隅》卷中。

飘渺缠绵一种情
——论黄侃的爱情词

◎ 李　婧

　　填词是黄侃于学术之外的消遣，曾言"虽览词章，只为涉猎"，①但其实黄侃在词学上也是颇有造诣的。他曾下过苦功通阅《宋六十名家词》《绝妙好词续钞》等词集，并向清季四大词人中的郑文焯②、况周颐③等问学。黄侃还曾先后在北京大学、④武昌师范

---

① 黄侃《黄侃日记》，中华书局，2006年，页144。
② 据司马朝军、王文晖《黄侃年谱》，湖北人民出版社，2005年，页67载：黄侃1912年曾向郑文焯请益词学，今词集尚存一首和郑文焯的词《霜华腴》，其题记曰："大鹤词师（郑文焯号）以旧作怀梦窗杨柳闾门故居之作见示。遭乱飘泊，久有适吴之意。扳缠未遂，梦想徒劳！奉和一阕，用坚夙愿。"见于湖北省人民政府文史研究馆校订《黄季刚诗文钞》，页400。
③ 黄侃1913年居京期间与况周颐讨论词学，据《黄侃日记》1913年6月28日日记载："访禺生不遇，还登楼外楼，复至神州馆小坐，晤况夔老，谈词甚久。"况周颐还曾为其《繐华词》题词，言二人的词学交谊："容易金风到海捐，孀萍吹聚两词痴，玉箫声里识君迟"，"只为移情来海上，便须连句仿城南，人天慧业好同参。"见司马朝军、王文晖《黄侃年谱》，页63。
④ 俞平伯《清真词释序》："民国五年六年间方肄业于北京大学，黄季刚师在正课以外忽然高兴，讲了一点词，从周济《词辨》选录凡二十二首，称为'《词辨》选'，作为讲义发给学生。"俞平伯《读词偶得·清真词释》，页69。

大学、武昌中华大学、北京民国大学讲授宋词,①对俞平伯、②龙榆生③等日后的词学大师起到启蒙之功。黄侃一生共创作四百多首词,其中,有一小部分是表达忧国忧民之情、羁旅思乡之恨,及记游咏物、赠答唱和的词作,但绝大部分则是爱情词,展现出一种飘渺缠绵的独特韵致。

黄侃严守"词是艳科"的文体观念,其词绝大多数为抒写爱情之作,占总词作数的三分之二以上。1912年铅印《纕华词》,系黄侃刚由日本游学归国时所印,有编成自记曰:"右词一卷,一百六十五首,起丁未(1907)迄辛亥(1911)五岁间所得。华年易去,密誓虚存。深恨遥情,于焉寄托。茧牵丝而自缚,烛有泪而难灰。聊为怊怅之词,但以缠绵为主。作无益之事,自遣劳生;续已断之缘,犹期来世。壬子六月,编成自记。"④卷前有先生好友王邕、汪东的序文各一篇,另有况周颐题词《减字木兰花》四首。此集均系情词,除分赠友好外,仅在武昌少量发售。

黄侃词个别作品伤于侧艳,如描绘女子体貌《临江仙》"罗衫薄薄映冰肌。桃应妆半面,柳要学双眉",⑤《清平乐》"一枝片玉,柳似垂髦花似肉,正是秦娥十六"等,⑥至于《浣溪沙》:

楼阁微寒昨夜风,起来梳洗意犹慵,对郎羞怯又惺忪。

---

① 堵述初《黄季刚先生教学轶事》,司马朝军、王文晖《黄侃年谱》,页26。
② 《俞平伯年谱》云:"俞平伯在北京大学教授黄侃的指导下,在正课以外开始读周邦彦的《清真词》,这为他后来研究《清真词》打下了良好的基础。"见孙玉蓉《俞平伯年谱》,天津人民出版社,2001年,页8。
③ 龙榆生也回忆说:"(先生)除声韵文字之学致力最深外,对于做诗填词,也是喜欢的,他替我特地评点过一本梦窗四稿。我后来到上海,得着朱彊村先生的鼓励,专从词的一方面去努力,这动机还是由黄先生触发的。"见张晖《龙榆生先生年谱》,学林出版社,2001年,页14。
④ 李一氓《关于黄侃的词》,《读书》1981年第1期。
⑤ 黄侃著,湖北省人民政府文史研究馆校订《黄季刚诗文钞》,湖北人民出版社,1985年,页320。
⑥ 同上书,页395。

> 照影波光如眼媚,透帘山色比眉浓,今宵应不在愁中。①

更是轻艳露骨。但这样的作品占比很小,黄词在根本上讲不是艳词而是情词,作为一个至情至性之人,他用词记述了男女爱情中种种喜与笑、怨与愁。如《生查子》:"江上采珠还,初见秋波瞥。问得莫愁名,便是愁时节!默默又依依,罗带频拈结。无限此时情,后日和伊说。"描写的就是男女两人初相见时的喜悦与心动。如《浣溪沙》:

> 清晓妆成蜡烛啼,伤心第一是潜离,从今魂梦互难知。
> 岂有错刀酬远道?更无青雀寄微词,不成相见枉相思!②

倾诉的是离别的伤心与痛苦。

所谓"一卷新词,半得相思助"③(《蝶恋花》),黄侃爱情词着重抒发的是离愁别绪、相思之苦,并且多与羁旅之愁相结合,使词作更为哀怨,如《念奴娇》"已自羁旅无聊,飘零有恨,况被柔情绕",④《高阳台》"最伤心,旅病而今,密约从前",⑤《还京乐》"拟淹留,愁梦逐飞花,情随逝水!可惜天涯客,无人长伴憔悴"等词句都是如此。⑥1909年在日本东京所作的《浪淘沙》,正是融合了黄侃独在异国的羁旅之愁和远离妻子的相思之苦:

> 桂树满空山,秋思漫漫。玉关人老不生还!莫道此楼难望远,轻倚危栏。
> 流水自潺湲,重见应难。谁将尺素报平安?惟愿夕阳无限好,长照红颜。⑦

---

① 黄侃著,湖北省人民政府文史研究馆校订《黄季刚诗文钞》,湖北人民出版社,1985年,页413。
② 同上书,页346。
③ 同上书,页324。
④ 同上书,页345。
⑤ 同上书,页360。
⑥ 同上书,页414。
⑦ 同上书,页412。

可以说羁旅之愁与爱情之苦乃是黄侃痛苦的两个源头，正是二者的交错纠结，奠定了黄词无尽哀婉的基调。

黄侃的结发妻子王灵芳不幸于1919年逝世，花凋玉殒，令其十分悲痛，除了写下悼亡诗篇，黄侃也在词中表达他的哀思。如在《齐天乐·庚申除夕》中悲叹："西窗旧侣。记亲擘黄柑，为添尊俎。短鬓如今，祭诗徒有断肠句。"①又在《霓裳中序第一》中痛感："愁极！旧盟难忆。早羽迅流光过隙，悲怀何计自释。拂簪尘多，展卷笺蚀。寄情无使觅，算断了人天信息。钟鸣矣，铜盘残苴，泪共冷灰积！"②人天已永隔，黄侃也只能用诗词来倾诉对妻子的思念了。还有一首《八声甘州》更是情深意重，词云：

听幽窗暗雨冷侵魂，凄然感凉秋！又昏灯笼影，轻飘鬲骨，辞梦高楼。正苦愁恨不去，争道怯愁休。愁有能消处，残泪仍流！

却倩馀丝相绕，怕断时缥渺一去难收。怆沧波寒汐，渐恨又教留。拟他生蓬山重见，奈紫氛高处不通舟！梁间燕，正双栖处，料惹凝眸。③

从"拟他生蓬山重见"，可以断定这也应是一首悼亡词，在幽窗暗雨的秋夜，想起亡妻，令黄侃不禁"残泪仍流"。今生既已缘尽，聊寄希望于他生相会蓬山仙境，怎奈"紫氛高处不通舟"，只能是徒然望着梁间双燕，黯然神伤罢了。此词情真意切，一股无奈而深沉的悲痛直逼人心，大有苏轼"十年生死两茫茫"的风调。

在发妻去世后，黄侃先后经历过几段感情，但多无果而终。在黄词中有大量的笔墨是在记述聚少离多的无望之恋：

---

① 黄侃著，湖北省人民政府文史研究馆校订《黄季刚诗文钞》，湖北人民出版社，1985年，页354。
② 同上书，页358。
③ 同上书，页351。

《荷叶杯》:"从今多是断肠时,相见也无期","他生长住有情天,只是暂无缘!"①

《虞美人》:"天长路远无消息,惟有长相忆!"②

《虞美人》:"如今相见已无缘,赢得一回追忆一凄然!"③

《高阳台》:"玉阶携手当时事,甚流年易换,佳会终稀!"④

《蝶恋花》:"两意循环何日断?秋眸一脔难重见!"⑤

《鹧鸪天》:"佳人一去难重见,夜夜相寻惟梦魂。"⑥

《减字木兰花》:"轻颦微叹,当时知有无穷怨,一度分携,直到他生是见时。"⑦

这样无奈与无望的感情给黄侃带来了不尽的愁情哀怨,给他的词作抹上了浓重的哀婉凄凉的调色。因而黄侃的词中满是"愁"、"飘零"、"凄凉"之类的字眼。如《采桑子》:

青鸾漫报愁消息,侬已多愁,侬已多愁,分得愁多更不休!

帘垂枕冷遥相忆,心上成秋,心上成秋,暗雨微灯共一楼。⑧

"侬已多愁","心上成秋"也成愁,满纸都是一个愁字。

又有《太常引》自题小像云:

---

① 黄侃著,湖北省人民政府文史研究馆校订《黄季刚诗文钞》,湖北人民出版社,1985年,页334。
② 同上书,页336。
③ 同上书,页337。
④ 同上书,页362。
⑤ 同上书,页364。
⑥ 同上书,页379。
⑦ 同上书,页380。
⑧ 同上书,页377。

> 仙心侠意两难平，一例化幽情。尘海任飘零，更休问他生此生！
>
> 浓香引梦，寒花伴影，到处总凄清！虚愿慰伶俜，莫轻遣愁醒恨醒！①

"侬比啼鹃一倍痴"（《采桑子》）的黄侃，终逃不过一个"飘零"，到处总是"凄清"，悲凉之感弥漫了整个诗篇。

在慢词中，黄侃将这般愁怀表现得更为缠绵悱恻，如《念奴娇》：

> 海山兜率，算相逢较易，劳生已了。密怨潜离俱不误，误在当初一笑。花落经春，萍浮甚处，鱼雁又沉香。誓言虽在，冬雷夏雪难保！
>
> 一任肺疾缠绵，泪珠零乱，转觉销磨好。万种凄凉无可说，只待心灰形槁。幕里微容，扇头诗句，见即添薅恼。凤缘千劫，忏情今日还早。②

从"花落经春，萍浮甚处，鱼雁又沉香"，可见恋人别离已久而音信杳无，以至于当初"冬雷震震夏雨雪，乃敢与君绝"的誓言，今日也成了无望的空语。在这样"万种凄凉无可说"的情况下，黄侃宁愿任病体消磨，心灰形槁来麻木自己。

那么这样聚少离多的无望之恋到底指射黄侃的哪一段感情呢？追索黄词的本事，应该是记叙了生命中几段不同的感情，很难一一落实。除了可以确定的其身在异国他乡写给妻子的怀内词，及发妻去世后所写的悼亡词之外，黄侃的很多情词可以明显地判断出是写给一位名梅的女士，黄侃有多首咏梅的词，《浣溪沙·题画梅》道

---

① 黄侃著，湖北省人民政府文史研究馆校订《黄季刚诗文钞》，湖北人民出版社，1985年，页333。
② 同上书，页348。

出这是"暗因幽卉忆嘉名"。①在一首《点绛唇》的小序中,黄侃追忆"检匣得旧扇,尚未书字。扇为蟏蛸骨,痴梅所赠也。感赋一阕,即题扇上",②而这首写给痴梅的词,哀怨动人:

  螃甲玲珑,几年匣里愁轻展。聚头人远,辛苦知谁见?
  浓笑书空,曾傍柔荑腕。音尘断,忍吟班扇,泪与残蝉泫!③

另一首《摊破采桑子》"题旧藏时辰表中所嵌小象"云:

  梅妆攀色无人学,只伴冰霜,合受凄凉,晚节还堪殿众芳。也啰!真个是意难忘!
  兰情蕙性谁能绍?种向都梁,恨满潇湘,好续离骚咏国香。也啰!真个是意难忘!④

也提到"梅",不难想到,黄侃所珍藏相片中的心上人,正是这位名梅的女士。而且黄侃对她的感情十分深刻,"真个是意难忘",黄侃还作有《南乡子》"重赞小象":

  见影已知愁,憔悴丰神镜里收。独立雕栏应有恨,迟留,只恐罗衣不耐秋。
  相对久凝眸,翻信离魂解见投。却买沉香熏小象,绸缪,也算重逢在画楼。⑤

将伊人的小像熏香设供,想象这"也算重逢在画楼",可见黄侃的痴情和这段感情的无望。

---

① 黄侃著,湖北省人民政府文史研究馆校订《黄季刚诗文钞》,湖北人民出版社,1985年,页404。
② 同上书,页408。
③ 同上书,页408。
④ 同上书,页383。
⑤ 同上书,页394。

从有关黄侃的各种史传及回忆资料来看，这位名梅的女士，很可能是黄绍兰，她早字学梅。值得注意的是，在"题旧藏时辰表中所嵌小象"词中，除了上阕首句"梅妆鬓色无人学"，下阕首句为"兰情蕙性谁能绍"，正和黄绍兰名字，黄侃应该是以藏头的形式在词中暗嵌意中人的名字。"兰"也是黄侃词中常咏之物，《木兰花慢》就是一首咏兰之词，其题记云："因怜芳草，复忆嘉名。悱恻之怀，庶斯能喻。"①并且"梅"、"兰"共现的情况不止上举一处，《江神子》题记曰："案头以瓶供黄梅，幽兰伴之，水仙亦将花矣。晴日欣然为赋。"②《声声慢》题记曰："友人画梅兰共一幅属题，用梦窗赋四香韵。"③《山花子》也云：

> 林际疏梅谷底兰，多情长是耐清寒。化作优昙何处觅？太无缘！
>
> 彩缕那长能续命？琼楼端合小游仙。萝带桂旗皆寂寞，下空山。④

这些细节都印证了黄词中的女主角应该正是黄绍兰。二人的情感经历也正像黄词中所写的《蝶恋花》"水远山长从间阻，人间遥作伤心侣"⑤，虽然海誓山盟，心心相印，却由于现实的原因而充满了无奈与无望。

黄侃的爱情词既是他本身真情实感的流露，同时也体现了他那一个时代知识分子某个侧面的精神状态。汪东在撰《繡华词序》中提到黄侃创作情词有更深层的动因：

---

① 黄侃著，湖北省人民政府文史研究馆校订《黄季刚诗文钞》，湖北人民出版社，1985年，页352。
② 同上书，页338。
③ 同上书，页399。
④ 同上书，页392。
⑤ 同上书，页387。

> 尝谓词原于《国风》，而与《离骚》尤近。夫诗以言志，志者与物相应者也。世变既繁，感慨纷集，仁人君子，怀菀结之情，抱难言之痛。罗网甚密，则庄语或以召危；芳菲弥章，而奇文因之益肆。自屈原之作以为诗者，结体四言……黄君凤离幽忧，回翔异域，又复生三闾之徂土，袭往哲之修能，宜其所述有《哀郢》之志，《思美》之遗也。①

汪东指出由于清末民初世变纷繁，当时的知识分子"感慨纷集"、"怀菀结之情"，但苦于罗网甚密而不得直言，故以"芳菲弥章"的奇文发之，正如同屈原以香草美人抒忠君爱国之情一样。黄侃也是如此，"凤离幽忧，回翔异域"，他所创作的爱情词正是他内心苦闷的抒发，"有《哀郢》之志，《思美》之遗也"。

汪东的剖析在刘仲蘧赠黄侃《瑞龙吟》词的题记中得到进一步证实：

> 右词一首为瑗近作。自经丧乱，意思萧瑟，海滨飘泊，时感前游。自惟情怀不深，材智庸下，执操浩荡，见弃知音。时命既乖，凤心终左，纵复微吟永叹，只以自怜。惟是劳苦之生，必须排遣之术。托想于绮罗香泽，未必遂为大雅所讥也。季刚先生天性耿介，不受世羁，投契以来，相忘形表。昨见此作，亦复击节称叹，矜我愚情。不图多感之辰，乃得同心之友。欢然以喜，愀然以悲，固知俗士讥评，必以吾两人为狂侠。然深隐之怀，既经共喻，世议琐琐，又何计焉。壬子（1912年）三月　刘瑗记②

刘仲蘧所作的是一首爱情词，他自谓创作的动因是为了排遣丧乱以来内心的萧瑟、痛苦，而"托想于绮罗香泽"。而黄侃对刘氏的这

---

① 转引自司马朝军、王文晖《黄侃年谱》，页63。
② 黄侃著，湖北省人民政府文史研究馆校订《黄季刚诗文钞》，页269。

种想法颇感"同心"，以至"击节称叹"。

黄侃在《繻华词序》中说："作无益之事，自遣劳生"，刘仲遽在《瑞龙吟》题记中言："惟是劳苦之生，必须排遣之术。托想于绮罗香泽，未必遂为大雅所讥也"，汪东在《和清真词序》中引："不为无益之事，何以遣有涯之生"，三人异口同词，都将爱情词的创作视为对内心苦恼、郁闷、感伤情绪的一种发抒和排遣。可见，这种文学思想是近代知识分子普遍具有的。[1]郭延礼在《中国近代文学发展史》中分析苏曼殊爱情诗的意义时指出："如果要说这部分诗的意义，除了审美价值外，则反映了近代知识分子在黑暗势力面前出世与入世、反抗与动摇、追求自由与自造藩篱的矛盾心态。对于考察二十世纪初那个特定时代的一种畸形性格形态当有一定的认识价值。"[2]黄侃的爱情诗词亦当作如是观。

（原载《国学茶座》2014 年第 4 期）

---

[1] 程翔章《黄侃词论略》，《黄冈师专学报》1994 年 4 月第 14 卷第 2 期。
[2] 郭延礼《中国近代文学发展史》，山东教育出版社，1993 年，页 1846。畸形，原文作"畴"，疑误。

中西爱情诗比较
——以叙述角度的不同为切入点

◎ 李 良

前人对中西爱情诗的异同多有揭示，本文将另辟蹊径，以"叙述角度"为切入点来探讨二者的差异以及寻求导致此种差异的根源，而对二者的某些共性只作简略阐述。

在中西爱情诗里确能发现一些极为有趣的相似性，这就是在表现手法上，二者有时呈现出惊人的一致性。比如彼特拉克《歌集》第三十首中有这样的诗行："我的相思只有在那时才能终止/当月桂树上再也看不见绿叶勃生/亦或我的心得到安慰、双眼不再流泪/雪在火中燃烧，烈焰冻结成冰/我的头发变得越来越稀……"[1]这种以自然界不可发生的现象为例来说明自己对于爱情坚贞的表现手法，无异于中国汉乐府民歌《上邪》的翻版。这种表现手法无论在中西都并非是孤立的个例，因为我们同样可以在敦煌曲子词《菩萨蛮·枕前发尽千般愿》读到，而古罗马诗人贺拉斯长短句《犹记良宵》

---

① （意）彼特拉克著，李国庆、王行人译《歌集》，花城出版社，2001年，页44。

也有类似的诗行:"你用双臂把我抱紧/发誓说只要狼改不了吃羊,猎户星/还在冬海掀起风暴/只要微风还吹拂阿波罗的发丝/我们的爱就不休止。"①诗人连用三个不可能发生的假设来表达对方对爱的贞忠,有似于中国爱情诗信守诺言的描写,稍所不同处只在于贺拉斯的诗多了几分幽默、俏皮而已。

在写道能与恋人接触的物件或动、植物时,中西爱情诗人都流露出羡慕的倾向,我们看到静穆、超逸如陶潜那样的诗人,在《闲情赋》里也写下了"愿在裳而为带,束窈窕之纤身……愿在莞而为席,宴弱体于三秋"②这样充满儿女私情的诗行。又比如唐代诗人刘禹锡《淮阴行五首》其四:"何物令侬羡?羡郎船头燕。衔泥趁樯竿,宿食长相见。"③诗中的女主人公出于与自己恋人分别之苦,竟想及自己不如宿于船上樯竿的燕子,能与自己的恋人宿食相见。西方爱情诗中也不乏类似的描写,比如彼特拉克《歌集》第126首:"啊,亭亭如盖的树荫/(一旦想起它,我就叹息不禁)/她多么喜欢依靠着你的躯身/绿草和鲜花,那迷人的衣裙/和天使一般的酥胸都曾经/不止一次地将你压迫和蹂躏。"④诗中的一句"一旦想起它,我就叹息不禁",显然对那些能与自己恋人接触之物透露出强烈的羡慕心理。

中国爱情诗中"美人迟暮"心理的描写不在少数。在这类诗中女主人公往往以花自喻,暗示自己娇丽容颜在别离岁月中会很快衰老,并以此作为对自己心上人的规劝,希望对方珍惜青春时光,及早归来与己团聚生活。"馨香易消歇,繁华会枯槁"⑤"无论君不归,

---

① (古罗马)贺拉斯《犹记良宵》,飞白译《古罗马诗选》,花城出版社,2001年,页110。
② 陶潜著,龚斌校笺《陶渊明集校笺》,上海古籍出版社,1999年,页378。
③ 刘禹锡撰,卞孝萱校订《刘禹锡集》,中华书局,1990年,页340。
④ (意)彼特拉克著,李国庆、王行人译《歌集》,花城出版社,2001年,页178。
⑤ 汉无名氏《古诗三首·新树兰蕙葩》,李文禄、宋绪连主编《古代爱情诗词鉴赏辞典》,辽宁大学出版社,1990年,页137。

君归芳已歇"①"故人何不返，春花复已晚"②……这些诗句均为"美人迟暮"心理的反映，类似描写在西方爱情诗中也能找到。比如意大利古诗人安·波利齐亚诺的诗行："我的风笛啊，告诉她吧／秀丽的娇发会随岁月一起消失／告诉她时光会把我们催垮／流逝的年华一去不复回／告诉她要懂得利用自己的美／玫瑰和紫罗兰不能永不凋谢。"③又比如彼特拉克的诗句："金黄的头发将会变成白发苍苍／您将无心梳妆打扮，不再丽裳艳裳／我日思夜想的恋人将失去色泽……"④尽管二者所站的性别视角不同（中国诗是以女性视角而言的，是女主人公自叹迟暮的悲伤；而西方爱情诗是从男性视角而言的，是男主人公提醒对方应当珍惜青春年华，及早与己相悦，不要对自己作出拒绝的表示），但二者的相似性还是显而易见的。

由以上例证可看出，中西爱情诗尽管在不同文化体系中独立成长，却依然不乏令人惊异的类似性。这种类似性或许确是"人同此心"、心同此"情"所促成的结果。但对中西爱情诗整体加以比较看到更多的将是差异，这种差异最鲜明地体现在对它们的鉴赏时，二者带给读者的感受是近乎绝然不同的。在比较之前，先看西方爱情诗具有的一个基本特征，那就是它们几乎毫无例外均以第一人称叙述角度写成，且诗中明显有"我"这一表第一人称称谓的词语出现。西方爱情诗整体而言以直抒情感为主，它们描写的是作者自身情感，作者就是感情事件的经历者，作者在爱情中悲喜哀乐的感受构成了诗中的情感事件。正因作者就是情感事件的经历者，其对情

---

① 谢朓《王孙游》，同上书，页124。
② 柳恽《江南曲》，同上书，页229。
③ （意）安·波利齐亚诺《歌》，钱鸿嘉译《意大利诗选》，上海译文出版社，1987年，页62。
④ （意）彼特拉克著，李国庆、王行人译《歌集》，花城出版社，2001年，页12。

感的描写多是率直、浓酽而热烈的。读者在鉴赏这类诗时也就会有与作者类似感受产生，也就是说，这时读者与作者也即诗中抒情主人公仿佛重叠融合成一人，都是那情感事件的经历者。诗中所描写的已不再只是作者的情感感受，而且也是读者的情感感受，读者就如诗中的抒情主人公一般生活在那诗里。

且以歌德《欢会和别离》为例来说明这点。诗中歌德把自己与恋人"欢会和别离"时的感受，以饱满的热情从心底唱了出来。它带给读者的感觉是感同身受，仿佛读者自己经历了这番情景一般。读到"我的血管里好像着火/我的心房里烈焰腾腾"，[①]读者就宛若那行将赴约的恋人，内心充满兴奋欢乐。诗接下去写道，"见到你，你甜蜜的眼光/灌给我柔和的欢喜/我的心完全在你身旁/我的一呼一吸都是为你/玫瑰似的艳丽的春光/烘托在你花容的四周/你对我的柔情，啊，上苍/我虽巴望，却无福消受。"[②]细细体味这样的诗行，它给读者的感受，与其说是歌德把他本人在爱的幽会中所获得的欢悦心情描绘了出来，毋宁说是他把"我们"在爱的幽会的欢悦心情描绘了出来更为恰当。读者感觉到诗人不仅是在描写他自身，而且也是在描写"我们"的感受。尽管读者可能未曾有过这样爱的幽会经历，没有经历过那样的情感体验，然而他却依然能在诗中获得这种感受。因为在诗塑就的这番情景中，欣赏者感受到了它的真实，所以觉得爱的幽会的欢悦心情就是如此。这正是艺术的移情，诗激起欣赏者内心澎湃的情感，使其心潮随之汹涌起伏。"可是随着熹微的晨曦/离愁已充满我的心中/你的亲吻含多少欢喜/你的眼泪含多少苦痛/我走了，你低垂着眼皮/又目送着我，噙着泪珠。"[③]这里诗的情感由扬而抑，出现了转折，它不再如欢快悦耳的

---

① （德）歌德著，钱春绮译《歌德诗集》，上海译文出版社，1999年，页67—68。
② 同上。
③ （德）歌德著，钱春绮译《歌德诗集》，上海译文出版社，1999年，页67—68。

乐曲那样昂扬、蓬勃向上，而是转为哀愁、低沉。它使欣赏者感受到别离时依依不舍的苦痛，感受到眼泪以及种种忧郁和愁情。随着这种情感的变奏，欣赏者的内心也变得低沉、忧郁起来。在对此诗的欣赏中，读者感到自己就宛若诗中的抒情主人公，亲历了这番幽会，并经历了这样的情感体验。

这就是西方爱情诗给人的感受，它使读者直截参与这种情感，它坦率、直截、热烈、鲜明，有时如火熊熊，有时如小溪在转弯处发出喃喃凄语，但无论它是蓬勃向上，还是低沉悲戚，读者心的律动都与其合拍并随之起伏。欣赏者自始至终都与诗中那种情感无间隔地融汇在一起。但中国古代爱情诗给人的感受却不是这样，它总是给欣赏者造成某种间隔，使之难以遽然与诗中描绘的情感融合于一起。读者与诗中描绘的情景总持有某种距离，使之更多是作为一个局外人旁观作品所传达出的诗情画意，而并不和诗中描绘的情感事件经历者一起参与那事件。

在寻求造成这种间隔的根源之前，先对中国古代爱情诗的叙述角度类型进行一番归纳。中国古代爱情诗在叙述角度上可分两大类，一类是以第三人称叙述角度写成，比如《诗经》中《关雎》《鸡鸣》、《古诗十九首·青青河畔草》等即属此类。这类诗占据相当比例，约有半数以上的古代爱情诗属此。在这类诗里叙述者明显超然于诗外，他对诗中发生的情感事件丝毫未曾参与，他置身于诗中的情感事件之外客观叙述整个事件的始末。在这里，叙述者充当了一个"无所不知"、全知全能的角色。这类诗中的爱情描绘尽管可能是热烈的，但读上去依然难以令人与之契合。因为它让欣赏者感到那只是他人的爱情经历，而不是"我们的"。读者与叙述者一样只是个局外旁观者，他在旁冷静审视观照这一切，却并不与诗中的情感事件经历者相融为一。

就以《关雎》为例来说吧。"关关雎鸠，在河之洲。窈窕淑女，君子好逑。"①在这里能体会到爱情诗的韵味吗？这里读者首先要调动的是想象力，由雎鸠关关悦耳相和之声想到恋人间的恩爱和洽，才能进而明白它与"窈窕淑女，君子好逑"间"兴"的关系。当然，也许你会说，这不是对诗的欣赏，而是在分析、在做字面的理解，它需要读者突破字面去"涵泳"、去直接与那诗中的意象情趣交融拥抱。那么就调动情感、想象去与诗情径直相融合吧。但它更多的依然是给予欣赏者一种画面感，使之宛若看到沙洲上成群的雎鸠在"关关"悦耳鸣叫着，一派融洽悦和的样子。欣赏者也许还看到参差不齐的荇菜在水中时左时右晃动，一位年轻美丽的女子在那里俯腰采摘。也许你还会说，诗中还有些不是画所能表达的，比如"求之不得，寤寐思服。悠哉悠哉，辗转反侧。"②这些岂是画中所能有的？确实，这些不是在想象的视觉画中所能见的。"悠哉悠哉"，那是对情感的描绘，是对他人在爱情中情感体验的描绘，而且描绘得极为真切。但它究竟是他人的情感而不是"我们的"，读者虽感到这种情感的真实，却并不把自己与诗中的"君子"等同起来。在对这首诗的欣赏中，读者很难有感同身受的体会，他始终是置身事外的旁观者，在审视观照这个画面与事件，观照诗中人物的行为、情感。他是在对整首诗进行画面想象的感受中体悟到它的美。自然，诗中也有情感，但它显得委婉、含蓄而蕴藉，不像西方诗那样热烈、浓酽、奔放。

这类与己无涉，以第三人称叙述角度写成的爱情诗，乃是中国文学中具有的一个独特现象。西方爱情诗中几乎找不到这样对应的作品，西方一些长篇诗中某些片断爱情事件的描写，可以归属到此类型上去，比如但丁《神曲·地狱》篇五中对圣·保罗与法郎塞思伽恋爱故事的描绘即属于此。

---

① 朱熹《诗集传》，上海古籍出版社，1958年，页1—2。
② 朱熹《诗集传》，上海古籍出版社，1958年，页1—2。

这类诗让人感到，中国古代诗人写爱情时仿佛并不是对自身情感表现，而是作为他人爱情经历的旁观者，看到他们发生的一切并将其表现出来。诗人描绘的是他人情感经历，而不是自己的。他们不是带着激情参与事件的亲身经历者，只是这番经历的旁观者。于是读者在欣赏其作品时感受也如作者一样，置身于事外作客观冷静观察，却无法与诗中描绘情感无间隔地融合一起。

中国古代爱情诗另一类型是以第一人称叙述角度写成。它又进而可以细分为两类。一类是诗中直接有"我""妾"等表第一人称称谓的词出现，比如《诗经》中《氓》《静女》，陈琳《饮马长城窟行》、张籍《节妇吟》即属此类。这类诗相当部分是男性诗人代女性立言，即男性模拟女性口吻写成。其间虽也不乏站在自身性别立场写成者，但这类作品极少，且主要集中在《诗经》与各朝民歌中。

考察这类直接有"我""妾"等第一人称称谓出现的爱情诗，可发现它们大多叙事性非常强，或许将之称为带有爱情事件描绘的叙事诗可能更为合适。当爱情诗描绘的是一个客观实在事件（不是感情事件）时，读者对其欣赏获得更多的是一个外在事件的印象，他难以和诗中的"我""妾"这些个事件的经历者等同起来。在欣赏者与作品中"我""妾"之间，依然保持着距离间隔。

对此点可以张籍《节妇吟》为例来说明。"君知妾有夫，赠妾双明珠。感君缠绵意，系在红罗襦。妾家高楼连苑起，良人执戟明光里。知君用心如日月，事夫誓拟同生死。还君明珠双泪垂，恨不相逢未嫁时。"①诗描绘了一个对自己丈夫忠贞的女性形象，她为另一个对自己用情深厚的男性所感动，发出了"恨不相逢未嫁时"的感喟。无论诗中女主人公怎样被另一男性所打动，无论她怎样对自

---

① 马茂元选注《唐诗选》，上海古籍出版社，2000 年，页 534。

己的"良人"用情坚贞,读者仍感到她只是一个"他者",而不是"我"。读者难以把自己与诗中的"妾"等同起来,在"她"与"我"之间永远存有某种间隔。

还有一类以第一人称叙述角度写成的爱情诗,它虽以第一人称叙述,但诗中根本没有表第一人称称谓的"我"字出现,比如《诗经·蒹葭》、杜甫《月夜》、崔护《题都城南庄》。在这类诗中,"我"只作为诗中潜隐的抒情主人公而存在,他存而不露。他虽然是整个情感事件的经历者,却并不像西方爱情诗明显地告诉你:"这是我的情感体验与经历。"这类诗要求涵泳体味、咀嚼揣摩,唯有如此才能对其情感有所把握。且以崔护《题都城南庄》为例来说明:"去年今日此门中,人面桃花相映红。人面不知何处去,桃花依旧笑东风。"[①]诗中显然有个抒情主人公,但通篇诗中又未着一个"我"字去显性地标示出他的存在,他只是作为一个潜隐者活在诗里。在此姑且不论崔护是否有感于他人经历咏成此诗,即使是他咏自己的经历,其给读者的感受,也仍然是一种旁观者的感受。欣赏者难以直接置身诗中,成为那个潜隐的抒情主人公。读者对之欣赏,尽管也能感受到诗中所咏女性如桃花般绯红脸庞的美,尽管也会隐约产生"人面不知何处去,桃花依旧笑春风"的怅惘失望心理,但他更多的却是在想象的视域中看到一个寻访旧日恋人却未曾访得的青年,在桃花下、春风中独自惆怅踟蹰。读者不会成为诗中的那个青年,他只是在旁静坐观望。

以上对两大类爱情诗的分析可以得出这样一个结论:无论中国古代爱情诗从何种角度进行叙述,读者对其欣赏都会产生某种程度的间隔。读者难以使自己与诗中的情感经历者等同起来,他感到那是他人而不是自己爱情事件的经历。读者只是旁观者,在对这个情

---

① 马茂元选注《唐诗选》,页546。

感事件作冷静观照审视。尽管他有时会沉浸其间，但其领悟到的是诗的韵味，是诗的描绘之美，是意境，并非诗中描绘的情感直接作用于其心灵，使之沉浸其中。但西方爱情诗不然，诗中描绘的情感会直接作用于读者心灵，他极易把自己与诗中的抒情主人公等同起来，仿佛诗中描绘的一切情感就发生在自己心里。它不像中国古代爱情诗给人予间隔感，而是使欣赏者直接参与诗中的情感，使之与那情感相交拥抱，合为一体，犹如两团跃动的火焰相融而更加熊熊。

中西爱情诗欣赏产生如此不同的体验，其根源仍要到抒情方式的不同上去寻找。中国古代诗论一贯强调"意境"，"意境"说的本质虽说是突破表孤立的物象，以表现虚实结合的"境"为归旨，也就是说，是表现造化自然生动的图景，表现作为宇宙本体与生命的道（气）为目的，但它依然脱离不了"意"（情）与"境"（景）这两个基本范畴。所谓"诗情缘境发"，[1]所谓"景无情不发，情无景不生"[2]，很能说明我国古人是如何来进行情感的抒发。它们无不强调情感必须寄托于景象的描绘中，而景象的描绘又必须传达出某种情趣。这种情感抒发如盐入水，它溶解于水中，使人能品味出水的咸味，却不能找到一颗完整的盐粒。这就是中国古诗独特的抒情方式，这种抒情方式使得古诗——当然也包括其中的爱情诗——相当部分具有鲜明生动的画面感（即苏轼所谓"诗中有画"[3]）。

中国古诗的一个特点就是画面感强。读一首诗，脑海想象中仿佛在欣赏一幅幅画。抒情性极强的爱情诗如南朝乐府民歌《采莲

---

[1] 皎然《五言秋日遥和卢使君游何山寺宿易上人房论涅槃经义》，《景印文渊阁四库全书》第1071册（集部第10册），台湾商务印书馆，1983年，页5。
[2] 范晞文《对床夜语》卷二，《景印文渊阁四库全书》第1481册（集部第420册），页16。
[3] 苏轼《书摩诘蓝田烟雨图》，屠友祥校注《东坡题跋》，上海远东出版社，1996年，页261。

曲》，如张若虚《春江花月夜》，也依然使读者在脑海中涌现出一幅幅不断流动的画面。这种诗中之画有时虽不能以画家之笔绘出，但却能在想象中涌现。

中国古诗有着强烈的视觉形象，正是这种视觉形象促成了诗中"画"因素的形成。这种由"诗中之画"（景）所传达出来的情感，总是含蓄、蕴藉而幽微的，难以遽然把握（所谓"含不尽之意见于言外"也①）。然而又正因为这种隐微幽渺的表达，使得情感更其深远无穷，这也正是中国古诗情感表达的独特之妙处。既然中国古诗具有如此鲜明生动的画面感，它最初在欣赏者脑海里唤起的就必然是视觉形象的画面，而不是情感的应和。读者对其欣赏仿佛就是对一幅幅画的欣赏，或自己宛若置身于诗中描绘的画一般的境地中，读者需要在那画境中徜徉一段时间之后，情感才能在心里渐渐激发起来。

一般而言，中国古诗的抒情是把情感消融在意象中，在意象中体现出情感。意象的借用虽有助于情感的委婉表达，但它有时也妨碍了对情感的直接把握，给欣赏者造成某种程度的隔离。西方爱情诗在情感表达上直截、显豁，而且几乎毫无例外以第一人称自叙情感体验，读者自然易于使自己与作品中抒情主人公等同起来，并迅速与作品中情感融合。

以上对中西爱情诗的比较考察，当然只是基于整体大致情形而言。我们丝毫不想否认中西爱情诗中都有不符合于上述所论情形的例外，但要知道某些例外又恰好构成中西爱情诗中相似类同的地方。这尤足以使我们高兴地看到不同文化体系中成长起来的爱情诗，在对人类思想情感的表现上具有如此惊人的相通之处。

（原载《社会科学战线》2008年12月增刊）

---

① 欧阳修《六一诗话》引梅尧臣语，郭绍虞主编《六一诗话·白石诗话·滹南诗话》，人民文学出版社，1962年，页9。

寸草春晖

今世尚馀老成人
——遇见杨明老师

◎ 汪群红

非常幸运，王运熙先生是我在复旦学习期间的导师，杨明老师是指导我学业的副导师。先生或老师，不同的称呼，只是习惯。我仔细听过，杨焄老师也是称杨明老师"杨老师"的。在复旦修过杨明老师两门课，王先生视力不佳，杨明老师非常认真地从头至尾地帮我指出那篇有关任昉骈文批评论文的问题，后又推荐到《郑州大学学报》发表。所以在复旦，我名义上有两位导师，实际上也是有两位导师。遇见杨明老师是我一生的幸运。

老师上课的方式非常传统。一门博士生的小课，是古文论专题研究课。老师要求我们注意辨析"言志""缘情"观念，他列出很多文献证明"缘情""言志"并非是对立的诗学主张。他还提醒我们注意文献的版本，并且布置了中国文学批评史文献笺注的实操作业。另一门研究生的大课——"《庄子》研究"，我去旁听了。老师带着学生们一字一句细读《庄子》文本和历代注疏，并且注重讨论《庄子》本义与郭象注、成玄英疏、郭庆藩集释内涵之不同。记得刚毕业不久，还蹭过老师一次带读《周易正义》的课。入门须正，老师的教学重点和他带领学生细读文本的教学方式对我之后的读书与教学工作具有重要的示范作用。

有时，觉得老师离我很远，有时觉得老师离我很近。读老师的著作，老师仿佛就在身边。有关老师的学问，听到的评价很多。做学生的，不可妄言。不过，我时常感慨，写论文要是能够做得像老师一般文献丰富、思路清晰、阐释充分，并且总能提出人们意想不到的新见，那该多好。在《文心雕龙》与《文选》对读课中，我要求学生课外阅读老师所著《刘勰评传》和《文心雕龙精读》二书。而在课堂上，老师的文章，带读次数最多的是《"事出于沉思，义归乎翰藻"解》一文。该文有助于我们更准确地理解《文选》的选文标准。老师认为，这两句不能译为"赞论序述的内容，最终要以藻采加以表现"，而应译为"写作赞论序述那样的事，按道理说，应与写作'篇翰'属于同类"。老师从文史哲各类文献中，找出"事""义"内涵相似的用法，达二十二例，以之作为论据。由此可见，老师的研究，真正做到了文献学和文艺学的结合。精准理解文献涵义，是从事古文论研究的基础，而要做到这一点，很不容易，研究者必须具备宽广的学术视野和超强的思辨能力。老师在这方面堪称典型。

南昌离上海较远，不能多向老师请教，我偶尔想起，颇感遗憾。2018年，去上海开会，我特地拜望了老师和师母。和老师聊起正在写的文章和读的书，一聊就是四个小时。学界都议老师对文献熟悉得不得了，真非虚评。那天，老师请我上餐厅吃好吃的，一路上，都是他走在我前面，大步流星。跟在老师后面走，令我感慨万千。2019年12月初，非常荣幸，老师终于莅临江西师范大学文学院，做了两场很有深度的学术讲座。一场是有关《陆机集校笺》一书校笺方法的介绍，还有一场论"兴"，都是我感兴趣的选题，可谓难得的学术大餐。那天，和老师一起在师大附近的瑶湖郊野森林公园游玩，湖水渺远，晚霞满天。

　　看到老师和师母，我就特别心安。老师和师母，为人谦和沉静，没有一点架子。他们总是很耐心地听学生说话，然后相当委婉地提出意见，是和王先生和王师母一样的人。因为有微信，现在我们可以看到老师在师门群转发的各种信息。老师关心社会问题，专注学术，还经常回复学生在网上的提问。老师真正是有学问、有人文关怀的读书人。

　　2002年我从复旦博士毕业，时光拽着我来到了2021年，杨老师也迎来了他的八十华诞。今世尚馀老成人，杨师行可称典型。恭祝老师健康长寿，学术生命之树常青。

朗月清风应遍照　冰心片玉有昆山
——琐记恩师杨明先生

◎ 王　惠

时间过得真快，当说起就要到杨老师 80 寿辰的时候，我真真吓了一大跳。在我的心中，谦和清雅的杨老师从来与年龄无关，完全是一代传统文人的理想写照。《诗经》中《秦风·小戎》一首里说"言念君子，温其如玉"。"温其如玉"，怎么能有直观的理解和感受呢？看到杨老师就明白了。

第一次见到杨老师是在大学四年级，说起来真是有些晚。我们这一级，系里在大四的时候安排古代文学批评史课程。大家都知道，中文系的男老师，不分年龄，各个都风清骨奇、粉丝成团，然而，当杨老师拎着公文包走进教室的那一刻，我们还是被震住了——那一刻时空仿佛忽然转换，只觉一阵清风扑面，整个教室瞬间化作山水亭台。杨老师身材修长，人又清瘦，总是微微笑着，温和地看着大家，我们从来没有见过这么清雅的老师。杨老师每节课都给我们发下打印的材料，在讲台上讲大谢、小谢、陶渊明，一句一句，一事一事，眼见得就沉浸在了那个诗的世界里，我们随着他也听到了里面的鸟鸣,看见了里面的光影,品到了种种滋味,常有流连忘返之感。

记得有一次,杨老师忽然指着小谢的一句"风光草际浮"问大家:"这一句的景象是怎样的,哪位可以告诉我?"哎,这哪里是提问,分明是杨老师看到这里心有所会,生怕我们不能明白这个景象,不能感受到这份欣喜。可是,杨老师的目光从前排推到后排,居然都没有人回答。杨老师一低头看见了我:"你可以说说吗?"杨老师不知道,被他点到的这个笨学生虽然不曾领略草木山川之妙,但恰巧见到过拍打到天边的滚滚稻浪,所以大概回答说这是草叶被风一阵阵压低,光影在其中起伏的样子。杨老师高兴地咧嘴笑起来,缓缓点点头,那个笑容,你知道的,就是终于"有人懂得我的懂"的开心。这一幕被舍友们念叨了好几回。从这里开始,我慢慢明白,文学批评并不是抽象的理论,只有懂得作品、懂得作者,懂得作者作品所处的时代背景和人事关系,才能够了解作品和批评的奥妙所在。

那时候,杨老师的课在上午最后两节,每到下课我都感觉意犹未尽,非得等着老师整理好自己的包,再跟着老师一起走出教室,和老师走到三教的分岔口说再见,老师因为想着要回答我的问题,常常理包的动作也只好慢下来。几次下来,杨老师发现我其实并没有那么多的问题要问,于是有一次,下课结束后迅速拎起包大步就走了,我原地愣了半天才明白老师已经迁就我多时了。古代文学批评史应该算是比较冷门的专业吧,但是在系里让我们选择研究生导师的时候,我毫不犹豫地选择了杨老师。终于从粉丝晋级到入门的学生,这对我来说并不仅仅是一时满足的开心,在后来漫长的岁月里我才明白,这是一个对我个人成长发生重要影响的选择。

跟随杨老师读书的三年几乎是我最珍爱的时光,虽然自己不够专注努力,但杨老师一次次的讲授、指导、鼓励和批评,我都记忆犹新。杨老师指导论文，不分长短大小，都非常仔细和认真，小到字句用词，大到逻辑观点，无一轻忽，我们每一位同门都印象深刻。有心的厚均兄在群里发了当年杨老师批改他文章的原稿照片，又熟悉又亲切又怀念，大家都会心。

我被杨老师严厉批评过两次。本科时候不知怎么被流行影响，爱用一种故弄玄虚的文字，编织文辞抽象句式古怪的长句子，七弯八绕自己也不知道要表达的究竟是什么。在一篇作业里，这么两行被杨老师狠狠地在下面划了一道红线。杨老师问："这个到底是要说什么呢？"杨老师是非常温和包容的人，这样问几乎就是气急败坏了，我顿时醒悟过来，脸红汗出，从此大改，由此也真正感受到什么才叫作文从字顺，明白了深入浅出的功力。诸如此类文字能力的培养，是三年中杨老师送给我受益终生的一课。

另外一次，我在作业里引用了别人文章中关于韵字的统计和观点，做了尾注。杨老师在原文上又划了长长的红线："这是你的观点吗？"见到我的时候，又讲："我们使用了其他人的材料和观点，必须要说明，标注原文出处。"我当时并没有理解，心想我做了注啊！后来反复看才醒悟过来，老师的红线红字和后来对我说的话是一件事情涉及到的两个问题，一个是我在述及别人观点的时候其实并不真正理解这个观点，只是生搬硬套，而注明出处是老师一直在和我们强调的学术规范，其中既包括了尊重他人成果的基本素质，也包括了实事求是的研究态度。

一个人有没有思想是很要紧的一件事，这个思想里常常有我们学习他人的部分，有我们和他人共感相通的部分，但是真正属于自己的，一定是经过自己思考领悟得来的。社会上有太多故弄玄虚、装模作样，太多断章取义的搬弄乃至盗取，太多根本不懂传统就标榜创新的事情。我想，杨老师一定是看不懂的。什么是真？什么是伪？什么是新？什么是旧？什么是思考？什么是观点？杨老师没有教过我们具体的定义，但是跟随杨老师学习过的人，一定有自己的认识和操守。

也许学术态度影响到个人的风格，杨老师给人的感觉一直很严谨，衬衫的纽扣不分季节一直系到第一粒，谦和温雅的气质自然天成，让人不自觉地就恭敬肃立起来。记得那时办公室里蒋老师爱说笑话，我们学生侧坐在一旁听到时也忍不住悄悄乐，杨老师每次都呵呵笑笑，不置可否。有一回我和易安兄在办公室上小课，就要下课的时候蒋老师进来了，对杨老师说："你怎么还在这里？你们同学中午聚会在哪哪儿，就在等你呢！"杨老师诧异地"哦"了一声："没告诉我啊。"可是便也有些忐忑，收了书准备就去。那天是四月一日，我一边退出去的时候一边狐疑，很怀疑这是蒋老师开的玩笑。虽然究竟是不是玩笑不得而知，不过要说开去，在日常人事中杨老师不会变通不懂机巧却是真的。做人也好，做学问也好，杨老师属于扎实本分、深耕求是的一派，纯粹得令人敬仰。我虽未曾亲见王运熙先生，但也可领会这样一种纯粹淡泊的传统文人精神应是一脉相传。

我读研究生最早上的一门课是老庄，选读《老子》《庄子》的章节和各家注疏。我清楚记得杨老师、我和易安兄围着办公桌一人坐一边，我们轮流读讲和听。后来杨焄兄来，好像是读《史通通释》，我们学生三人两边挤坐在一起，一边听讲一边做笔记。这些场景至今历历在目，有时候觉得几乎成为一种寄托和象征，意蕴深长却无法道明，实在令人难以忘怀。

毕业答辩结束，我成绩还不错，杨老师很开心。午餐结束师生们一起走回文科楼，走着走着老师们就远远走在了前面。就在老师们走进文科楼外的围栏时，杨老师回头找我，发现我还在远处，就把手臂高高举到半空远远地和我挥手，我也遥遥向着杨老师大大地挥手再挥手。这就是杨老师和学生时代的我的道别了，那一刻我突然问自己，为什么没有选择继续读博士？人生不能假设，但是如果可以时光倒流，也许我会在那次挥手之后，重新思考自己的道路。

　　杨老师的学生越来越多，有几位都是我毕业后同门聚会时才认识，真的各有才情让人佩服。每次聚会我虽默默坐在一边却都感觉如沐春风，那份欢喜和舒畅涤除了所有烦恼。杨老师笑呵呵地听大家海阔天空，目光中除了温和更多了几分慈爱。杨老师从不多话，然而会特别在意学生们的问题，每一个提问怀疑都会仔细查证认真回答，即便近年目力不济也依然如此。微信群里有时也有观点的讨论，杨老师有一次和大家说，大意是知人论世，每个人的经历性格不同思想观点也会不同，应该理解。那时候我忽然就有一点感慨，我们是多么缺少这样的理解才会一不小心就陷入无益的争执。杨老师的淡泊通达从来不是冷漠和躲避，相反，正是因为有着对人的充分尊重和理解才会不因一时一事而产生偏狭。为人处事也好学术研究也好，根本的精神不都是一致的吗？

　　说来惭愧，毕业后我很少联系杨老师。但是每次我给老师寄送贺卡，老师必定会认真回一封手写的简信。也许性格使然，我面对杨老师的时候，如果没有学习的问题，常常会陷入相对无言的窘迫，影响到杨老师似乎也因此而微微局促。但是在信中杨老师常问候我和家人的情况，告诉我自己的近况。我深深明白，这往来邮寄的正是那一份窘迫局促里包裹着的尊敬和关怀。杨老师家住高层，从窗口望出去可以远眺到陆家嘴林立的高楼。毕业后第一次去看望杨老师，立在窗口的时候，杨焄兄悄悄告诉我每次杨老师和大家远眺的时候都会说："我有一个学生在那里。"听到这话我几乎泪下。我有时候会在朋友圈发自己写的诗词散文和随手拍的照片，杨老师时不时会点赞评论甚至转发在师门群里邀大家共赏。能得到老师的肯定当然很开心，但是我更多感受到的是老师对每一个学生的真切的爱护。

我听金泽大学的小林先生说，当年杨老师在日本做访问学者的时候，每次上课女生宿舍都会倾巢而出。杨老师温雅的风度、帅气的样貌、颀长的身形、磁性的嗓音成为当时校园里的一道风景线，更难得的是杨老师懂日语，课上可以用日语讲说，更是赢得了学生们的倾慕。说到这里，小林先生忍不住笑着问我："现在也是，你不觉得吗？"现在也是，至今犹是，当然觉得啊！作为杨老师的学生，我觉得特别幸福和骄傲。

杨老师和师母伉俪于飞，感情很深，让我们羡慕不已。每次去杨老师家中，总是师母热情招呼我们，像妈妈一样关心问候每个人，温暖极了。师母很有生活情趣，爱好很多，我们聚会的时候，会高兴地让我们听她弹奏钢琴曲和古筝曲，杨老师就坐在旁边静静听着，垂眼微笑，待到师母手落曲终，就抬眼看着师母笑起来，和我们一起鼓掌。有一次我们在杨老师家吃饭，师母张罗了满桌，虽然都是口味清淡的菜，但却奇怪地让人胃口大开，原来真味才是难得，物与人皆同。热闹的时候我们怂恿杨老师唱歌，师母也帮我们说话，于是，杨老师轻振嗓音，缓缓唱起苏轼的《水调歌头》。在这个时候，在这个地方，在我们的眼耳心间，杨老师的歌声如朗月清风，遍拂穹宇。

我虽然仅仅在杨老师门下学习了三年，但这三年深刻影响了我看待世界人生的态度和审美的观念，相比所学的知识和方法，这些态度观念更成为我受用无穷的宝藏。人生如欢宴，难免纷杂，然而每当想到杨老师，就像看见万户笙箫之上的那片明月光，澄澈宁静，让人生出更多勇气。

真的，谦和清雅的杨老师从来与年龄无关，岁岁年年，唯愿老师永远健康！

传 道 之 师

◎ 施建军

"师者，所以传道、受业、解惑也。"授业之师、解惑之师往往而有；传道之师，亦似乎往往而有，又似乎"焉能为有"。吾师，杨明师，传道之师也。其所传之道，未必"大道"。传道之法，无关衣钵，亦未必言传，甚至了无传道之意，正所谓"目濡耳染""浸润优悠"。

初识杨明先生，我尚未及门，乃郑州大学一在读硕士研究生。当时先生受邀与王运熙先生一起到郑大讲学，时隔二十年，彼情彼景我依然历历在目。报告厅座无虚席，有的只得席地而坐。因听众不通沪语，王先生主讲时，先生充任翻译。台上一对师生洋洋盈耳，若合符契，无一丝"违和感"，令我们台下一众师生赞叹不已。更叹为观止的，是先生对王先生的那种敬重，一路搀扶一路照料，一言一行殷殷拳拳、体贴入微。"事师之犹事父也"，师生之间，先生与王先生，在学界早已传为美谈佳话。"身教重于言传"，每年春节，先生必定登门拜望王先生，我们几个弟子也必定相约同往，王先生夫人杜女士必定会为我们每人煮上一碗汤圆，其乐融融，年复一年,直至王先生、杜女士先后仙逝。

初识先生,还有一事记忆犹新。其时,我有幸跟随恩师俞绍初先生,陪同先生和王先生寻访楚汉相争之鸿沟遗址。天干气燥,先生拿在手里的一瓶饮用水没过多久就喝完了。旷野深沟,没什么垃圾桶,垃圾通常都是随手丢弃,塑料垃圾时不时也是触目可见。先生不然,一个空瓶,一直随身携带。偶尔拍照,便放在一旁,拍照完毕,又拿在手上。我两度提出由我拿着,不过一个学生、一件小事,先生亦不愿烦劳。直到返程,看到一个垃圾箱,先生才扔掉空瓶。其自律如此!此事令我感慨不已,也让我暗下决心,发愤攻读,力争拜师先生门下。

先生如临风玉树,一表人才,论颜值,当属于令女生尖叫的那种类型。先生又极尽儒雅,用谦谦君子、温润如玉形容先生再合适不过了。结识先生这么多年,不曾见过先生"金刚怒目"的一面,料想先生并非一无"不平之鸣",而每每以恬淡处之吧。谦和是先生的标签。诸如打个电话,打完电话,先生往往会等到对方挂了电话才会挂上电话,对自己的弟子也是如此。有两次我和先生通话,已经相互说了"再见",我等先生先挂电话,先生想必也在等我,结果我们又说了起来。"莫见乎隐,莫显乎微。"我原本属于"粗线条",现在的工作风格却以注重细节见称,多多少少受到先生的熏陶。

先生治学严谨、朴实,无半点马虎,亦无半点浮华,教学亦是如此。复旦求学期间,先生给我们开了多门课程。其中一门是《毛诗正义》精读,一字一句地读,边读边讨论,仅《关雎》一篇,就用了几堂课。这门课我感触颇深,也受教颇多。我明白了原来脑海中留存的有的所谓"通说"不过是读书不求甚解者辗转"脑补"出来的,不过是对古人古书的曲解和误读;明白了读书应该这么去读,学问应该这么去做;明白了读多少书才能说多少话,否则不是信口开河，就是人云亦云。自知天资愚钝，毕业后我没有继续做学问，但一直在秉持先生做学问的态度去做工作。

至今，我还珍藏着先生帮我批阅过的博士学位论文。一二十万字，当年先生一字一句地读过、批过。我除了感动还是感动，除了感激还是感激。那些红的黑的点、线、字，永远不会在我心底褪色。

先生有口皆碑，人品、学问、道德、文章，水乳交融般地和谐。"经师易遇，人师难遇。"得遇杨明师，我此生有幸。韶光易逝，弹指之间先生已近杖朝之年，惟愿先生寿逾期颐、崇祺康乐。

静水流深，大哲如渊：我心中的杨明师

◎ 李 翰

复旦百年校庆时建起的双子高楼启用后，邯郸路南面的文科大楼，一下子沉寂下来。那年正是我博士毕业。2005届的同学，应该是最后一届在文科大楼度过完整博士生涯的文科生吧。语文所在9楼，老旧电梯吱吱呀呀往上攀的时候，我就嘀咕，9楼最好，老电梯力所能至，万一停电了，人也爬得动。

从电梯下来，一直向西走，走廊的尽头，就是杨老师的办公室。因为是筒子楼，走廊光线极暗，加之又长，犹如幽深的古井。博士入学面试，我第一次走进文科大楼，就是这感觉。

走廊里很安静，待考的同年兄，影子一般，三三两两散落着，似乎连空气也不敢多呼吸一口。我踏着心跳的节奏，推开面试办公室的大门，光线"哗"的一下涌出来。三位老师，散坐在两张桌子前。我考前在网上搜过照片，认得出杨老师。其他两位，是邬国平和吴兆路老师，一侧还有一位胖胖的同学做记录，是上一届的赵厚均师兄——这些都是后来才知道。我在网上看到杨师的照片，好像是在一次会议中，杨师和王运熙先生及其他先生的合影。

集体照中找杨老师很容易，个头最高、身材清癯的那个便是。及至见到真人，更令观者心仪。现在回想，那从屋里涌出、铺满我全身的光，还应该包含三位老师，尤其是杨老师气定神清的光彩。

面试问了些什么，已记不大清了。盘旋在记忆中的，却是《世说新语》中的一句话："王大故自濯濯。"这应该不是考题，而是杨师带给我的深刻印象。乃至今日，我在课堂上讲《世说新语》，提到这一条，脑海里即时浮现的，就是杨师的形象。

入学后，第一年的专业读书会，就是在杨老师的办公室。师兄弟六七人，围拥一张长桌，杨老师居中。记得先后读过《周易正义》和《毛诗正义》。为了携带查用方便，我们用的是中华书局影印的十三经注疏缩印本。字极小，读起来颇费力。读书的方法，是同学们轮流，一人读一段，然后讨论讲解。师生都很认真，用笔指划着，一个字一个字地读过去。这样读书，进度当然很慢，一学期读不了几篇，然收益却大。一是磨练沉潜笃实的心性，二是获得纯粹的读书乐趣，三是增长真知识，发现真问题。

这种读书体验，每让我有似曾相识的恍惚。那还是读本科的时候，我在安庆，长江边的一座古城，清、民时期安徽省府所在地。只是在我求学之时，昔日的辉煌早已冷落。当时准备考研，想买一些专业书籍，满城跑断了腿。有次闲逛，在热闹的市井深处，无意间闯进一家不起眼书店，竟然看到中华、上古的书摆满整整两面墙壁。就在那里，我买到中国文学批评通史系列最早出版的三本书：先秦两汉、魏晋南北朝、隋唐五代的批评史。后两种均为王运熙先生和杨明师的合著。先秦卷赭红色调，隋唐卷橘黄色调，浅淡的花纹图案衬底，题款是朱东润先生的字。我最喜欢的是魏晋卷，淡蓝色，有上古的篆章，装帧极为清雅古朴，定价只有九元多。那家书店叫"德林书店"，在安庆清节堂集贸市场里。一晃二十多年，未知尚在否。

为了考研，先秦两汉和魏晋南北朝卷的文批史，我曾逐字逐句通读一过。此前，所读书多是简体横排，这两本书是竖排繁体，逼着我拿小尺子，一列一列比划着读。好多未曾听说的著作、名字，都是从这几本书中第一次见到。对于本科生来说，这套书浩博深广，是仰止的高山，学问的大海。然而，只要专心仔细，读起来也能理解、接受，盖其学问虽大，却叙述得平易和缓，务求清楚明白。每一个主题，前有总领，中间引述原文，再逐次分析，最后总结，若有关联问题，再作辨析比较。

在四面透风的考研自修室，摊开这套书，几页读过，人便慢慢沉静下来。每天差不多能读一小节，再慢慢默记，心中便充实而欢喜。那时我就在想，写这书的人，是怎样渊博而明达的学者啊。

那些竖排的繁体文字，就是幽深的文字长廊，穿行过去，推开长廊尽头的门窗，就有阳光照进来。当我穿过这文字的长廊，叩开古典文学的门扉，当年心仪的大学者，蔼然坐在面前，传道授业，解疑启惑。泛黄的书卷，在师生反复的研读切磋中，于心底开出智慧的花朵。我恍然顿悟，复旦文科大楼的长廊，冥冥之中，就是一个漫长的隐喻啊。

前人论陶渊明"有一段渊深朴茂不可到处"，似乎就是这长廊的隐喻，也是我跟随杨师读书学习的体会。那些远古的经典，要想真正读懂，从字到词，由词而句，再到全篇，每一个环节都不能放过。杨师学问多从细读中来，是自然生长出的学问，最为纯粹、扎实。杨师每每能在人所遗漏处发现问题；又因其读书之博且勤，故小问题每连系着大关节。弟子求教，凡先秦至魏晋隋唐一段的文章典籍，杨师皆可随手指其出处渊源，示其关联脉络。电脑和图书馆久搜不到的，多能于杨师处释惑。杨师浩博，却又极谦抑，哪怕是对弟子，亦待若宾朋。教授学业，则是"多闻阙疑，慎言其馀"，且鼓励学生发表、保留自己的意见，随时商讨切磋。也正因此，弟子于杨师之学术，至今未可窥其涯涘。每思步趋，然吃不得苦，耐不住性，读不够书，也就只好望洋兴叹。但有时偶治一题，研阅穷照，在艰苦的探索之后，历尽幽曲、收获真知，内心涌起无可名状的快乐，又会让我感到是在长廊的尽头打开了一扇门，洒进杨师的沾溉。

杨师学问渊深朴茂，性格亦如是。师门聚会，大家有一搭没一搭地聊着，外人看来淡乎寡味的样子，而我们却非常受用这种师生交流的节奏。杨师名其斋云"欣然"，其典即出乎"渊深朴茂"之陶翁。我们在上海的弟子，去"欣然居"的机会多些，虽无丝与竹，清谈亦欣然。不过，若同门鉴生兄在，欣然之外更添热闹。该老兄天南地北，从世界局势到委巷丛谈，似乎无所不知，无所不能谈。师生商量，便戏赠他一个"编外常委"的封号。鉴生兄在场，我们便任他手舞足蹈，口若悬河。杨老师也微笑倾听，只是每当该老兄口无遮拦，杨老师便会及时按住。我们每怂恿鉴生兄肆意放言，就像看一场精彩的球赛，鼓励前锋勇往直前，但我们最想看到的，其实是前锋一脚球刚要射出，就被守门员半路拦截。杨老师就是这个守门员。他生怕弟子放言无忌，招致无谓的麻烦。

退休后，杨师偶尔会有旧体诗作，在师门微信群分享。杨师的七绝，清隽淡雅，有唐大历诸才子的风神。我们也是通过微信，才见识了杨师未曾示人的诗才。

我想，无论学问还是诗文，杨师呈现出来的，都不过是冰山的一角。世事喧嚣，多少名流大腕，你方唱罢我登场，而真正的高手，却是清凉山下的扫地僧。少时读《倚天屠龙记》，凡武林人士，从行路步履中便能判断武功高低，武功越高，走路越轻。唯有张三丰、张无忌例外。单听步履，他俩是不会武功的普通人，然而在该书中，这祖师徒孙俩的武功出神入化，天下无敌。

绚烂极处，乃归于平淡，大概是万物的通理吧。无论武学还是文学，能臻于第一流境界的，还是扫地僧和张三丰这样平凡的高人。

江 水 泱 泱

◎ 杨鉴生

若是谈及与素昧平生之人猝然相见、猛然相遇之刹那即被对方雍容绰约所震惊而不由自主失态的情景，人们自然不假思索脱口引用两个有名的典故：一则是挚虞《三辅决录注》所记后汉尚书郎田凤，仪貌丰美端正，"入奏事，灵帝目送之，因题柱曰：'堂堂乎张，京兆田郎。'"另一则是《世说新语·贤媛》篇所记贾充后妻郭氏见其元配李氏之事。李氏因其父中书令李丰案件被株连流放，后来遇赦返回。郭氏就是那个世人皆知的乱政贾后的母亲，早就听说李氏丰美华贵，想要瞅个究竟，贾充好意劝阻别自讨苦吃，心妒气傲的郭氏偏不听从，"于是盛威仪，多将侍婢。既至，入户，李氏起迎，郭不觉脚自屈，因跪再拜"。但若是进而问及是否亲身经历过这样的情形，大多数人不免顿时搔首踟蹰，或干脆报以羞赧一笑。是的，这能怪着谁？身非贾妇骄淫之态，更无灵帝帝王之尊，已然千百般放下矜持了，无奈身处的时代，能震倒我们的佳人好汉早就被风吹雨打消失得无影无踪了，哪里还能寻觅得到呢？

幸运的是，因着与杨明老师的缘分，我的人生却有着类似的经历。记得那是2002年元月2日，研究生时同门师弟、已问学杨老师门下的赵君领我前往浦东家中拜访杨老师，叩响几下应声而开的门，迎面竟是濯濯春月柳，入怀竟是轩轩朝霞：身材颀长而匀称、高大而不给人压迫；嘴唇略开、下巴稍长，增添了个性的美；身着浅色羊毛衫、内衬高领白衬衫，气度安详；头发刚修剪过，显得愈发清爽俊逸；一副平常的眼镜，又分明的儒雅之士。"珠玉在侧，觉我形秽"，眼前的清逸飘举长者使我大气不敢出，而不敢迈步进去。杨老师亲切招呼进门，略为寒暄后，赵君请益有关王缙别业的问题，杨老师旋即转身抽取书架上《唐书》，三下五除二就找到王缙本传，飞速找书翻书的举动和不经意间展现的学术本领顿时又让我目瞪口呆、惊叹不已。仅仅几分钟，自己一下子就长出那汉灵帝折服的双眼和贾夫人不由自主的双膝了。

进入复旦之后，短暂的折服变成了长久的浸润。杨明老师治学严谨、细腻，提倡朴学之风，强调从研习经典入手，原原本本，力戒浮躁，不发空言。入学伊始，开设的第一门课便是《周易正义》讲读。匆匆浏览孔颖达《疏》，方知古人居然也有类似今日的课堂串讲，不仅十分方便初学者入门，而且还是原汁原味的汉注唐疏。一方面为自己的后知后觉感到惭愧，另一方面更为佩服杨明老师独到眼光。讲授时，杨老师让大家按顺序一人读经文、一人读注文、一人读疏文，然后各自提出问题，自由发表看法，随后发问讨论。表面上看，孔《疏》使我们对深奥的经文和难懂的王弼注文能有些勉勉强强的了解，但深入读懂弄懂又谈何容易，加之以往不读原著、不培养问题意识的恶习，我们对发问或是支支吾吾，或是似懂非懂，或是一知半解，或是引别人的观点搪塞，或是用二手资料"顾左右而言它"，对经文的原意、王弼的发挥和孔颖达的疏通往往不得要领。杨老师耐心细致讲解、语重心长开导，让我们顿时醒悟，在课堂学习了十几年，可谓"吾悟者少"而"误吾者多"矣。

在杨老师的悉心点拨和精心教导下，总算把全书通读下来。经过一学期努力，感觉自己无论是阅读古籍能力、学习态度还是思维方式以至考虑问题深度都有了质的飞跃。后来撰写相关论文在《中国史研究》《晋阳学刊》《福州大学学报》《广西社会科学》《中华文化论坛》《古代文学理论研究》等刊物发表，杨老师可谓是手把手予以指导者。更让人感念不已的是，尽管毕业十五年了，杨老师一如既往地关心、指导着我们。例如，拙文《〈世说新语〉补解》中针对《豪爽篇》"晋明帝欲起池台"条注引《丹阳记》曰"西池，孙登所创"，以及余嘉锡《笺疏》引程炎震语，误以为前人将三国时期故鄣、建业和丹阳郡隶属关系搞混，由此提出刘孝标注引《丹阳记》孙登应为孙和，《初学记》引徐爰《释问注》中孙和应为孙登。杨老师阅后指出，故鄣、建业其时皆属于丹阳郡，而且建业还是丹阳郡治，徐爰言西池为孙和造，或是传闻异词，但西池当在建业而不在故鄣。诸如此类目光如炬的指正答疑，令人油然而生敬意。

杨老师是一位饱含醇儒之风的忠厚长者，容易让人误以为多认真而少机趣。有一回蒋凡老师颇为得意对我说："你们杨明老师近年来在我的熏陶下，也渐得开朗，往日别说听到他开玩笑，就是同事也不敢跟他开玩笑的。"杨老师其实有不易觉察的活泼一面。一次闲聊起从前夏日消暑饮料，他说："我大学本科毕业后，到崇明乡下劳动。夏日炎炎，农民自制酸梅汤，乃倒醋入开水中，又以糖精片搅拌融化，晾冷之后饮用。小队里有公共灶间，乃制此以饷田头。名之曰'酸醋冷水'。我一饮数碗，身心大快。农民云：'城里工厂里工人有冷饮水喝，我们也有。'用不起冰糖无奈用糖精，倒醋于水，曰'酸梅汤'，虽无其名却有其实，何况天然晾凉犹如人工冰镇，可谓渐近自然。崇明'酸醋冰水'，中国农民的天才创造。"话间充满了热爱生活的天真和童趣。当然杨老师平素更多的是讷言拙辞和谨言慎行，然天地有大美而不言，尚情者语不及情。

他的至心至情纯在于日常细微处，像微风吹拂落花，像滴水融入大海，无痕却有迹。有一回到他家中拜访，突然记起乐史《太平寰宇记》有一条关于我家乡福建宁德"盛德场"资料，顺便借用《四库全书》检索，他一边打开电脑，一边诚恳关切地说："你不熟悉我的电脑，查起来不便，我替你查吧。"检索完毕，他立马又从书橱里取出中华书局点校本《太平寰宇记》，和我一起仔细核对校勘记。《太平寰宇记》"盛德场"，其它典籍都作"感德场"，而中华书局点校本并无校记，应当据补，使我有了一个新收获。像这类总是从方便别人的角度考虑事情的例子真不胜枚举。师生间虽然少有俗事来往，但他也恪守着师者礼仪。学生入学，他必设宴迎新，每届毕业，他必设宴送往。新入学的时候，他原打算在浦东八佰伴内招待我们，不巧那天商场打烊，我们就在世纪大道相聚，饭后一起欣赏日暮，一起漫步到陆家嘴，远眺黄浦江对岸灯火辉煌的外滩，师生同行兴趣盎然，亲密无间。毕业时候，杨老师在豫园又宴请我们，其中点的一道菜是鲜嫩虾仁炒香脆腰果，特别爽口，至今还让人难以忘怀。

"清如玉壶冰，直如朱丝绳。"杨老师至柔而达至刚的伟岸，是我每当浑沌时的清醒汤，焦虑时的安心丸，慵懒时的振奋剂，指引着我不断向前进。

师 恩 不 忘

◎ 王　芳

　　时间如白驹过隙。还记得 2002 年暑假接近尾声的时候，我因刚刚辞去中学教职，对未来一片迷茫，打算去福建散散心。于是，给久未联系的鉴生兄打电话，他老家在福建，希望从他那儿获取一些旅游资讯，却意外地得知他考取了复旦博士。这一消息如一道光照进了我当时黯然阴郁的世界。彼时，我在上海交大兼职教留学生汉语，学院领导对我的工作表现尚属满意，曾跟我提过，"如果你有博士学位，我们就招你！"鉴生能念博士，我为什么不可以呢？于是，我放弃了去福建的念头，当即跟同在陕师大念过书的两位学弟鉴生和厚均取得了联系。

　　就这样，两位学弟顺理成章地成为我的师兄。在他们的引荐下，我见到了杨老师。那时候老师刚刚六十出头，给人的印象是高，瘦，精神矍铄，说话语调不疾不徐，态度温厚平易，让人很放松。当我冒昧请求老师准许我旁听他的课时，没想到老师竟慨然应允了。

　　老师的课开在晚上。我下班后从城市西南端的交大赶往城市东北角的复旦，课结束后再回到东南角的住所，所行轨迹几乎把上海画了一个大三角。从交大到复旦得乘公交，换地铁，转轻轨，再换公交，路途虽然迢远，但上老师的课却是我一周中最为期盼的一件事。我非常珍惜这难得的机会，那时候杨老师的课上就我一个女生，师兄们待我这样一个编外师妹也极友好，很照顾我。我们跟着杨老师在古典文学文论教研室里读书、讨论。我以前读古文古诗常常不求甚解，跟杨老师学习却是咬文嚼字地精读。我们先后选读了《毛诗正义》《春秋左氏传》《周易》《庄子》等原著，使用《十三经注疏》及《庄子集释》等非标点本，大家轮流逐条朗读原文和训诂，并结合自己的理解加以阐释。这些正是我最薄弱的，而又是从事古典文学研究所必须的根基——"小学"功夫。日积月累，我对古诗文断句释义的基本功和语感都得到了很好的锻炼和提高。老师强调，做学问切不可以望文生义、断章取义，须真正做到"博学而笃志""切问而近思"，倡导"板凳须坐十年冷，文章不写一句空"。在课堂上，老师鼓励大家独立思考、积极提问、自由辩论，在思想交流和碰撞中大家的学问得到了提升，师生间的情谊也日益笃厚。

好多个静谧的夜晚，街道褪去了日间的繁华与喧闹，大家沉浸在研习"圣贤书"的愉悦中。在老师的引导下，我阅读《周易》，跟着古人探索人生宇宙；阅读《诗经》，感受先人丰沛的内心世界，同时也领会汉儒费劲地从诗歌中去发掘"微言大义"，强为之说地将诗歌附会政治人事，那一种执着和良苦用心，真是又迂腐又可爱！阅读《庄子》，领略生命的通脱，自在自然，让人学着换一个视角去审视和思考人生、世界。老师潜心致力于《文心雕龙》《诗品》等文论的研究，跟着老师读这些著作，更能深切地感受到古人对文章写作与欣赏的会心体悟与深刻见解。虽然我自己最终未能走上古诗文研究的道路，但对我后来的教学也是终身受益的。

我和杨老师都住在浦东，而且从复旦乘车回家正好要经过杨老师家的那一站。这样，在读博士的几年里，我有幸课后跟老师同行回家，我们同乘好长一段路的公交车（大概三四十分钟）。我常常在车上向老师请教一些在课上没来得及问的问题，老师总是耐心细致地解答。有时候车上没有座位，我们就抓着吊环摇摇晃晃地一路说着话。跟老师交谈，有如沐春风的惬适，也促使自己在学问上不断长进。但现在回想，自己当初真太不懂事了，自顾自地，老师上了一晚上的课，已经很辛苦了，如果我不打扰他，他就能好好休息一下了！

老师在海苑大厦的家成为我们这些外地学子在上海的另一个聚集地。逢年过节，我们常常相约去看望老师。师母对我们总是嘘寒问暖，每次好茶好果地热情款待。有一两次，师母还亲自下厨，为我们做出可口的饭菜。至今我还记得师母做的海鲜面，虽然番茄炒鸡蛋和炒大虾只是家常菜，可那一顿似乎特别美味。很怀念在老师家度过的那些美好时光。

老师跟师母相敬如宾，非常恩爱。记得有一次同门外出聚餐后返回的路上，我突然注意到师母的挎包在杨老师手里拎着，于是好奇地问："杨老师常常给师母拎包吗？"老师平静地回答："难办！"我愣住了：这怎么难办呢？经师母解释才明白，原来，"难办"是上海话"偶尔"的意思。说是"难办"，应该是习惯使然吧。后来回国几次，去看望师母和杨老师，他们还特意设宴款待。师母平日里时不时在微信中对我关怀激励，跟我分享一些艺术生活等方面的好文章，使远离故土的我感到温暖。

杨老师平时看起来既谦和又严肃，有些不苟言笑，但在跟弟子们聚餐的时候就会比较随意、放松。除了谈学问，老师也很关注时事民生，还会聊一些文人的趣闻雅事。记得有一两次，聊得尽兴，说起古诗词原本是可以吟唱的，在弟子们的坚持下，老师手持筷子，轻叩碗沿，打着拍子，用一种我从没听过的语调吟唱起了《水调歌头》,满座屏息。那声音浑厚低沉,把我们带入了久远的过去,带入了苏子所描绘的美妙意境。现在闭上眼睛,老师击箸而歌的画面还印在脑海,那婉转悠扬的乐调还在耳畔回荡。

静水流深,这成语正可用来形容老师。老师常常说自己一生就在做着读书、教书、写书三件事。他真正做到了以文传道,以文化人。虽已退休多年,老师仍笔耕不辍,时有新著,以自己的身体力行激励着弟子们潜心向学。同时,老师还坚持使用网络社交媒体,在微信上为弟子们答疑解惑,是永不退休的老师!有老师同行引导,我们何其幸运!同门也大多在各高校成为了该学科学术的中流砥柱,老师会感到欣慰吧。

我自己跟随老师学习了四年,惭愧的是,登堂而终未入室!虽然我本身喜欢读书,但从最初报考博士的动机来看,的确是奔着把获取博士学位当作进入高校的敲门砖而去的。由于天生驽钝,加之毕业后的几年里,忙着教学和照顾孩子,学问渐渐荒疏。出国这些年,由于环境的改变,距离学术之路更是越来越远。所以当杨焄师兄跟我要论文时,我着实汗颜无地。我自己虽属滥竽,但混迹于孜孜求学的杨门弟子中,至少在精神气质上受到了一些陶染,这些年能尽力保持自己的本色,不会随波逐流,不会人云亦云,不会趋炎附势,不会追名逐利。我铭记并感谢人生的这一段际遇,感谢老师的教诲!祈愿老师健康长寿!

春风过处花自开

——杨明老师侧影

◎ 黄爱平

复旦人会说骆玉明老师有魏晋风度,杨老师也有。不过骆老师是任诞潇洒,诗酒风流,而杨老师是萧萧肃肃,爽朗清举,儒家的味道多一点。初见杨老师时望之俨然,有些距离感。不过让我颇感轻松的是王运熙先生八十大寿庆典上,老师师弟说起他们一起去王先生家的情景:他说自己闲不住,坐不住,总想找话说,而杨明老师却能像佛一样静默、淡定。其他的话没记住,只是觉得原来找不到话说就可以不说,去见老师也可以这个样子,让不善应酬的我有些释然。

杨老师与学生在一起,主要是讨论学术上的一些问题,闲话很少。有次给本科生上新学期第一次课,我以为老师会开门见山,直奔主题,但是老师却来了开场白。他说,能在这么好的教室上课,能住在这么好的宿舍……你们真是天之骄子;这次复旦校庆,国家也很重视……对我们真的不薄,我们应该珍惜,应该好好努力,回报祖国。其中还引用了一个电视报道来证明说,我们真是天之骄子。后来想起,老师的天之骄子大概也包括了他自己,他也勉励自己多做贡献吧。这样的话听过很多,如果老师说得像节目主持人,也许我不会有什么印象。但几乎不说题外话的老师竟然有这样的开场白,说得这么平实,这么认真,让人觉得一片赤诚。当时教室里很安静,秋日的阳光透过明净的窗,把教室衬得阔大、辽远,老师清朗的声音真是声声入耳。

又一次下课后,一位日本同学向老师请教。一般来说,只要不是中国通,说起汉语总是有些磕磕绊绊的,况且是谈专业,所以这位同学要把自己的意思准确表达出来有些费劲,不时要查一查词典,我听着都有些着急,她自己也很抱歉,本来五分钟能解决的问题可能要半个小时了。老师一如既往的耐心,总算明白了她的请求,可是她要研究的方向却怎么也说不清,我们在旁边猜测、补充,似乎是破译一个密码。好容易找到准确的字眼,西尾(这位同学的名字)笑了,老师答应帮她查看这方面的资料,西尾不住地说谢谢、非常感谢的话。随后我们一同出来,当时已经入冬,风很有穿透力,西尾单薄的衣服抵挡不住,脸在一阵劲风后变得乌青,不停打哆嗦。老师说,快到太阳底下去;老师还以为西尾初到上海大概不知买衣服的地方,特意交代我们陪她去买羽绒袄。告别老师,我和西尾、月儿(台湾来的学生)一起回宿舍,月儿在我们中间。风直扑过来,说话牙齿都有些冷。突然月儿说,你哭了,感动得哭了?转头过去,看到西尾在流眼泪,我以为她会掩饰说是风吹的,她笑着说,是的,就是想哭。活泼的月儿说,换作是我,我也会哭,碰上那么好的人。她的话带着台语的腔调,有股婉转的柔情,很是打动人。

也常听师兄们说,老师不随意褒贬人物,但我总是听到老师赞美别人。有次上课给学生讲到一个"球"字,老师说,这个字是和玉有关的,不能说是王字旁,应该称斜玉旁,我们系有位老师叫查屏球，就是这个玉字旁的球，而不是皮球的意思，他的学问很好。学生们问到学林人物，老师也一般都是赞语。但是也有例外。有一次国际研讨会，有位日本教师的汉语不太地道，一位中国老师当面指出他要好好学学汉语。事后老师说，这位中国老师太不礼貌了。这就是老师不多见的"言也厉"了，所以也印象深刻。

毕业后，见老师的机会少了，不过在同门群里老师仍然和学生们一起探讨学问，答疑解惑。只是老师仍然不作裁判，就是让大家说，他自己也说，说来说去，问题也就渐渐明白了。我有时候还会请老师帮忙看文章。给文章的时候想着老师看了之后给个大致意见就可以了，结果老师从头到尾，做了好多批注，不仅有关文意贯通、材料使用的，还有语言表达，甚至错别字，都一一做了标记。想到老师这么大年纪了，还这么认真地看我的文章，真是让人感动不已，每每想起都有动于心。老师的认真也有让人觉得可爱的时候。有次申报一个项目，请老师写一封推荐信，信写好了，老师特意问我，说自己已经退休了，要不要在教授落款这里说明一下。一般来讲，写与不写都没有太大关系，好像也很少有写的。我说，按您的性格，那是会加的。老师笑，推荐信发过来，果然加了"退休"二字。

比起读书的时候，老师更加亲切起来，有时还会谆谆嘱嘱：写文章一定要注意实事求是啦，说话做事要注意点什么啦，偶尔会点一点，跟读书时对我们说的"不愤不启，不悱不发"不一样了。有次去上海出差，给老师和师母各带了一条围巾，拿出来问问他们对我选的样式、花色的意见，没想到老师和师母接过去就戴上了，连说很漂亮，很暖和。顿时感觉真像回家了一样，只是看着他们，说话与不说话，都很自在。

记老师和师母的常熟之游

◎ 孟 伟

邀请老师和师母到常熟一游,是我自博士毕业以后一直有的心愿,这个心愿终于在今年春天实现了。

2012年4月26日,一个春光明媚的日子。常熟汽车站,老师高大的身影出现在我面前,后面紧跟着师母,我赶紧上前握手问候。老师穿着旧式的米色夹克上衣,师母是猩红色短外套,两个人都极为朴素。脸上的茶色眼镜,让二人朴素而又不失风度。还有礼物送给我们和孩子,我连声道谢,老师和师母总是这样周到细致。上了车,我建议先去虞山公园,老师和师母欣然同意。

把车摆入停车场,刚刚停稳,老师已经下车直奔收费员,交了停车费,我马上表示"抗议",老师不置可否。步入公园,绿树掩映,下了台阶,踏上枫林小径。我告诉老师和师母,这里每到深秋,枫叶变红,飘落一路,非常美。老师仔细欣赏枫叶,在他的眼里,枫树当然是有文学意味的,只听他随口便吟诵"青枫浦上""青枫江上"的诗句。我当然要给老师和师母拍照,留住这美好的时刻。每次拍完,师母总是说,你和老师也拍一张。我是多么的幸运,两天里和老师、和师母拍了这么多照片。

转入挹秀园,这里以室外盆景取胜,老师和师母驻足流连,兴趣颇浓。转出挹秀园,来到一处山坳,这里是僻静之处,少有游人。来到一座小小的石拱桥,桥下是浅浅的沟池,并没有水。在幽僻的山坳,这无疑是一处景致。桥栏上有四只小石狮子,老师俯身仔细端详,评论说:"雕工好,憨态可掬。"我也仔细观看,果然四只狮子各具神态,惟妙惟肖。老师感慨:"现在的石狮子就雕不出这样逼真的神态了,手工艺还是过去时代的好。"受了老师的启发,我也发现,有的狮子耳朵或是嘴巴略有残缺。由此我们开始推测这座石桥的年代,发现石桥正中是一块方形石板,上面有浮雕,仔细看,是两条龙,二龙戏珠,雕工十分精致,从其古朴陈旧的外观,可以看出岁月的磨痕。我说:"有龙的图案,看来不是清朝的东西,雕工又这么好,估计应该是民国时期的产物。"老师点头同意。

欣赏了石桥,来到一处木结构的亭子。翘角飞檐,立柱横梁,外观厚重而古朴,明显不是近年的东西。老师对这个亭子产生了极大的兴趣。仰头注视亭子的结构,我和师母也跟随他的目光,仔细观赏这座亭子。"这就是古人所说的栋,这个应该是梁,这里是椽子……"不少关于房屋建筑的名词,我是从老师口里第一次听说,可惜一时没有记住。看来老师对古代建筑不但兴趣浓厚,而且具有专门知识。老师讲到他正在注释陆机集,对里面建筑构造的名称,花了不少工夫去查阅资料。这个亭子刚好可以印证一些他在书上看到的建筑名词。原来如此。我自己看书的时候,遇到诸如此类的专有名词,从来也没有花过功夫去弄个究竟。在老师身边,可以时刻感受到他对专业的严谨,对专业的热爱。想起这些,每每让作为学生的我肃然起敬,而又心头一热。

离开亭子,我告诉老师,附近有一处太平天国时期的碑刻,剥损残破得厉害。老师听了马上表示有兴趣,于是我们找到这处石碑,外面是个亭子,较为简陋,上面的匾额书法飘逸,可知是1957年修建了亭子,将石碑置放于此处的。碑是太平天国时期的旧物,上面有碑文,但布满了划痕,磨损严重。老师俯身辨认碑文,我凑在一边,跟他一起辨认。老师给我解释"天兄"的含义。师生二人将碑文一句一句地慢慢读出来,居然还都被我们认出来了。碑文不知出自何人之手,是工整的骈文,对仗、用典、押韵,文采斐然,有几个句子老师读了几遍,深表赞叹,感慨过去不知名的文人水平都这么好。

沿着山间小路前行,路边时而有裸露的巨石,我告诉老师和师母,虞山虽然植被很好,但有很多花岗岩巨石,这些石头应该很古老。师母说:"大概造山的时候本来都是岩石,后来风化,有了土,植被才好的。"来到山下,眼前的虞山,峰峦重叠,青翠秀美。师母和老师也觉得此处很好,对景色赞赏有加,并且感慨,常熟是一座宜居的城市。虞山脚下是我十分喜爱的地方,这次能够带着老师和师母流连欣赏,内心是何其高兴与满足啊!

边谈边走,到了言子墓。内子已经等在这里,见过老师和师母,一起拾级而上。言子墓道有几处石牌、石亭,上面有乾隆的御笔,老师和师母驻足观赏。半路上是一座碑亭,老师当然又是兴味盎然。我介绍说,亭子是旧物,这个碑是新移来的,字刻很新,黑底白字,但碑角有明显的残损,我们推测碑石还是旧的,不知碑文是不是重新镌刻过。老师又是俯身从头读一遍碑文。我们和师母边说边走,忽然不见了老师,师母便大声喊"杨明,杨明"。过了片刻,老师从另一侧匆匆走过来,告诉我们,旁边的石亭也有碑刻,但已经没有任何字迹了。哈哈,原来老师独自去探古寻幽了。

时间转眼已到中午。驱车来到一处酒家,落座,师母一再强调要简单,吃碗面就好,当然是怕我们花费多了。我说:"我们就简单吃,而且一定要清淡。"点了几个菜,马兰头,香椿炒蛋,还有甜藕等，问到老师和师母介不介意吃含糖多的东西，都说不要紧，我听了也很高兴，老师和师母身体很好，不像有些有年纪的人，吃东西忌讳多。席间说起王运熙先生。我去年听说王先生出了点小事故，住进了医院，于是询问近况。师母向我们详述了王先生被车碰了的事情，前前后后，有那么多可以避免的可能，但各种因素又是那样不巧，在那一时刻，偏就出现了那样的事故，懊悔与惋惜之情溢于言表。我们也跟着唏嘘感叹，劝慰老师和师母。

饭后，邀老师和师母到家里小坐。几年前，刚搬新家的时候，本打算邀老师和师母前来参观新居。现在新居不新了，我也终于实现了邀请老师和师母的愿望。带着老师和师母看了看各个房间，挂在墙上的十字绣尤其引起他们的兴趣。我介绍说，这些都是我爱人自己绣的，老师和师母每幅都仔细观看，并且夸奖一番。来到书房，小女的几幅国画引起了老师很大的兴趣，仔细观看，并且把师母也喊过来看。指着竹叶说："看这些竹叶，用笔这么果断，都不像是小孩子画的了，真是不错。"我说："这孩子从幼儿园就开始画儿童画了，自己很有兴趣，美术老师也说她画得快，不犹豫。"老师和师母都是连连夸奖。门口的一副丝瓜图，也被老师和师母仔细观看，并且连声赞扬。摆上水果和柠檬茶，大家边吃边聊。说起工作上的事情，师母认真提醒我，即使不愿意也不要表现出来，生怕我得罪人。当时便想，师母的提醒，一定要记在心里。

真想坐在家里和老师和师母多聊一会，但不觉已经三点半了。带着老师和师母赶往翁同龢故居。到了故居门前，老师又是抢先去买门票。被告知七十岁以上可以免票，师母六十岁以上可以半票。老师坚决不让我来买票，尊重他们，不争了。进入故居，没有其他游客，清幽古朴，老师和师母兴趣很浓，仔细观看。故居中的彩衣堂，雕梁画栋，十分讲究。老师又是仰头仔细品味。从介绍上得知，眼前的彩衣堂是江南地区现存最完整的明代建筑。后面的双桂堂门口有两棵桂树,十分繁茂。过去考中状元,叫"折桂"。老师对桂树兴趣很浓,当然也是因为桂树有这样的文化内涵吧。给老师和师母在桂树下拍照留念,当然我也有机会和老师在桂树下合了影。杨老师和师母对历史古迹、传统文化是那样有兴趣,我陪着他们流连观赏,可惜四点半就要闭馆,工作人员已经来催了。我们只好步出故居,看看时间还早,再带老师和师母来到虞山脚下。在小路上漫步,沿着映山湖兜了一圈。坐在花坛边上闲聊。正是落日西斜,眼前的虞山仿佛展开了一幅秀美的画卷,陪在老师和师母身边是何等幸福啊!

晚上到山景园吃饭。我特意选了这家门口挂着"始创于清光绪十六年"牌子的饭店。师母又是叮嘱要少点菜,点了几个较为清淡的菜肴。席间得知老师的孙子和小女孟艺萱都是2001年5月出生,相差仅几天。大家边吃边谈,其乐融融,就像一家人一样。小女也很喜欢老师和师母,说她还以为是两个很严肃的人,没想到这么好。老师说:"我们老年人最喜欢小孩子说好了。"谈到老师的母亲,老人家已经九十四岁了,我们说,老师和师母都有长寿的遗传基因,两人一定会健康长寿。

第二天早上,驱车出了校门,沿着东湖边慢慢开。把车泊入湖边一个停车场,这里是一处观景平台,陪着老师和师母在湖边漫步,湖水拍击堤岸,放眼远眺,烟波浩渺。湖边芦苇青青,老师轻吟"蒹葭苍苍",说:"看来芦苇也是很古老的植物了!"和老师、师母沿着湖边走边看,颇得自然之趣。说到湖面之大,我说即使雨水再多,似乎对水位也没什么影响。老师随口念起《世说新语》中的句子:"汪汪如万顷之陂,澄之不清,扰之不浊"。

每有亲朋前来,曾园都是必去之地,因为我们曾在曾园边上的宿舍住了八年之久。孩子小的时候,常常带着她在园内玩耍,这座园子,留下了我们多少美好的记忆啊。我把这些讲给老师和师母。

车就停在当年住过的院子里，步行到曾园。东墙上的石刻，足以引起老师无比浓厚的兴趣。石刻内容都是当年与曾家父子往来酬唱的诗文。我和老师凑近石刻，仔细欣赏。师生二人你一句我一句地读下去，遇到生僻字、异体字都要认真辨认，断句也不能马虎，有些句子要反复诵读。老师极为投入，兴趣盎然。又是感慨过去即使一般的文人，文采都这么好。读的时候，还要评赏书法字体。这样读下去当然很慢，师母已经在亭子里等不及了，走过来说："你这样读下去，恐怕两天也读不完啊！"我们转出石刻长廊。曾园虽然面积不大，但池水假山，楼榭亭台，曲径回桥，垂柳青藤，布局有致，融园林山水之胜于人工意匠之巧。驻足流连，确实可得古代园林艺术之趣。老师和师母当然具有欣赏园林之美的文化修养，他们是匾额楹联的知音，既欣赏书法之佳，又含咏意境之美。每遇佳联，老师必品评再三，深得其中真味。园内的碑刻楹联，字体无不各臻佳妙。老师说，等做完了陆机集自己也要练练书法。转而又说，七十多岁了，恐怕练不好了，颇有遗憾和感伤，我也只好默默地为之感动。

中饭就在园子里吃面。师母早就问好了价钱，抢先付账。坐在临水的旧式楼阁里面，推开木格子窗棂，面前是曾园的台阁池榭，而淡青色的虞山，似乎紧贴着园中的绿树垂柳，老师首先发现了这一绝佳的借景艺术。我和师母也仔细欣赏，园景山色，相借相成，远近高低，错落有致，美不胜收而又妙不可言。虽然吃得简单，但在这样优美的环境中，和老师师母聊天吃饭，饮几杯绿茶，多么令人难忘啊！

下午来到兴福寺。这座清幽的古刹，因唐人常建《题破山寺后禅院》一诗而闻名于世。进入山门，殿宇庄严。最吸引老师的，当然还是墙上的碑刻。大殿左边是明代万历年间重修庙宇所立石碑，右边是八十年代重修寺宇，由著名学者、邑人钱仲联先生所撰《重修虞山兴福寺记》，书画家陆抑非书碑。老师驻足欣赏，赞叹碑文文采斐然。回廊的墙上，镶嵌了很多石刻，老师认真阅读，兴趣浓厚。兴福寺规模不小，禅院幽深，林木掩映，偌大的寺宇，偶尔有着僧衣的和尚走过，并无其他游客。置身其中，尽得宁静清幽的世外之趣，令人有杳然忘我、超然物外之感。

  不觉来到一处题有"诗境"二字的小院，刻有常建诗的石碑就在这里。据诗后跋文可知，乾隆年间邑人言如泗为官襄阳，得宋米芾书《题破山寺后禅院》，携回常熟，由穆姓匠人镌碑。字体遒劲飘逸。和老师一起仔细观赏碑刻，刻工水平极高，飞白牵丝，清晰可见，老师流连欣赏，对碑刻赞叹有加。

  美好的时光总是这样短暂。来到汽车站，与老师和师母挥手道别，我的内心久久不能平静。想起老师和师母叮嘱我不要为工作的事情急躁，早上起来最好喝些白开水，开车的时候最好戴上墨镜保护眼睛……，一切都是那么亲切自然。两天里的点点滴滴都几经温习，终将铭刻成永久的记忆。老师对文学的强烈兴趣，对文化的由衷热爱，真可谓"性由天成，非假外铄"，让作为学生的我不能不为之感动。跟在老师身边，他的人格风范就是对学生最好的教育。

是有真宰　欣然自足

◎ 李　婧

记得 2011 年十一假期，时逢杨老师七十寿辰，师门共聚为老师庆生，一行人陪伴着老师和师母畅游公园，欢宴聚会，当时不自知乐也。犹记师母不无感慨地对我们这些刚刚毕业的年轻人说："十年，很快的，一晃就过去。想起十年前的事就像在眼前一样。"当时才二十来岁的我并不以为意。不想正如师母所言，十年真的一眨眼就过去了。回忆当时老师师母在席间共唱《明月几时有》的场景，历历如在目前。感叹自己本是北方人，毕业后也定居北方，十年来，忙于工作家事，仅借开会出差之机，探望过老师几次，实在是屈指可数，比起沪上的师姐师兄们每逢佳节必登门探望老师，实在是惭愧赧然。于老师的学问人品，亲聆音旨唯有复旦游学三年，另外就是通过阅读老师著作，和师门微信群中的交流来领会，受教日浅，理解不深。虽如此，已然深觉老师不仅博我以文，还启发了我很多人生之理，受益无穷，能够成为杨老师的关门弟子，是我生平至幸。

以我浅薄的体会，老师为人为学在于一个"真"字，为人认真,为人本真,缘其如此,便能欣然自乐。杨老师做学问认真是出了名的,老师的文章都是为解决具体问题而发,立足材料,实事求是,既不会屈从权威流行的观点,也从不刻意标新立异,有一说一,有二说二,真可谓"文章不写半句空"。正因如此,老师的论著都是能够经得起时间考验的,此自有学术界的公论。

在教书育人上,杨老师也是秉持认真的态度。记得在复旦读博期间,老师共开设"《诗经》导读""《庄子》导读""《昭明文选》导读"三门课程,每门课程都是亲自讲授,杨老师住处较远,每次需要乘坐一个多小时的公交车,但是从不缺席,风雨无阻,完完整整地讲完一个学期。具体讲授方式,也是他带领我们精读,并不会率然地要求我们讨论问题,撰写论文。每门课程之初,杨老师会进行一两节概述导读,介绍研究概况和研读书目,接着就是逐字逐句地研读原典。《诗经》用的是阮元校勘的十三经注疏本,不仅读正文,也读郑注孔疏。《庄子》用郭庆藩的《庄子集释》,精读了《逍遥游》《齐物论》的正文和注文。《文选》用李善注本,精读了《古诗十九首》《神女赋》《游天台山赋》等篇。具体是由我们几个听课的学生依次阅读正文及注疏,老师就不明之处,进行解释,并对重点问题集中讲解,记得专门讲授了《关雎》汉儒美后妃说、由"玉衡指孟冬"判断《古诗十九首》时代、《神女赋》玉王互讹、《庄子》郭象注的时代特征,等等问题。虽然,这样的精读方法很费时间,一个学期讲不了几篇,但是夫子教之一隅,我当以三隅反,授人以渔,受用更大。时至今日,每读经典,必奉行老师教导的精读法,而当日所讲的若干学术问题,也是今天我上课时给学生讲得最多的案例。

在指导我博士论文写作时,杨老师也是一丝不苟。论文关乎毕业,兹事体大,牵动着博士们的每一根神经。舍友曾戏言,博士论文比十月怀胎还难,盖生产腹中有物,论文则腹中无物,需从无到有，化虚为实。这种情况下，博士们都盼着能碰上好说话的老师，希望从选题到成文，不要受到老师的刁难。我早听闻杨老师对学生论文要求极严，至有定稿较初稿删减三分之一者，心内大为惶恐。向杨老师忐忑说出想以《文心雕龙》文体论研究为题，老师并未直接断然否定，但分析了研究现状后，表示担忧。之后，我选定了精于"龙学""选学"的黄侃为研究对象，得到老师首肯。在具体写作过程中，我每写完一部分，就用大字打出纸版，请他批阅，老师总是尽快批改返回，打开他的批改，字里行间，朱墨灿然。从用字行文，到观点材料都有所指正，特别对于我说得含糊不清、闪烁其辞、偏颇片面、理解错误之处，着重指出，往往还附以解决问题的建议方法。看过老师的批改，明白传言似是而非，老师确实对学生的论文要求严格，但是绝非刻意刁难，而是秉着严谨认真的态度，帮助学生查找问题解决问题。至今，家中还保留着老师当年批改的厚厚一沓博士论文，时刻提醒自己也要以同样认真不苟的态度对待学生。

杨老师对学术会议也看得十分认真。今天的学者们大多喜欢参加各种学术会议，做大会主题发言，结交大家名流，开阔学术人脉，还可以借机畅游山水，登临揽胜。但是杨老师并不经常参加学术会议，每当有重要的学术会议召开，虽主办方极力邀请，杨老师往往会拒绝，我惊怪其故，老师总是很谦虚地说："最近没有写新的文章，所以就不去参加这个会议了。"对于评业绩根本不算分的会议论文，老师却一样重视，正因如此，他的论文每每能引发与会者的热烈讨论，比如他曾在一届龙学会上提交的《〈文心雕龙〉是以儒学为指导的吗？》就引起了热烈的讨论。又有一年龙学会上，老师发表了《黄侃先生补〈隐秀〉篇蠡测》也引起重视，会后即被发表在了《文学遗产》上。对于会议的评议环节，老师也并不含糊，一次与老师共同参会，亲见他虽年逾七十，但放弃午休，老师说:"大会安排了下午做点评,还有几个学者的论文没有仔细读完。"在杨老师心中,学术会议固然是学者人际交流之机,但是更当以学术交流为本分。

为学之事,老师从不含糊,近几年,师门建了微信群,老师也与时俱进,常常和我们在线上交流互动,每当师姐师兄谈论学术问题,提出新观点,老师必问有何根据。我学识最浅,每当遇到学术难题,就在微信上请教,老师总是用很长的篇幅来回复,查证各种书籍,给出详尽确切的解释。想到手机伤眼,打字费力,我十分感动而惭愧,明明是自己犯懒,不愿意查书,近闻老师眼疾做了手术,更是愧疚不已。

在为人处事上,哪怕一些小事,杨老师也认真对待。近几年每逢节日,同门们会在微信群中发发小额红包娱乐,但是老师觉得为人师者不能随便收学生红包,从来不参与,就算手误点开,也坚持要退回。老师真是认真得可爱可敬!有时我也会私心质疑,像老师这样凡事都这么认真有必要嘛。但想想我们小时候都被教导对学对人对事要认真,但混世既久,就变得敷衍油滑起来,虽然对着孩子大吼"给我认真点",自己心底都在说"差不多就行了,那么认真干嘛"。能像老师这样不失认真本色,不忘初心,"仰不愧于天,俯不怍于人",君子之至乐也。

认真读书的学者往往会被认为是困守书斋刻板无趣的学究,但是杨老师并不如此,杨老师和师母贤伉俪总是关注现实、热爱生活,在平淡的生活中寻找快乐。老师曾在《南朝诗魂》一书中说陶渊明的过人之处在于"能从似乎是极平淡、极普通的田园生活中体味到无限的快乐","读书有得,春去夏来,鸟儿在枝头啁啾,陋室中一阵凉风吹过,这是何等普通的事情。可是陶渊明为之满心喜悦,乐得忘乎所以"。我总觉得这段话就像老师的自况一样。他不仅是陶渊明的易代知音,也继承了这样欣然自足的品性。杨老师的书斋名"欣然斋",便是取自渊明"开卷有得,便欣然忘食"(《与子俨等疏》)一句。他和师母的生活简单而快乐,不时相携出游,欣赏四时之美。老师会偶为歌咏诗赋,师母则读英文、弹钢琴、拨古筝、画静物等愉悦心神。内心和美,外表年轻,老师和师母总是那样精神饱满,从容淡定,随和亲切,令人如沐春风。难道他们就没有烦恼吗?听闻老师职称评定得很晚,儿孙也定居日本,又怎能不思念呢?想来老师也与我们一样,有很多工作和生活上的不如意,但贵在有欣然自足的品性。正如老师对陶渊明的解读,"不是说陶渊明没有痛苦和烦恼,但这种热爱自然、快然自足的精神品格,使他能比较容易战胜烦恼,获得心灵的充实和平衡"。我想杨老师和师母亦正如是。

"谁言寸草心,报得三春晖",每每想起杨老师和师母的音容笑貌,总觉得如沐春晖秋阳般温暖,最暖心的一幕是,2018年我因事与先生带着大女儿到上海,特意去探望老师,相谈甚欢,老师和师母特地宴请我们,临别之际,师母拉着我的手,亲切地说"要生活得幸福,要快乐!"

杨明先生著述要目

一　论著及古籍整理

1. 龙洲集，上海古籍出版社 1978 年
2. 魏晋南北朝文学批评史（王运熙、杨明），上海古籍出版社 1989 年
3. 南朝诗魂，香港中华书局 1990 年
4. 隋唐五代文学批评史（王运熙、杨明），上海古籍出版社 1994 年
5. 文赋、诗品译注，上海古籍出版社 1999 年
6. 刘勰评传（附锺嵘评传），南京大学出版社 2001 年
7. 中国文学批评史新编（王运熙、顾易生主编，参与撰写先秦两汉至隋唐五代部分章节）
8. 谢朓、庾信与其他诗人诗文选评（杨明、杨焄），上海古籍出版社 2002 年
9. 汉唐文学辨思录，上海古籍出版社 2005 年
10. 文心雕龙精读，复旦大学出版社 2007 年

11. 中国历代文论新编·先秦至唐五代卷（杨明、羊列荣），上海教育出版社 2007 年
12. 唐诗精读（王运熙主编，杨明、归青、杨焄注释），复旦大学出版社 2008 年
13. 汉唐文学研赏集，上海古籍出版社 2010 年
14. 欣然斋笔记，东方出版中心 2010 年
15. 陆机集校笺，上海古籍出版社 2016 年
16. 李白（王运熙、杨明），北京人民出版社 2019 年

二　论　文

1. 《哥舒歌》"至今窥胡马"试解（王运熙、杨明），《文史哲》1981 年第 2 期
2. 读杜甫《前出塞》札记，《草堂》1982 年第 2 期
3. 盛唐边塞战争与边塞诗歌，《研究生毕业论文选》，江苏人民出版社 1983 年
4. 李白（王运熙、杨明），《中国历代著名文学家评传》，山东教育出版社 1984 年
5. 介绍几首有关河湟的诗歌（王运熙、杨明），《唐诗探胜》，中州古籍出版社 1984 年
6. 魏晋文学批评对情感的重视和魏晋人的情感观，《复旦学报》1985 年第 1 期
7. 书评：郁贤皓著《李白丛考》，《1984 年唐代文学年鉴》，陕西人民出版社 1985 年
8. 谈李白《蜀道难》《将进酒》《梁甫吟》《远别离》的写作时间（王运熙、杨明），《中国古典文学丛考》第一辑，复旦大学出版社 1985 年

9. 《典论·论文》"书论宜理"解,《文学评论》1985 年第 4 期
10. 从几首诗看天宝末年李白对杨国忠的态度,《天府新论》1985 年第 5 期
11. 六朝文论若干问题之商讨,《中州学刊》1985 年第 6 期
12. 王运熙教授的学术贡献,《1985 年唐代文学年鉴》,陕西人民出版社 1987 年
13. 蜂腰鹤膝旁纽正纽辨,《文史》第 28 辑,中华书局 1987 年
14. 张继诗中寒山寺辨,《中华文史论丛》1987 年第 2、3 期合辑
15. 曹丕文气说考,《古典文学丛考》第 2 辑,复旦大学出版社 1987 年
16. 宫体诗评价问题,《复旦学报》1988 年第 5 期
17. 读李小识,《李白学刊》第 1 辑,上海三联书店 1989 年
18. 感时叹逝,推理散忧——读王羲之《兰亭诗》,《文史知识》1989 年第 5 期
19. 王通与《中说》的文学思想,《复旦学报》1989 年第 5 期
20. 张继,《中国历代著名文学家评传续编》,山东教育出版社 1989 年
21. 《文镜秘府论》所载初唐声律、病犯及诗体资料之解说,《中华文学史料》第 1 辑,百家出版社 1990 年
22. 论萧纲的文学思想(王运熙、杨明),《文学评论》1991 年第 2 期
23. 读李琐记,《中国李白研究》1990 年集,江苏古籍出版社 1991 年
24. 《文选注》的文学批评,《中国语言文学的现代思考》,复旦大学出版社 1991 年
25. 李白《乌栖曲》《叙旧赠江阳宰陆调》注释拾遗,《中国李白研究》1991 年集,江苏古籍出版社 1993 年

26. 浅论张为的《诗人主客图》,《文学遗产》1993 年第 5 期
27. 中晚唐律诗发展的反映——晚唐五代诗格的一个方面,日本神户大学《未名》第 12 号,1994 年
28. 六朝文论札记三则——对某些词语、句子的理解,《魏晋南北朝文学论集》,台湾文史哲出版社 1994 年
29. 意境说之萌芽——六朝人论"自然会妙""文外"意趣和情景关系,《中西学术》第 1 辑,复旦大学出版社 1995 年
30. 一部从实证出发探索规律的力作——评《乐府诗述论》,《文学遗产》1997 年第 2 期
31. "事出于沉思义归乎翰藻"解,《〈文选〉学新论》,中州古籍出版社 1997 年
32. 《唐诗纪事》中计有功本人的说明与评论,《复旦学报》1997 年第 6 期
33. 养其根而俟其实,加其膏而希其光——研习古典文学的几点体会,《古典文学知识》1998 年第 5 期
34. 满纸都是有血有肉的真知灼见——学习裴斐先生古代文论研究论著的几点体会,《裴斐先生纪念集》,民族出版社 1998 年
35. 刘勰论"隐秀"和锺嵘释"兴",《论刘勰及其〈文心雕龙〉》,学苑出版社 2000 年
36. 释《文心雕龙·乐府》中的几个问题,《文学遗产》2000 年第 2 期
37. 锺嵘《诗品》注释商榷,《许昌师专学报》2000 年第 6 期
38. "山川如剡县"——从李白忆剡中谈起,《中国李白研究》1998—1999 年集,安徽文艺出版社 2000 年
39. 《文选》臆札,《〈昭明文选〉与中国传统文化》,吉林文史出版社 2001 年
40. 读《文镜秘府论校注》附录《本朝文粹·省试诗论》,《天府新

论》2001 年第 4 期
41. 说"体二",《中国文学研究》第 4 辑,江西教育出版社 2001 年
42. 论李白《大鹏赋》的主旨——兼谈大鹏意象的演变,《中国李白研究》2001—2002 年集,黄山书社 2002 年
43. 述蒋学坚先生《怀亭诗话》,《古籍研究》2003 年第 1 期
44. 二十世纪中国大陆的乐府研究,日本神户大学文学部编《未名》第 21 号,2003 年
45. 读《文选集注》札记二则,《〈文选〉与〈文选〉学》,学苑出版社 2003 年
46. 《文心雕龙·风骨》三议,苏瑞隆、龚航主编《二十一世纪汉魏六朝文学新视角——康达维教授花甲纪念论文集》,文津出版社 2003 年
47. 陆机赋中所反映的学术思想,《辞赋研究论文集》,中国文史出版社 2003 年
48. 关于意境的两点浅见,《南阳师范学院学报》2004 年第 2 期
49. 《文心雕龙·神思》中的"意象""象"辨析,《学术月刊》2004 年中国古典文学研究专辑
50. 言志与缘情辨,《上海师范大学学报》2007 年第 1 期
51. 《乐府诗集》"相和歌辞"题解释读,《古籍整理研究学刊》2006 年第 3 期
52. 《文心雕龙》是以儒学为指导吗?——谈刘勰文学思想与先秦汉代儒家文论的重大区别,《沧海求珠:张文勋先生八十华诞学术纪念文集》,云南大学出版社 2006 年
53. 好学深思,心知其意——谈王运熙先生的治学,《新文学》第 6 辑,大象出版社 2006 年
54. 六朝唐五代文论注释拾补,《中国学研究》第 9 辑,济南出版社 2006 年

55. 是谁梦见了巫山神女，《漳州师院学报》2006年第6期
56. 《诗说汇》《东目馆诗见》《芙蓉港诗词话》《石溪舫诗话》《老生常谈》《氅坪诗话》《石楼诗话》《念堂诗话》《屺云楼诗话》《读吴诗随笔》《敩园诗话》《栩园诗话》《无尽庵诗话》《可园诗话》《香奁诗话》《蔽庐非诗话甲集》《名山诗话》《怀亭诗话》等十八种诗话考述，吴宏一主编《清代诗话考述》，台湾"中研院"文哲研究所2006年
57. "宛转相承"：骈文文句的一种接续方式，《文史哲》2007年第1期
58. 《文心雕龙·原道》"文之为德"解，《上海大学学报》2007年第5期
59. 《文心雕龙》注释商榷，《文心雕龙研究》第7辑，河北大学出版社2007年
60. 怀念金老，《文以载道——金性尧先生纪念集》，上海古籍出版社2008年
61. 读陆机的《演连珠》，《中华文史论丛》2008年第2期
62. 论《陆士衡文集》之《宛委别藏》本，《中华文史论丛》2012年第1期
63. "兴象"释义，《中山大学学报》2009年第2期
64. 解读《花间集序》，《博览群书》2009年第6期
65. 黄侃先生补《隐秀》篇蠡测，《文学遗产》2012年第3期
66. 古代文学批评对于女色和男女情事描写的态度，《安徽大学学报》2012年第4期
67. 关于魏晋哲学与文论关系的一些思考——读汤用彤先生《魏晋玄学与文学理论》志疑，《复旦学报》2012年第5期
68. 释古以探赜　务实而求真——《王运熙文集》读后，《中国文学研究》2013年第1期

69. 青山长在，典范长存——王运熙先生的李白研究，《中国李白研究》2014年集，黄山书社2014年
70. 陆机生平、作品考证四则，《学术界》2014年第3期
71. 王运熙先生"龙学"研究的贡献，《复旦学报》2014年第3期
72. 李白文注释拾遗，《中国李白研究》2015年集，黄山书社2016年
73. 略谈南朝骈文之难读——以任昉文为例，《中国文学研究》2016年第1期
74. 《文选》学研究的重大贡献——读《新校订六家注〈文选〉》，《书品》2016年第1辑
75. 陆机《豪士赋序》赏析，《古典文学知识》2016年第4期
76. 唐诗研究领域的一座高峰，《学术界》2016年第7期
77. "内妹"并非妻妹，《中华文史论丛》2016年第4期
78. 《文选》所载陆机诗六臣注议，《厦大中文学报》第4辑，2017年
79. 陆机乐府诗注议，《吉林大学社会科学学报》2017年第3期
80. 钱锺书与诗史互证法，《杜甫研究学刊》2017年第3期
81. 整理《陆机集校笺》的几点做法，《古籍整理出版情况简报》2017年第9期
82. 王运熙先生对锺嵘《诗品》研究的贡献，《许昌学院学报》2018年第5期
83. 也谈影宋抄本《陆士衡集》，《古籍整理出版情况简报》2018年第11期
84. 吴承恩先生错了吗，《语言文字周报》2018年11月7日
85. 钱锺书先生论《文赋》，《古代文学理论研究》第四十六辑，华东师范大学出版社2018年
86. 奉献于学术　虽老而弥坚——读《穆克宏文集》，《中华读书

报》2019 年 3 月 13 日

87. 说"未尝敢以轻心掉之",《古典文学知识》2018 年第 4 期
88. 杜诗二首讲说,《杜甫研究学刊》2019 年第 1 期
89. 钱锺书先生论《文心雕龙》,《昭明文苑增华学林》,江苏大学出版社 2019 年
90. 精读杜甫的《丹青引》,《文汇读书周报》2019 年 12 月 16 日
91. 如列子御风而未尝无法度——方东树《昭昧詹言》评李白诗,《名作欣赏》2019 年第 12 期
92. "迭为承受"——古典诗歌的一种修辞法,《中华诗学》2020 年第 1 期
93. 读《选》小札二则,《中华文史论丛》2020 年第 2 期
94. 文法高妙　天衣无缝——方东树评汉代古诗,《江西师范大学学报》2020 年第 4 期
95. 陆机《答贾谧》"惟南有金"别解,《中华文史论丛》2020 年第 4 期
96. "龙城飞将"与古诗中地名,《岭南学报》复刊第十三辑,2020 年 12 月
97. 释陆机《答贾谧》"惟汉有木",《中华文史论丛》2021 年第 3 期

编　后　记

　　杨明先生为复旦大学中国语言文学研究所教授、博士生导师，兼任中国李白研究会常务理事、中国文心雕龙学会常务理事、中国《文选》学研究会顾问，长期从事中国古代文学和中国古代文学批评的教学与研究，在学术界具有极高的声望。主要著作有《魏晋南北朝文学批评史》、《隋唐五代文学批评史》（二书均与王运熙先生合著）、《汉唐文学辨思录》、《汉唐文学研赏集》、《刘勰评传（附钟嵘评传）》、《文心雕龙精读》、《欣然斋笔记》、《南朝诗魂》、《〈文赋〉〈诗品〉译注》、《陆机集校笺》等。

　　2021年适逢杨明先生八十寿辰，门下弟子商定编辑这部《杨明先生八十寿辰纪念文集》以资庆贺，约请的作者均为杨先生指导过的博士后、博士和硕士。《纪念文集》由以下几个部分组成：

　　第一部分"学术自述"，由杨明先生撰文回顾平生的治学经历，并介绍个人的研究旨趣。

　　第二部分"滋兰树蕙"，裒辑杨明先生为门下弟子各类著述所撰序言，用以呈现先生在指导学生的过程中因材施教的良苦用心，编次时依照各书出版时间先后为序。

第三部分"春华秋实",汇集门下弟子所撰学术论文,藉此展示师弟之间学术承传、相与切磋的风采,编次时大致以论文研讨对象的时间先后为序。

第四部分"寸草春晖",收录门下弟子所撰散文,回忆从学受教的点滴往事,借此饮水思源,感怀师恩,编次时大致以作者年齿为序。

第五部分"杨明先生著述要目",分为古籍整理、专著、论文三部分,时间截止至2021年8月。

本书出版得到了复旦大学中文系上海市高校高峰学科建设经费的资助,也得到了上海古籍出版社的鼎力支持,尤其是副总编辑(也是杨先生指导过的硕士生)奚彤云女士和第一编辑室主任刘赛先生为此付出极大的辛劳,在此一并致以衷心的感谢。由于时间和篇幅的限制,文集中所收仅是部分弟子的作品,编校过程中若有不当欠妥之处,敬请诸位同门多予包涵谅解。

杨焄、李定广、赵厚均
2021年8月